AF525276

Jürgen Wolf

Canon EOS R100

DAS HANDBUCH ZUR KAMERA

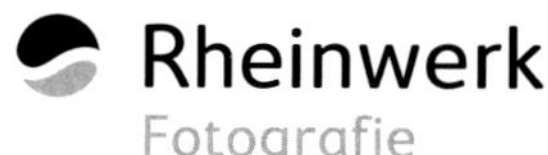

Rheinwerk
Fotografie

Wir hoffen, dass Sie Freude an diesem Buch haben und sich Ihre Erwartungen erfüllen. Ihre Anregungen und Kommentare sind uns jederzeit willkommen. Bitte bewerten Sie doch das Buch auf unserer Website unter **www.rheinwerk-verlag.de/feedback**.

An diesem Buch haben viele mitgewirkt, insbesondere:

Lektorat Juliane Neumann
Korrektorat Annika Holtmannspötter, Münster
Herstellung Vera Brauner
Typografie und Layout Vera Brauner
Einbandgestaltung Silke Braun
Coverfoto Unsplash: Annie Spratt; Rückseite: iStock: 612524020©Anna Pustynnikova, 19707144©Zodebala; Shutterstock: 1084607921©oes
Satz III-Satz, Kiel
Druck und Bindung Firmengruppe Appl, Wemding

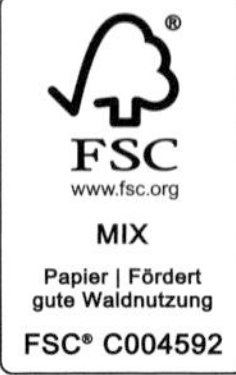

Dieses Buch wurde gesetzt aus der TheSans (9,35 pt/13,7 pt) in FrameMaker.

Gedruckt wurde es mit mineralölfreien Farben auf matt gestrichenem, FSC®-zertifiziertem Bilderdruckpapier (115 g/m²).

Hergestellt in Deutschland.

Bibliografische Information der Deutschen Nationalbibliothek:
Die Deutsche Nationalbibliothek verzeichnet diese Publikation in der Deutschen Nationalbibliografie; detaillierte bibliografische Daten sind im Internet über *http://dnb.dnb.de* abrufbar.

ISBN 978-3-8362-9863-6

1. Auflage 2024

Informationen zu unserem Verlag und Kontaktmöglichkeiten finden Sie auf unserer Verlagswebsite **www.rheinwerk-verlag.de**. Dort können Sie sich auch umfassend über unser aktuelles Programm informieren und unsere Bücher und E-Books bestellen.

Liebe Leserin, lieber Leser,

seit ihrer Erfindung fasziniert die Fotografie: Sie entwickelt sich ständig weiter, doch die Magie des festgehaltenen Augenblicks bleibt unverändert.

Mit Ihrer Kamera können Sie »zaubern«: Sie dokumentieren Ihre Perspektive auf die Welt, rücken Menschen ins perfekte Licht und feiern die Schönheit der Natur. Die Kamera ist ein technisches Meisterwerk in Ihren Händen, das Ihnen erlaubt, sowohl eindrucksvolle Fotos als auch beeindruckende Filme zu erstellen.

Dieses Handbuch hilft Ihnen dabei, das volle Potenzial Ihrer Kamera auszuschöpfen. Es bietet praxisnahe Tipps und detaillierte Anleitungen, von den kameraspezifischen Grundlagen bis zu fortgeschrittenen Techniken. Ob Sie nun ein ambitionierter Anfänger oder eine erfahrene Fotografin sind – mit diesem Buch werden Sie sich mit Ihrer Kamera schnell vertraut fühlen. Die Vielzahl an Menüs, Funktionen und Einstellungsmöglichkeiten kann zunächst überwältigend wirken. Doch unsere Autorinnen und Autoren haben jede Kamera ausgiebig praktisch getestet, um Ihnen präzise und hilfreiche Hinweise geben zu können.

Ich wünsche Ihnen informative Stunden beim Lesen und Ausprobieren und dann viel Freude beim Fotografieren und Filmen! Bei Fragen oder Anregungen stehe ich Ihnen gerne zur Verfügung, denn Ihr Feedback bereichert unsere Publikationen.

Ihre Juliane Neumann
Lektorat Rheinwerk Fotografie

juliane.neumann@rheinwerk-verlag.de
www.rheinwerk-verlag.de
Rheinwerk Verlag · Rheinwerkallee 4 · 53227 Bonn

Inhaltsverzeichnis

Vorwort

Sie haben sich sicherlich schon ausführlich über diese Kamera informiert und sich gefragt, ob diese Kamera für Sie geeignet oder ausreichend ist. Sicherlich kennen Sie den Spruch: »Gute Bilder kann man doch auch mit einem Smartphone machen!« Das ist sicher richtig, aber dann stellt sich auch die Frage, warum überhaupt ein neues Auto kaufen, wenn das alte Sie auch von A nach B bringt. Aber auch hier gilt das Gleiche wie schon bei einem Smartphone. Sie werden immer Ihr Ziel erreichen. Die Frage ist nur, wie. Die Canon EOS R100 hat im Vergleich zu einem Smartphone die vierfache Sensorgröße, was bedeutet, dass Sie die Schärfentiefe viel besser kontrollieren können. Bei Smartphones wird häufig mit einer Software getrickst, um z. B. eine Person mit einem unscharfen Hintergrund freizustellen. Das sieht zwar dann auf dem Smartphone gut aus, aber sobald man solche für das Smartphone optimierte Bilder auf einem großen Bildschirm etwas näher betrachtet, dann sieht es schon anders aus.

Canon bewirbt die EOS R100 für diejenigen, die den nächsten Schritt von der Smartphone-Fotografie machen wollen. Wer in die Fotografie einsteigen will, macht mit dieser Kamera sicher nichts falsch, denn das Preis-Leistungs-Verhältnis stimmt. Auch in Sachen Video macht die Kamera durchaus einen ordentlichen Job. Ich habe die Kamera während meines längeren Aufenthalts in Mexiko gekauft und hatte auch ausgiebig Zeit, mich mit ihr in verschiedenen Fotosituationen zu beschäftigen. Ich muss zugeben, dass mich die EOS R100 positiv überrascht hat. Zugegeben, sie ist nicht für die Action- und Sportfotografie oder ambitionierte Filmprojekte und Vlogs gedacht, aber ansonsten liefert sie in allen anderen Disziplinen ordentliche Ergebnisse. Und je besser die Objektive sind, umso besser sind auch die Ergebnisse. Das muss man fairerweise hinzufügen, weil die Kamera häufig mit den Kitobjektiven 18–45 mm und 55–210 mm gekauft wird, und dann muss man eben ein paar Abstriche machen. Nichtsdestotrotz kann man auch damit gute Ergebnisse erzielen.

Leider werden heutzutage viele Dinge zu sehr von der Technik bestimmt. Damit möchte ich sagen, dass es immer noch der Mensch hinter der Kamera ist, der die Fotos macht. Und genau da möchte ich Sie mit diesem Buch an die Hand nehmen. Ich möchte Sie auf angenehme Art und Weise mit der Canon EOS R100 und ihren Funktionen vertraut machen, damit Sie sie optimal nutzen und so das Beste aus Ihren Motiven herausholen können. Außerdem finden Sie praktische Beispiele mit Einstellungsempfehlungen, die Ihnen in alltäglichen Fotosituationen helfen werden.

Wenn Sie gerade erst mit der Fotografie anfangen, möchte ich darauf hinweisen, dass dieses Kamerahandbuch keine Fotoschule ist, die Ihnen den Einstieg in die Fotografie im Allgemeinen vermittelt. Ich behandle zwar fotografische Grundlagen wie Belichtung, Schärfe und Farbmanagement mit der EOS R100 sowie Blitzfotografie und Filmen, aber der Schwerpunkt liegt auf der Anwendung dieser Grundlagen zusammen mit der EOS R100.

Auf der anderen Seite hat das Buch nicht den Anspruch, ein Kompendium zur EOS R100 zu sein, und will auch nicht die gute Bedienungsanleitung ersetzen, die Sie auf der Herstellerwebsite finden, die ich Ihnen neben diesem Buch empfehlen kann (*https://cam.start.canon/de/C015/manual/html/index.html*). Dennoch lassen sich mithilfe der Menütexte in der Kamera oder der Bedienungsanleitung viele Funktionen und Einstellungen nicht immer so einfach durchschauen. Und genau an diesen Stellen springt das Buch für Sie ein: Es begleitet Sie durch die Einträge im Kameramenü und zeigt Ihnen Kapitel für Kapitel unterschiedliche Konfigurationsmöglichkeiten. Dabei versuche ich immer, Ihnen diverse Einstellungen, Funktionen oder Menüeinträge anhand von Beispielen zu erläutern, die sich in der Praxis bewährt haben.

Der Weg durch dieses Buch

Kapitel 1 bietet Ihnen einen allgemein gehaltenen Überblick über die Bedienelemente und das Bedienkonzept der EOS R100. Die allgemeinen Programmmodi der Kamera wie die Automatik, die Motivprogramme, die Programmautomatik **P**, die Zeitvorwahl **Tv**, die Blendenvorwahl **Av** und den manuellen Modus **M** lernen Sie in Kapitel 2 kennen. Kapitel 3 steht dann komplett im Zeichen der ausgewogenen Belichtung. Sie lernen die verschiedenen Belichtungsmethoden kennen und erfahren, wie Sie mit der EOS R100 auch in kritischen Belichtungssituationen die richtigen Einstellungen vornehmen. Neben der passenden Belichtung ist auch die realistische Farbwiedergabe einer Aufnahme entscheidend für das Bild. Daher werde ich in diesem Kapitel auch erklären, wie Sie den Weißabgleich anpassen können. Ein weiterer sehr bedeutender Punkt ist das Fokussieren. Kapitel 4 zeigt Ihnen, wie Sie Bilder immer auf den Punkt scharf bekommen. Kapitel 5 beschreibt, welche Möglichkeiten Ihnen die EOS R100 bietet, sie Ihren persönlichen Bedürfnissen oder der Situation ganz individuell anzupassen. In Kapitel 6, einem (fast) reinen JPEG-Kapitel, erfahren Sie, wie Sie die Farbwirkung bei der Aufnahme beeinflussen können. Neben dem Weißabgleich bietet die EOS R100 (wie auch andere Canon-Kameras) mit den Bildstilen eine Möglichkeit an, die sich großer Beliebtheit erfreut. Außerdem können Sie mit weiteren JPEG-Einstellungen eigene Bildlooks erstellen und wiederverwenden. Nachdem Sie die wichtigsten Einstellungsmöglichkeiten der Kamera kennen, finden Sie in Kapitel 7 einige gängige Praxisbeispiele wie u. a. zur Porträtfotografie, zur Naturfotografie oder zur Straßenfotografie und einige Empfehlungen für die Kameraeinstellungen in diesen Situationen. Auch das Thema Blitzen findet hier seinen Platz. Da die EOS R100 auch einen Modus zum Filmen anbietet, wird das Thema in Kapitel 8 behandelt. In Kapitel 9 zeige ich Ihnen, mit welchen gängigen Komponenten Sie Ihre Kamera erweitern können. Dazu gehören natürlich Objektive, aber auch Akkus und Fernauslöser. Aus den oft abgekürzten Funktionsbezeichnungen im Kameramenü ist nicht immer ersichtlich, was diese Funktion genau bewirkt. Eine kurze Beschreibung der einzelnen Funktionen im Kameramenü finden Sie daher im abschließenden Kapitel 10.

Zu der Entstehung des Handbuches haben wie immer viele Personen beim Rheinwerk Verlag beigetragen. Bei meiner Lektorin Juliane Neumann möchte ich mich besonders bedanken. Sofern Sie Fragen oder Anregungen haben, freue ich mich sehr, von Ihnen zu hören. Schreiben Sie mir einfach eine E-Mail an *wolf@pronix.de* oder direkt an den Verlag.

Jetzt wünsche ich Ihnen viel Spaß beim Lesen des Buches und mit der Canon EOS R100.

Jürgen Wolf

Kapitel 1
Bedienelemente und Bedienkonzept der Canon EOS R100

Damit Sie mit der EOS R100 möglichst schnell vertraut werden, gebe ich Ihnen in diesem Kapitel einen allgemeinen Überblick über die Bedienelemente und das Bedienkonzept der Kamera. Gerade wenn Sie ein vom Smartphone auf- oder von einer anderen Kamera (eines anderen Herstellers) umsteigen, werden Sie sich nach der Lektüre dieses Kapitels schneller und leichter zurechtfinden.

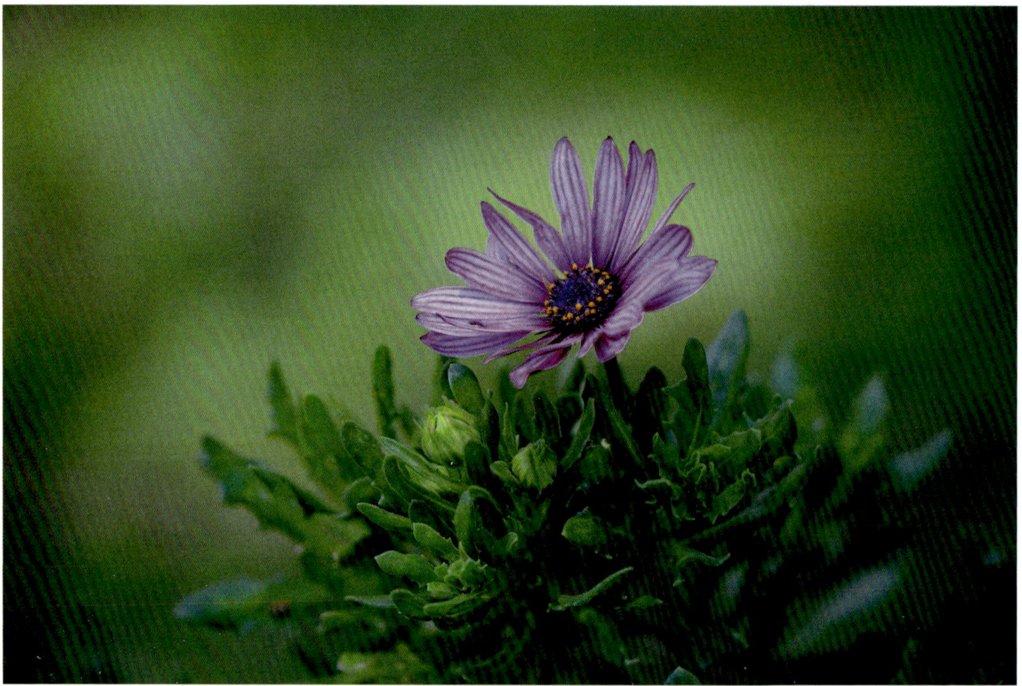

Abbildung 1.1 *Wenn Sie den Umgang mit der Canon EOS R100 beherrschen, sind solche Makroaufnahmen ohne große Hilfsmittel zu erzielen.*

140 mm | *f*3,2 | 1/250 s | ISO 160

1.1 Die Bedienelemente

Wie es sich für ein Kamerahandbuch gehört, gebe ich Ihnen zunächst einen Überblick über die wichtigsten Tasten und Einstellrädern der EOS R100. An dieser Stelle werde ich allerdings noch nicht jedes einzelne Element beschreiben, und Sie müssen sich diese Details auch nicht merken. Die genauen Funktionen aller Bedienelemente lernen Sie nach und nach im Buch kennen.

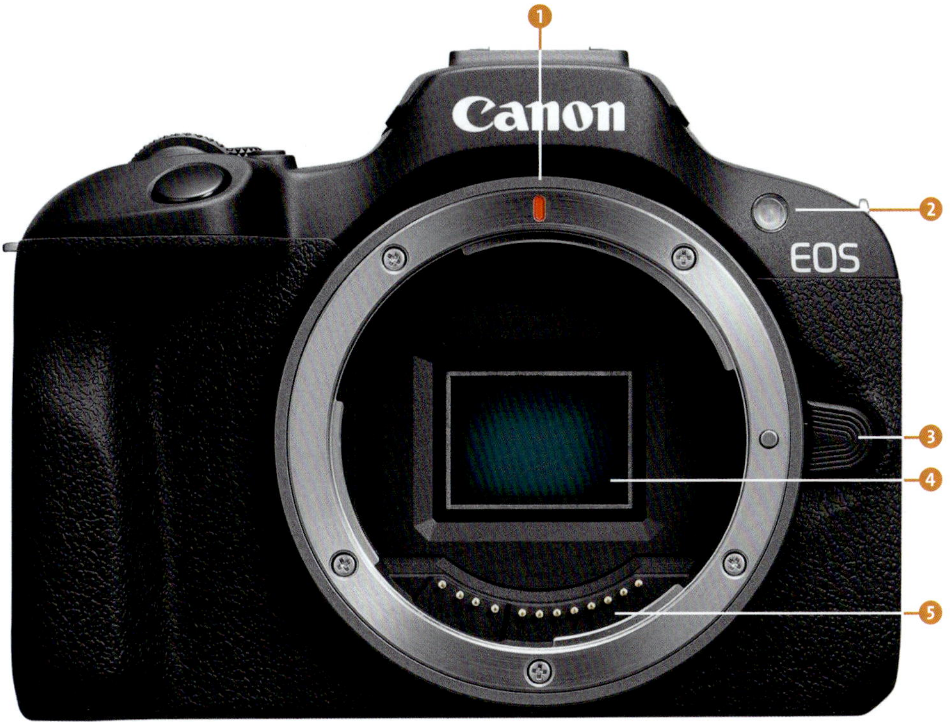

Abbildung 1.2 *Die Vorderseite der Canon EOS R100 (Bild: Canon)*

1. **RF-Objektivbajonett-Markierung**: Diese Markierung hilft Ihnen, das Objektiv oder einen Adapter an der richtigen Stelle anzusetzen.
2. **AF-Hilfslicht**: Wenn das Hilfslicht aktiviert ist, hilft es bei der automatischen Scharfstellung. Das Licht blinkt auch als Countdown beim Selbstauslöser.
3. **Objektiv-Entriegelungsknopf**: Der Knopf muss gedrückt werden, wenn Sie ein Objektiv vom Kamerabody entfernen wollen.
4. **Bildsensor**: Es handelt sich um den 24,1-Megapixel-APS-C-Sensor der Kamera.
5. **Objektivkontakte**: Die Kontakte dienen zur Kommunikation zwischen Kameragehäuse und Objektiv.

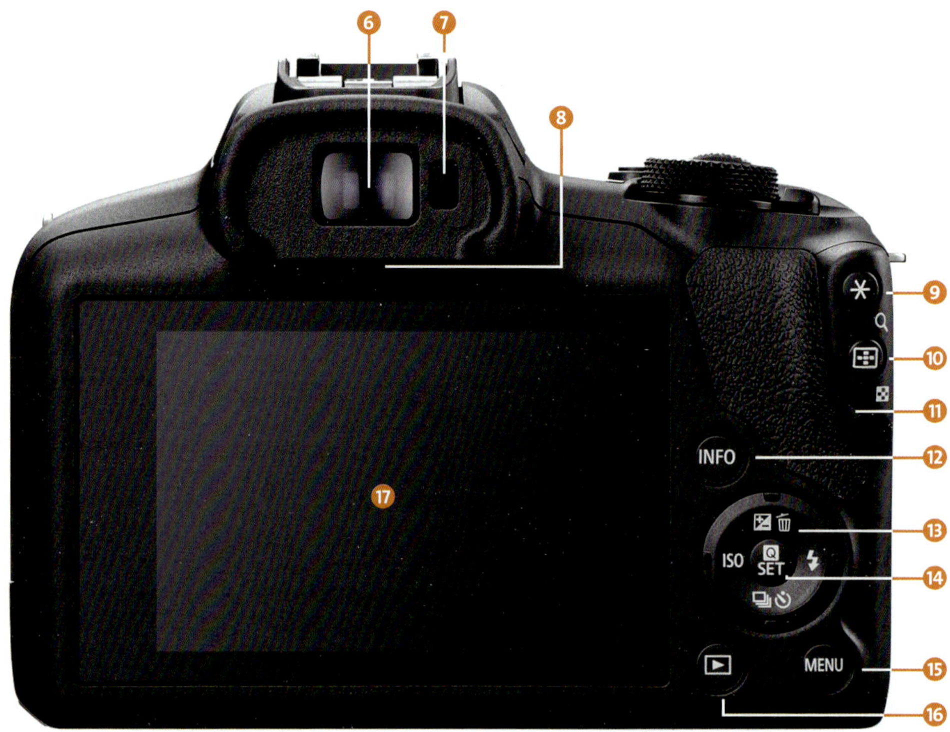

Abbildung 1.3 *Die Rückseite der Canon EOS R100 (Bild: Canon)*

6 **Elektronischer Sucher (EVF)**: Der elektronische Sucher ist die Alternative zum Display und die erste Wahl in einer hellen Umgebung.

7 **Augensensor**: Hiermit wird bei Annäherung der Sucher ein- und der Monitor ausgeschaltet.

8 **Dioptrieneinstellung**: Dieser Schieber ermöglicht es Kurz- und Weitsichtigen, den Sucher so einzustellen, dass sie ohne Brille ein scharfes Bild sehen.

9 **⁎-Taste** (Sterntaste) bzw. Taste für AE-/FE-Speicherung/Vergrößerung: Mit dieser Taste speichern Sie die Belichtung, um z. B. mehrere Aufnahmen mit derselben Belichtungseinstellung zu erstellen.

10 **AF-Messfeldwahl/Verkleinern-Taste**: Mit dieser Taste können Sie die Autofokusmethode wählen. Sie können das Autofokusfeld über diese Taste auch verschieben.

11 **Zugriffsleuchte**: Die Zugriffsleuchte leuchtet oder blinkt, wenn Daten auf die Speicherkarte geschrieben, gelesen oder gelöscht werden.

12 **INFO-Taste**: Hiermit wählen Sie, wie die Anzeige im Sucher oder auf dem Display aussehen soll, indem Sie durch verschiedene Ansichten schalten.

13 **Kreuztasten**: Die vier Kreuztasten werden verwendet, um Elemente zu markieren oder die Bildwiedergabe zu steuern. Beim Fotografieren sind diese Tasten auch mit Funktionen belegt.

14 **Q-Taste** (Schnelleinstellungstaste): Drücken Sie die Taste, werden die Schnelleinstellungen geöffnet. Im Schnelleinstellungsmenü oder dem Kameramenü selbst wird diese Taste zur SET-Taste, womit Sie Einstellungen auswählen und bestätigen können.

15 **MENU-Taste**: Mit dieser Taste rufen Sie das Kameramenü auf.

16 **Wiedergabetaste**: Hiermit geben Sie Bilder oder Filme im elektronischen Sucher oder auf dem Display wieder.

17 Festverbauter und nicht berührungsempfindlicher **LCD-Bildschirm**: Das Display dient zur Navigation im Menü und zur Kontrolle von Bildaufbau, Belichtung und Kameraeinstellungen. Das Display kann nicht als Touchscreen verwendet werden.

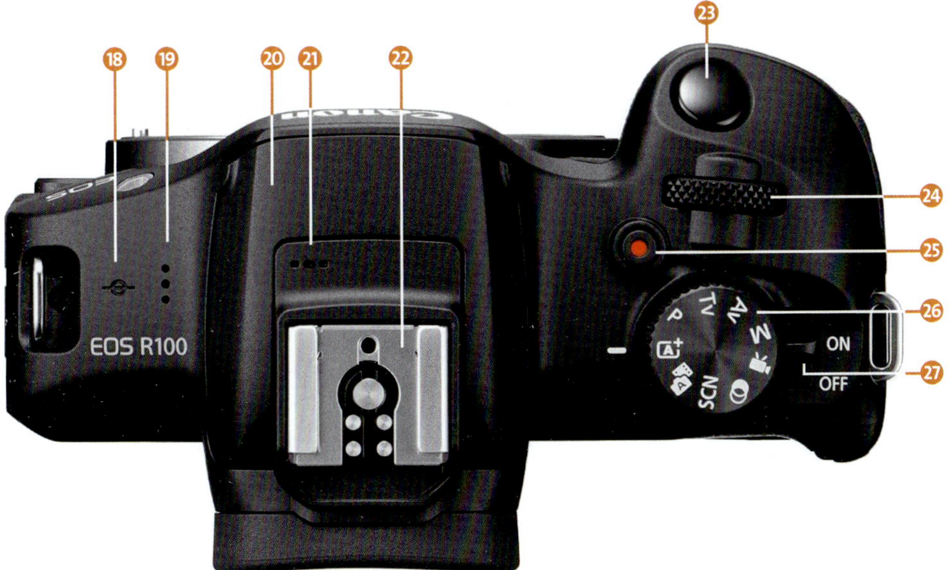

Abbildung 1.4 *Die Canon EOS R100 von oben (Bild: Canon)*

18 **Markierung der Sensorebene**: Das Symbol mit dem durchgestrichenen Kreis zeigt die Lage des Sensors in der Kamera an.

19 **Lautsprecher**: Das ist der Lautsprecher, der bei der Wiedergabe von aufgenommenen Videos den Ton wiedergibt.

20 **Aufklappbarer Blitz**: Den internen Blitz können Sie manuell aufklappen, indem Sie ihn an den überstehenden Einkerbungen hochziehen.

21 **Mikrofon**: Hinter dem internen Blitz finden Sie das eingebaute Mikron der Kamera.

㉒ **Multifunktionszubehörschuh**: Hier können Sie externe Blitzgeräte und anderes Zubehör wie z. B. einen kabellosen Blitzauslöser, eine Wasserwaage oder einen Mini-Kugelkopf aufsetzen.

㉓ **Auslöser**: Mit dem Auslöser können Sie durch Antippen fokussieren und durch Herunterdrücken auslösen.

㉔ **Hauptwahlrad**: Hat abhängig von anderen Einstellungen verschiedene Funktionen, wenn es gedreht wird.

㉕ **Videotaste für die Filmaufnahme**: Die Taste mit dem roten Punkt startet eine Filmaufnahme. Erneutes Drücken beendet die Aufnahme wieder.

㉖ **Moduswahlrad**: Damit wählen Sie den gewünschten Aufnahmemodus zum Fotografieren und Filmen.

㉗ **Hauptschalter ON/OFF**: Mit dem Ein-Aus-Schalter schalten Sie die Kamera ein (ON) und aus (OFF).

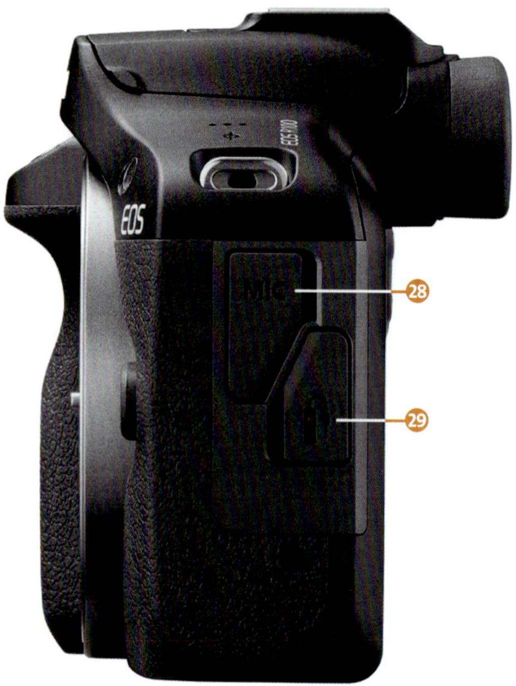

Abbildung 1.5 *Canon EOS R100 von der linken Seite (Bild: Canon)*

㉘ **Mikrofoneingang** (3,5-mm-Klinke): Hier können Sie ein externes Mikrofon anschließen.

㉙ **Anschluss für eine Fernbedienung** (2,5-mm-Klinke): Hier können Sie einen Fernauslöser anschließen.

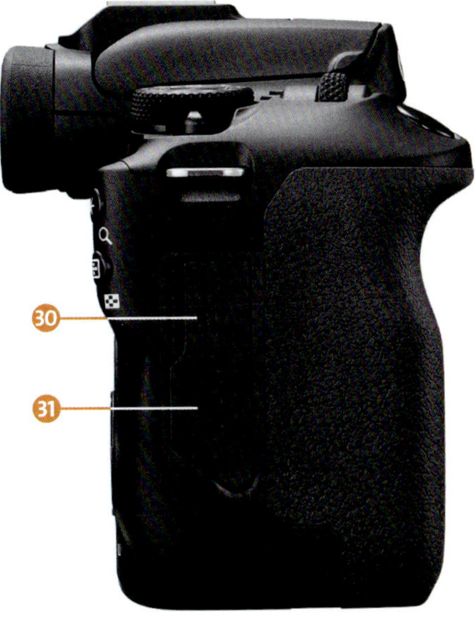

Abbildung 1.6 *Canon EOS R100 von der rechten Seite (Bild: Canon)*

30 **USB-C-Anschluss**: Über den USB-C-Anschluss können Sie die Kamera mit dem PC verbinden.

31 **Micro-HDMI-Port**: Der Micro-HDMI-Port (Typ D) dient zur Verbindung der Kamera mit dem Fernseher oder anderen HDMI-Geräten.

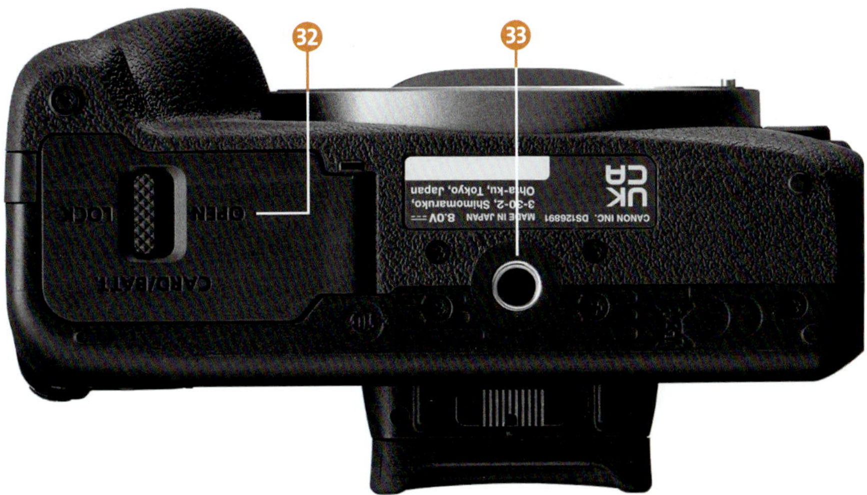

Abbildung 1.7 *Die Unterseite der Canon R100 (Bild: Canon)*

32 **Batteriefachabdeckung**: Wenn Sie diese Abdeckung öffnen, finden Sie den Akku der Kamera und ein Fach für eine SD-Karte.

33 **Stativgewinde (1/4-Zoll)**: Für Aufnahmen mit einer längeren Belichtungszeit oder zum Filmen mit einem Stativ können Sie am 1/4-Zoll-Stativgewinde eine Schnellwechselplatte anbringen.

1.2 Das Bedienkonzept

Das Bedienkonzept der EOS R100 ist mit den Einstellrädern und Tasten sehr einfach und übersichtlich gehalten. Alle nötigen Bedienelemente befinden sich auf der rechten Seite der Kamera. Wer bereits Erfahrung mit anderen Kameras hat, der dürfte sich schnell zurechtfinden. Aber auch wer gerade in die Fotografie eingestiegen ist, wird sich recht schnell orientieren, da die EOS R100 ein sehr gut durchdachtes und einfach zu bedienendes System ist. In diesem Kapitel gehe ich auf das grundlegende Bedienkonzept der EOS R100 ein – in den folgenden Kapiteln widme ich mich den einzelnen Details und dem Feintuning der Kamera.

1.2.1 Den Programmmodus einstellen

Der erste Schritt beim Fotografieren dürfte es wohl immer sein, den gewünschten Programmmodus einzustellen. Damit geben Sie vor, welchen Bildeffekt Sie erzielen wollen und wie Sie das Zusammenspiel von Blende, Belichtungszeit und dem ISO-Wert steuern. Hierzu hat die EOS R100 ein Moduswahlrad mit den einzelnen Programmen oben auf der rechten Seite. Neben den grundlegenden Kreativ-Programmmodi **P**, **Tv**, **Av** und **M** sowie weiteren Motiv-Programmen finden Sie hier auch den Filmmodus.

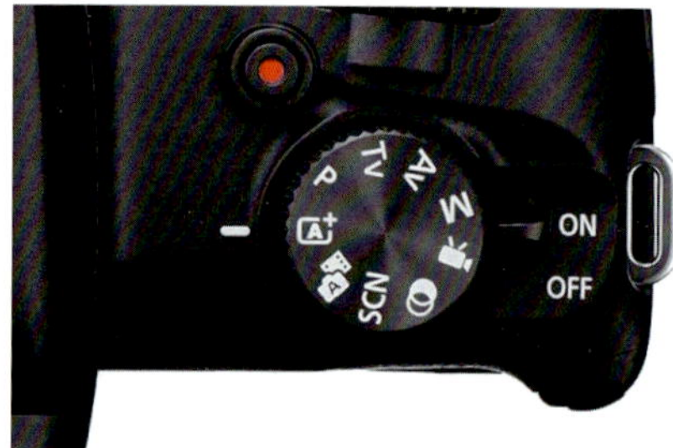

Abbildung 1.8 *Den gewünschten Programmmodus stellen Sie mit dem Moduswahlrad ein.*

Programmmodus	Funktion
P Programmautomatik	Die Kamera übernimmt die Entscheidung für die Belichtungszeit und den Blendenwert. Die Werte können Sie mit dem Hauptwahlrad »verschieben«.
Tv Zeitvorwahl Blendenautomatik	Sie stellen die Belichtungszeit mit dem Hauptwahlrad ein, und die Kamera bestimmt den Blendenwert.
Av Blendenvorwahl Zeitautomatik	Sie stellen den Blendenwert über das Hauptwahlrad ein, und die Kamera bestimmt die Belichtungszeit.

Tabelle 1.1 *Die verschiedenen Programmmodi der EOS R100*

Programmmodus	Funktion
M Manuell	Sie übernehmen alle Einstellungen selbst. Die Belichtungszeit und den Blendenwert stellen Sie mit dem Hauptwahlrad ein. Zwischen den Werten können Sie wechseln, indem Sie die Kreuztaste nach oben drücken.
Filmen	Das ist der Modus zum Filmen. Auf das Filmen mit der EOS R100 gehe ich in Kapitel 8, »Filmen mit der EOS R100« ein.
Kreativfiltermodus	Hier können Sie aus einer Liste von verschiedenen Filtern wie HDR, Fisheye, Weichzeichner etc. auswählen und diese direkt auf das nächste Foto anwenden.
SCN Besondere Szene	Wählen Sie ein bestimmtes Motivprogramm wie Porträt, Landschaft, Sport oder Nahaufnahme, übernimmt die Kamera die passenden Einstellungen dafür.
Hybrid Auto	Mit Hybrid Auto werden sowohl kurze zwei- bis viersekündige HD-Videos als auch Einzelbilder aufgenommen. Sie können festlegen, ob die Einzelbilder in das resultierende Movietagebuch aufgenommen werden sollen.
Vollautomatik	Im Vollautomatikmodus analysiert die Kamera das Motiv bzw. die Szene und legt daraufhin automatisch die passende Einstellung fest.

Tabelle 1.1 *Die verschiedenen Programmmodi der EOS R100 (Forts.)*

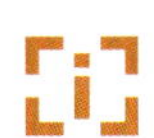

Belichtungskorrektur in den Modi P, Tv, Av und M

Mit der Kreuztaste nach oben können Sie in den Modi **P**, **Tv** und **Av** auch noch zur Belichtungskorrektur wechseln und diese über das Hauptwahlrad durchführen. Im manuellen Modus **M** wechseln Sie mit der Nach-oben-Taste zudem noch zwischen der Belichtungszeit, dem Blendenwert und der Belichtungskorrektur. Eine Belichtungskorrektur kann z. B. erforderlich sein, wenn die Kamera das Bild zu hell oder zu dunkel belichtet. Dies ist häufig bei sehr hellen oder dunklen Motiven der Fall. Mit der Belichtungskorrektur können Sie dem entgegenwirken. Sie können eine zu helle Belichtung abdunkeln oder eine dunkle Belichtung aufhellen. Auf die Belichtungskorrektur wird noch gesondert in Abschnitt 3.2, »Die Belichtung manuell korrigieren«, eingegangen.

1.2.2 Der Filmmodus

Den Modus zum Filmen finden Sie ebenfalls auf dem Moduswahlrad, dargestellt durch ein Filmsymbol '🎥. Mit dem Filmen starten Sie, indem Sie die kleine rote Videotaste ● neben dem Hauptwahlrad drücken. Stoppen können Sie die Filmaufnahme, indem Sie die Taste erneut drücken. Sie können aber auch aus jedem Programmmodus heraus anfangen zu filmen. Wenn in diesem Buch die Rede von Film(en), Video oder Movie ist, dann handelt es sich immer um dasselbe.

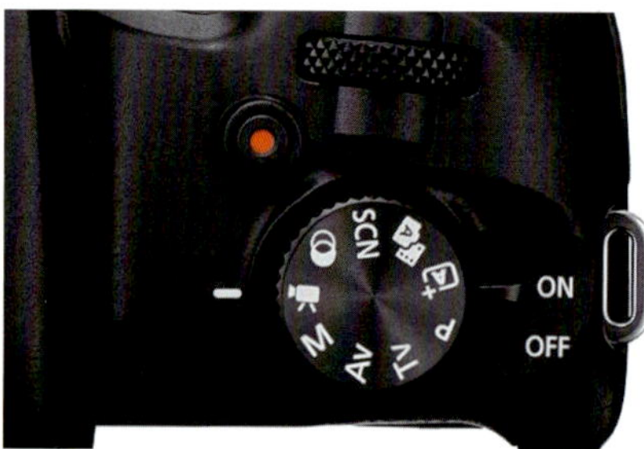

Abbildung 1.9 *Für das Filmen finden Sie einen eigenen Programmmodus auf dem Moduswahlrad. Unabhängig vom Programmmodus können Sie jederzeit über die rote Videotaste anfangen zu filmen.*

1.2.3 Das Hauptwahlrad und die Kreuztasten

Im Gegensatz zu einigen anderen Kameras finden Sie bei der EOS R100 nur ein Hauptwahlrad, worüber Sie die Kameraeinstellungen vornehmen können. Welche Einstellung Sie hierbei vornehmen, hängt vom ausgewählten Programmmodus und der gewählten Einstellung ab. Wann Sie welche Einstellung damit anpassen, erfahren Sie im Buch in den entsprechenden Kapiteln.

Ebenfalls sehr wichtig für die Bedienung der Kamera sind die Kreuztasten. Mit diesen navigieren Sie durch das Kameramenü, versetzen den Fokuspunkt oder haben Zugriff auf Funktionen wie die ISO-Empfindlichkeit, den Antriebsmodus, den Blitz oder die Belichtungskorrektur.

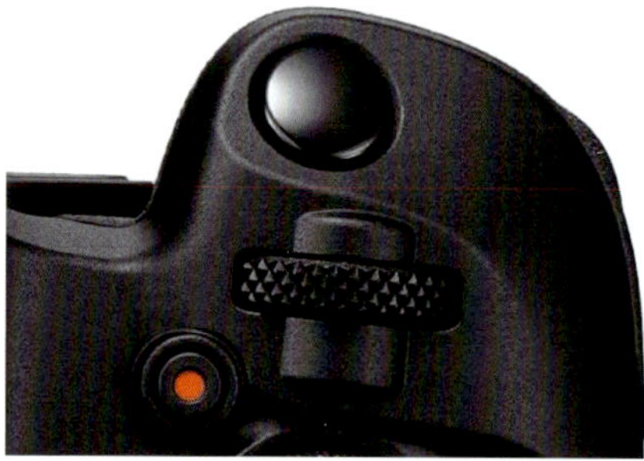

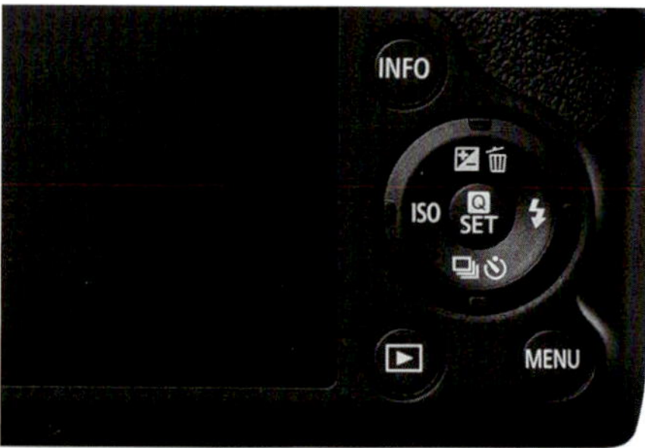

Abbildung 1.10 *Das Hauptwahlrad (links) und die Kreuztasten (rechts) sind die wichtigsten Bedienelemente beim Fotografieren (und Filmen) mit der EOS R100.*

1.2.4 Die Q-Taste und andere Funktionstasten

In der Mitte der Kreuztasten finden Sie die Q-Taste (auch SET-Taste), womit Sie schnell auf gängige Funktionen zugreifen können, die für das Fotografieren wichtig sind. Die Einträge in diesem Schnelleinstellungsmenü unterscheiden sich je nach ausgewähltem Programmmodus.

Mit der ✱-Taste können Sie die Belichtungseinstellung speichern und so für die nächste Aufnahme verwenden. Mit der [·:·]-Taste (AF-Messfeldwahl-Taste) darunter können Sie die Autofokusmethode auswählen und das Autofokus-Messfeld verschieben.

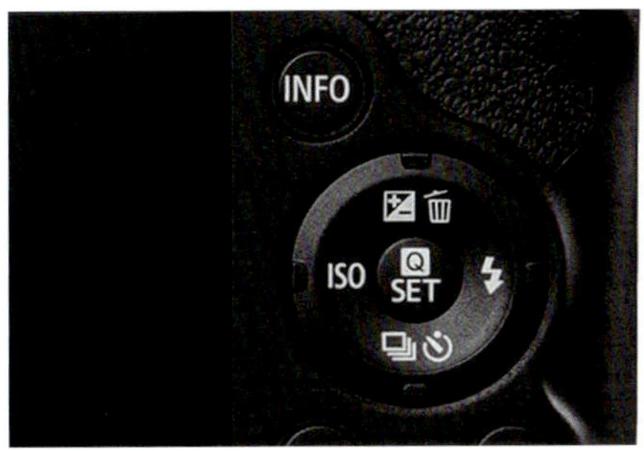

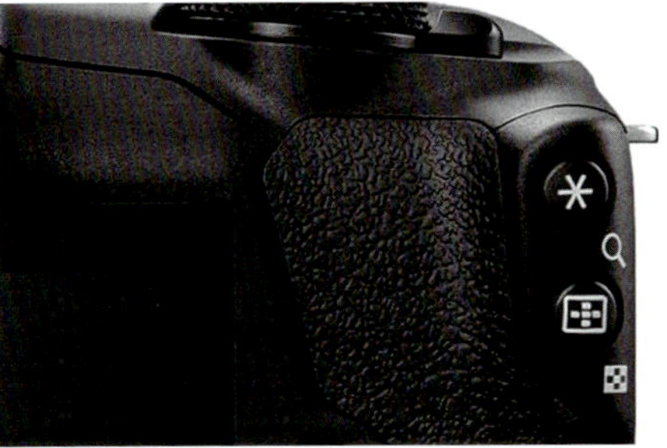

Abbildung 1.11 *Links: Über die Q-Taste (SET-Taste) können Sie schnell und unkompliziert auf die wichtigsten Funktionen zugreifen. Rechts: Über die ✱-Taste speichern Sie die Belichtung, und mit der [·:·]-Taste haben Sie Zugriff auf die Autofokusmethode und die Position des Autofokusfeldes.*

1.3 Bildkontrolle über Display und den Sucher

Unverzichtbar für die Bildkontrolle beim Fotografieren und für das Einstellen der Kamera sind das Display auf der Kamerarückseite und der elektronische Sucher (kurz: *EVF, Electronic View Finder*).

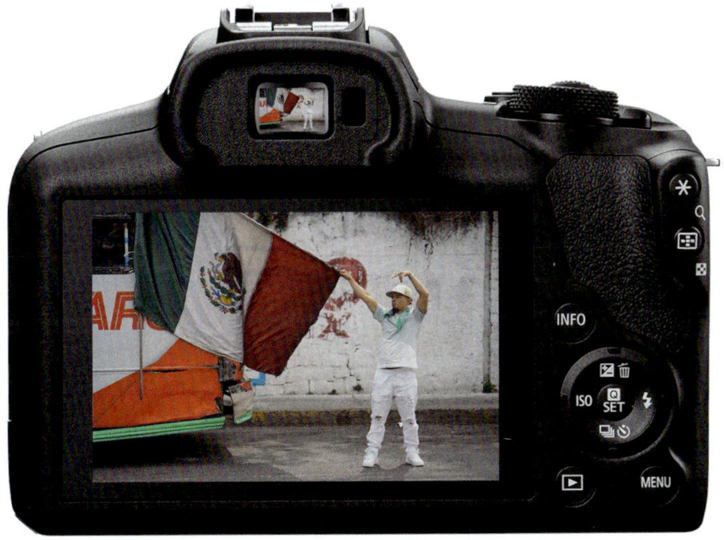

Abbildung 1.12 *Zur Bildkontrolle beim Fotografieren verwenden Sie das Display oder den Sucher.*

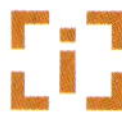

EVF und LCD = Sucher und Display

Die EOS R100 hat natürlich einen elektronischen Sucher (englisch *Electronic View Finder*, häufig als EVF abgekürzt). Im Buch werde ich lediglich vom Sucher sprechen, weil es sich so einfacher lesen lässt. Dasselbe gilt für das LCD (*Liquid Crystal Display*), das ich im Buch als Display bezeichne.

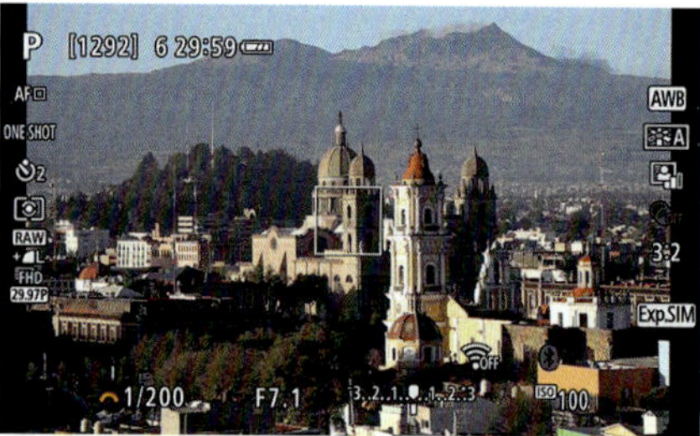

Abbildung 1.13 *Ansicht auf dem Display der Canon EOS R100*

Wenn Sie die Kamera einschalten, zeigt das Display das aktuelle Motiv (also das, worauf Sie die Kamera richten) mitsamt den Informationen zu den aktuellen Einstellungen an. Auf die Bedeutung der Symbole werde ich in den thematisch passenden Kapiteln eingehen. Wollen Sie den Sucher verwenden, müssen Sie lediglich mit dem Auge durchsehen. Ein Augensensor unterhalb des Suchers reagiert sofort, schaltet das Display aus und den elektronischen Sucher ein.

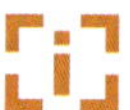

Augensensor

Beachten Sie: Der Augensensor am Sucher reagiert auch auf andere Objekte, die in der Nähe sind. Halten Sie z. B. Ihre Hand davor, wird ebenfalls das Display aus- und der Sucher eingeschaltet.

Sucher oder Display – jede Option hat abhängig von der Art der Fotografie ihre Vor- und Nachteile. Es gibt oft Aufnahmesituationen wie z. B. tief auf dem Boden, wo die Kamera an einer Position ist, in der es fast unmöglich wird, noch durch den Sucher zu sehen. Dann ist das Display sehr hilfreich. Bei anderen Aufnahmesituationen auf Augenhöhe, wie etwa bei der Porträtfotografie, ist der Sucher wiederum besser geeignet. Auch die Lichtsituation spielt bei der Wahl der besseren Option eine Rolle. Ist das Sonnenlicht sehr hell, kann es schwierig werden, etwas auf dem Display zu erkennen. Beim Filmen (aus der Hand) beobachtet man zwar häufiger, dass das Display verwendet wird, aber auch hier wäre der Sucher besser geeignet, weil die Kamera besser stabilisiert ist, wenn man sie am Auge hat. Sie werden selbst schnell feststellen, wann Sie lieber den Sucher und wann Sie das Display verwenden wollen.

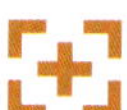

Bildschirm- und Sucherhelligkeit einstellen

Sie können auch die Helligkeit des Bildschirms und des Suchers einstellen. Drücken Sie hierzu die MENU-Taste und Sie finden die Einstellungen über **Funktionseinstellungen/** > **SET UP3** mit **Bildschirmhelligkeit** und **Sucher-**

helligkeit. Eine reduzierte Helligkeit bedeutet zwar auch einen niedrigeren Akkuverbrauch, aber für eine bessere Beurteilung des Bildes im Sucher bzw. auf dem Display sollten Sie die Helligkeit nicht zu stark reduzieren.

1.3.1 Das Endergebnis stets im Blick

Ein Vorteil, den Sie mit einer spiegellosen Kamera im Allgemeinen haben, ist, dass Sie im Sucher oder auf dem Display das Bild sehr annähernd so angezeigt bekommen, wie das Ergebnis aussähe, wenn Sie den Auslöser durchdrücken würden. Wenn Sie den Auslöser halb herunterdrücken, wird neben den eingestellten Kamerawerten eine Vorschau der Schärfentiefe angezeigt. Zudem lässt sich im Sucher oder auf dem Display schon vorab erkennen, ob ein Bild z. B. unter- oder überbelichtet ist. Gerade für Einsteiger ist diese Vorschau eine enorme Erleichterung, da noch die Erfahrung fehlt, wie sich bestimmte Einstellungen auswirken.

Belichtungssimulation abschalten

Es gibt Fälle, in denen Sie eine Simulation des Endergebnisses vielleicht deaktivieren wollen. Ein Anwendungsfall ist z. B. das Blitzen im Studio, wo es häufig dunkel ist und Sie mit der Belichtungssimulation im schlimmsten Fall gar nichts auf dem Display oder im Sucher erkennen. Diese Vorschau können Sie im Kameramenü über die MENU-Taste mit **Aufnahmeeinstellungen/** > **SHOOT6** > **Belichtungssimul.** mit **Deaktivieren** ausschalten.

1.3.2 Die Bildschirmansicht ändern

Wenn Sie auf der Rückseite die INFO-Taste mehrmals drücken, durchlaufen Sie die verschiedenen Anzeigen auf dem Display oder im elektronischen Sucher. Die Anzahl der verschiedenen Anzeigen hängt davon ab, ob Sie das Display oder den elektronischen Sucher verwenden, während Sie die INFO-Taste drücken.

Drücken Sie die INFO-Taste, während das Display aktiv ist, stehen Ihnen fünf Anzeigen zur Verfügung: dreimal eine Anzeige mit weniger bis mehr Informationen, dann die Bildanzeige ohne Informationen und zu guter Letzt die Anzeige nur mit Informationen ohne Bild.

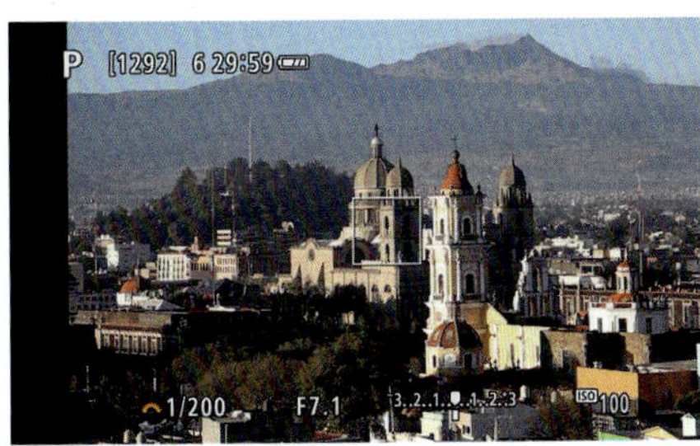

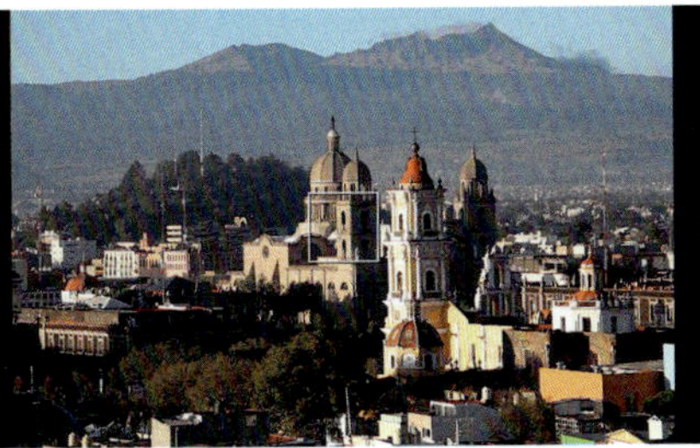

Abbildung 1.14 *Links die Bildansicht mit den Informationen in der Standardansicht und rechts die Bildansicht ohne Informationen*

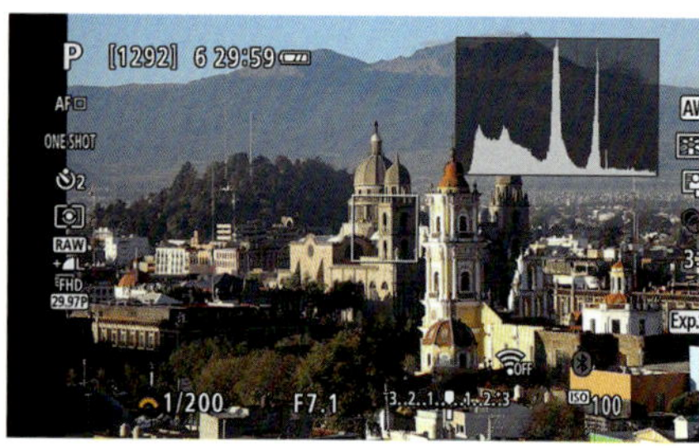

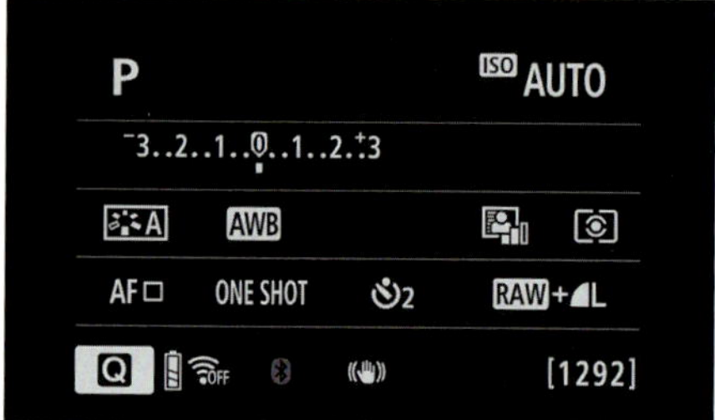

Abbildung 1.15 *Links die Anzeige mit den meisten Informationen und rechts die reine Informationsanzeige*

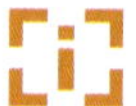

Informationen auf dem Display und Sucher anpassen

Welche Informationen auf dem Display oder dem Sucher angezeigt werden, können Sie bei Ihrer EOS R100 über die MENU-Taste mit **Aufnahmeeinstellungen/** > **SHOOT7** > **Anzeige Aufn.Info** einstellen.

Die Anzeigen von Display und Sucher werden immer separat ausgewählt. Wollen Sie die Anzeigen im Sucher durchlaufen, müssen Sie hindurchschauen (und ihn so aktivieren) und die INFO-Taste drücken. Für den Sucher gibt es drei Anzeigen: von weniger bis zu mehr Informationen.

Es gibt für den Sucher auch die Möglichkeit, neben der Standardansicht eine Ansicht mit einem schwarzen Rand zu verwenden, in dem die Informationsanzeigen und Einstellungen zu sehen sind. Das Sucheranzeigeformat können Sie über die MENU-Taste mit **Aufnahmeeinstellungen/** > **SHOOT7** > **Sucher-Anz.format** anpassen.

1.3.3 Den Ansichtsmodus festlegen

Fotografieren Sie in erster Linie nur mit dem Sucher oder nur mit dem Display, können Sie dies in der Kamera auch einstellen. Sie finden diese Einstellungen über die MENU-Taste im Kameramenü **Funktionseinstellungen/** > **SET UP3** > **Anz.-Einstell.** mit **Monitorstrg.**, wo die Standardeinstellung auf **Auto** steht. In der Standardeinstellung wird das Display verwendet.

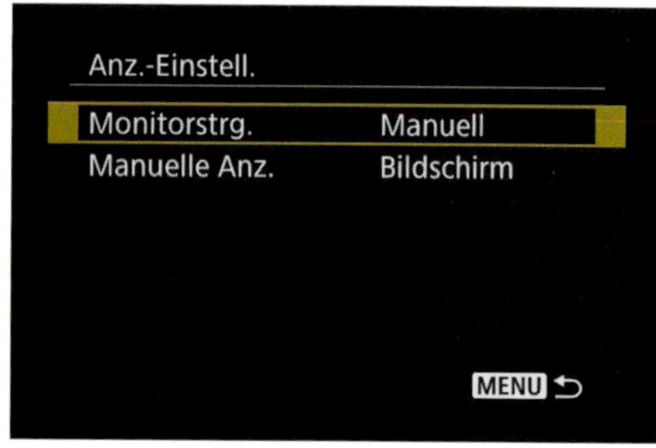

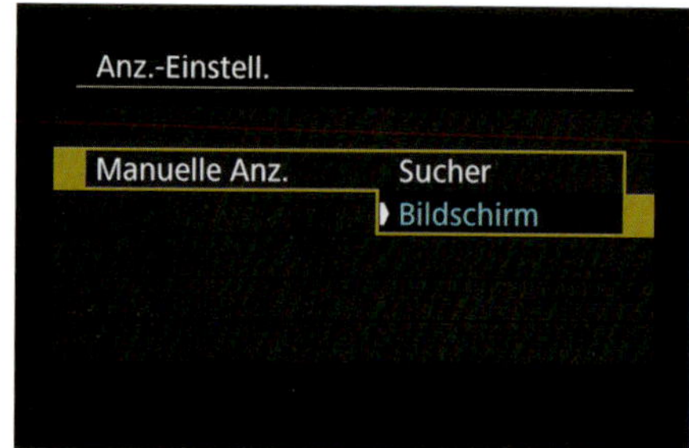

Abbildung 1.16 *Sie können den Ansichtsmodus der Kamera bei Bedarf auch nur auf den* ***Bildschirm*** *oder den* ***Sucher*** *festlegen.*

Sobald Sie mit dem Auge durch den Sucher schauen, wird der Sucher aktiviert. Wählen Sie hier die Einstellung **Manuell**, wird die ausgegraute Option **Manuelle Anz.** aktiviert, wo Sie dann explizit den **Bildschirm** oder den **Sucher** verwenden können. In dem Fall wird nicht mehr zwischen dem Display oder Sucher gewechselt, sondern nur die ausgewählte Option verwendet.

1.4 Im Schnelleinstellungsmenü und im Kameramenü navigieren

Nachdem Sie nun einen ersten Überblick über die EOS R100 erhalten haben, ist klar, dass sich die Kamera auf verschiedene Arten bedienen lässt. Neben den Bedienelementen mit Tasten und Einstellrädern steht Ihnen ein Schnelleinstellungsmenü zur Verfügung, das Sie mit der Q-Taste (bzw. SET-Taste) aktivieren, sowie das Kameramenü, das Sie mit der MENU-Taste aufrufen.

1.4.1 Das Schnelleinstellungsmenü

Das Schnelleinstellungsmenü rufen Sie mit der Q(uick)-Taste auf der Rückseite der Kamera auf. Das Menü dient dem schnellen Zugriff auf wichtige Einstellungen der Kamera, und seine Verwendung ist einfach. Mit den Kreuztasten nach oben und nach unten wählen Sie die gewünschte Funktion aus, und mit dem Hauptwahlrad oder den Kreuztasten nach rechts oder nach links ändern Sie den Wert. Das Schnelleinstellungsmenü funktioniert auch im Sucher, sodass Sie die einzelnen Einstellungen auch anpassen können, ohne die Kamera absetzen zu müssen. Welche Funktionen Sie im Schnelleinstellungsmenü anpassen können, hängt davon ab, welchen Programmmodus Sie verwenden.

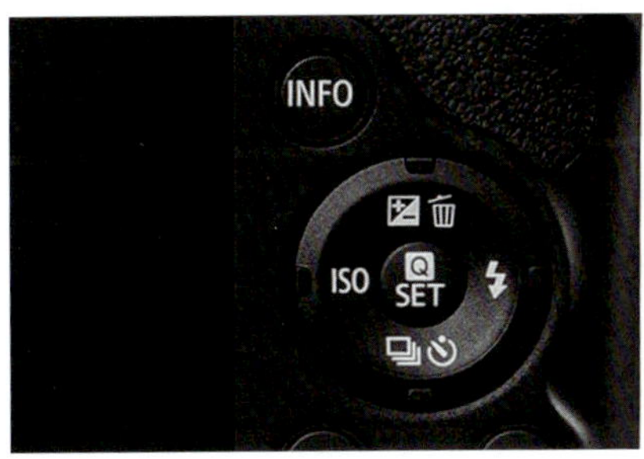

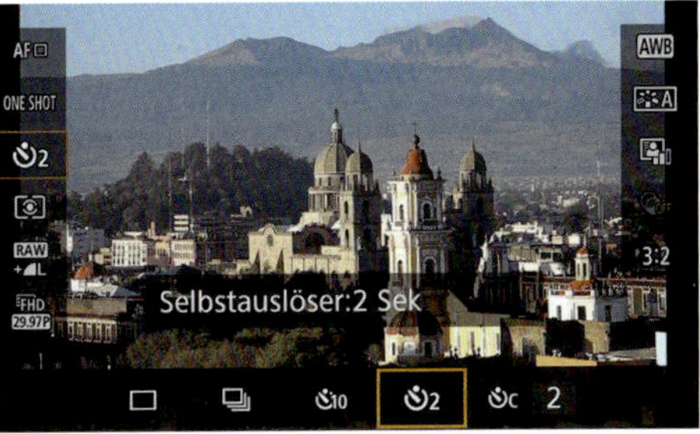

Abbildung 1.17 *Über die Q-Taste rufen Sie das Schnelleinstellungsmenü auf. Es dient dem schnellen Zugriff auf bestimmte Einstellungen (hier wird die* ***Betriebsart*** *auf* ***Selbstauslöser:2 Sek*** *gestellt).*

1.4.2 Das Kameramenü

Viele Einstellungen können Sie direkt an den Tasten und dem Hauptwahlrad der EOS R100 oder im Schnelleinstellungsmenü vornehmen. Trotzdem sind bei Weitem nicht alle Funktionen so zu erreichen, da die Anzahl der Tasten begrenzt ist, und für viele Einstellungen existiert gar keine solche Möglichkeit. Für solche Einstellungen führt daher kein Weg am Kameramenü vorbei. Um dieses aufzurufen, drücken Sie die MENU-Taste auf der Rückseite der Kamera.

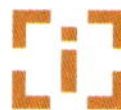

Kameramenü beenden

Das Kameramenü können Sie verlassen, indem Sie erneut die MENU-Taste drücken oder indem Sie kurz den Auslöser antippen.

Kameramenü mit Anleitung

Das Kameramenü ist aufgeteilt in die fünf Hauptregister **Aufnahmeeinstellungen** (**SHOOT**), **Wiedergabeeinstellungen** (**PLAY**), **Wireless-Einstellungen** (**NETWORK**), **Funktionseinstellungen** (**SET UP**) und **Anzeige-Profileinstellungen** (**DISPLAY LEVEL**). Durch die Register können Sie mit dem Hauptwahlrad oder den Kreuztasten nach rechts oder nach links wechseln.

In der Standardeinstellung wird das Kameramenü mit einer Anleitung angezeigt, die beschreibt, was Sie in den Hauptregistern einstellen können. Sobald Sie die SET-Taste drücken und in die Funktionen des Hauptregisters wechseln, wird auch nur der Inhalt des Registers angezeigt. Viele Hauptregister haben mehrere Unterseiten (z. B. **Aufnahmeeinstellungen** hat acht Unterseiten mit der Nummerierung **1**, **2**, **3**, **4** bis **8**) durch die Sie mit dem Hauptwahlrad oder den Kreuztasten nach links oder nach rechts navigieren können. Die einzelnen Menüeinträge können Sie mit den Kreuztasten nach unten und nach oben ansteuern und mit der SET-Taste auswählen und dann entsprechend anpassen.

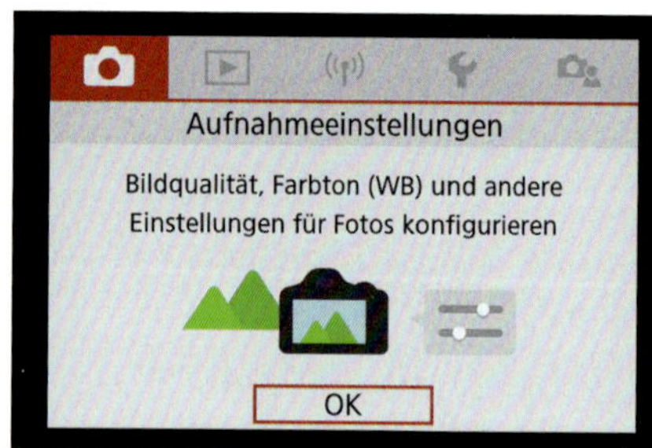

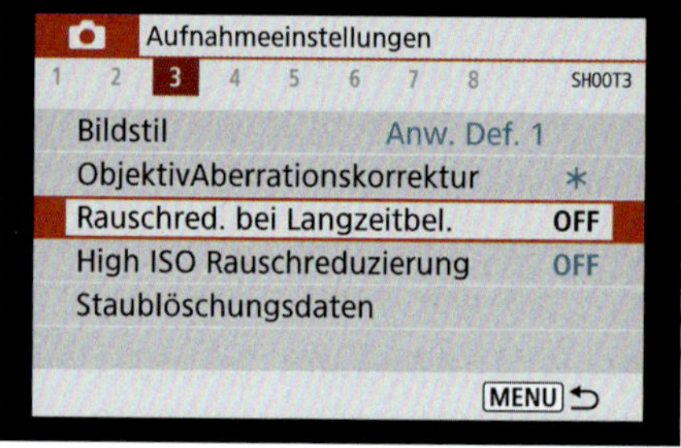

Abbildung 1.18 *Links die Anleitung für das Kameramenü* ***Aufnahmeeinstellungen****, rechts die dritte Seite dieses Kameramenüs*

Kameramenü ohne Anleitung

Wer bereits mit Canon-Kameras vertraut ist, der dürfte der weißen Oberfläche mit Anleitung nicht viel abgewinnen können. Die klassische Standardanzeige des Kameramenüs können Sie jederzeit im Kameramenü **Anzeige-Profileinstellungen/** **> Menüanzeige** ändern, indem Sie den Wert hier von **Mit Anleitung** auf **Standard** stellen. Wenn Sie jetzt das Kameramenü mit der MENU-Taste aktivieren, finden Sie das klassische Standard-Kameramenü von Canon vor. Neben den Hauptregistern wird nun auch noch ein Register **My Menu** (**MY MENU: Set up**)/★ angezeigt.

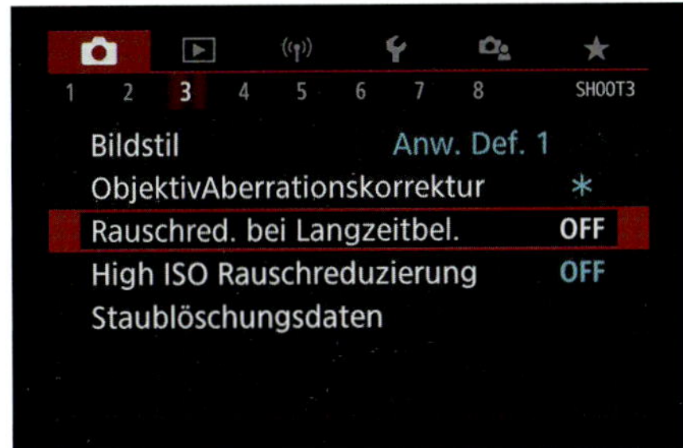

Abbildung 1.19 *Die klassische Standardansicht des Kameramenüs*

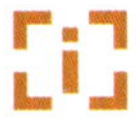

My Menu

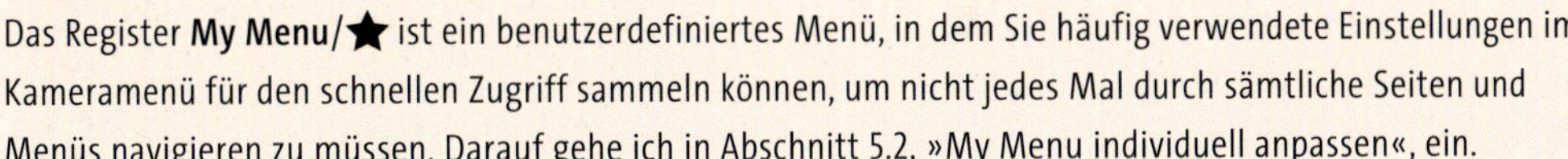

Das Register **My Menu/★** ist ein benutzerdefiniertes Menü, in dem Sie häufig verwendete Einstellungen im Kameramenü für den schnellen Zugriff sammeln können, um nicht jedes Mal durch sämtliche Seiten und Menüs navigieren zu müssen. Darauf gehe ich in Abschnitt 5.2, »My Menu individuell anpassen«, ein.

Die Navigation im Kameramenü ohne Anleitung ist ähnlich wie schon im vorherigen Abschnitt (mit der Anleitung) beschrieben wurde. So können Sie nun ebenfalls mit dem Hauptwahlrad und den Kreuztasten nach links bzw. nach rechts durch die Hauptregister und die einzelnen Seiten blättern und mit den Kreuztasten nach unten bzw. nach oben die einzelnen Funktionen ansteuern und mit der SET-Taste auswählen und anpassen.

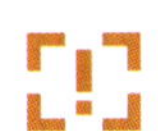

Kameramenü(befehle) in diesem Buch

In diesem Buch werde ich die Standardversion des Kameramenüs ohne Anleitung verwenden. Um also z. B. auf die Funktion **Bildstil** im Kameramenü hinzuweisen, verwende ich die Schreibweise 📷 **> SHOOT3 > Bildstil**. Wobei die **3** bei **SHOOT** für die dritte Seite steht. Dies wird allerdings auch so im Kameramenü angezeigt. Beim Kameramenü mit der Anleitung müssen Sie zunächst auf **Aufnahmeeinstellungen** klicken und anschließend auf **SHOOT3 > Bildstil**. Zusätzlich verwende ich auch das Symbol der entsprechenden Registerkarte, wie hier im Beispiel mit 📷.

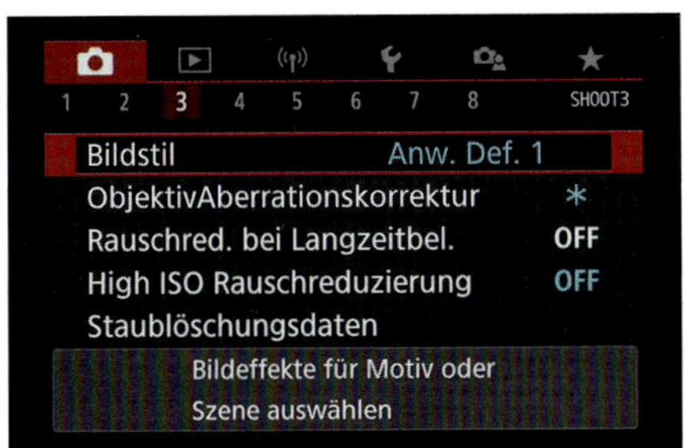

Abbildung 1.20 *Für das Buch wird die dunkle Standardversion des Kameramenüs ohne Anleitung verwendet.*

1.5 Einstellungen für einen guten Start

Im weiteren Verlauf des Buches werden Sie viele nützliche Funktionen und Einstellungen der Kamera kennenlernen und erfahren, was Sie damit machen können. Bei den Einstellungen für einen guten Start in diesem Abschnitt handelt es sich um kleinere allgemeine Einstellungen, die sich von der Standardeinstellung unterscheiden, in der Praxis ganz angenehm sind und das Fotografieren erleichtern. Natürlich sind solche Einstellungen bzw. Empfehlungen immer auch von meinen persönlichen Präferenzen und Erfahrungen mit der Kamera beeinflusst.

1.5.1 Aufnahmeeinstellungen

Im Kameramenü bei **[Kamera-Symbol] > SHOOT1 > Bildqualität** verwende ich **RAW** (mit dem Hauptwahlrad auswählen) und bei **JPEG** die Option **◢L**, weil dies die höchste Qualität ist und ich alle Möglichkeiten für die Nachbearbeitung erhalten will. Das Bild können Sie nachträglich immer noch verkleinern oder im Seitenverhältnis verändern. Mit dieser Einstellung zeichnen Sie Raw- und JPEG-Bilder gleichzeitig auf. Für Schnappschüsse stelle ich manchmal auch nur **JPEG** auf **◢L** und verwende kein **RAW**. Neben dem herkömmlichen **RAW** finden Sie noch mit **CRAW** eine verlustfrei komprimierte Raw-Version, womit Sie bis zu 40 % Speicherplatz sparen können.

Raw oder JPEG?

Die Bildformate in der Fotografie sind für gewöhnlich entweder das Raw- oder das JPEG-Format. Dass das Raw-Format mehr Bildinformationen enthält und Sie somit mehr aus dem Bild herausholen können als mit dem JPEG-Format, wissen Sie sicherlich. Allerdings bedeutet dies in der Praxis häufig auch, dass ein Raw-Format für die Weitergabe immer bearbeitet werden muss, und sei es nur, das Bild in das JPEG-Format zu exportieren. Ein JPEG-Bild ist gleich nach dem Fotografieren bereit für die Weitergabe, aber in der Nachbearbeitung etwas limitiert. Auf das Fotografieren im JPEG-Format gehe ich gesondert in Kapitel 6, »Bildstile und die JPEG-Fotografie«, ein.

So bietet das Raw-Format Ihnen immerhin die Option, Bilder mit 10, 12 oder 14 Bit an Helligkeitsinformationen pro Farbkanal zu speichern. In der Praxis bedeutet dies, dass Ihnen mit Raw 1.024 bis 16.384 Helligkeitsstufen pro Farbkanal zur Verfügung stehen. Wenn Sie dunkle oder helle Bereiche nachbearbeiten wollen, dann haben Sie dafür weitaus mehr Bildinformationen als beim JPEG-Format mit 8 Bit pro Farbkanal, was nur maximal 256 Helligkeitsstufen entspricht. Gerade bei Aufnahmen in schwierigen Lichtverhältnissen lässt sich damit bei Raw-Bildern noch mehr aus den über- oder unterbelichteten Bereichen herausholen.

Für das Seitenverhältnis belasse ich es bei **[Kamera-Symbol] > SHOOT1 > Seitenverh. Fotos** bei **3:2**. Sollten Sie ausschließlich im Raw-Format fotografieren, werden die Bilder immer im 3:2-Format aufgenommen, weil dies das Seitenverhältnis des Bildsensors darstellt.

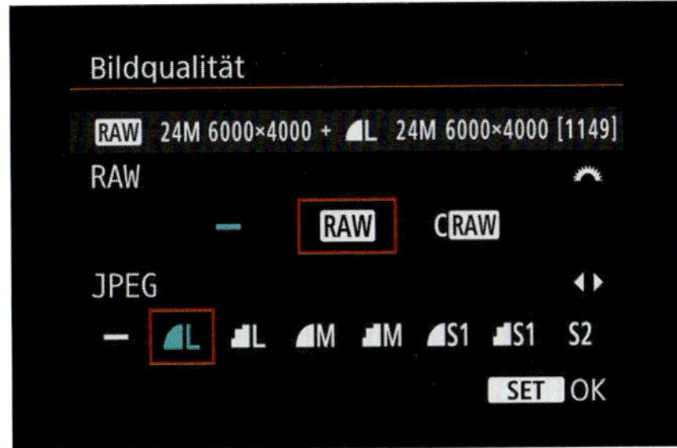

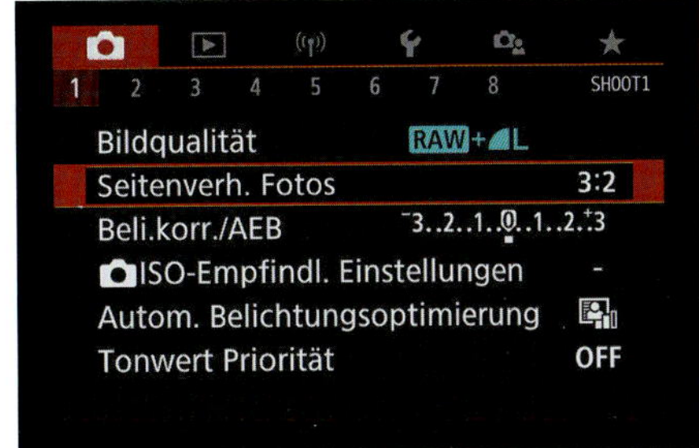

Abbildung 1.21 *Links: Ich stelle die Bildqualität auf* ***RAW*** *und* ***JPEG*** *(mit höchster Qualität). Rechts: Beim Seitenverhältnis belasse ich es bei* ***3:2****.*

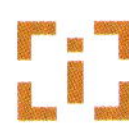

Seitenverhältnis

In der Standardeinstellung mit 3:2 verwenden Sie das »natürliche« Seitenverhältnis des Bildsensors. Beim Seitenverhältnis 16:9 werden die JPEG-Bilder oben und unten beschnitten. Dasselbe gilt für das Seitenverhältnis 1:1, bei dem die Bilder rechts und links beschnitten werden. Das einzige Verhältnis, bei dem die Bilder nicht beschnitten werden, ist das standardmäßige 3:2-Seitenverhältnis, weil dies auch die Größe ist, mit der der Sensor die Bilder aufnimmt. Daher stelle ich die Bildgröße fast immer auf 3:2, womit ich die maximale Ausgangsqualität für meine JPEG-Aufnahmen habe. Wie erwähnt, spielt das Seitenverhältnis nur bei Bildern im JPEG-Format eine Rolle. Bilder im Raw-Format werden immer im 3:2-Verhältnis aufgenommen.

1.5.2 Anzeigeeinstellungen

Neben der bereits vorgenommenen Einstellung, das Kameramenü ohne Anleitung zu verwenden (siehe Abschnitt 1.4.2, »Das Kameramenü«), deaktiviere ich über > **DISPLAY LEVEL** > **Modus-Beschreib.** auch diese Einstellung, damit mir nicht bei jedem Wechsel des Programmmodus über das Moduswahlrad eine Beschreibung dazu angezeigt wird. Wenn Sie gerade in die Fotografie einsteigen, mag diese Information noch hilfreich sein, aber spätestens nach einem bis zwei Monaten dürften Sie dann wissen, was die einzelnen Programme bewirken.

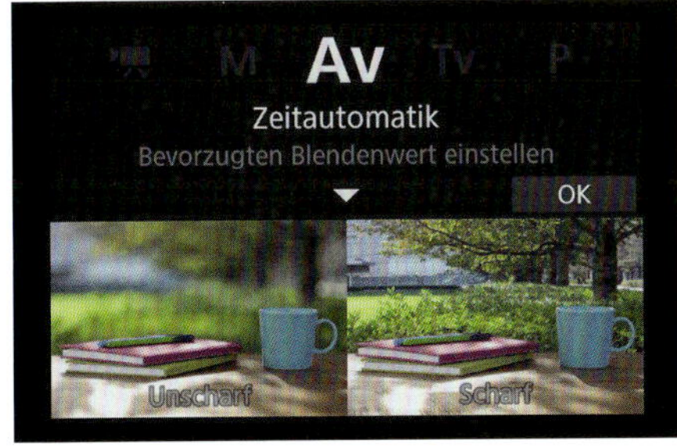

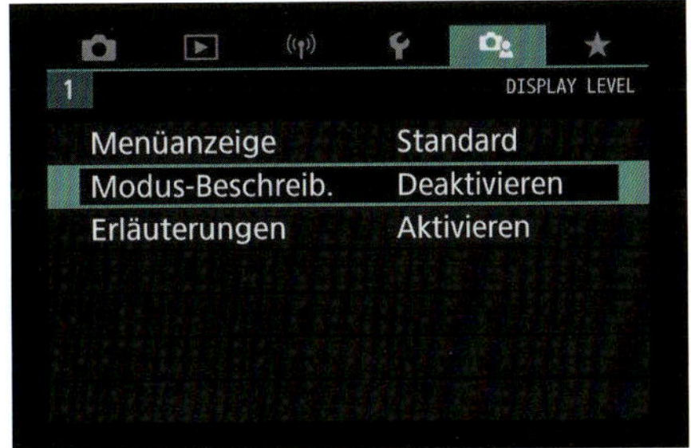

Abbildung 1.22 *Links: Auf die Beschreibung beim Wechsel des Programmmodus kann man bei Bedarf verzichten. Rechts: Die Modusbeschreibung beim Programmwechsel deaktiviere ich.*

Nach einer Aufnahme wird jeweils für zwei Sekunden das gemachte Bild angezeigt. Dies bremst häufig eher den Flow, weshalb ich diese Option über **> SHOOT6 > Rückschauzeit** auf **Aus** stelle. Sie können die Bilder jederzeit über die ▶-Taste betrachten. Auch den Piep-Ton beim Scharfstellen deaktiviere ich über **> SET UP2 > Piep-Ton**.

Eine weitere zunächst unscheinbare Funktion finden Sie mit **> SHOOT7 > Anzeigeleistung**. Die Funktion ist auf **Stromsparend** eingestellt. Wenn Sie auf das Display oder durch den Sucher schauen und sich schnell bewegende Motive verfolgen, werden Sie feststellen, dass die Anzeige etwas ruckelig wirkt. Dies können Sie ändern, indem Sie den Wert auf **Flüssig** stellen. Damit verdoppeln Sie die Anzahl der Bilder pro Sekunde im Display bzw. Sucher. Dies macht es einfacher, Objekte in Bewegung zu verfolgen.

1.5.3 Hilfe bei der Bildkomposition

Ich verwende gelegentlich ein Raster, das mir bei der Ausrichtung meiner Kamera und bei der Bildkomposition hilft. Um das Raster zu aktivieren, gehen Sie in das Kameramenü **> SHOOT7 > Anzeige Aufn.info > Gitteranzeige** und wählen dort ein gewünschtes Gitterraster. Zur Auswahl stehen **3×3**, **6×6** und **3×3** mit zwei diagonalen Linien.

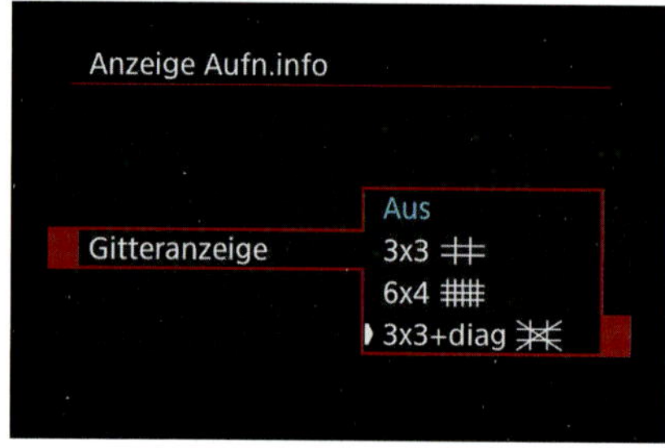

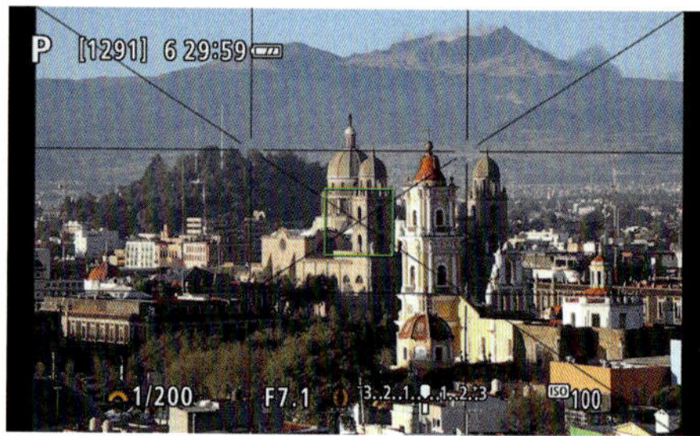

Abbildung 1.23 *Links: Das Raster (**Gitteranzeige**) müssen Sie zunächst aktivieren. Dann kann es, wie rechts, bei der Ausrichtung der Kamera und bei der Bildkomposition hilfreich sein. Hier wird ein 3-×-3-Raster mit diagonalen Linien eingeblendet.*

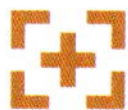

Speicherkarte formatieren

Meine Empfehlung lautet immer, die SD-Karte beim erstmaligen Gebrauch in der Kamera zu formatieren, in der sie benutzt werden soll. Bei der EOS R100 finden Sie diese Funktion über das Kameramenü **> SET UP1 > Karte formatieren**. Vergessen Sie nicht: Beim Formatieren werden alle Bilder und sonstigen Daten auf der SD-Karte unwiderruflich gelöscht! Bei **Karte formatieren** finden Sie eine Option **Format niedriger Stufe** vor, die Sie mit der INFO-Taste aktivieren können. Mit dieser Einstellung wird die Speicherkarte physikalisch durch Löschen aller Inhalte formatiert. Ohne diese Option wird im Grunde nur das Inhaltsverzeichnis der Karte gelöscht und kann mit einer speziellen Software wiederhergestellt werden. Wenn Sie die Speicherkarte aber auch zum Speichern von Fotos anderer Kameras oder einer Videokamera nutzen, sollten Sie die Speicherkarte immer formatieren, um sicherzustellen, dass beim Schreiben der Daten keine Fehler auftreten.

1.5.4 Kamera zurücksetzen

Wollen Sie die Kamera wieder auf den Auslieferungszustand zurücksetzen, wählen Sie im Kameramenü **> SET UP4 > Kam. zurücks.** und dann **Grundeinstell.** aus. Bestätigen Sie dies mit der SET-Taste. Wenn Sie nicht alle Einstellungen zurücksetzen wollen, sondern nur angepasste Einstellungen, wählen Sie die zweite Option **Andere Einstell.** Aus, und wählen Sie dann den Bereich aus, den Sie zurücksetzen möchten.

1.6 Bildwiedergabe

Vermutlich haben Sie bereits das eine oder andere Mal den Auslöser betätigt und somit ein paar Fotos auf die Speicherkarte geschrieben. In der folgenden Anleitung finden Sie eine grundlegende Einführung, wie Sie die Bildwiedergabe der EOS R100 verwenden können, um Ihre Bilder zu betrachten oder bei Nichtgefallen zu löschen. Die Bildwiedergabe funktioniert sowohl auf dem Display als auch im Sucher.

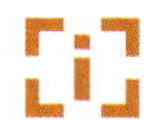

Wiedergabe per HDMI auf einem externen Medium

Dank des HDMI-Ausgangs der EOS R100 können Sie für die Bildwiedergabe auch ein TV-Gerät oder einen Monitor verwenden. Hierfür benötigen Sie ein Kabel, das kameraseitig einen Micro-HDMI-Stecker vom Typ D hat und gewöhnlich (abhängig von Ihrem Monitor) einen TV-seitigen Stecker vom Typ A. Wenn Sie die Kamera mit dem TV-Gerät verbunden haben, schalten Sie sie an, und drücken Sie die Wiedergabetaste.

Gewöhnlich reagiert das TV-Gerät jetzt automatisch und gibt das Kameramenü wieder. Reagiert das TV-Gerät nicht, müssen Sie eventuell den HDMI-Kanal am TV-Gerät ändern oder das TV-Gerät auf einen bestimmten HDMI-Kanal schalten, wenn mehrere HDMI-Anschlüsse vorhanden sind. Da Sie so das Kamerabild auf das TV-Gerät übertragen, können Sie auch in den Aufnahmemodus wechseln und Bilder aufnehmen und den Vorgang gleich am TV-Gerät betrachten.

SCHRITT FÜR SCHRITT

Schritt für Schritt: Aufnahmen betrachten, vergleichen und bewerten

1 Bildwiedergabe starten

Die Bildwiedergabe starten Sie auf der Rückseite der EOS R100 mit der [▶]-Taste. Gewöhnlich wird das zuletzt gemachte Foto oder der zuletzt gemachte Film angezeigt. Durch die einzelnen Bilder blättern Sie mit den Kreuztasten nach links bzw. nach rechts. Auch über das Hauptwahlrad können Sie durch die Bilder navigieren. Hierbei ist allerdings die Standardeinstellung, zehn Bilder auf einmal nach vorn oder hinten zu springen. Diese Einstellung können Sie im Kameramenü über [▶] **> PLAY4 > Bildsprung mit** ändern.

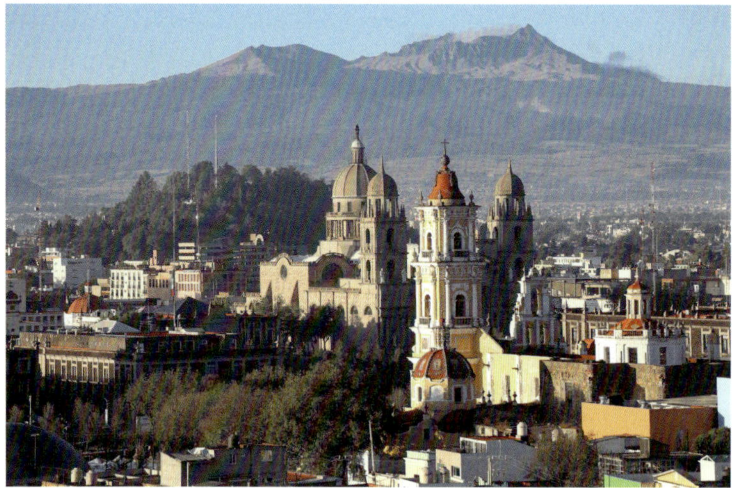

Abbildung 1.24 *Der Wiedergabemodus der EOS R100 in der Standardanzeige*

2 Anzeigemodi wechseln

Mit der INFO-Taste wechseln Sie zwischen den verschiedenen Anzeigemöglichkeiten. Die erste Anzeige ist die leere Standardanzeige (siehe Abbildung 1.24) ohne Informationen. Die zweite Anzeige zeigt grundlegende Aufnahmeinformationen wie Belichtungszeit, Blende, ISO oder das Aufnahmeformat. Die dritte Anzeige ebenso wie die folgenden beiden Anzeigen bieten erweiterte Informationen wie ein Histogramm, bis Sie wieder bei der Anzeige ohne Information anfangen.

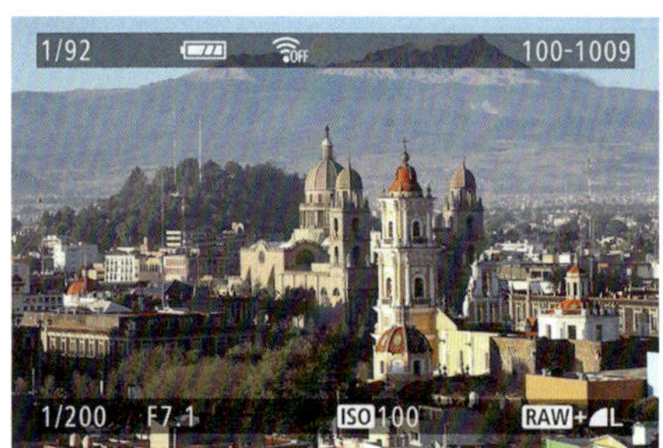

Abbildung 1.25 *Die Anzeige mit grundlegenden Aufnahmeinformationen*

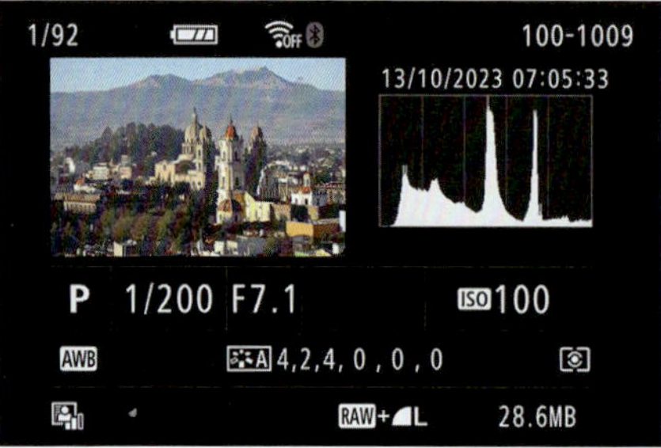

Abbildung 1.26 *Eine der erweiterten Anzeigen mit Histogramm und weiteren Informationen*

3 Einzelne Bilder löschen

Das aktuell angezeigte Bild der Bildwiedergabe können Sie mit der 🗑-Taste (nach oben bei den Kreuztasten) auf der Rückseite löschen. Daraufhin erscheint eine Abfrage, die Sie mit **Löschen** bestätigen oder mit **Abbruch** abbrechen können. Wenn Sie die Bilder im JPEG- und Raw-Format aufnehmen, können Sie hier explizit auswählen, ob Sie das **RAW**, **JPEG** oder beide Formate von der Speicherkarte löschen wollen. Auf diese Weise können Sie weitere Bilder löschen, indem Sie mit den Kreuztasten nach rechts oder nach links durch die einzelnen Bilder navigieren. Den Vorgang können Sie mit der ▶-Taste oder durch Antippen des Auslösers beenden.

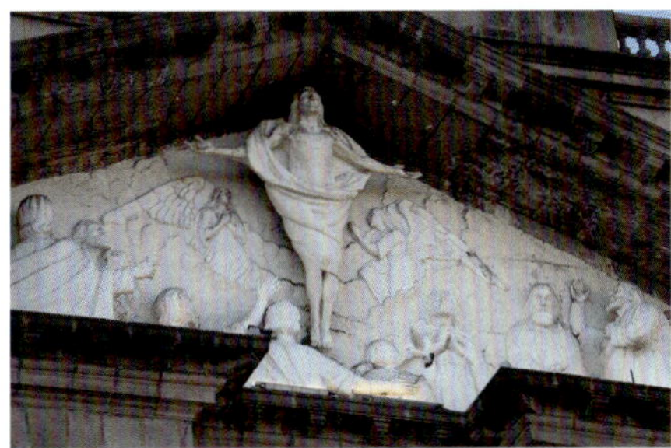

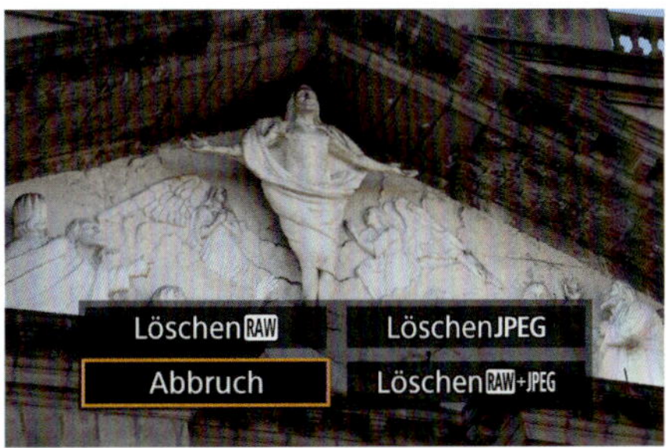

Abbildung 1.27 *Links: Wählen Sie das Bild zum Löschen aus, und drücken Sie die 🗑-Taste. Rechts: Bildlöschen bestätigen oder abbrechen*

4 Mehrere Bilder löschen

Wollen Sie mehrere Bilder auf einmal löschen, müssen Sie den Umweg über das Kameramenü mit ▶ **> PLAY1 > Bilder löschen** gehen. Folgende Funktionen zum Löschen der Bilder stehen Ihnen zur Verfügung:

- **Bilder auswählen und löschen**: Hier können Sie Bilder für das Löschen mit der SET-Taste markieren. Durch die Bilder navigieren Sie mit den Kreuztasten nach links bzw. nach rechts. Drücken Sie die MENU-Taste, werden die Bilder, vor die Sie ein Häkchen gesetzt haben, mit einer Rückfrage gelöscht. Mit der ✱-Taste können Sie in das Bild hineinzoomen und mit der ⊡-Taste herauszoomen, sodass bis zu drei Bilder nebeneinander angezeigt werden.
- **Bereich auswählen**: Hiermit können Sie einen bestimmten Bereich von Bildern zum Löschen selektieren. Sie wählen mit der SET-Taste das erste und das letzte zu löschende Bild. Jetzt werden alle Bilder dazwischen ebenfalls zum Löschen markiert. Sie können auf diese Weise auch mehrere solcher Bereiche zum Löschen markieren. Auch hierbei können Sie mit der ✱-Taste tiefer hineinzoomen und mit der ⊡-Taste herauszoomen, bis maximal sechs Bilder pro Zeile mit maximal fünf Zeilen angezeigt werden. Gelöscht werden die ausgewählten Bilder mit der MENU-Taste. Vorher erfolgt noch eine Rückfrage.
- **Aller Bilder in einem Ordner** oder **Alle Bilder auf der Karte**: Damit löschen Sie alle vorhandenen Bilder in einem Ordner oder der Speicherkarte. Natürlich erfolgt auch dabei eine Rückfrage.

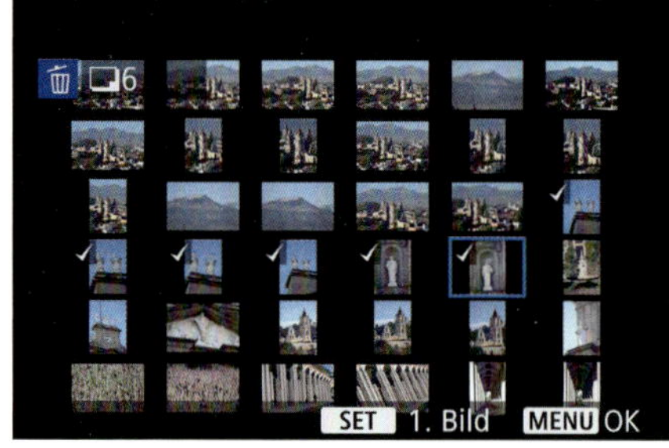

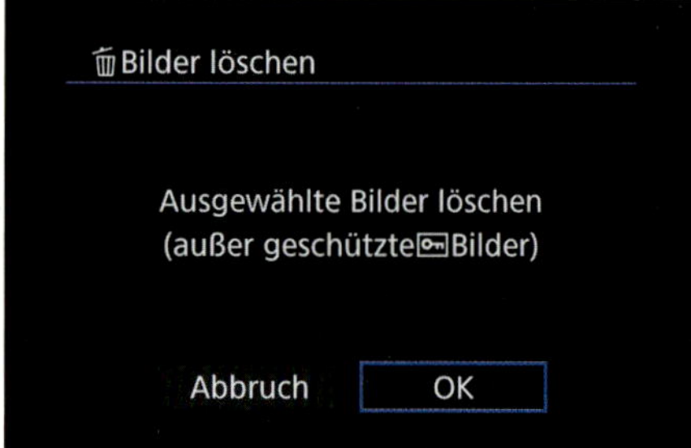

Abbildung 1.28 *Mehrere Bilder wurden zum Löschen mit* ***Bereich auswählen*** *markiert. Rechts: Das Löschen mehrere Bilder müssen Sie zur Sicherheit bestätigen.*

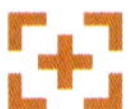

Alle Bilder löschen bis auf ein paar Ausnahmen

Es gibt Situationen, in denen Sie vielleicht einfach nur viele Testaufnahmen mit der Kamera gemacht haben und es trotzdem eine Handvoll ganz guter Bilder gibt. Nun alle Bilder bis auf die wenigen guten wie in Schritt 4 zum Löschen auszuwählen, kann mühsam sein. Für solche Zwecke finden Sie über das Menü ▶ > **PLAY1 > Bilder schützen** verschiedene Optionen, mit denen Sie einzelne Bilder, einen Bereich von Bildern, alle Bilder in einem Ordner oder alle Bilder auf der Speicherkarte schützen können. Zusätzlich finden Sie jeweils einen Befehl, mit dem Sie für alle Bilder in einem Ordner oder der Speicherkarte den Schutz aufheben können. **Achtung:** Der Bilderschutz gilt nur für die Löschfunktion. Wenn Sie die Speicherkarte formatieren, werden auch die geschützten Bilder gelöscht!

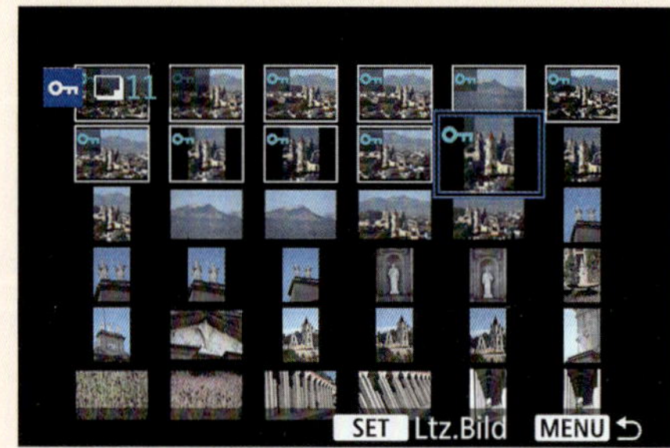

Abbildung 1.29 *Bereich von Bildern zum Schützen auswählen*

5 Bildansicht vergrößern

Für die Vergrößerung einer Bildansicht drücken Sie die ✱-Taste, um mehrere Stufen in das Bild hineinzuzoomen. Zur Übersicht werden das Bild und der Rahmen der angezeigten Ausschnittsvergrößerung angezeigt. Über diese Vorschau stellt die weiße Markierung innerhalb des rechteckigen Kastens die Vergrößerungsstufe dar. Mit den Kreuztasten können Sie den Ausschnitt der Vergrößerung verschieben. Wenn Sie in der vergrößerten Ansicht zum nächsten Bild auch in der vergrößerten Ansicht wechseln wollen, drehen Sie das Hautwahlrad. Schrittweise herauszoomen können Sie mit der [-:-]-Taste. Drücken die MENU-Taste, um die vergrößerte Ansicht zu beenden.

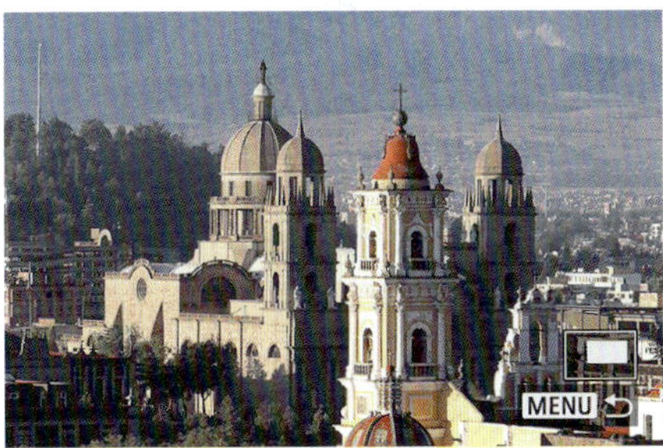

Abbildung 1.30 *Ein Bild im Wiedergabemodus in vergrößerter Ansicht betrachten*

6 Bilder sichten

Das Sichten größerer Bildmengen können Sie über die [-:-]-Taste durchführen, indem Sie diese Taste drücken. Beim ersten Drücken erscheint eine Anzeige mit vier Bildern. Durch erneutes Drücken der [-:-]-Taste wird auf neun, dann auf 36 und zu guter Letzt auf 100 Bilder umgeschaltet. Ein bestimmtes Bild wählen Sie mit dem den Kreuztasten aus. Mit der SET-Taste können Sie das Bild dann in der Vollansicht betrachten.

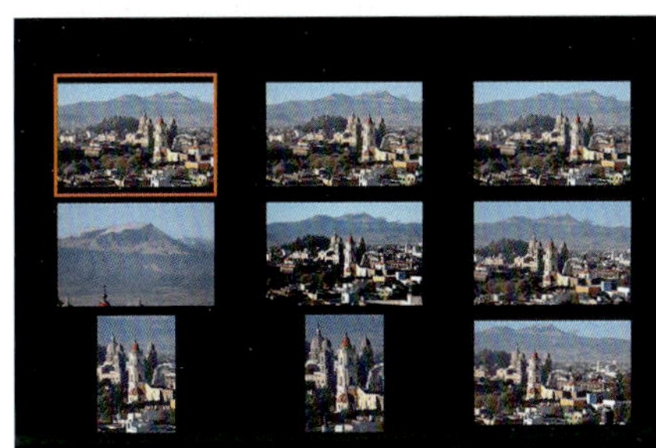

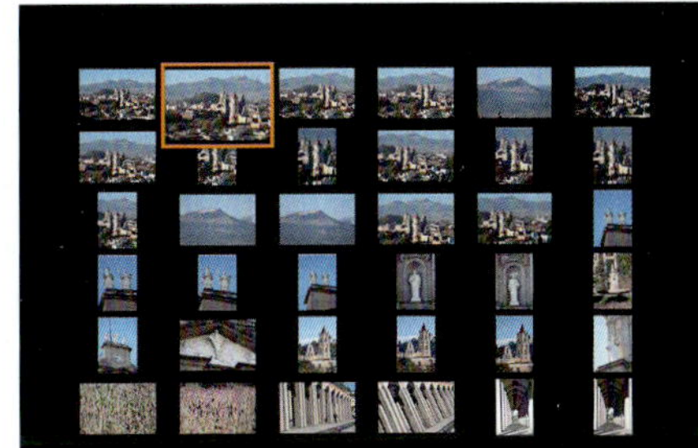

Abbildung 1.31 *Links: Größere Bildmengen sichten (hier neun Bilder); rechts: Bildwiedergabe von 36 Bildern gleichzeitig*

7 Bildwiedergabe beenden

Die Bildwiedergabe beenden Sie, indem Sie erneut die Wiedergabetaste an der Kamera drücken oder einfach kurz den Auslöser antippen.

Kapitel 2
Programmmodi der Canon EOS R100

In diesem Kapitel erfahren Sie, wie Sie die verschiedenen Programmmodi mit der EOS R100 einstellen und verwenden können. Vieles in diesem Kapitel richtet sich vor allem an Ein- und Wiedereinsteigende. Sie erfahren, welche Bildwirkung Sie mit den einzelnen Programmmodi erzielen und wie Sie das Zusammenspiel der Faktoren Blende, Belichtungszeit und ISO-Wert steuern. Die Modus-Programme lassen sich in *Motiv-Programme* und *Kreativ-Programme* aufteilen. Bei den Motiv-Programmen müssen Sie in der Regel nur noch den Auslöser betätigen. Alle anderen Einstellungen übernimmt die Kamera automatisch für Sie. Bei den Kreativ-Programmen **P**, **Tv**, **Av** und **M** hingegen übernehmen Sie stärker die Kontrolle und bestimmen über die Belichtungszeit, den Blendenwert, die Belichtung und noch vieles mehr.

2.1 Motiv-Programme der EOS R100

Die EOS R100 bietet verschiedene automatische Programme an, in denen die Kamera sämtliche Einstellungen für Sie übernimmt und Sie nicht mehr oder nur in ganz geringem Umfang eingreifen können. Bei diesen Modi sind im Kameramenü und dem Schnelleinstellungsmenü viele Funktionen nicht verfügbar. In diesem Buch gehe ich nur kurz auf diese Programmmodi ein, weil sie zum größten Teil selbsterklärend sind.

Der Automatikmodus und die Motiv-Programme sind durchaus interessant, wenn Sie gerade erst in die Fotografie einsteigen oder wenn Sie jemandem die Kamera in die Hand geben, der sich mit dem Fotografieren überhaupt nicht auskennt. Ich gehe an dieser Stelle davon aus, dass Sie sich dieses Buch gekauft haben, um eben nicht nur im Automatikmodus zu fotografieren. Es wäre zudem schade, das Potenzial der EOS R100 auf diese Weise zu »verschwenden«.

2.1.1 Vollautomatische Aufnahmen

Stellen Sie das Moduswahlrad auf A+, dann verwenden Sie den Vollautomatikmodus der Kamera. In diesem Modus übernimmt die EOS R100 die ganze Arbeit für Sie. Sie stellt sämtliche Werte – Blende, Belichtungszeit und ISO-Wert – sowie alle anderen Aufnahmeparameter selbstständig ein. Auch der Autofokusbetrieb (**One-Shot AF** oder **Servo AF**) wird abhängig vom erkannten Motiv eingestellt. Erkennt die Kamera z. B. ein bewegtes Motiv, wird **Servo AF** verwendet. In der Regel fokussiert die Kamera das nächstgelegene Motiv scharf. Ist die Umgebung zu dunkel, werden Sie aufgefordert, den Blitz hochzuklappen.

Wenn Sie die Kamera im Vollautomatikmodus verwenden, ist auch eine Szenenerkennung aktiv. Sie bestimmt die passenden Optionen für die aktuelle Situation. Entsprechend der von der Kamera erkannten Situation wird ein Symbol eingeblendet. Dieser vollautomatische A+-Modus kann für den Einstieg durchaus eine erste Hilfe bei der Verwendung der Kamera sein. Einige Funktionen der Kamera sind in diesem Modus allerdings deaktiviert.

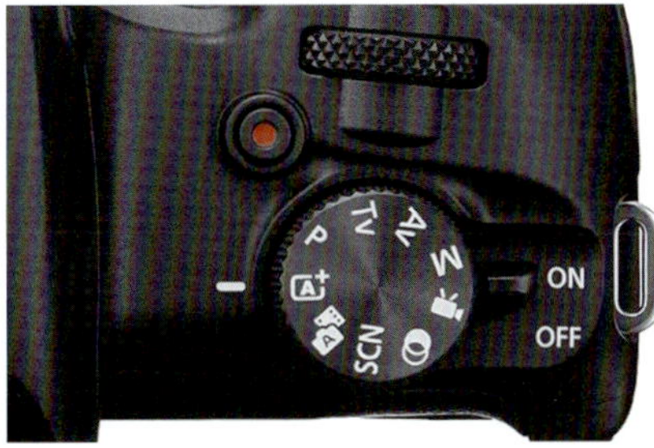

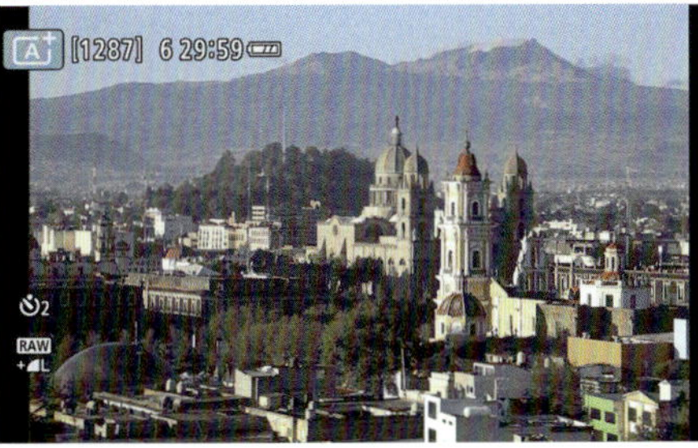

Abbildung 2.1 *Links: der Vollautomatikmodus der EOS R100 auf dem Moduswahlrad; rechts: der Vollautomatikmodus bei der Ausführung*

Natürlich ist diese automatische Szenenerkennung kein Mensch, sondern kann die Szene nur anhand eines Algorithmus erkennen. Findet die automatische Szenenerkennung keine passende Szene, bleibt diese einfach auf A+ stehen.

Wenn Sie im vollautomatischen Modus die Q-Taste für das Schnelleinstellungsmenü drücken, finden Sie weitere Möglichkeiten, das Endergebnis der Aufnahme zu steuern. Unter der Option **Voreinstellung** finden Sie einige Filter, die Sie auf das fertige Bild anwenden können. Die anderen Einstellungen wie **Hintergrundunschärfe**, **Helligkeit**, **Kontrast**, **Farbsättigung**, **Farbton1** (Gelb-Blau-Farbton), **Farbton2** (Grün-Magenta-Farbton) und **Monochrom** (mit verschiedenen Tonungseffekten) sprechen für sich. Wenn Sie hier Änderungen vornehmen, werden diese auch sofort im Display bzw. Sucher angezeigt.

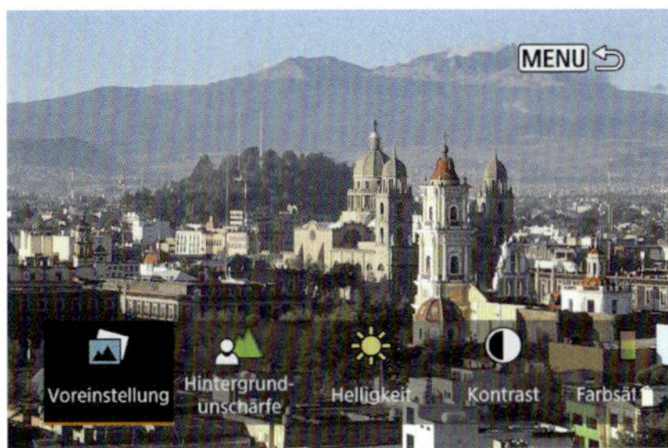

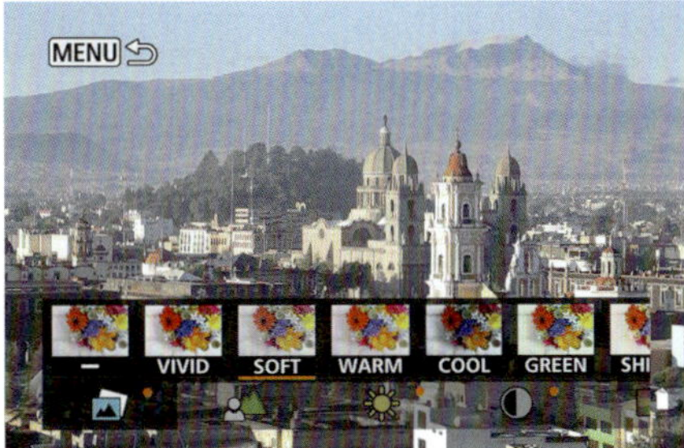

Abbildung 2.2 *Über das Schnelleinstellungsmenü im vollautomatischen Modus können Sie weitere Anpassungen vornehmen.*

2.1.2 Programmmodus Hybrid Auto

Stellen Sie das Moduswahlrad auf , können Sie kurze ca. zwei- bis viersekündige Videos aufnehmen. Die Kamera fasst die kurzen Clips dann am Ende eines Tages automatisch zu einer Art Tagebuch zusammen. In der Praxis sollten Sie die Kamera in diesem Modus etwa vier Sekunden auf ein Motiv halten. Beachten Sie, dass die Kamera das kurze Video **vor** jeder Aufnahme aufnimmt, also bevor Sie den Auslöser betätigen. Wenn Sie den Auslöser betätigt haben, wird neben dem Video das aufgenommene Bild als JPEG gespeichert.

Die Aufnahmequalität des Videos ist auf HD beschränkt. Immerhin können Sie über das Schnelleinstellungsmenü die Bildrate einstellen. Ob Sie Einzelbilder zu den Videos hinzufügen wollen oder nicht, können Sie im Kameramenü über **> SHOOT5 > Filmtagebuchtyp** mit **Std.b. hinz.f.** (Einzelbilder hinzufügen) oder **Kein Standb.** (keine Einzelbilder hinzufügen) festlegen.

Ansonsten können Sie kaum Einstellungen vornehmen. Die Video-Clips werden in der aufgenommenen Reihenfolge in Form des Videotagebuches hintereinandergelegt und können in der Kamera nicht mehr geändert werden. Die Funktion eines Videotagebuchs eignet sich ganz gut, um kleine Making-ofs oder Reels für Social Media wie Instagram oder Facebook zu erstellen.

2.1.3 Szenenmodus (SCN)

Wenn die Vollautomatik nicht macht, was Sie erwarten, können Sie das Moduswahlrad auf **SCN** (Besondere Szene) stellen und selbst die Szene bestimmen. Drücken Sie hier die Q-Taste, können Sie im Schnelleinstellungsmenü links oben eine Szene wie **Porträt**, **Landschaft**, **Sport** oder **Nahaufnahme** wählen. Wenn Sie die Szene gewählt haben, kümmert sich die Kamera wieder um die passenden Einstellungen. Über das Schnelleinstellungsmenü können Sie hierbei zumindest die Belichtungskorrektur über **Bildhelligkeit einstellen** regulieren. In der Tabelle 2.1 finden Sie eine kurze Beschreibung zu den Szenemodus-Programmen.

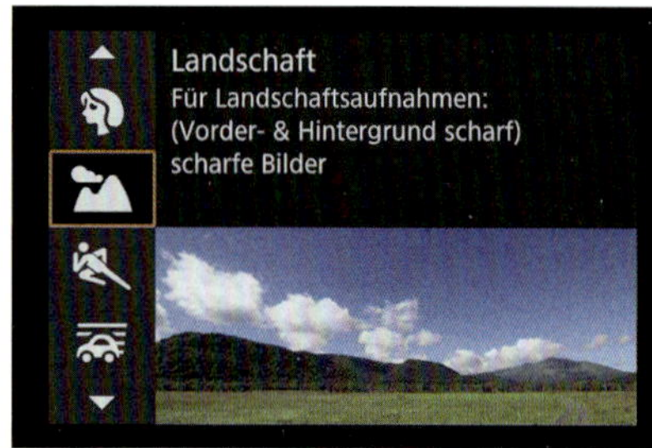

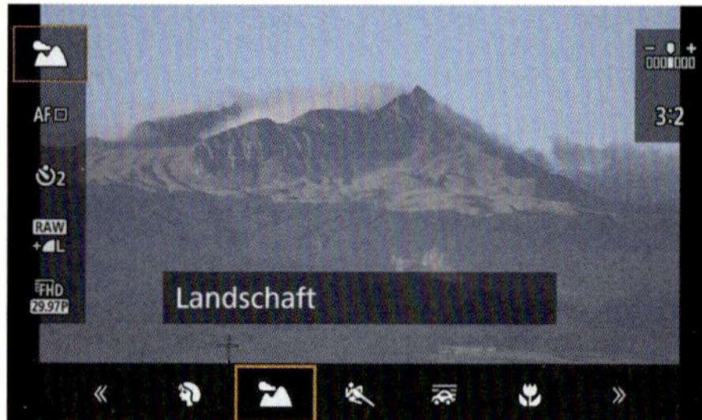

Abbildung 2.3 *Links: Wenn Sie die Modusbeschreibung nicht deaktiviert haben, können Sie über diesen Bildschirm die Szene auswählen, indem Sie die SET-Taste drücken. Rechts: Bei deaktivierter Modusbeschreibung hingegen finden Sie die Szenen im Schnelleinstellungsmenü links oben.*

Szenen-Programm	Beschreibung
Porträt	Bei diesem Programm versucht die Kamera, die Blende etwas weiter zu öffnen (kleiner Blendenwert), um einen unscharfen Hintergrund zu erzielen und die Person freizustellen. Die aktive Augenerkennung hilft beim Scharfstellen auf das Auge der Person.

Tabelle 2.1 *Ein Überblick zu den Szenen-Programmen der EOS R100*

Szenen-Programm	Beschreibung
Landschaft	Die Kamera versucht, eine große Schärfentiefe zu erzielen, indem sie die Blende möglichst weit schließt (hoher Blendenwert).
Sport	Für schnelle Bewegungen versucht die Kamera, eine möglichste kurze Belichtungszeit zu erzielen. Bei wenig Licht wird dazu gegebenenfalls noch der ISO-Wert erhöht. Es wird zudem der kontinuierliche Fokus (**AF-C**) aktiviert. Als Betriebsart wird die Reihenaufnahme verwendet.
Schwenken	Hierbei wird der Hintergrund verwischt, indem Sie die Kamera mit dem sich bewegenden Motiv mitschwenken. Wenn Sie den Auslöser betätigen, sollte das Motiv dank des Mitschwenkens scharf sein und der Hintergrund aufgrund der längeren Belichtungszeit verwischt. Über das Schnelleinstellungsmenü können Sie den Grad der Unschärfe beim Schwenken einstellen, was letztendlich die Belichtungszeit beeinflusst.
Nahaufnahme	Die Kamera versucht, eine etwas kürzere Belichtungszeit zu erzielen, um Verwacklungen bei Aufnahmen aus der Hand möglichst zu vermeiden, wenn Sie ganz nah an Blumen oder Pflanzen herangehen möchten.
Speisen	Mit dieser Einstellung wird versucht, das Foto möglichst hell und kräftig wirken zu lassen. Bei Kunstlicht wird eine rötliche Tönung teilweise unterdrückt. Über das Schnelleinstellungsmenü kann der Farbton kühler oder wärmer gemacht werden.
Nachtporträt	Wenn Sie eine Person in der Nacht fotografieren möchten, wird hiermit eine niedrigere Belichtungszeit gewählt, damit der Hintergrund sichtbar und nicht komplett verdunkelt ist. Für diese Aufnahme wird der interne oder ein externer Blitz benötigt.
Nachtaufnahme o. Stativ	Mit diesem Modus werden vier Aufnahmen hintereinander erstellt und zu einem Bild zusammengefügt. Ziel ist es, ein Bild mit reduzierter Verwacklung zu erzeugen. In der Praxis bedeutet dies natürlich dennoch, dass Sie die Kamera ruhig halten sollten.
HDR-Gegenlicht	Den Modus können Sie verwenden, wenn ein Bild sowohl helle als auch dunkle Bereiche enthält. Es werden drei aufeinanderfolgende Bilder zu einem einzigen HDR-Bild kombiniert, bei dem alle Details in den Schatten und Lichtern erhalten bleiben, die gewöhnlich bei starkem Gegenlicht verloren gehen könnten. Auch hier sollten Sie die Kamera möglichst ruhig halten.

Tabelle 2.1 *Ein Überblick zu den Szenen-Programmen der EOS R100 (Forts.)*

Szenen-Programm	Beschreibung
Leiser Modus	In diesem Modus werden Aufnahmen ohne Verschlussgeräusche und Piep-Töne fotografiert. Wenn der Auslöser gedrückt wurde, wird ein weißer Rahmen angezeigt, um zu symbolisieren, dass ein Foto gemacht wurde.

Tabelle 2.1 *Ein Überblick zu den Szenen-Programmen der EOS R100 (Forts.)*

2.1.4 Kreativfiltermodus

Wenn Sie das Moduswahlrad auf stellen, finden Sie verschiedene Filtereffekte wie **Körnigkeit S/W**, **Weichzeichner**, **Fisheye-Effekt**, **Aquarell-Effekt**, **Spielzeugkamera-Effekt**, **Miniatureffekt** und vier HDR-Filter für JPEG-Bilder. Auch im Schnelleinstellungsmenü können Sie auf diese Filter zugreifen: Drücken Sie im -Modus die Q-Taste, können Sie im Schnelleinstellungsmenü links oben einen der Filter auswählen und ausprobieren. Ebenfalls im Schnelleinstellungsmenü können Sie unterhalb des ausgewählten Filters mit **Filtereffekt-Stärke** anpassen, wie stark der Filter auf das Bild angewendet werden soll. Bei Video-Aufnahmen stehen diese Kreativfilter nicht zur Verfügung.

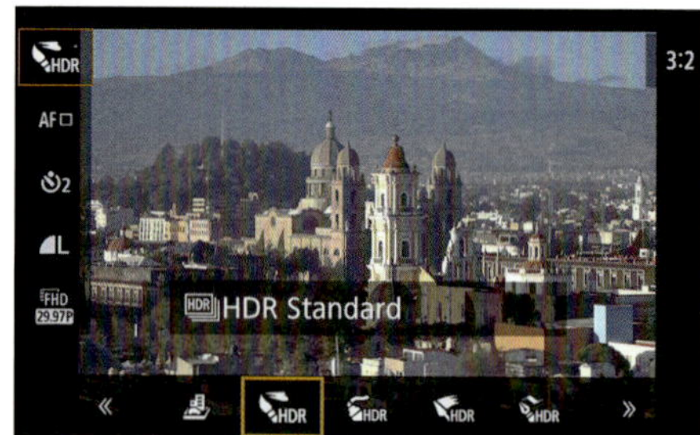

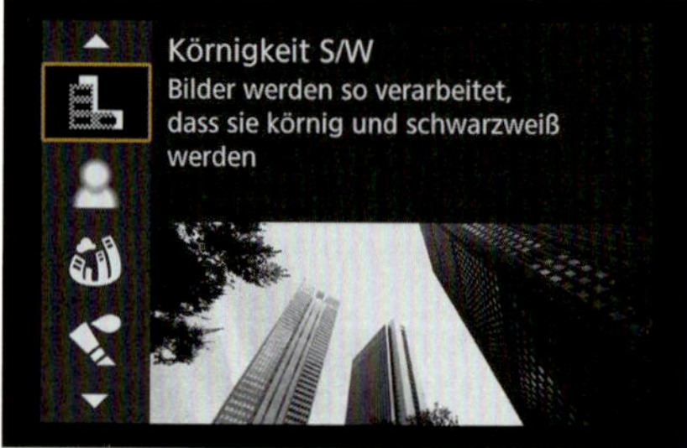

Abbildung 2.4 *Links: Bei deaktivierter Modusbeschreibung finden Sie die Filter im Schnelleinstellungsmenü links oben. Rechts: Wenn Sie die Modusbeschreibung nicht deaktiviert haben, können Sie über diesen Bildschirm den Filter auswählen.*

Wenn Sie ausschließlich im JPEG-Format fotografieren, gibt es keine Möglichkeit mehr, den angewendeten Kreativfilter zu entfernen. Wenn Sie hingegen ein Bild im Raw-Format fotografiert haben, können Sie jederzeit über das Kameramenü **> PLAY3 > Kreativfilter** ein neues JPEG mit Kreativfilter daraus erzeugen. Ich verwende daher, wenn überhaupt, die Filter erst nachträglich in der Kamera.

Ich finde, dass die Kreativfilter selbsterklärend sind. Einzig der Modus **Miniatureffekt** bedarf einer kurzen Erklärung, weil Sie hier den typischen Schärfeverlauf steuern können. Drücken Sie die -Taste, können Sie den Motivrahmen über die Kreuztasten verschieben oder drehen. Drücken Sie dann erneut die -Taste, verschieben Sie bei Bedarf das Autofokus-Messfeld mit den Kreuztasten. Die verschiebbaren Bereiche werden in oranger Farbe eingeblendet.

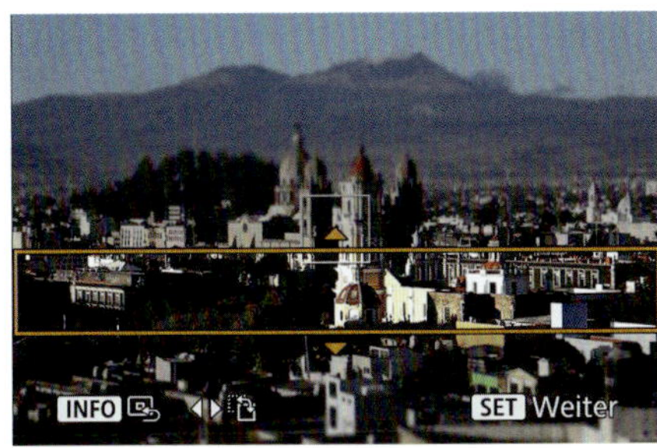

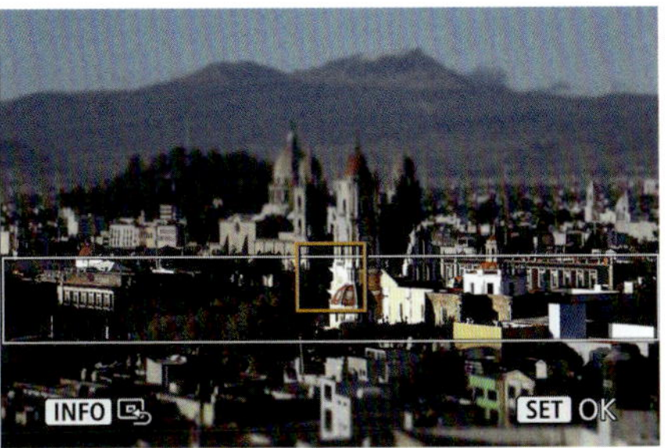

Abbildung 2.5 *Beim Filter* ***Miniatureffekt*** *können Sie zunächst den Motivrahmen (links) und dann den Fokusrahmen (rechts) verschieben.*

2.2 Die Programmautomatik P

Bei der Programmautomatik kümmert sich die Kamera um die Kombination aus Blende und Belichtungszeit, damit ein optimal belichtetes Bild entsteht. Der ISO-Wert hingegen bleibt für Sie bei Bedarf frei wählbar. Zum Einstellen der Programmautomatik drehen Sie das Moduswahlrad auf **P**.

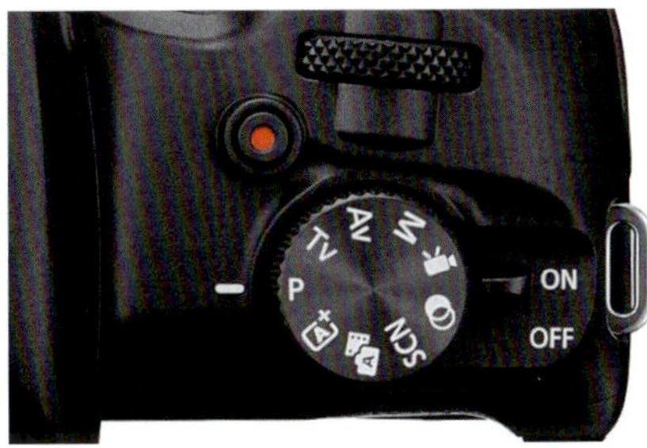

Abbildung 2.6 *Die Programmautomatik aktivieren Sie, indem Sie das Moduswahlrad auf* ***P*** *stellen. (Bild: Canon)*

Im Sucher oder auf dem Display sehen Sie links oben den Buchstaben **P**, wenn Sie die Programmautomatik eingestellt haben. Entscheidend für die Belichtung und die automatische Kombination aus Blende- und Belichtungszeit in der Programmautomatik ist die Belichtungsmessmethode. Eine empfehlenswerte Einstellung ist die **Mehrfeldmessung** [◉]. Sie können diese Messmethode im Schnelleinstellungsmenü über das vierte Symbol auf der rechten Seite anpassen oder über das Kameramenü 📷 > **SHOOT2** > **Messmethode**. Auf diese Messmethoden wird noch gesondert in Abschnitt 3.1, »Die Belichtungsmessmethoden der EOS R100« eingegangen.

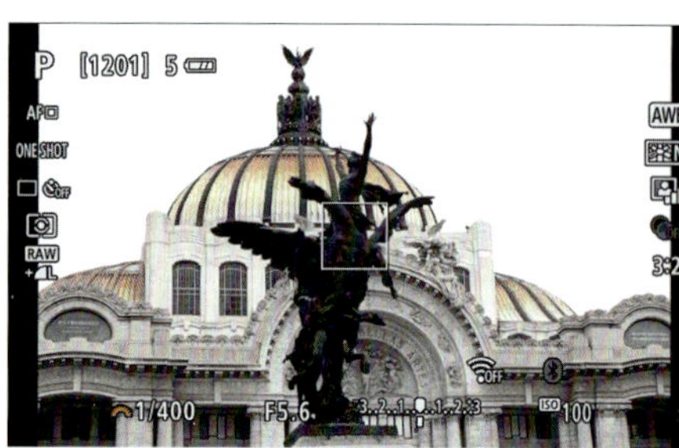
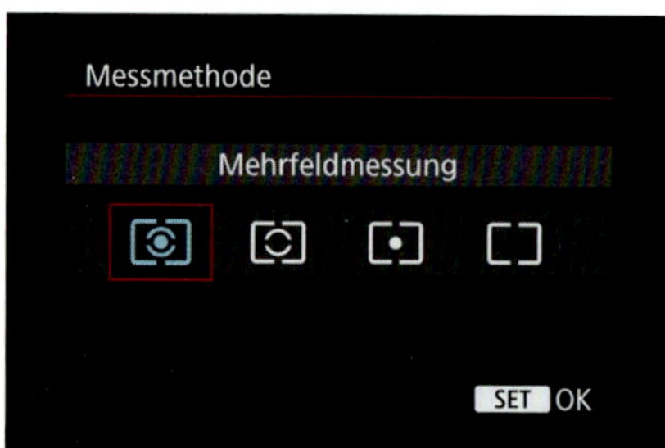

Abbildung 2.7 *Links: Am Buchstaben* **P** *links oben erkennen Sie, dass Sie die Programmautomatik eingestellt haben. Die beiden anderen Werte – Belichtungszeit (ISO 1/400) und Blende (f5,6) – werden in diesem Modus automatisch angepasst. Rechts: Die Belichtungsmessmethode* **Mehrfeldmessung** *ist für die Programmautomatik in der Regel die beste Wahl.*

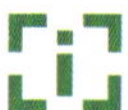

Anforderung an die Programmautomatik

Die Programmautomatik kümmert sich um ein korrekt belichtetes Bild, und zwar mit einer Kombination aus Blende und Belichtungszeit. Für gestalterische Mittel wie die Schärfentiefe eignet sich die Programmautomatik daher weniger, obgleich dies auch mit dem Programm-Shift möglich ist. (Zum Programm-Shift siehe Abschnitt 2.2.2, »Den Programm-Shift nutzen«.) Wenn ich die Programmautomatik verwende, dann interessieren mich bevorzugt zwei Dinge:

- Das Bild soll korrekt belichtet sein.
- Das Bild soll scharf sein.

2.2.1 Anpassung der Programmautomatik

Auch wenn die Programmautomatik Blende und Belichtungszeit automatisch einstellt, bietet dieser Modus noch weitere Anpassungsmöglichkeiten, damit Sie auf bestimmte Situationen entsprechend reagieren können. Wichtige Einstellungen wie den ISO-Wert können Sie z. B. nach wie vor beeinflussen. So können Sie durchaus mit ISO 100 eine Langzeitbelichtung in der Nacht mit der Programmautomatik durchführen. Auch zur Belichtungskorrektur können Sie jederzeit mit der Kreuztaste nach oben wechseln. Dies ist beispielsweise hilfreich bei Aufnahmesituationen, in denen die Programmautomatik nicht mehr zum gewünschten Ergebnis führt. Denken Sie an Gegenlicht oder an Sonnenauf- oder Sonnenuntergänge, für die Sie die Belichtung dann ganz einfach in Drittelschritten korrigieren können. Zurück von der Belichtungskorrektur zum Programm-Shift der Programmautomatik gelangen Sie, wenn Sie erneut die Kreuztaste nach oben drücken.

Technische Grenzen der Motivhelligkeit

Wenn die Helligkeit für die Belichtungsmessung außerhalb des Messbereiches der Kamera liegt, blinkt die Anzeige der Belichtungszeit und des Blendenwerts. Dies kann z. B. bei sehr hellen Motiven (gegen die Sonne) oder extrem dunklen Motiven (Nachtaufnahmen) passieren.

Die maximale Belichtungszeit in der Programmautomatik beträgt außerdem 30 Sekunden. Wird mit dieser Zeit im Zusammenhang mit der größtmöglichen Blendenöffnung keine passende Belichtung erzielt, wird die Aufnahme also unterbelichtet, dann blinken die Werte der Belichtungszeit und der Blende. Hier können Sie gegensteuern, indem Sie den ISO-Wert erhöhen oder einen Blitz verwenden. Dasselbe passiert auch in der anderen Richtung, wenn die maximale Belichtungszeit von 1/4000 s bei kleinstmöglicher Blendenöffnung erreicht wird. Wenn die Werte der Belichtungszeit und der Blende blinken, wird das Bild überbelichtet. In dem Fall können Sie den ISO-Wert reduzieren oder einen ND-Filter vor das Objektiv schrauben. Weitere Infos zum ND-Filter finden Sie in Abschnitt 7.2.3, »ND-Filter und Verlaufsfilter«.

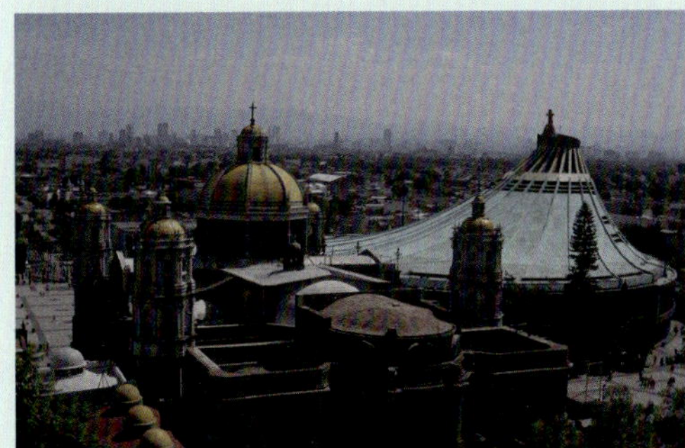

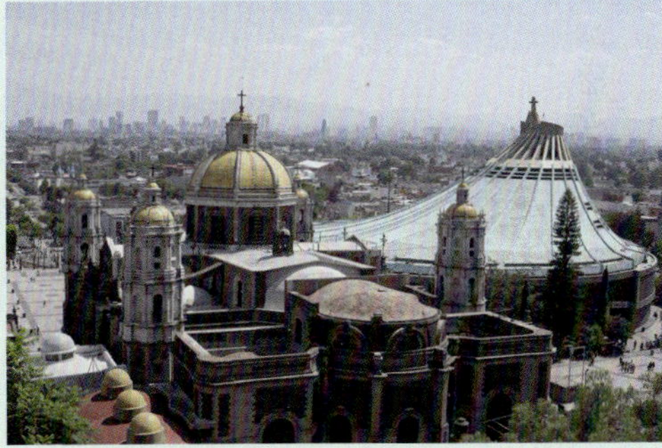

Abbildung 2.8 *In Situationen wie hier links, wenn ein heller Himmel auf schattige Bereiche trifft, stößt die Programmautomatik an ihre Grenzen. Eine Belichtungskorrektur am Belichtungskorrekturrad von +1 1/3 hat geholfen, der Unterbelichtung in den Schatten gegenzusteuern.*

2.2.2 Den Programm-Shift nutzen

Auch in der Programmautomatik sind Sie nicht an die vorgeschlagene Zeit-Blenden-Kombination der EOS R100 gebunden. Wollen Sie die Wirkung von Blende und Belichtungszeit hinsichtlich Schärfentiefe oder Bewegungsunschärfe anpassen, können Sie einen *Programm-Shift* (auch *Programmverschiebung* genannt) in der Programmautomatik durchführen. Die Zeit-Blenden-Kombination können Sie bei der EOS R100 durch Drehen des Hauptwahlrades ändern. Haben Sie hier die Belichtungskorrektur aktiviert, drücken Sie die Kreuztaste nach oben, um zurück zum Programm-Shift zu gelangen.

Für die beiden Bilder in Abbildung 2.9 habe ich die Schärfentiefe-Kontrolle auf die ●-Taste gelegt, um schon vor der Aufnahme sehen zu können, wie sich die eingestellte Schärfentiefe auf das Bild auswirkt. Mehr zur Schärfentiefe-Kontrolle finden Sie im gleichnamigen Hinweiskasten in Abschnitt 2.4, »Blendenvorwahl im Modus Av«.

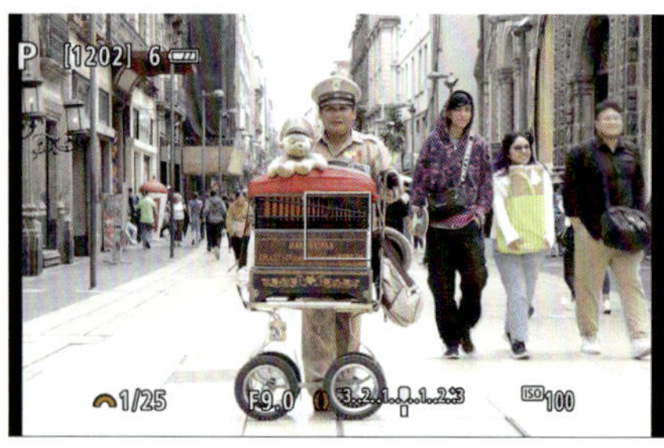
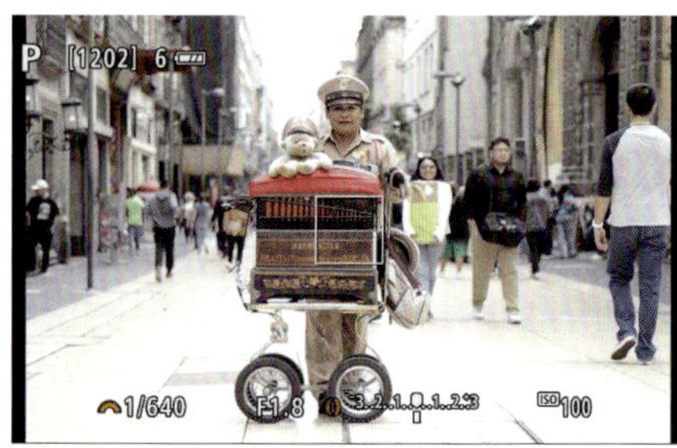

Abbildung 2.9 *In der linken Abbildung verwendet die Programmautomatik eine recht weit geschlossene Blende (f9). In der rechten Abbildung habe ich mit dem Hauptwahlrad mithilfe eines Programm-Shifts die Zeit-Blenden-Kombination geändert. Mit der niedrigen Blendenzahl (f1,8) wurde die Schärfentiefe deutlich reduziert, und der Fokus liegt verstärkt auf der Harmonipan-Spielerin.*

Drehen Sie das Hautwahlrad nach rechts, wird die Blende weiter geöffnet und die Belichtungszeit im Gegenzug verkürzt. Drehen Sie das Hauptwahlrad hingegen nach links, wird die Blende weiter geschlossen und die Belichtungszeit verlängert. Achtung: Die Belichtung wird dabei beibehalten, Sie greifen hier »nur« bildgestalterisch ein.

Da es keine visuelle Anzeige gibt, die signalisiert, dass das Programm »geshiftet« wurde, müssen Sie zum Zurückstellen entweder durch Drehen des Hauptwahlrades die ursprüngliche Zeit-Blenden-Kombination einstellen, oder Sie wechseln kurz das Programm. Auch durch Aus- und Einschalten der Kamera wird der Programm-Shift beendet, aber das ist mir dann doch zu ruppig.

SCHRITT FÜR SCHRITT

Schritt für Schritt: Im P-Modus zum gewünschten Bild

1 Kamera in den P-Modus bringen

Um die Programmautomatik zu aktivieren, stellen Sie das Moduswahlrad auf **P**. Im Sucher oder auf dem Display sollte jetzt links oben ein **P** für die Programmautomatik stehen. Fokussieren Sie Ihr Motiv, indem Sie den Auslöser halb herunterdrücken. Hierbei sehen Sie auch gleich die gewählte Zeit-Blenden-Kombination.

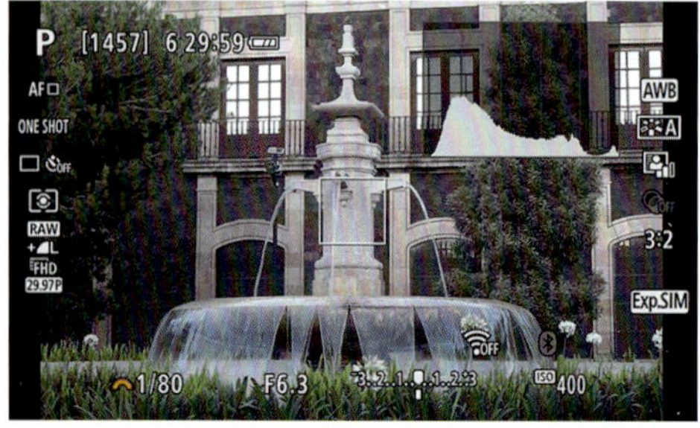

Abbildung 2.10 *Das Motiv wurde fokussiert, und die automatisch ermittelte Zeit-Blenden-Kombination wird angezeigt.*

2 Bild aufnehmen

Gefällt Ihnen, was Sie sehen, können Sie bereits jetzt den Auslöser komplett durchdrücken und ein Bild aufnehmen.

3 Programm-Shift verwenden

Wollen Sie etwas kreativer werden, können Sie den Programm-Shift verwenden. Dabei müssen Sie entscheiden, was Sie wollen. Für eine größere Schärfentiefe benötigen Sie einen höheren Blendenwert. Wollen Sie das Motiv freistellen, ist ein kleinerer Blendenwert nötig. Wenn Sie hingegen ein sich schnell bewegendes Motiv einfrieren, dann benötigen Sie eine kürzere Belichtungszeit – und für einen verwischten Effekt benötigen Sie eben eine längere Belichtungszeit.

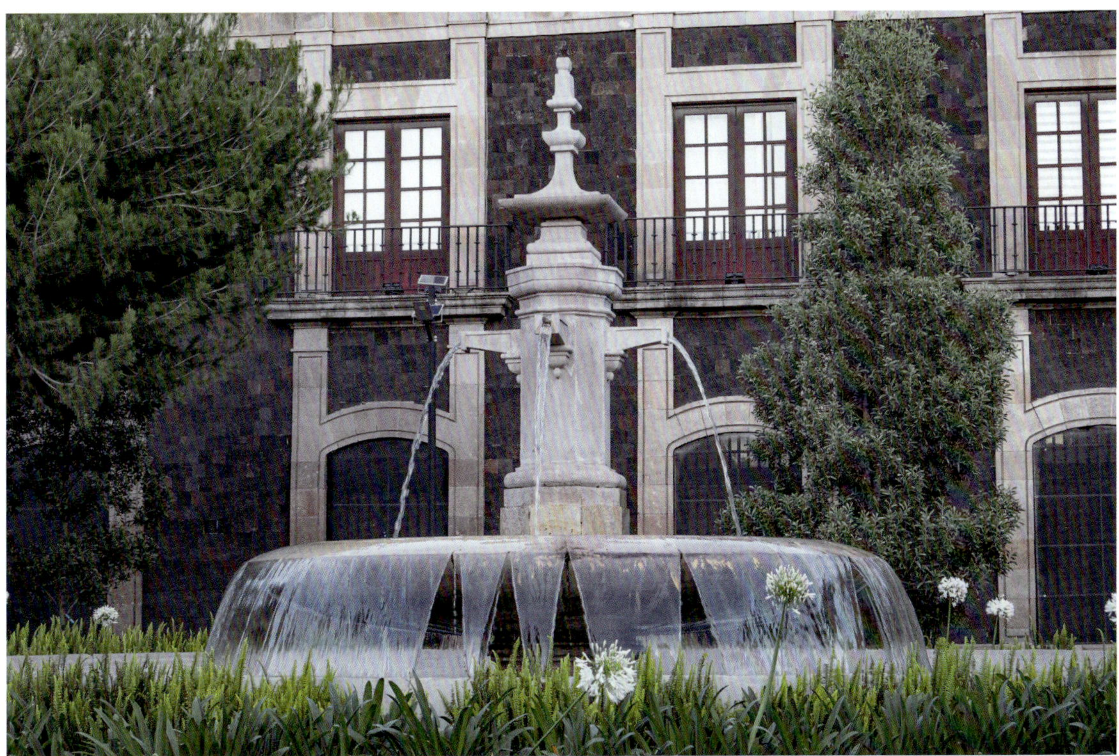

Abbildung 2.11 *Für diese Aufnahme habe ich die Belichtungszeit drastisch verkürzt, um die Bewegung des Wassers einzufrieren. Im Gegenzug dazu wurde die Blende weiter geöffnet (niedriger Blendenwert), was wiederum die Schärfentiefe reduzierte.*

50 mm | *f*4 | 1/100 s | ISO 400 | ND-Filter 1,8 (64-fach)

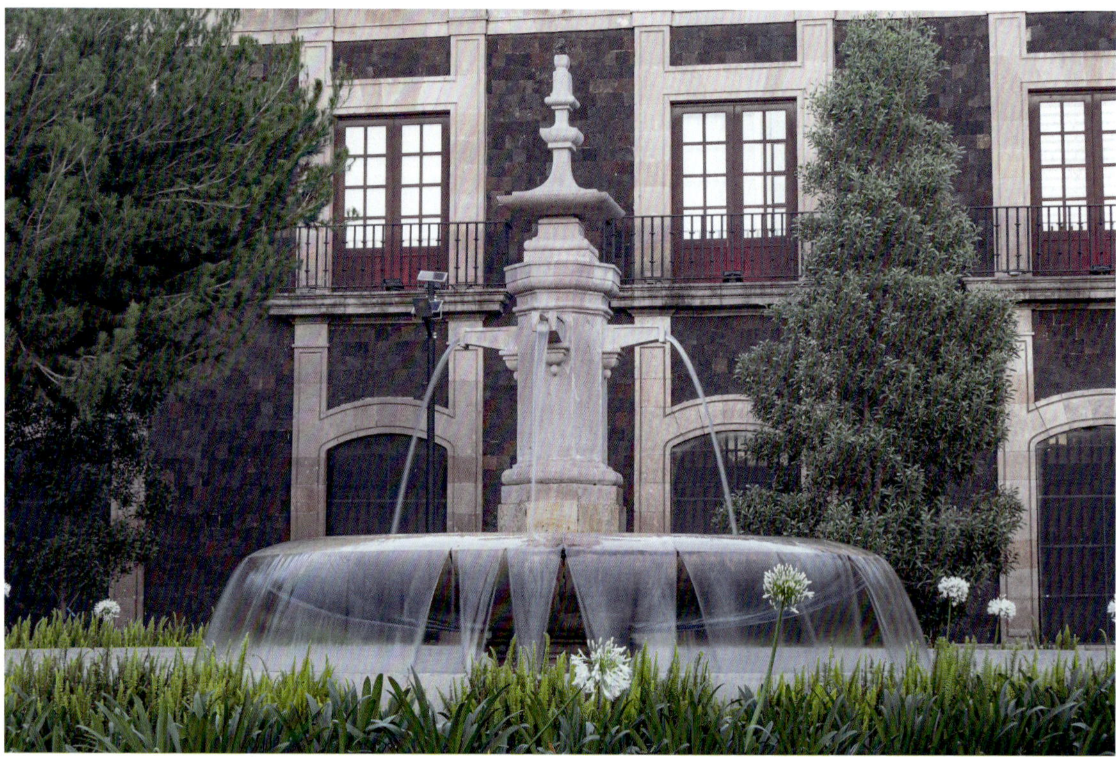

Abbildung 2.12 *Hier habe ich die Belichtungszeit über den Programm-Shift reduziert und einen verwischten Effekt des Wassers erzielt. Proportional dazu wurde die Blende weiter geschlossen (höherer Blendenwert), um die Schärfentiefe zu erhöhen.*

50 mm | *f*9 | 3 s | ISO 400 | +ND-Filter 1,8 (64-fach)

2.3 Zeitvorwahl im Modus Tv

Mit dem halbautomatischen Programmmodus **Tv** geben Sie der EOS R100 die Belichtungszeit vor. Den Blendenwert stellt die Kamera dann automatisch ein. Daher wird dieser Modus häufig auch als *Blendenautomatik* oder eben *Zeitvorwahl* bezeichnet. Um die EOS R100 in den Modus **Tv** zu setzen, müssen Sie lediglich das Moduswahlrad auf **Tv** stellen. Über das Hauptwahlrad wählen Sie die Belichtungszeit. Drehen Sie im Uhrzeigersinn, wird die Belichtungszeit bis auf minimal 1/4000 s verkürzt, beim Drehen gegen den Uhrzeigersinn wird sie bis auf maximal 30 s verlängert. Im Sucher oder auf dem Display erkennen Sie den Modus am **Tv** auf der linken oberen Seite.

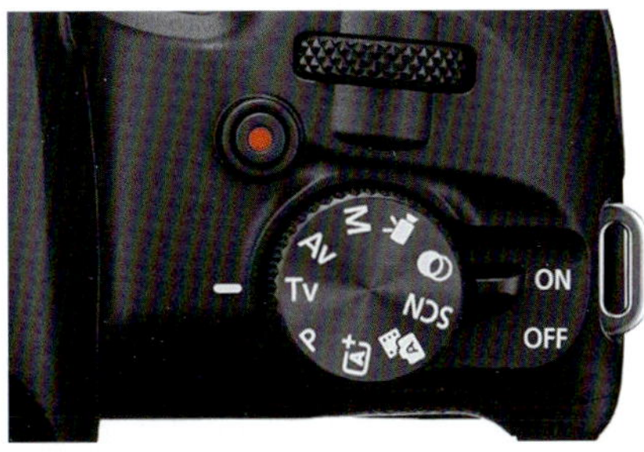

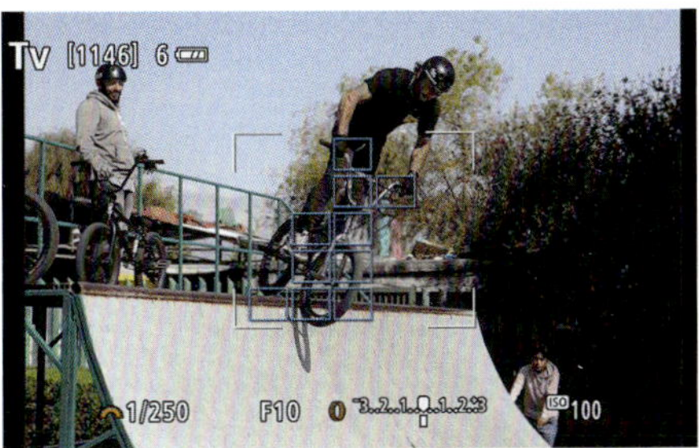

Abbildung 2.13 *Das Moduswahlrad steht auf* ***Tv****, womit die Zeitvorwahl verwendet wird. Das erkennen Sie auch am* ***Tv*** *links oben im Sucher oder auf dem Display.*

Die einstellbaren Belichtungszeiten werden als Bruchteil einer Sekunde angezeigt. Drehen Sie das vordere Einstellrad auf 1/800, verwenden Sie eine Belichtungszeit von 1/800 s. Ein oranges Wahlrad-Icon darüber zeigt an, dass Sie diesen Wert mit dem Hauptwahlrad ändern können. Drehen Sie den Wert auf **1"**, bedeute dies, dass die Belichtungszeit eine Sekunde beträgt.

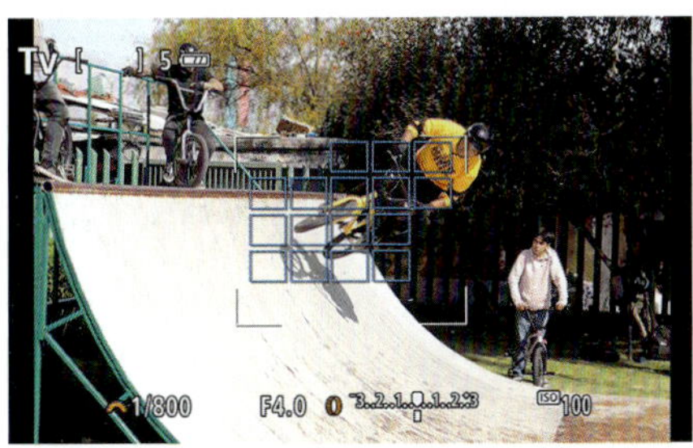

Abbildung 2.14 *Hier wurde das Einstellrad für die Belichtung auf 1/800 gestellt, womit Sie eine Belichtungszeit von 1/800 s verwenden.*

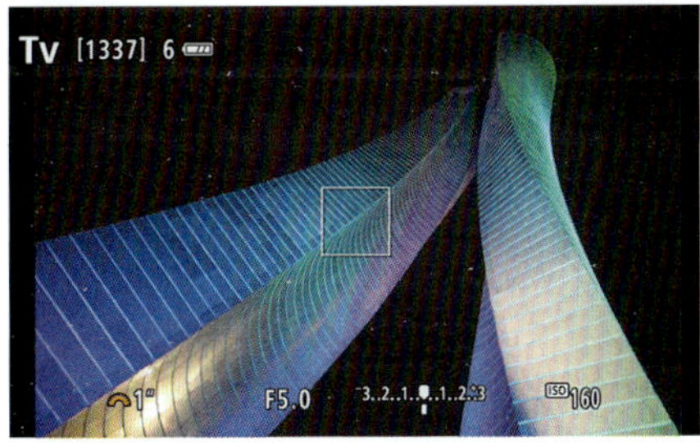

Abbildung 2.15 *Ab einer Belichtungszeit von einer Sekunde sehen Sie hinter dem Wert ein Symbol für die Sekunden wie hier mit* ***1"****.*

2.3.1 Anpassungen der Zeitvorwahl

Wenn Sie die Belichtungszeit eingestellt haben, kümmert sich die Kamera um den Blendenwert. Damit ist sichergestellt, dass Sie immer ein gut belichtetes Bild erhalten. Wenn Sie die Belichtungszeit z. B. um eine Stufe verlängern, erhöht sich analog dazu der Blendenwert ebenfalls um eine Stufe. Die Blende wird dabei um eine Stufe geschlossen. Dasselbe gilt umgekehrt.

Wenn die Kamera bei vollständig geöffneter oder geschlossener Blende zur eingestellten Belichtungszeit keine korrekte Belichtung mehr erreicht, das Bild also unterbelichtet würde, wird der Blendenwert blinkend angezeigt. Um eine Unterbelichtung zu beheben, haben Sie drei Möglichkeiten. Die erste Möglichkeit ist, eine andere Belichtungszeit einzustellen. Ist die Belichtungszeit z. B. zu kurz, können Sie sie am Hauptwahlrad in Drittelschritten verlängern, indem Sie das Rad gegen den Uhrzeigersinn drehen. Dies hängt allerdings auch davon ab, wie lang die Belichtungszeit bereits ist. Haben Sie bei einem 200-mm-Objektiv ohnehin schon eine Belichtungszeit von 1/100 s und machen Sie das Foto aus der Hand, dann besteht bei einer Verlängerung der Belichtungszeit die Gefahr des Verwackelns, und als Ergebnis erhalten Sie ein unscharfes Bild.

Anforderung an die Zeitvorwahl

Die Zeitvorwahl kommt überall dort zum Einsatz, wo die Belichtungszeit der wichtigste Faktor für das Bild ist. Die wohl zwei wichtigsten Anwendungsbeispiele sind:

- Sie wollen (schnelle) Bewegungen einfrieren und Bewegungsunschärfe vermeiden. Hierfür benötigen Sie eine sehr kurze Belichtungszeit. Anwendungsbeispiele sind u. a. die Sportfotografie, Actionaufnahmen oder Aufnahmen von fliegenden oder laufenden Tieren. Für kurze Belichtungszeiten muss allerdings in der Regel ausreichend Licht vorhanden sein. Ist dies nicht gegeben, müssen Sie den ISO-Wert erhöhen.
- Sie wollen gezielt eine Bewegungsunschärfe (auch: Wischeffekt) erzielen, um z. B. fließendes Wasser verwischt abzubilden oder sogenannte *Mitzieher* bei sich schnell bewegenden Objekten aufzunehmen. Damit können Sie die Bewegung durch die Unschärfe hervorheben.

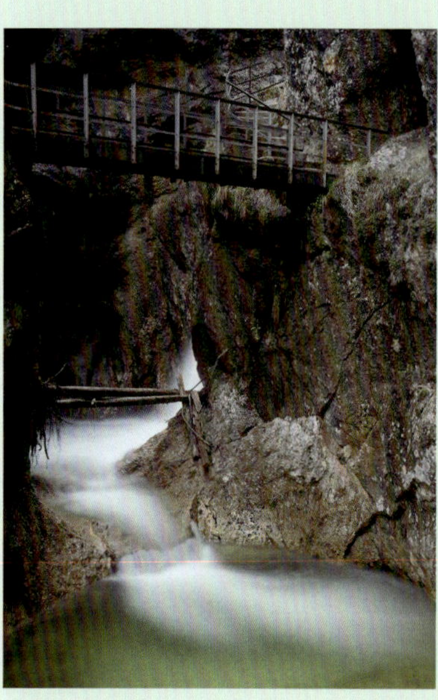

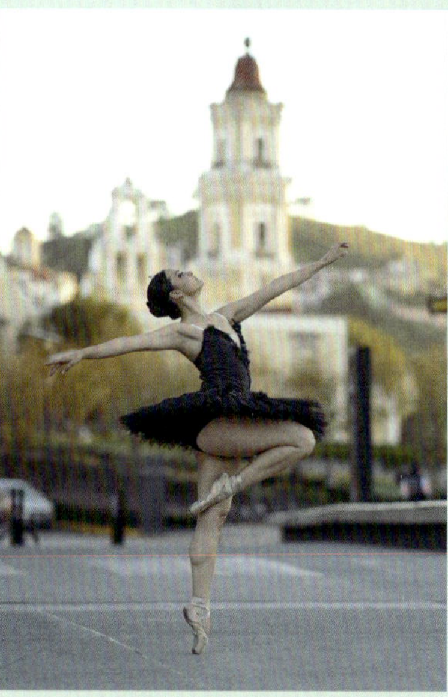

Abbildung 2.16 *Links habe ich mit einer längeren Belichtungszeit gearbeitet (3 s), wodurch das Wasser verwischt abgebildet wird. Für Action- und Sportfotografie wie rechts verwende ich meistens die Zeitvorwahl, um Bewegung mittels einer kurzen Belichtungszeit einzufrieren.*

40 mm | *f*9 | 3 s | ISO 100

50 mm | *f*1,8 | 1/400 s | ISO 100

Die zweite Möglichkeit ist, den ISO-Wert entsprechend der Situation anzupassen. Aber auch die Belichtungskorrektur kann, als dritte Möglichkeit, dafür sorgen, dass die Belichtung wieder ausgewogen ist. Die Belichtungskorrektur erreichen Sie mit der Kreuztaste nach oben. Was Sie wann und wo verwenden, hängt davon ab, was Sie mit der Zeitvorwahl fotografieren.

2.3.2 Belichten aus der Hand, ohne zu verwackeln

Neben einer korrekten Fokussierung des Motivs hat die Wahl der richtigen Belichtungszeit maßgeblichen Einfluss darauf, ob ein Bild scharf ist oder nicht. Hierbei kommt es häufig auch auf eine ruhige Hand beim Fotografieren und die Brennweite des Objektivs an. Das Prinzip lässt sich ohne Kamera demonstrieren, wenn Sie versuchen, durch ein langes Rohr zu schauen und ein bestimmtes Motiv damit zu fixieren. Je länger das Rohr ist, umso schwieriger ist es, dieses ruhig zu halten. Genauso ist es beim Fotografieren, wenn Sie eine Brennweite von 200 mm und mehr haben. Kleinste Bewegungen können hier bei einer zu langen Belichtungszeit zu unscharfen Bildern führen.

Ein Richtwert, welche Belichtungszeit verwendet werden sollte, damit scharfe Bilder auch aus der Hand gelingen, stammt noch aus der analogen Zeit und ist als *Kehrwertregel* bekannt: Demnach ergibt sich die optimale Belichtungszeit aus Brennweite × Cropfaktor. Der Cropfaktor bei einer APS-C-Kamera wie der EOS R100 ist 1,6, weshalb für 200 mm eine Belichtungszeit von 1/320 s ideal wäre (200 × 1,6 = 320). Ein anderes Beispiel mit einer 18-mm-Brennweite wäre: 18 × 1,6 = 28,8. Aufgerundet ergibt das eine Belichtungszeit von 1/30 s.

Um es aber noch einmal deutlich zu machen: Bei dieser Gleichung handelt es sich eben nur um einen ersten Richtwert. Wer auf Nummer sicher gehen will, der kann auf diesen Wert durchaus noch einen Puffer aufschlagen. In diesem Abschnitt soll nur verdeutlicht werden, dass für unscharfe Bilder häufig eine zu lange Belichtungszeit verantwortlich ist. Es gibt natürlich eine Ausnahme zu diesen Richtwerten, nämlich wenn Sie ein Objektiv mit einem eingebauten Bildstabilisator haben.

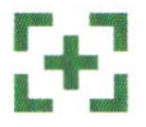

Die ideale Belichtungszeit – meine Empfehlung

Ich habe nicht immer eine ruhige Hand und gehe daher auf Nummer sicher. Wenn mein Objektiv keinen Bildstabilisator hat, dann multipliziere ich die Brennweite mit 1,5 oder 2. Allerdings ist mir bewusst, dass diese Faustregel mit einer längeren Brennweite bei weniger Licht immer ungenauer wird. Wenn ich z. B. mit einem 90-mm-Objektiv fotografiere, peile ich eine Belichtungszeit von 1/125 s bis 1/180 s an. Ist das Umgebungslicht schlecht, dann ist dieser Wert gar nicht mehr so einfach zu erreichen. Häufig muss man dann den ISO-Wert hochdrehen. Wenn ich allerdings trotz aller Einstellungen nicht um eine längere Belichtungszeit herumkomme, versuche ich, meinen Körper zu stabilisieren. Ideal ist es, wenn Sie die Kamera ganz nah am Körper halten und nicht mit ausgestreckten Armen fotografieren. Auch das Fotografieren durch den Sucher gehört zu dieser engeren und stabilisierenden Körperhaltung.

2.3.3 Der Bildstabilisator

Eine weitere Möglichkeit, einem Verwackeln bei der Aufnahme gegenzusteuern, ist ein Bildstabilisator, der in einigen Canon-Objektiven verbaut wurde. Solche Objektive tragen im Namen das Kürzel »IS« (für *Image Stabilizer*). Hat ein Objektiv eine IS-Funktion, ist diese automatisch aktiviert und kann über das Kameramenü deaktiviert werden. Sie finden diese Option über **> SHOOT6 > IS(Bildstabilisator) Modus > IS Modus**, wo Sie mit dem Wert **Aus** die Bildstabilisierung ausschalten und mit **Ein** aktivieren.

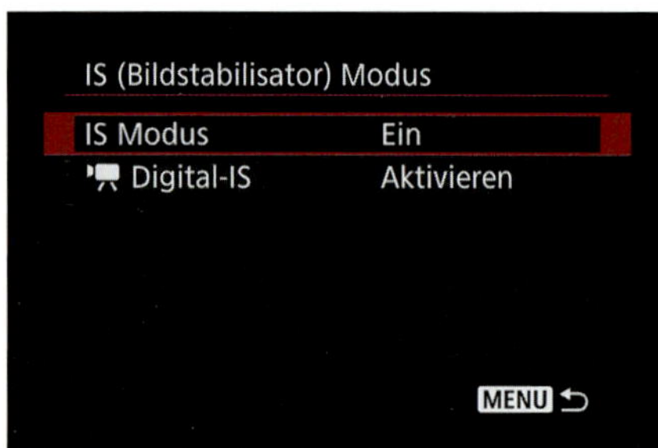

Abbildung 2.17 *Die Funktion **IS Modus** ist nur bei an der Kamera angeschlossenen Objektiven sichtbar, die auch eine IS-Funktion enthalten. Der Stabilisator ermöglicht etwas längere Belichtungszeiten. Damit können Sie im Telebereich bis zu vier Blenden ausgleichen. Das ist beachtlich und ermöglicht es, scharfe Aufnahmen mit deutlich niedrigeren Belichtungszeiten zu schießen.*

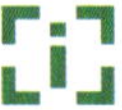

Blendenstufen

Wie gut ein Bildstabilisator arbeitet, wird häufig in Blendenstufen angegeben. Benötigen Sie für eine scharfe Aufnahme aus der Hand z. B. eine Belichtungszeit von 1/250 s und schaffen Sie es, für dasselbe Bild mit Bildstabilisator auch noch mit 1/60 s ein scharfes Bild zu erstellen, dann hat der Bildstabilisator zwei Belichtungsstufen ausgeglichen: die erste Stufe mit 1/125 s und die zweite Stufe mit 1/60 s. Anstatt die Belichtungszeit zu verlängern, hätten Sie auch die Blende um zwei Stufen schließen können. Wenn Sie daher von einer Angabe lesen, dass ein Bildstabilisator bis zu zwei Blendenstufen ausgleichen kann, dann bedeutet dies, dass Sie die Belichtungszeit um zwei Belichtungsstufen verlängern können.

Aber auch wenn ein Objektiv einen Bildstabilisator hat, hilft dieser nicht dabei, ein sich schnell bewegendes Motiv »einzufrieren«. Für solche Zwecke kommen Sie nicht um kürzere Belichtungszeiten herum.

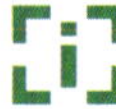

Langzeitbelichtung im Modus Tv

Eine Langzeitbelichtung können Sie im Programmmodus **Tv** bis maximal 30 Sekunden durchführen. Reicht Ihnen diese Zeit nicht aus, müssen Sie den Programmmodus **M** verwenden und die Kamera dort in den Bulb-Modus stellen. Dann können Sie selbst festlegen, wie lange das Foto belichtet werden soll. Im Bulb-Modus wird so lange belichtet, wie Sie den Auslöser gedrückt halten. Stellen Sie die Blende manuell auf einen zur gewünschten Belichtungszeit passenden Wert. Natürlich können Sie hierfür auch einen Fernauslöser verwenden und müssen so nicht den Auslöser die gesamte Zeit gedrückt halten. Auf die Langzeitbelichtung werde ich in Abschnitt 7.8, »Langzeitbelichtung«, eingehen.

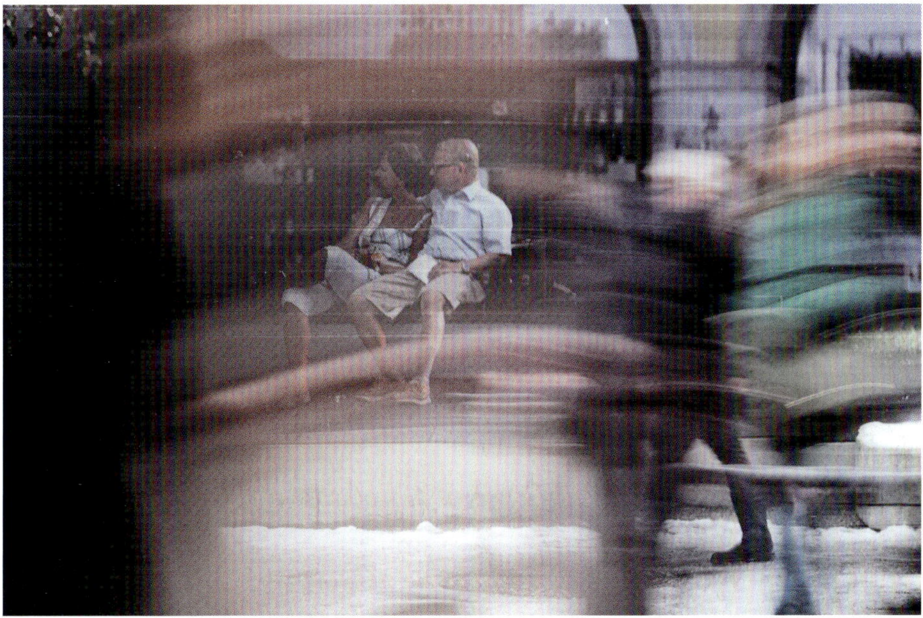

Abbildung 2.18 *Dank des Bildstabilisators können Sie auch solche Effekte aus der Hand fotografieren. Die vorbeilaufenden Personen werden aufgrund der langen Belichtungszeit verwischt, aber der Hintergrund mit den sitzenden Personen bleibt dank Bildstabilisator scharf.*

50 mm | *f*7,1 | 1/15 s | ISO 100

2.4 Blendenvorwahl im Modus Av

Der letzte halbautomatische Modus ist die Blendenvorwahl (auch Zeitautomatik), bei dem Sie einen beliebigen Blendenwert einstellen und die Kamera dazu die passende Belichtungszeit wählt. Dieser Modus wird bevorzugt verwendet, wenn mit der Blende gezielt die Schärfentiefe gesteuert werden soll. Entsprechend eingesetzt lässt sich mit diesem Modus bei geöffneter Blende ein Motiv optimal freistellen, sodass ein unruhiger Hintergrund in Unschärfe verschwimmt und die Aufmerksamkeit auf das Motiv gerichtet wird. Auch können Sie damit die maximale Schärfeleistung ausreizen, indem Sie die Blende schließen. So nutzen Sie die maximale Schärfentiefe, was u. a. in der Landschaftsfotografie bevorzugt wird. Um die EOS R100 auf den Blendenvorwahlmodus zu setzen, drehen Sie das Moduswahlrad auf **Av**. Über das Hauptwahlrad lässt sich der Blendenwert nun ändern. Drehen Sie das Rad gegen den Uhrzeigersinn, wird die Blende weiter geöffnet (der Blendenwert verringert). Drehen Sie das Rad hingegen im Uhrzeigersinn, wird die Blende weiter geschlossen (und der Blendenwert erhöht).

Wenn Sie die Blendenvorwahl eingestellt haben, werden rechts auf dem Display oder im Sucher der Modus **Av** und der aktuell eingestellte Blendenwert mit einem orangenfarbenen Rädchen darüber angezeigt. Kann zum eingestellten Blendenwert kein korrektes Belichtungsergebnis erzielt werden, blinkt der Wert der Belichtungszeit.

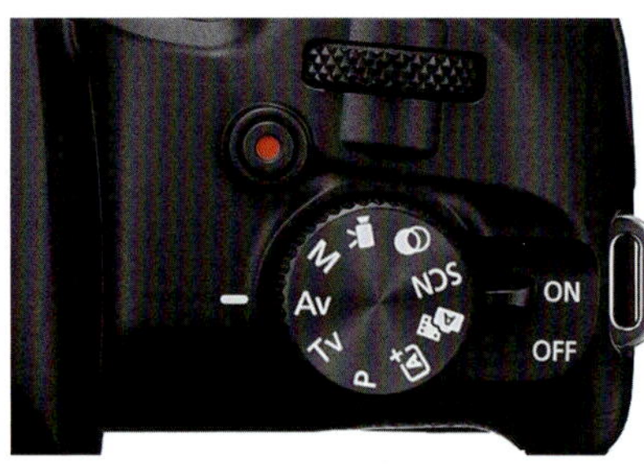

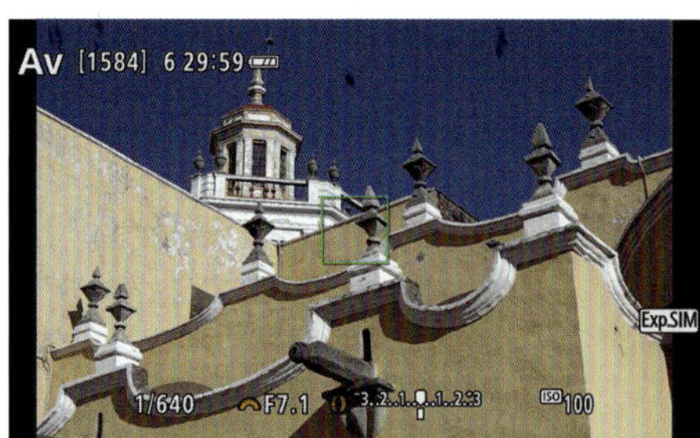

Abbildung 2.19 *Links: Für die Blendenvorwahl stellen Sie das Moduswahlrad auf **Av**. Links: Das **Av** links oben zeigt an, dass Sie die Blendenvorwahl eingestellt haben.*

Anforderung an das Bild bei der Blendenvorwahl

Die Blendenvorwahl ist das ideale Programm, wenn die Belichtungszeit weniger wichtig ist und stattdessen die Schärfentiefe in den Vordergrund rückt. Bevorzugt unterscheidet man hier zwischen großer und geringer Schärfentiefe:

- **Große Schärfentiefe**: Eine größere Schärfentiefe erzielen Sie gewöhnlich mit einer großen Blendenzahl (= kleinere Blendenöffnung). Je größer die Blendenzahl wird, umso mehr dehnt sich die Schärfentiefe im Bild aus. Hierbei wird nicht nur das fokussierte Motiv scharfgestellt, sondern auch alles andere davor und dahinter. Eine hohe Schärfentiefe will man z. B. in der Landschaftsfotografie erzielen, um alle Bereiche durchgehend scharf abzubilden.
- **Geringe Schärfentiefe**: Eine geringe Schärfentiefe erzielen Sie mit einer kleinen Blendenzahl (= größere Blendenöffnung). Je kleiner die Blendenzahl ist, umso weniger tief fällt der scharfe Bereich im Bild aus. Bezogen auf ein fokussiertes Motiv wird nur dieses scharfgestellt – alles dahinter oder davor verschwimmt in Unschärfe. Gerade in der Porträtfotografie wirken Bilder mit einer geringen Schärfentiefe sehr gut, weil der Fokus sprichwörtlich auf das Gesicht gelenkt wird.

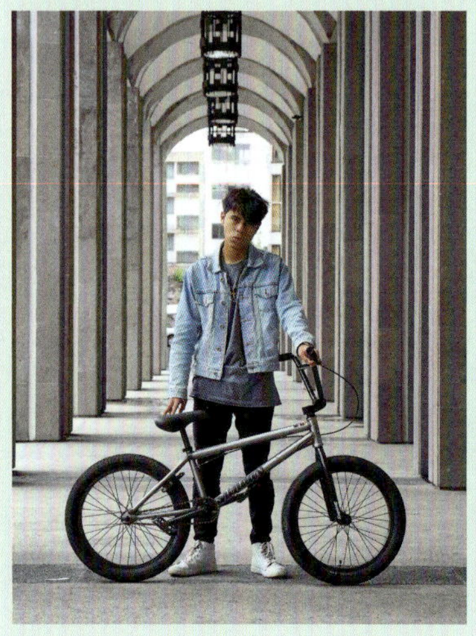

Abbildung 2.20 *Hier habe ich den Fokus mit dem **Einzelfeld AF** auf die Person gelegt. Der Blendenwert von f8 sorgt für eine hohe Schärfentiefe, sodass auch der Hintergrund noch recht scharf abgebildet wurde. Große Schärfentiefe = große Blendenzahl bzw. kleine Blendenöffnung.*

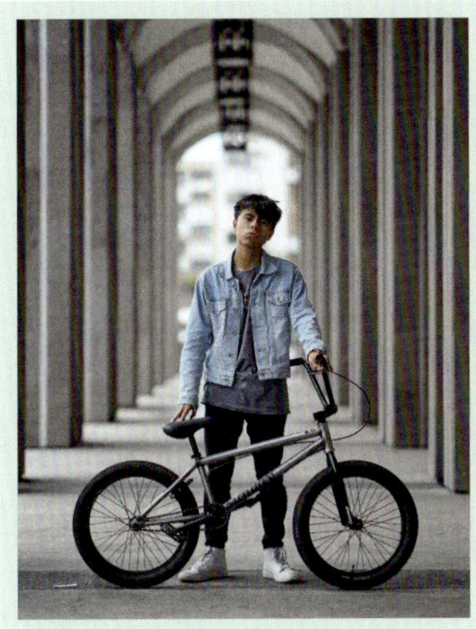

Abbildung 2.21 *Dieselbe Aufnahmesituation und erneut liegt der Fokus auf der Person mit dem **Einzelfeld AF**. Durch einen Blendenwert von ƒ1,8 wurde allerdings die Schärfentiefe verringert, sodass der Hintergrund unschärfer geworden ist. Geringe Schärfentiefe = kleine Blendenzahl bzw. große Blendenöffnung.*

Im Programmmodus **Av** liefert die Kamera zur eingestellten Blende immer die passende Belichtungszeit. Hier kann es je nach vorhandenem Licht durchaus zu Situationen kommen, in denen die Belichtungszeit recht lang ist und es schwierig wird, ein Bild noch verwacklungsfrei aus der Hand aufzunehmen. Sie können dann eventuell den ISO-Wert erhöhen oder, wenn nicht bereits geschehen, ihn auf **Auto** stellen. Ist die Belichtungszeit immer noch zu lang, müssen Sie ein Stativ oder eine feste Unterlage verwenden. Eine weitere Möglichkeit besteht darin, die Blende weiter zu öffnen, also einen kleineren Wert einzustellen, womit mehr Licht auf den Sensor fällt und die Belichtungszeit automatisch kürzer wird. Reduzieren Sie den Blendenwert um eine Stufe, beispielsweise von ƒ4 auf ƒ2,8, verringert (verkürzt) sich die Belichtungszeit ebenfalls um eine ganze Stufe, damit dieselbe Helligkeit im Bild erhalten bleibt.

Es hängt allerdings auch vom Objektiv ab, wie weit eine Blende geöffnet werden kann. So bietet das RF-S 55–210 mm F5–7.1 IS STM als kleinstmögliche Blendenzahl ƒ5 bei 55 mm, die bei 210 mm auf ƒ7,1 steigt. Andere Objektive bieten noch größere Blendenöffnungen, also eine kleinere Blendenzahl. Das RF 50 mm STM z. B. bietet als kleinstmögliche Blendenzahl ƒ1,8. Verglichen mit dem 55–210 mm, bei dem Sie bei 55 mm auf ƒ5 als kleinste Blendenzahl beschränkt sind, haben Sie bei einer ähnlichen Brennweite mit dem RF 50 mm mit einer Blendenzahl von ƒ1,8 natürlich noch viel Spielraum, um eine geringere Schärfentiefe zu erzeugen. Mehr über Objektive erfahren Sie in Abschnitt 9.1, »Objektive für die EOS R100«.

SCHRITT FÜR SCHRITT

Schritt für Schritt: Im Av-Modus zum gewünschten Bild

1 Blende einstellen

Stellen Sie die Kamera über das Moduswahlrad in den Programmmodus **Av**. Dann wählen Sie, abhängig vom Objektiv und dem gewünschten Effekt, den Sie erzielen wollen, die gewünschte Blende mit dem Hauptwahlrad. Wollen Sie einen unscharfen Hintergrund erreichen (z. B. bei einer Porträtaufnahme), verwenden Sie einen niedrigen Blendenwert wie etwa *f*2,8 oder *f*4. Möchten Sie, dass alles durchgehend scharf ist (z. B. bei einer Landschaftsaufnahme), stellen Sie einen hohen Blendenwert wie *f*8 oder *f*9 ein. Drücken Sie den Auslöser halb herunter, und werfen Sie einen Blick auf die Belichtungszeit und die Schärfentiefe.

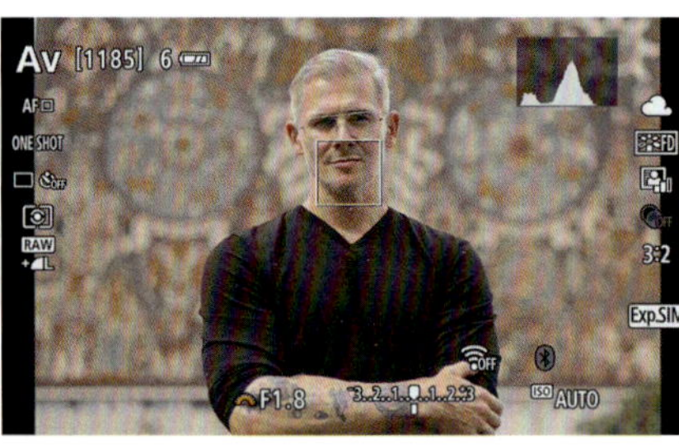

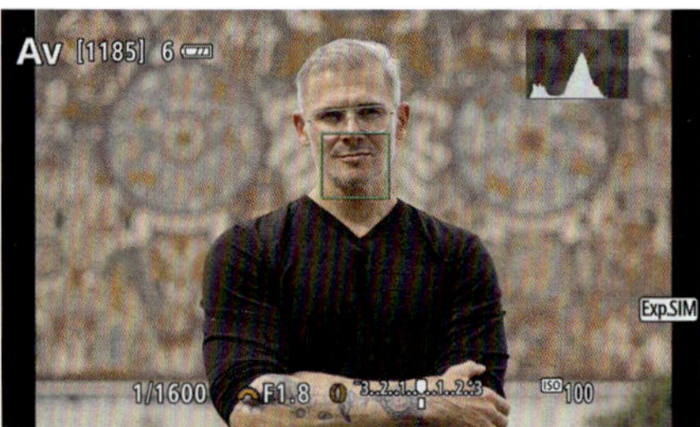

Abbildung 2.22 *Links: Blende einstellen (hier* ***F1,8****). Rechts: Wenn Sie den Auslöser halb herunterdrücken, sollten Sie die Belichtungszeit (und eventuell auch den ISO-Wert bei Auto-ISO) überprüfen, weil Sie dann die tatsächlich verwendeten Werte sehen.*

Schärfentiefe-Kontrolle

Da sich die Blende nur im Moment der Aufnahme ändert, bleibt diese ansonsten immer maximal geöffnet. Daher sieht die angezeigte Schärfentiefe auf dem Display oder im Sucher immer sehr gering aus. Wollen Sie die tatsächliche Schärfentiefe passend zur eingestellten Blende sehen, müssen Sie einer Taste die Funktion zur **Schärfentiefe-Kontrolle** zuweisen. Dies können Sie über **> SET UP4 > Individualfunktionen(C.Fn)** machen, indem Sie auf der dritten Seite bei **C.Fn II: Weiteres Custom-Steuerung** eine Taste auswählen und dieser die Funktion **Schärfentiefe-Kontrolle** zuweisen. Für das Buch habe ich dazu die -Taste verwendet. Wie Sie die Tasten der EOS R100 individuell anpassen können, wird noch genauer in Abschnitt 5.1, »Tastenbelegung ändern«, beschrieben.

2 Einstellungen anpassen

Stellen Sie sicher, dass die Belichtungszeit für ein scharfes Foto aus der Hand geeignet ist. Ist die Belichtungszeit zu lang, können Sie die Blende weiter öffnen (kleinere Blendenzahl einstellen). Dies reduziert allerdings auch die Schärfentiefe. Je nach Aufnahmesituation ist dies möglicherweise nicht erwünscht. In diesem Fall besteht noch die Option, den ISO-Wert zu erhöhen. Wenn die Belichtungszeit allerdings immer noch recht lang ist, können Sie unter Umständen die Blende noch etwas weiter schließen und eine höhere Blendenzahl einstellen, womit auch die Schärfentiefe erweitert wird.

3 Aufnahme erstellen

Machen Sie eine erste Aufnahme, und überprüfen Sie am Display das Ergebnis. Sind Sie nicht zufrieden, können Sie erneut Anpassungen vornehmen. Die Auswirkungen bei der Änderung des Blendenwertes sind:

- kleiner Blendenwert = geringere Schärfentiefe = kürzere Belichtungszeit
- großer Blendenwert = höhere Schärfentiefe = längere Belichtungszeit

Beugungsunschärfe bei zu kleiner Blendenöffnung

Um eine hohe Schärfentiefe zu erzielen, blendet man in der Regel ab. Allerdings gibt es auch hier eine Grenze: Je weiter Sie die Blende schließen (hoher Blendenwert), umso stärker tritt das Phänomen der sogenannten *Beugungsunschärfe* auf. Zwar erzielen Sie mit einem Weitwinkelobjektiv bei Blende *f*16 grundsätzlich eine sehr hohe durchgehende Schärfentiefe im gesamten Bild, aber die Schärfeleistung sinkt dennoch aufgrund eines quantenmechanischen Phänomens deutlich. Das bedeutet, dass ein Bild mit *f*16 zwar über eine größere Schärfentiefe verfügt als ein Bild mit *f*8, aber aufgrund der Beugungskorrektur eine geringere Schärfe hat.

Ab welcher Blende genau Sie mit Beugungsunschärfe rechnen müssen, hängt auch vom Objektiv ab. Die EOS R100 bietet im Kameramenü **SHOOT3 > ObjektivAberrationskorrektur > Dig. Objektivoptimierung** eine Funktion an, mit der unter anderem dieser Beugungseffekt bis zu einem gewissen Grad reduziert wird. Die Funktion ist zwar standardmäßig aktiviert, aber dies gilt nur für JPEG- und nicht für Raw-Aufnahmen. Für Raw-Bilder ist mir nur der Raw-Konverter Capture One (und teilweise auch DxO) bekannt, der diese Beugungsunschärfe ebenfalls bis zu einem gewissen Grad nachträglich korrigieren kann.

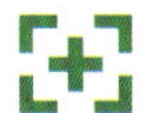

Beugungsunschärfe testen – meine Empfehlung

Wenn Sie im Internet nach »Beugungsunschärfe« suchen, werden Sie dort viele Empfehlungen finden. Das ist hilfreich, aber da ich oftmals ganz genau wissen will, wie weit ich mit meinem Werkzeug gehen kann, teste ich meine Objektive selbst auf Beugungsunschärfe. Dazu stelle ich die Kamera auf ein Stativ oder festen Untergrund und fotografiere dasselbe Bild mehrmals im Programmmodus **Av** mit unterschiedlichen Blendenwerten (2; 2,8; 4; 5,6; 8; 11; 16; 22). Dann betrachte ich die Bilder in der 100-%-Ansicht am Computer und sehe dort recht deutlich, ab wann die Beugungsunschärfe einsetzt.

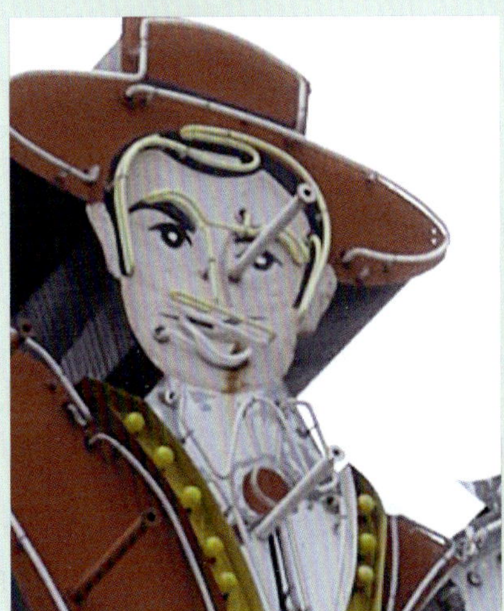

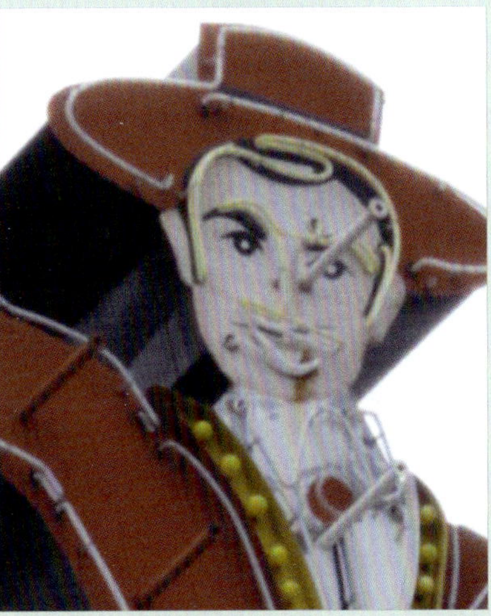

Abbildung 2.23 *Zum Vergleich sehen Sie einen Bildausschnitt in einer 200-%-Ansicht. Das linke Bild habe ich mit Blende f8 aufgenommen und das rechte mit Blende f20. Die Beugungsunschärfe im rechten Bild ist deutlich zu sehen.*

2.4.1 Safety Shift

Safety Shift (*Sicherheitsverschiebung*) ist eine Funktion, mit der die Belichtung und der Fokus einer Aufnahme in bestimmten Situationen optimiert werden können, um ein besseres Ergebnis zu erzielen. Diese Funktion ist besonders nützlich, wenn die Belichtungsbedingungen schwierig sind, sich häufiger ändern oder sich das Motiv plötzlich und unerwartet bewegt. Gewöhnlich greift die Kamera niemals in den von Ihnen vorgegebenen Werte in den Programmen **Av** und **Tv** ein. Mit Safety Shift erlauben Sie der Kamera auch bei diesen Werten einzugreifen. Safety Shift ist standardmäßig in der Kamera deaktiviert. Wollen Sie diese Funktion verwenden, müssen Sie diese im Kameramenü über **> SET UP4 > Individualfunktionen(C.Fn) > C.Fn I: Belichtung Safety Shift** aktivieren.

Wenn Sie z. B. ein Bild im **Av**-Modus mit einer großen Blendenöffnung fotografieren (z. B. *f*1,8) und sich die Lichtumgebung plötzlich stark erhellt (z. B. eine Sonneneinstrahlung), würde dies zu einer Überbelichtung führen. In solch einem Fall kann Safety Shift eingreifen und die Blendenöffnung automatisch verkleinern (z. B. auf *f*4), um die Belichtung zu reduzieren und so eine korrekte Belichtung sicherzustellen.

In der Praxis verwendet die EOS R100 Safety Shift in folgenden Situationen:

- Wenn sich die Kamera im Blendenvorwahl-Modus (**Av**-Modus) befindet und die gewählte Blendenöffnung zu einer Unter- oder Überbelichtung führen würde, kann der Safety Shift aktiviert werden, um die Belichtung anzupassen.
- Wenn sich die Kamera im Zeitvorwahl-Modus (**Tv**-Modus) befindet und die gewählte Belichtungszeit zu einer unscharfen Aufnahme führen würde, kann der Safety Shift aktiviert werden, um die Belichtungszeit zu ändern und eine schärfere Aufnahme zu ermöglichen.

2.5 Volle Kontrolle im manuellen Modus M

Wollen Sie alle Werte unabhängig voneinander wählen und die Belichtungseinstellung selbst bestimmen, dann können Sie die EOS R100 auch im Programmmodus **M** betreiben. Bevorzugt wird der manuelle Modus bei Nacht-, Blitzlicht-, HDR- oder Panorama-Aufnahmen verwendet. Wer aber die manuelle Anpassung der Kamera beherrscht, kann damit durchaus immer und alles fotografieren. Um den Programmmodus **M** der EOS R100 einzustellen, drehen Sie das Moduswahlrad auf **M**. Sie sollten auch einen manuellen ISO-Wert einstellen, weil die Kamera sonst trotzdem noch in die Belichtungseinstellung eingreift.

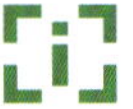

Auto-ISO und Programmmodus M
Auch mit Auto-ISO wird auf dem Display und im Sucher der Programmmodus **M** angezeigt.

Sie erkennen den manuellen Modus am **M** (für »manuell«) links oben. Des Weiteren werden die Werte für die Belichtungszeit und Blende angezeigt. Mit der Kreuztaste nach oben können Sie zwischen diesen Werten wechseln und diese mit dem Hauptwahlrad ändern. Welcher Wert gerade aktiv ist, wenn Sie am Hauptwahlrad drehen, erkennen Sie am orangefarbenen Wahlrad über dem entsprechenden Wert. Ob das Bild gemäß den Einstellungen richtig belichtet wird, sehen Sie im Sucher oder auf dem Display auf der rechten unteren Seite bei der Belichtungsskala. Bei einem korrekt belichteten Bild steht der weiße Pfeil in der Mitte auf 0. Diese Skala zeigt Ihnen +/– 3 Belichtungsstufen an und ist in Drittelstufen eingeteilt. Steht diese Skala trotz des manuellen Modus und sich ändernder Lichtverhältnisse immer auf 0, dann haben Sie vermutlich Auto-ISO aktiviert.

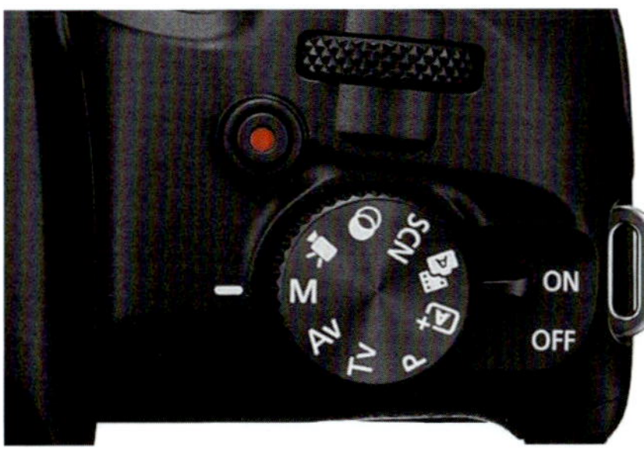

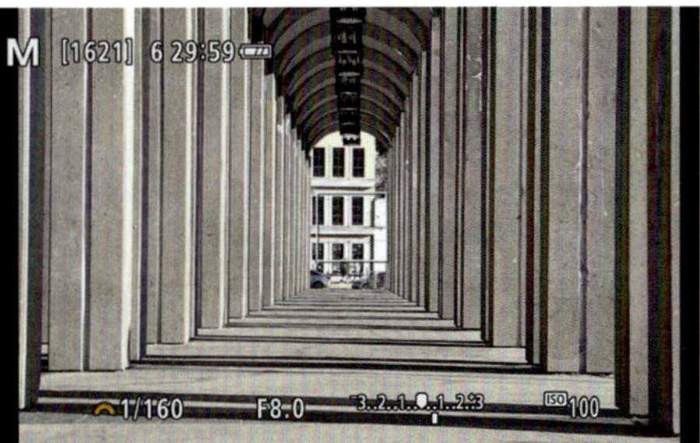

Abbildung 2.24 *Links: Wenn Sie den Programmmodus* ***M*** *aktiviert haben, liegt es an Ihnen, die Belichtung einzustellen. Rechts: Den manuellen Modus der Kamera erkennen Sie am* ***M*** *links oben. Zur Kontrolle der Belichtung dient die Belichtungsskala auf der unteren Seite.*

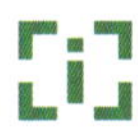

Anforderungen an das Bild im manuellen Modus

Für das Fotografieren im manuellen Modus gibt es zwar keine speziellen Anforderungen an das Bild, weil sich damit eben alles machen lässt, was Sie in den anderen halbautomatischen Programmmodi auch tun können. Trotzdem gibt es auch hier typische Anwendungsfälle, für die viele Fotograf*innen generell den manuellen Modus verwenden:

- Wechselnde Lichtverhältnisse: Wenn Sie z. B. bei einem Konzert mit ständig wechselnder Bühnenbeleuchtung fotografieren müssen, wird die Kamera im Programmmodus **Av** mal eine kurze und mal eine lange Belichtungszeit vorschlagen. Zwar erhalten Sie dann ein korrekt belichtetes Bild, aber wenn sich hierbei Personen schnell bewegen, kann es bei längeren Belichtungszeiten zu unscharfen Bildern kommen.
- Langzeitbelichtung, Nachtaufnahmen: Gerade bei Nachtaufnahmen mit hoher Schärfentiefe (große Blendenzahl) und niedrigem ISO-Wert kommt fast immer der manuelle Modus ins Spiel. Langzeitbelichtungen werde ich ausführlicher in Abschnitt 7.8, »Langzeitbelichtung«, behandeln.
- Blitzen im Studio: Beim Fotografieren im Studio mit Blitzlicht ist manuelles Belichten Pflicht, weil eine Automatik nicht wissen kann, wie hell der Blitz auslöst. Sie tasten sich mit einer Zeit-Blenden-Kombination und mehreren Anpassungen an die optimalen Werte heran. Es geht schneller, wenn Sie schon Erfahrung haben. Ein externer Belichtungsmesser kann für Klarheit sorgen, ohne vorher testen zu müssen.

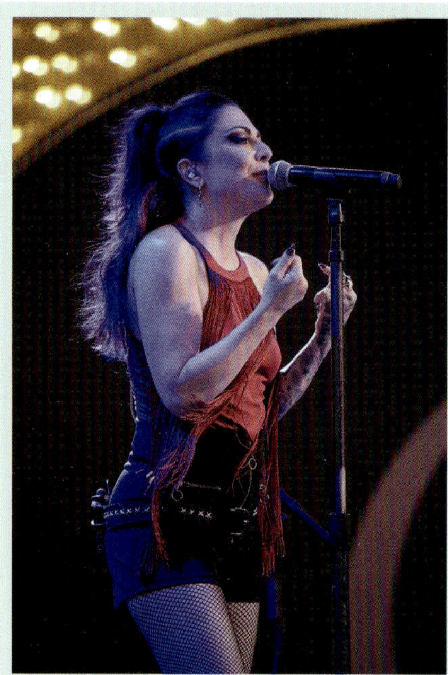
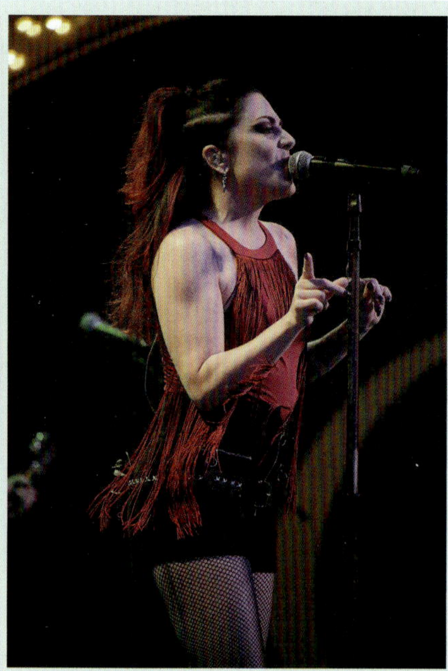

Abbildung 2.25 *Ein klassischer Fall mit wechselnden Lichtverhältnissen, in dem ich bevorzugt auf den manuellen Modus zurückgreife. Im linken Bild fällt viel Licht auf die Sängerin. Im rechten Bild gibt es plötzlich kaum noch Licht. Dank manueller Modus stand die Belichtungszeit konstant auf 1/320 s und die Blende bei f2,8. Zwar ist das rechte Bild etwas dunkler geworden, aber dafür auch scharf geblieben.*

50 mm | *f*2,8 | 1/320 s | ISO 3.200

SCHRITT FÜR SCHRITT

Schritt für Schritt: Im M-Modus zum gewünschten Bild

1 Belichtung messen

Setzen Sie die Kamera in den Programmmodus **M**, indem Sie die gewünschten Werte für Belichtungszeit, Blende und ISO-Wert einstellen. Drücken Sie nun den Auslöser halb herunter, und betrachten Sie die Belichtungsskala auf der rechten unteren Seite.

2 Anpassungen vornehmen

Geht die Belichtung in der Belichtungsskala auf einen Wert unter 0, ist das Bild unterbelichtet. Sie können dann entweder die Belichtungszeit erhöhen oder die Blendenzahl verringern. Zeigt der Balken der Belichtungsskala hingegen auf einen Wert über 0, ist das Bild überbelichtet. Sie können dann die Belichtungszeit verkürzen oder die Blendenzahl erhöhen. Was Sie verändern, hängt natürlich vom Anwendungszweck ab. Alternativ können Sie auch noch den ISO-Wert verändern.

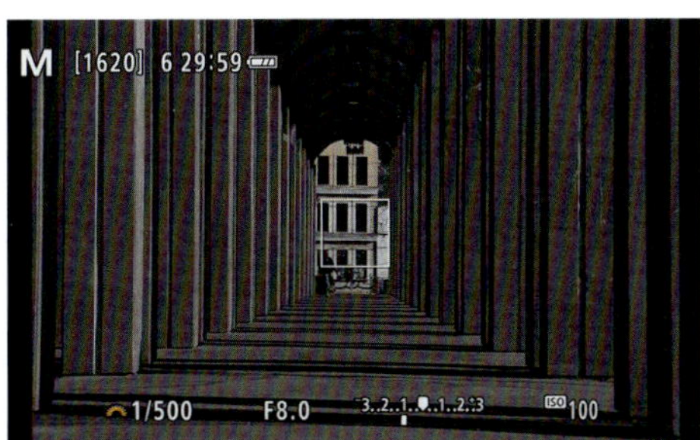

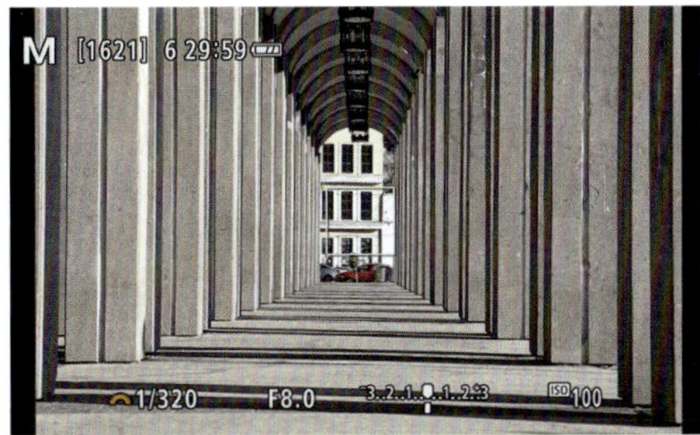

Abbildung 2.26 *Bei der ersten Einstellung ist das Bild noch unterbelichtet. Rechts habe ich die Belichtungszeit am Hauptwahlrad um +1 Blende korrigiert. Schon hatte ich ein perfekt belichtetes Bild.*

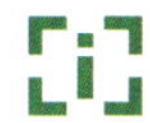

Zum perfekten Bild mit der Belichtungsskala?

Natürlich bedeutet eine Belichtung zum Wert 0 auf der Belichtungsskala nicht unbedingt, dass Sie nun ein perfektes Bild geschaffen haben. Es gibt auch High-Key- oder Low-Key-Aufnahmen, bei denen Sie bewusst heller oder dunkler belichten. Selbst bei einer Landschaftsaufnahme im Winter wird ein Bild, das auf 0 belichtet ist, eher dunkel und flau wirken. Berücksichtigen Sie auch Ihren persönlichen Geschmack: Vielleicht bevorzugen Sie hellere oder dunklere Bilder?

3 Experimentieren Sie

Sie haben für den manuellen Modus einen Ausgangswert eingestellt, an dem Sie jetzt verschiedene Einstellungen testen können. Verändern Sie die Blende und die Belichtungszeit, und vergleichen Sie die Ergebnisse.

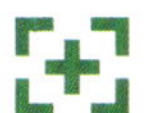

Im Programmmodus Av oder Tv starten

Mit der Zeit und Erfahrung wissen Sie, mit welchen Werten Sie im manuellen Modus anfangen können. Sie können aber auch die Kamera in den Modus **Av** oder **Tv** stellen und sehen, was die Kamera für Werte verwendet. Merken Sie sich dann die Werte für Blende und Belichtungszeit, und verwenden Sie sie als Basis für den Programmmodus **M**.

Der Bulb-Modus

Die Belichtungszeiten in den verschiedenen Programmmodi reichen von 30 s bis 1/4000 s. Im manuellen Modus **M** können Sie aber auch unbegrenzt lange belichten, wenn Sie das Hauptwahlrad so lange gegen den Uhrzeigersinn drehen, bis die Belichtungszeit auf **BULB** gestellt ist. In diesem Modus belichtet die Kamera nun so lange, wie Sie den Auslöser gedrückt halten. In der Praxis empfiehlt es sich, einen Kabelauslöser zu verwenden, weil Sie beim Halten des heruntergedrückten Auslösers die Kamera verwackeln und es auch nicht wirklich ergonomisch ist.

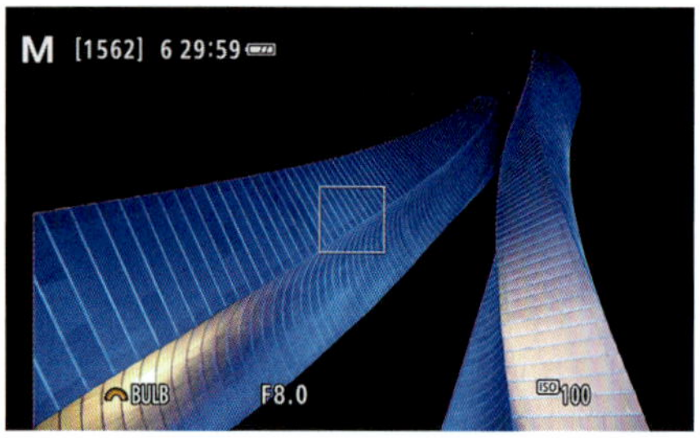

Abbildung 2.27 *Im Bulb-Modus belichtet die Kamera so lange, wie Sie den Auslöser gedrückt halten.*

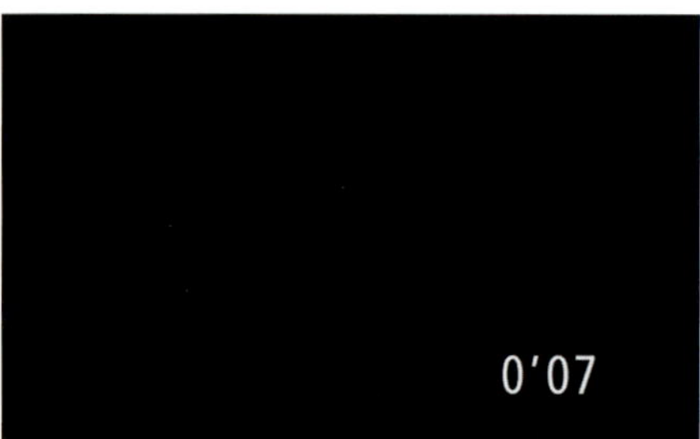

Abbildung 2.28 *Eine Zeitanzeige zeigt an, wie lange Sie den Auslöser bereits gedrückt halten.*

2.6 Der Einfluss der ISO-Einstellungen auf die Programme

In den Abschnitten zuvor haben Sie die halbautomatischen Programmmodi der EOS R100 kennengelernt, in denen die Kamera zur Belichtungszeit bzw. zur Blende die passenden Werte wählt. Nicht in jeder Aufnahmesituation sind diese Werte optimal. Auch haben Sie den manuellen Programmmodus kennengelernt, in dem Sie sich selbst um die Einstellung von Belichtungszeit und Blende gekümmert haben. Mithilfe der ISO-Einstellung können Sie in diese Halbautomatiken und den manuellen Modus eingreifen.

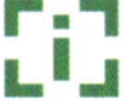

Das müssen Sie über den ISO-Wert wissen

Vermutlich wissen Sie selbst bereits ausreichend über den ISO-Wert Bescheid. Das Wichtigste ist: Je höher der ISO-Wert, desto mehr wird das Sensorsignal verstärkt, und umso mehr Bildrauschen ist auf dem Bild zu sehen. Um die bestmögliche Bildqualität zu erreichen, sollten Sie diesen Wert daher so niedrig wie möglich halten. Ein Bild mit ISO 100 liefert eine bessere Bildqualität als eines mit ISO 6.400. Natürlich können Sie die Werte in der Praxis nicht immer niedrig halten, wenn Sie z. B. bei wenig Licht aus der Hand fotografieren wollen, ohne zu verwackeln. Der Bildstabilisator ist dabei zwar auch eine große Hilfe, aber auch hier gibt es Limits. Aber im Zweifelsfall ist ein verrauschtes Bild besser als gar kein Bild.

Mit einem höheren ISO-Wert erhöhen Sie die Signalverstärkung (was einer Belichtungsaufhellung entspricht), aber mit zunehmender Verstärkung wird die Bildqualität schlechter, weil Bildrauschen und Artefakte ebenfalls verstärkt werden. Die Grundempfindlichkeit des Sensors der EOS R100 beträgt ISO 100, womit er nach dem REI-Standard kalibriert ist.

(ISO-)SOS und REI

Es gibt mehrere Methoden zur Bestimmung des ISO-Wertes von Digitalkameras. Zwei gebräuchliche Methoden sind *SOS* (*Standard Output Sensitivity*) und *REI* (*Recommended Exposure Index*). SOS basiert darauf, dass der mittlere Tonwert eines RGB-Bildes einem mittleren Grauwert entspricht, während REI auf dem basiert, was der Kamerahersteller für gute Bilder mit einer optimalen Belichtung hält. Die Bewertung des ISO-Wertes gilt für die Bilder aus der Kamera und nicht für Raw-Dateien, die schließlich im Grunde erst nach der Verarbeitung mit einem Raw-Konverter zu Bildern werden. Fujifilm, Leica, Panasonic oder Pentax verwenden SOS und Canon, Nikon und Sony verwenden REI. Es gibt auch Hersteller wie Olympus oder Sigma, die nicht angeben, welche Methode sie verwenden.

Die Einstellung des ISO-Wertes erfolgt bei der EOS R100 über die ISO-Taste (linke Kreuztaste). Im Sucher oder auf dem Display finden Sie den aktuell verwendeten ISO-Wert rechts unten. Den ISO-Wert können Sie dann mit dem Hauptwahlrad oder den Kreuztasten nach rechts oder nach links ändern. Drücken Sie auf die INFO-Taste, wird der ISO-Wert wieder auf **Auto** gesetzt. Alternativ können Sie den ISO-Wert auch im Kameramenü über **> SHOOT1 > ISO-Empfindl. Einstellungen > ISO-Empfindlichk.** ändern.

Den ISO-Wert können Sie in jedem Programmmodus in Drittelstufen von ISO 100 bis ISO 12.800 einstellen. Bei Aufnahmen bis zu ISO 800 ist das Bildrauschen fast unsichtbar. Auch bei ISO 1.600 ist es noch nicht störend, wenn auch schon wahrnehmbar. Bei ISO 3.200 ist das Bildrauschen noch akzeptabel. Erst bei ISO 6.400 fällt es stärker auf, und ab ISO 12.800 müssen Sie größere Abstriche bei der Bildqualität machen. Ich empfehle Ihnen, einfach selbst mit verschiedenen ISO-Werten bei schlechteren Lichtbedingungen zu experimentieren, um herauszufinden, was für Sie noch akzeptabel ist.

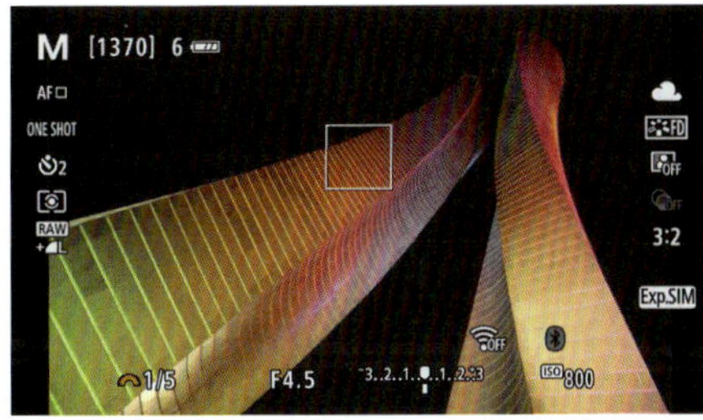

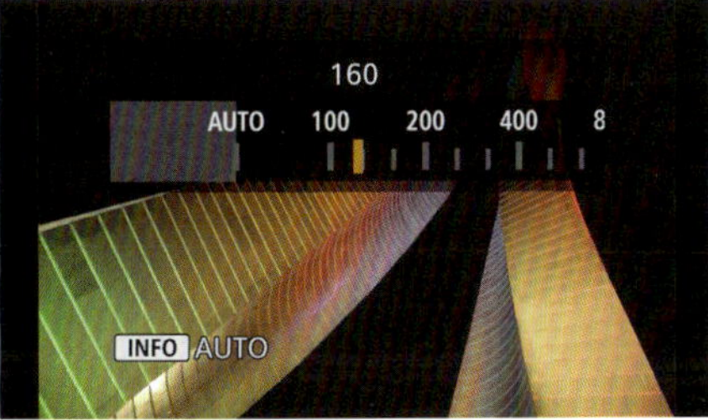

Abbildung 2.29 *Links: Der ISO-Wert wird rechts unten angezeigt (hier:* ***ISO 800****). Rechts: Wenn Sie die ISO-Taste (Kreuztaste nach links) gedrückt haben, können Sie den ISO-Wert mit dem Hauptwahlrad anpassen.*

Die ISO-Automatik und der maximale Wert

Wenn Sie die ISO-Automatik verwenden, geht dieser standardmäßig bis maximal ISO 6.400. Mit diesem Wert liefert die EOS R100 immer noch sehr akzeptable Bilder. Wollen Sie allerdings festlegen, dass z. B. der maximale Auto-ISO-Wert nur bis ISO 800 gehen darf, dann können Sie dies im Kameramenü über **> SHOOT1 > ISO-Empfindl. Einstellungen > Max. für Auto** begrenzen oder bei Bedarf auch auf ISO 12.800 erweitern.

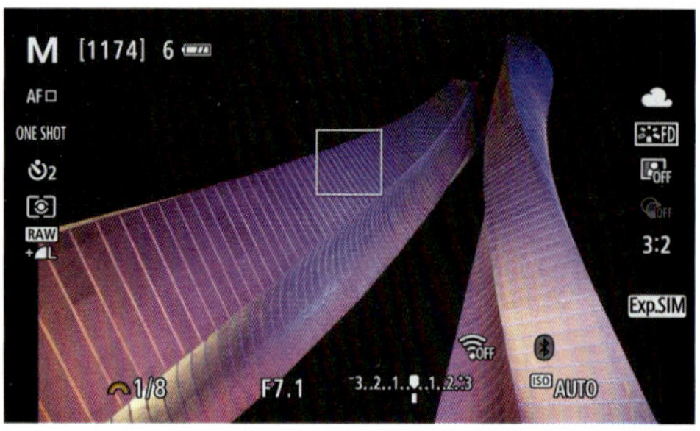

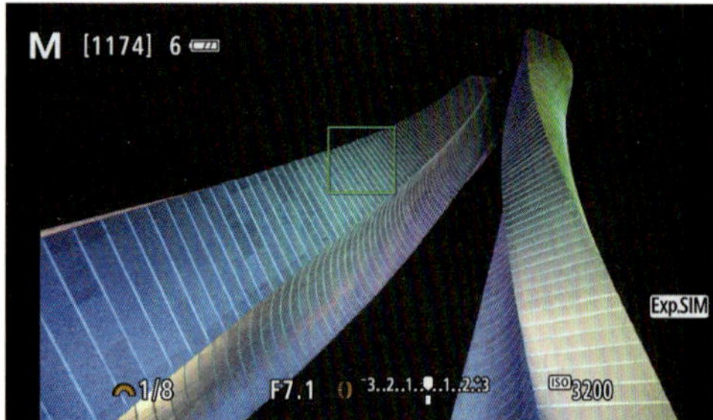

Abbildung 2.30 *Sobald Sie mit ISO-Auto den Auslöser halb herunterdrücken, erkennen Sie, welchen ISO-Wert die Kamera für das Bild verwenden wird. Hier ist es* ***ISO 3.200****.*

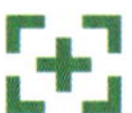

Manueller Programmmodus und ISO-Automatik

Sie können die ISO-Automatik auch im manuellen Programmmodus **M** verwenden. Sie können die gewählte ISO-Automatik auch auf einen niedrigsten Wert und einen höchsten vorgegebenen ISO-Wert beschränken. Wie auch bei der Zeitvorwahl im Programmmodus **Tv** stellen Sie im Modus **M** die Belichtungszeit manuell ein. Gerade bei Aufnahmesituationen mit häufig wechselndem Licht wie bei Konzerten oder der Streetfotografie ist das sehr hilfreich.

Tipp: Wollen Sie der ISO-Automatik im Programmmodus **M** die Verantwortung für die korrekte Belichtung geben, dann müssen Sie dem ISO-Wert erlauben, den vollen ISO-Bereich auszuschöpfen. Hierzu stellen Sie die maximal einzustellende Obergrenze auf ISO 12.800. Jetzt wird die ISO-Automatik im Programmmodus **M** zur Belichtungsautomatik.

Kamerainterne Rauschreduzierung

Intern können Sie in der Kamera das ISO-Rauschen über das Kameramenü **> SHOOT3 > High ISO Rauschreduzierung** von **Standard** auf **Gering** oder **Stark** setzen bzw. komplett deaktivieren. Allerdings wirken sich diese Einstellungen nur auf JPEG-Bilder aus und nicht auf Raw-Bilder. Wenn Sie ausschließlich im JPEG-Format (ohne Raw) fotografieren, finden Sie noch eine zusätzliche Option mit dem Namen **Multi-Shot-Rauschreduz.** vor, womit die Kamera vier Bilder in schneller Folge aufnimmt und zu einem JPEG-Bild mit weniger Rauschen kombiniert. Für bewegte Motive ist diese Methode natürlich nicht geeignet. Bei Motiven mit Bewegung kann es dann eventuell sinnvoller sein, mit hohen ISO-Werten zu arbeiten und die Bilder im Raw-Format aufzunehmen. Mit einer speziellen Software können Sie die Bilder hinterher wieder entrauschen, etwa mit DxO PureRAW, Luminar Neo, Topaz DeNoise AI oder auch Adobe Lightroom.

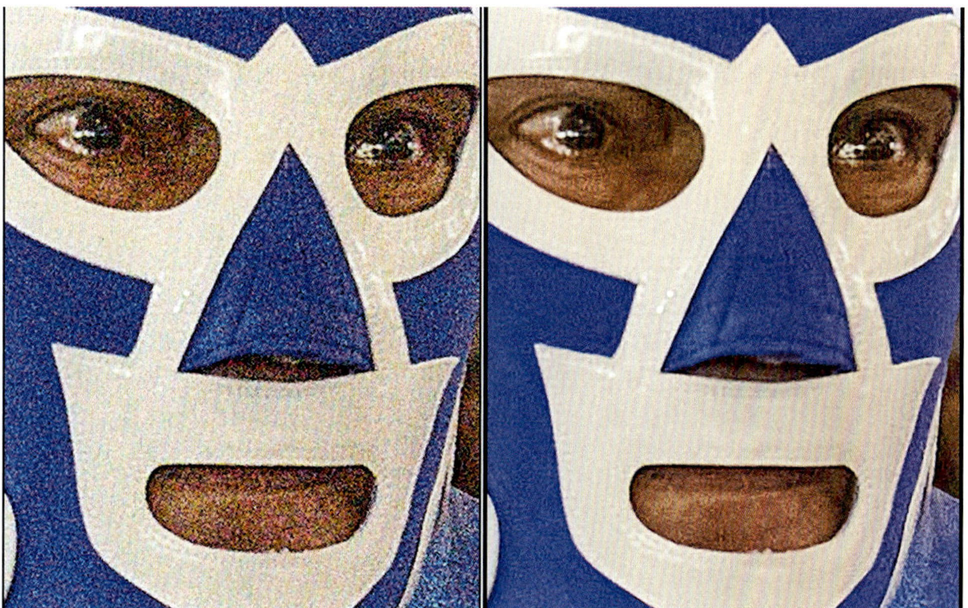

Abbildung 2.31 *Links wurde eine Aufnahme mit ISO 12.800 aufgenommen. In Adobe Lightroom wurde das Raw-Bild nachträglich entrauscht. Das Ergebnis kann sich sehen lassen.*

Auch die Rauschunterdrückung mit künstlicher Intelligenz gibt es schon seit einiger Zeit. Adobe Lightroom zum Beispiel bietet eine solche Funktion. Bei leichtem Bildrauschen sind die Verbesserungen im Vergleich zur Standard-Rauschunterdrückung ohne KI sehr gering. Bei stärkerem Bildrauschen kann man mit KI jedoch beeindruckende Ergebnisse erzielen, auch wenn die Ergebnisse nicht immer fehlerfrei sind und manchmal unschöne Artefakte erzeugt werden.

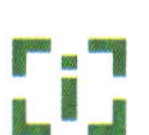

ISO-Erweiterung auf 25.600

Über das Kameramenü **> SET UP4 > Individualfunktionen(C.Fn) > C.Fn I: Belichtung ISO-Erweiterung** können Sie eine ISO-Erweiterung auf ISO 25.600 aktivieren. Diesen Wert können Sie dann über die ISO-Taste (linke Kreuztaste) über **> SHOOT1 > ISO-Empfind. Einstellungen > ISO-Empfindlichk.** auswählen. Bei derart hohen Signalverstärkungen sollte klar sein, dass die Bildqualität nicht mehr die höchste Priorität hat. Diese hohen ISO-Einstellungen dürften nur im Notfall – für Bilder in sehr dunklen Umgebungen, wo ohne Blitz sonst keine »scharfen« Bilder mehr möglich sind – eine Option sein.

EXKURS
Zum Auffrischen: Blende, Belichtungszeit und ISO

Das Zusammenspiel von Blende, Belichtungszeit und ISO-Wert ist in der Fotografie so ziemlich das Wichtigste, wenn es um die technischen Aspekte geht. Wenn Sie diese drei Faktoren beherrschen, fällt Ihnen auch die Arbeit mit verschiedenen Programmmodi wie **Av**, **Tv** oder **M** wesentlich leichter.

Die Belichtungszeit

Mit der Belichtungszeit (auch *Verschlusszeit* genannt) stellen Sie ein, wie lange der Verschluss geöffnet ist und Licht auf den Bildsensor trifft. Ist die Belichtungszeit zu kurz, wird das Bild zu dunkel und ist unterbelichtet. Ist die Belichtungszeit zu lang, wird das Bild zu hell und ist überbelichtet.

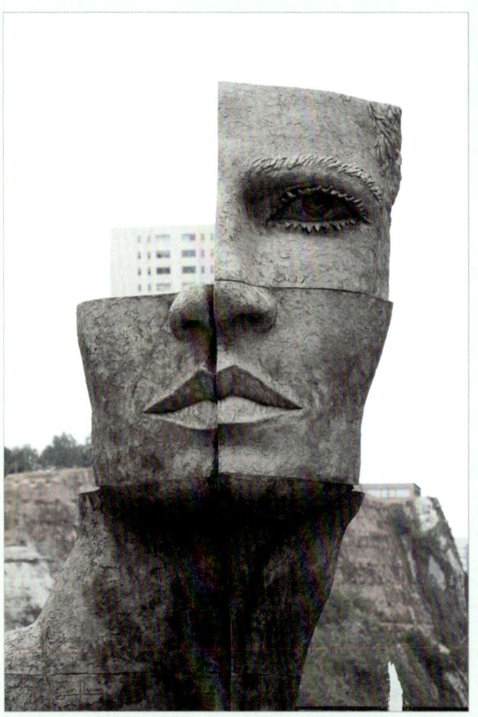

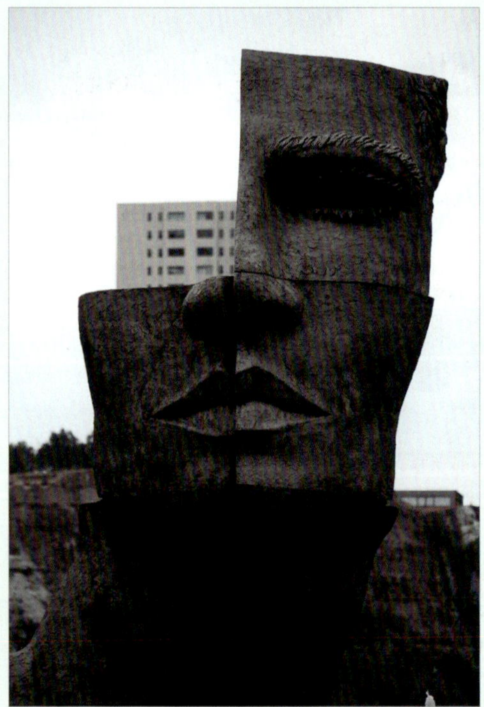

Abbildung 2.32 *Links war die Belichtungszeit zu lang, weshalb das Bild überbelichtet ist. Rechts dasselbe Motiv mit dem Problem, dass zu kurz belichtet wurde, weshalb das Bild etwas zu dunkel und somit unterbelichtet ist.*
Links: 94 mm | *f*7,1 | 1/80 s | ISO 100; rechts: 80 mm | *f*7,1 | 1/320 s | ISO 100

Bei einer längeren Belichtungszeit besteht die Gefahr, verwackelte Bilder aufzunehmen, weil während der Zeit, in der Licht auf den Sensor kommt, auch jede Bewegung der Kamera und des Motivs mit aufgenommen wird. Wenn Sie kein Stativ verwenden, können Sie als Gegenmittel die Belichtungszeit verkürzen. Allerdings gibt es auch Aufnahmesituationen, in denen dies nicht möglich ist, weil zu wenig Umgebungslicht vorhanden ist. Dann haben Sie mit der Blende eine weitere Möglichkeit, mehr Licht auf den Bildsensor zu bringen.

Die Blende

Mit der Blende geben Sie zunächst an, wie viel Licht auf den Sensor gelangt. Je weiter Sie die Blende öffnen (kleiner Blendenwert), umso mehr Licht fällt auf den Sensor. Schließen Sie hingegen die Blende (ein höherer Blendenwert), dann fällt weniger Licht auf den Sensor.

Bezogen auf die Bildgestaltung von Fotos können Sie mit der Blende die Schärfentiefe steuern. Wenn Sie beispielsweise eine Person fotografieren, erzielen Sie mit einer großen Blendenöffnung (z. B. *f*1,4) einen sehr unscharfen Hintergrund (kleine Schärfentiefe). Bei einer kleinen Blendenöffnung (z. B. mit *f*16) wird der Hintergrund scharf (große Schärfentiefe).

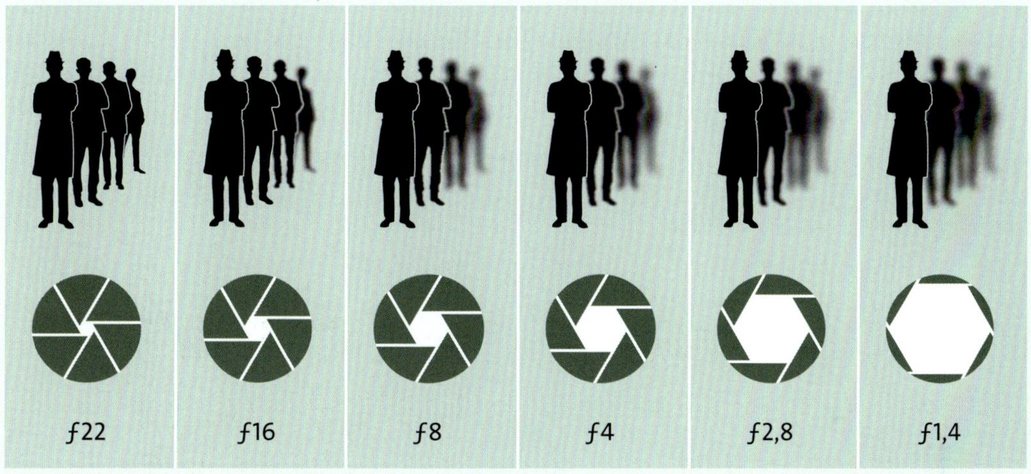

Abbildung 2.33 *Große Blendenöffnung = unscharfer Hintergrund (kleine Schärfentiefe); kleine Blendenöffnung = scharfer Hintergrund (große Schärfentiefe)*

Gerade Einsteiger sind häufig verwirrt, wenn bei *f*1,4 von einer großen Blendenöffnung und bei *f*16 von einer kleinen Blendenöffnung die Rede ist, da die Werte eigentlich das Gegenteil suggerieren. Korrekterweise müsste es *f*/1,4 oder *f*/16 heißen. Der Wert *f* steht für die Brennweite (*focal length*), und bei einer Bruchrechnung ist *f*/1,4 größer als *f*/16.

Auch Blendenzahlen wie *f*1,2, *f*1,4, *f*2, *f*2,8, *f*4, *f*5,6, *f*8, *f*11 sind kein Hexenwerk und schnell erklärt: Von einer Blende zur nächsten wird die Menge an Licht, die auf den Sensor fällt, verdoppelt oder halbiert. Da es sich bei der Blende allerdings um eine Kreisöffnung handelt, muss die Fläche eines Kreises verdoppelt bzw. halbiert werden. Dazu muss der Durchmesser mit der Wurzel aus 2 (= gerundet ca. 1,4) multipliziert oder dividiert werden. Vereinfacht also:

1,2 × 1,4 = (*f*)2 × 1,4 = (*f*)2,8 × 1,4 = (*f*)4 × 1,4 = (*f*)5,6 × 1,4 = (*f*)8 × 1,4 = (*f*)11 …

Der ISO-Wert

Über den ISO-Wert habe ich schon einiges geschrieben. Im Gegensatz zur geläufigen Meinung erhöht ein höherer ISO-Wert nicht die Empfindlichkeit des Sensors. Vielmehr regelt der ISO-Wert die Signalverstärkung. Das bedeutet, wenn Sie ein Bild mit ISO 100 fotografieren, wird die Standardverstärkung der Kamera verwendet. Erhöhen Sie den ISO-Wert auf 800, werden die aufgenommenen Bilddaten um mehr als zwei Blendenstufen verstärkt. Vereinfacht ausgedrückt ist diese Signalverstärkung durch eine höhere ISO-Einstellung nur eine Erhöhung der Bildhelligkeit des Bildes, wie Sie dies vielleicht von einem Raw-Konverter her kennen.

Mit einer Verstärkung des Signals über den ISO-Wert ist es häufig auch möglich, bei wenig Umgebungslicht noch Bilder zu machen. Allerdings geht dies auf Kosten der Bildqualität. ISO 100 liefert immer eine bessere Bildqualität als ISO 6.400. In der Praxis tritt bei höheren Werten ein Bildrauschen mit unterschiedlich hellen und bunten Störpixeln auf. Um das Rauschen durch einen zu hohen ISO-Wert zu umgehen, haben Sie meistens nur noch die Wahl, eine längere Belichtungszeit zu verwenden. Allerdings besteht die Gefahr der Verwacklung, wenn Sie aus der Hand fotografieren. In solchen Fällen entscheide ich mich lieber für das Bildrauschen, weil man dann noch ein wenig in der Bildbearbeitung herausholen kann.

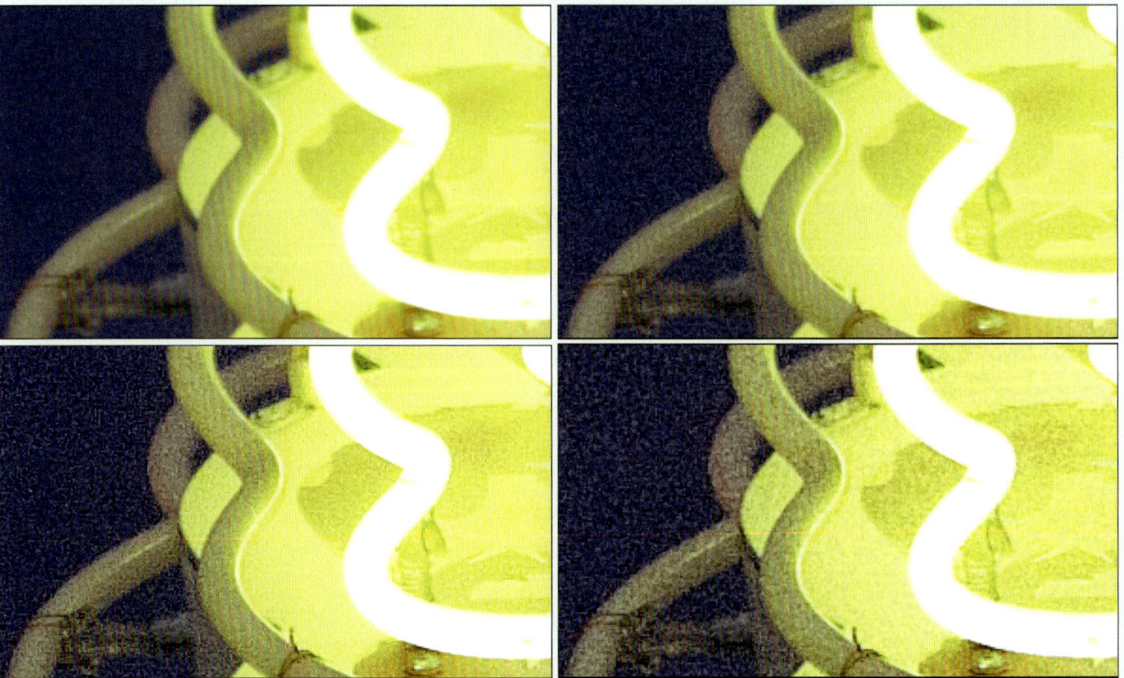

Abbildung 2.34 *Zeilenweise von links oben nach rechts unten: ein Bild bei ISO 100, eines mit ISO 3.200, ein weiteres mit 6.400 und eines mit ISO 12.800. Das Bild habe ich auf einem Stativ aufgenommen und die Rauschreduzierung im Raw-Konverter deaktiviert. Es zeigt deutlich, wie das Bildrauschen durch eine Erhöhung des ISO-Wertes die Bildqualität beeinflussen kann. (Bildausschnitt, auf 400 % vergrößert).*

Das Bildrauschen kann zwar nachträglich reduziert werden, dies geht aber fast immer mit einem Schärfeverlust einher, weil dabei Pixel weichgezeichnet werden müssen. Zwar gibt es sehr gute Algorithmen, die selbst Kanten im Bild berücksichtigen, trotzdem werden immer auch Bereiche geglättet, in denen man aber genau das nicht haben will.

Blende, Belichtungszeit und ISO im Zusammenspiel

Die Blende, die Belichtungszeit und der ISO-Wert sind die wichtigsten Einstellungen einer jeden Kamera.

- Mit der Belichtungszeit legen Sie fest, wie lange das Licht auf den Sensor fällt, und entscheiden damit, wie die Bewegung auf einem Bild dargestellt werden soll.
- Mit der Blende hingegen geben Sie vor, wie viel Licht durch das Objektiv auf den Sensor fällt, und Sie passen mit der Blende auch die Schärfentiefe an.
- Der ISO-Wert dient sozusagen zum Feinregeln der beiden Werte und hilft Ihnen besonders bei schwierigen Lichtsituationen, die Belichtungszeit zu verkürzen. Je höher allerdings der ISO-Wert ist, umso stärker tritt auch das Bildrauschen auf.

Generell haben alle drei Parameter eine Gemeinsamkeit: Sie können mit ihnen mehr oder weniger Licht auf den Sensor fallen lassen. Mit der richtigen Einstellung der drei Einstellgrößen sorgen Sie dafür, dass das Bild richtig belichtet wird. Hierbei können Sie jeden einzelnen der drei Parameter manuell einstellen oder dies teilweise oder komplett der Kamera überlassen. Nur mit der richtigen Kombination der drei Werte erhalten Sie abhängig vom Umgebungslicht ein korrekt belichtetes Bild. Mehr Licht fällt auf den Sensor, wenn Sie die Belichtungszeit verlängern, den ISO-Wert erhöhen oder die Blende öffnen (kleine Blendenzahl). Das Gegenteil erzielen Sie, wenn Sie die Belichtungszeit verkürzen, den ISO-Wert reduzieren oder die Blende schließen (hoher Blendenwert). Welche der Einstellgrößen Sie manuell einstellen und welche Sie der Kamera überlassen wollen, hängt natürlich wiederum davon ab, welche Bildwirkung Sie erzielen wollen.

Kapitel 3
Die Belichtung steuern und den Weißabgleich anpassen

Das Thema Belichtung ist in der Fotografie allgegenwärtig. Bereits im vorhergehenden Kapitel haben Sie mit der Blende, der Belichtungszeit und dem ISO-Wert die entsprechenden Parameter für eine optimale Belichtung des Bildes kennengelernt. Mit diesen drei Parametern stellen Sie unter anderem ein, wie hell das Bild wird. In diesem Kapitel erfahren Sie mehr über die Belichtungsmessmethoden der EOS R100 und wie Sie sie in der Praxis verwenden können.

Neben der passenden Belichtung ist eine realistische Farbwiedergabe des Motivs entscheidend für Ihr Bild. Hier kommt der Weißabgleich ins Spiel, den ich ebenfalls in diesem Kapitel im Anschluss an die Belichtungsmessmethoden erläutern werde.

3.1 Die Belichtungsmessmethoden der EOS R100

Die EOS R100 besitzt vier verschiedene Belichtungsmessmethoden, mit denen Sie einstellen, welche Bereiche des Bildes für die Berechnung der Bildhelligkeit verwendet werden sollen. Sie können die Belichtungsmessmethode über die Q-Taste im Schnelleinstellungsmenü im vierten Feld von rechts auswählen. Alternativ finden Sie diese Einstellung auch im Kameramenü unter > **SHOOT2** > **Messmethode**. Zur Verfügung stehen Ihnen die **Mehrfeldmessung**, die **Selektivmessung**, die **Spotmessung** und die **Mittenbetonte Messung**. Wollen Sie die aktuelle verwendete Belichtungsmessmethode auf dem Display oder im Sucher anzeigen, müssen Sie über die INFO-Taste die Ansicht ändern.

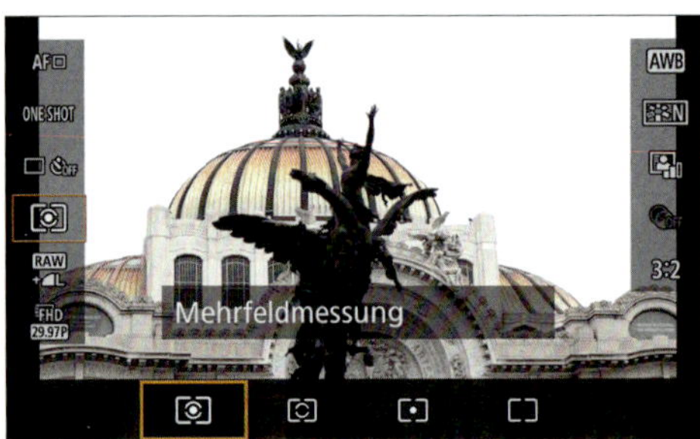

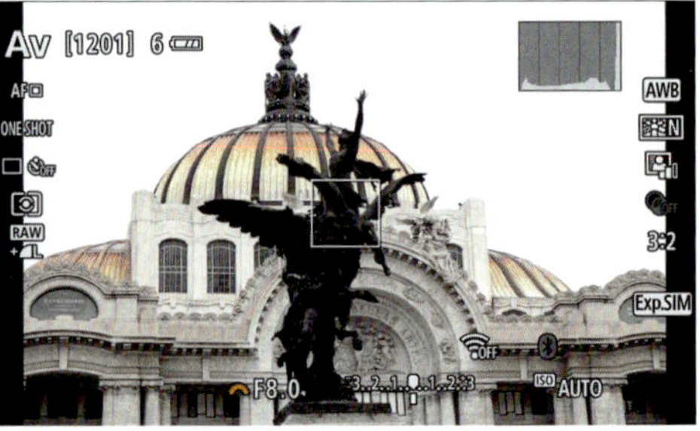

Abbildung 3.1 *Links: Die Belichtungsmessmethode im Schnelleinstellungsmenü auswählen. Rechts: In einer erweiterten Infoanzeige finden Sie die Belichtungsmessmethode als vorletztes Icon von unten (hier mit für die Mehrfeldmessung).*

Im Zweifelsfall werden Sie in der Praxis mit der Mehrfeldmessung fast immer gut fahren. Und wenn die Automatik damit einmal nicht so funktioniert wie gewollt, gibt es häufig andere Wege, eine Unter- oder Überbelichtung zu korrigieren, anstatt die Messmethode zu ändern. Trotzdem werde ich Ihnen im Folgenden natürlich alle Optionen vorstellen.

3.1.1 Die Mehrfeldmessung für (fast) alle Fälle

In den meisten Situationen bietet es sich an die Mehrfeldmessung (häufig auch *Matrixmessung* genannt) zu verwenden. In der Tat ist diese Einstellung die ideale Option in vielen Situationen, weil diese Messung fast immer für eine ausbalancierte Belichtung sorgt. Dabei misst die EOS R100 die Belichtung der kompletten Bildfläche mit 143 gleich großen Messsektoren. Diese Messmethode kann zwar auch bei schwierigen Gegenlichtsituationen verwendet werden, obgleich die Spotmessung dafür besser geeignet wäre.

Die Mehrfeldmessung ist auch bei sich bewegenden Objekten sehr nützlich, da sich hier die Umgebungshelligkeit häufiger ändert. Die Mehrfeldmessung ist bestens geeignet, auf diese Änderungen passend zu reagieren und so ein ordentliches Gesamtbild zu liefern. Ich verwende diese Methode sehr gern, wenn es schnell gehen muss. Ebenfalls eignet sich die Mehrfeldmessung für Motive, die weitgehend gleichmäßig beleuchtet sind, wie z. B. Landschaftsaufnahmen, oder auch für Motive, die keinen zu harten Kontrast zum Hintergrund aufweisen. Wie Sie hier herauslesen können, eignet sich diese Messung nicht so gut bei harten Kontrasten, wozu auch die eben erwähnte Gegenlichtsituation zählt.

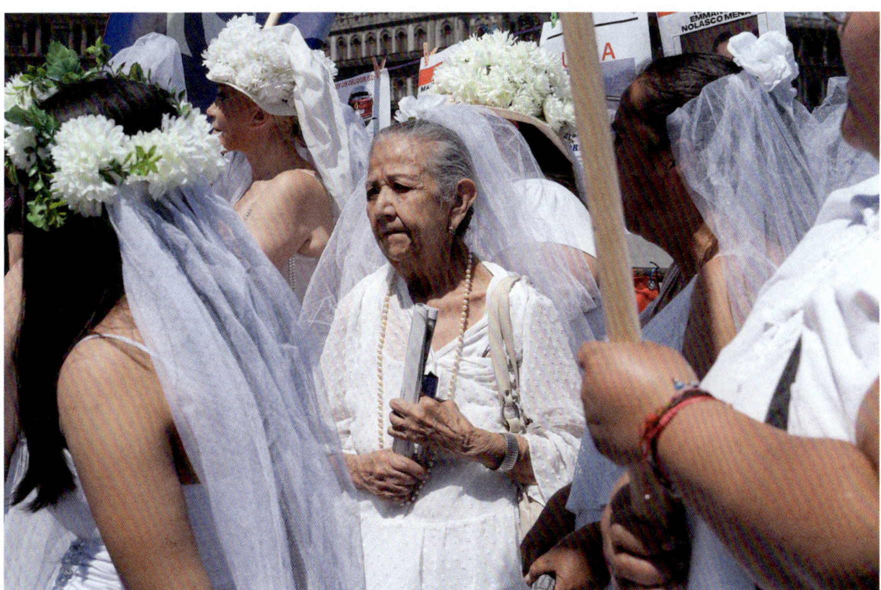

Abbildung 3.2 *Die Mehrfeldmessung liefert in (fast) allen Situationen ein gutes Ergebnis, weil sie auch das fokussierte Motiv berücksichtigt. Hier bei einer Reportage …*

27 mm | f5,6 | 1/1600 s | ISO 100

Der einzige wirkliche Nachteil dieser Messmethode ist, dass Sie die Belichtungsmessung auf das anvisierte Objekt nicht selbst bestimmen können. Allerdings wertet die Mehrfeldmessung nicht einfach stur die Helligkeitsverteilung und Farbe der Messbereiche aus und liefert einen Durchschnittswert, sondern berücksichtigt auch das Autofokusmessfeld, mit dem Sie das Motiv scharfgestellt haben. Dieser gemessene Wert fließt mit einem höheren Anteil in die Gesamtberechnung ein.

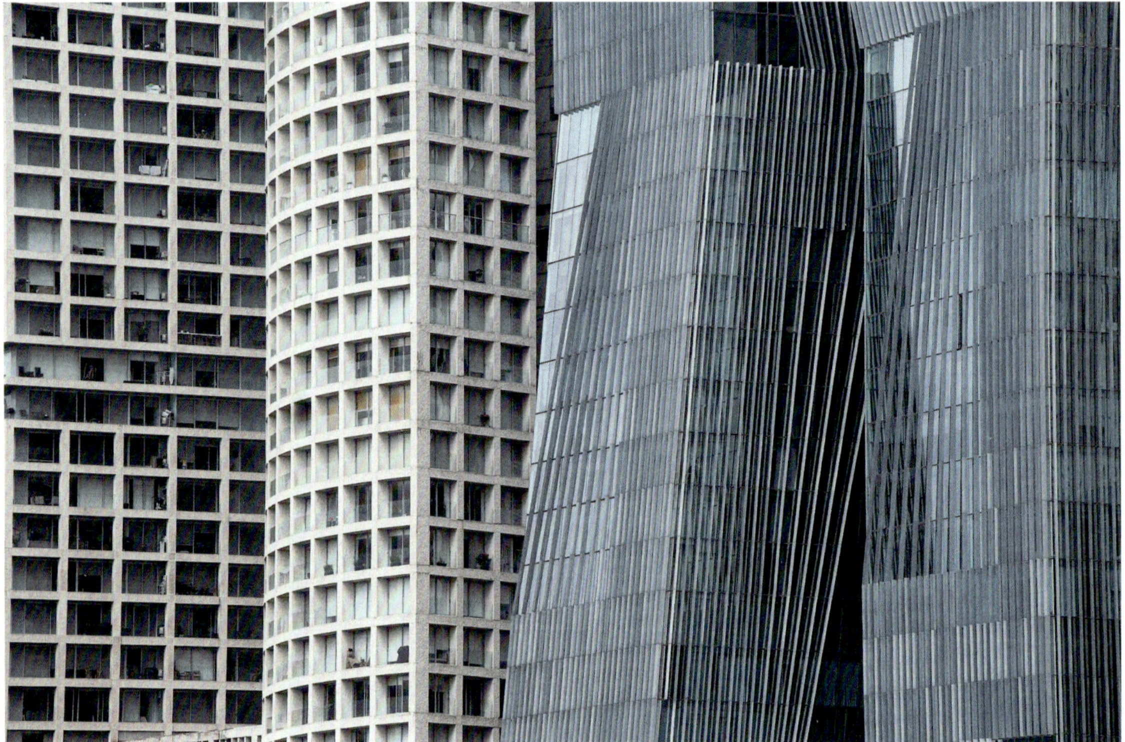

Abbildung 3.3 *... und hier bei einer Architekturaufnahme. Die Mehrfeldmessung ist die Standardeinstellung und kann in den meisten Fällen mit einem guten Gefühl verwendet werden.*

134 mm | *f* 8 | 1/280 s | ISO 100

3.1.2 Selektivmessung

Die Selektivmessung [◙] eignet sich, wenn viel Licht bzw. Gegenlicht um das Motiv herum vorhanden ist. Diese hellen Bereiche fließen dabei nicht in die Belichtungsmessung mit ein. Liegt das Motiv nicht in der Mitte, können Sie mithilfe der ✱-Taste die Belichtung speichern, schwenken und dann verwenden. Praktisch ist auch, dass Sie die Selektivmessung als Kreis im Display und Sucher erkennen können. Canon gibt an, dass dieser Bereich 5,8 % des Bildschirms abdeckt.

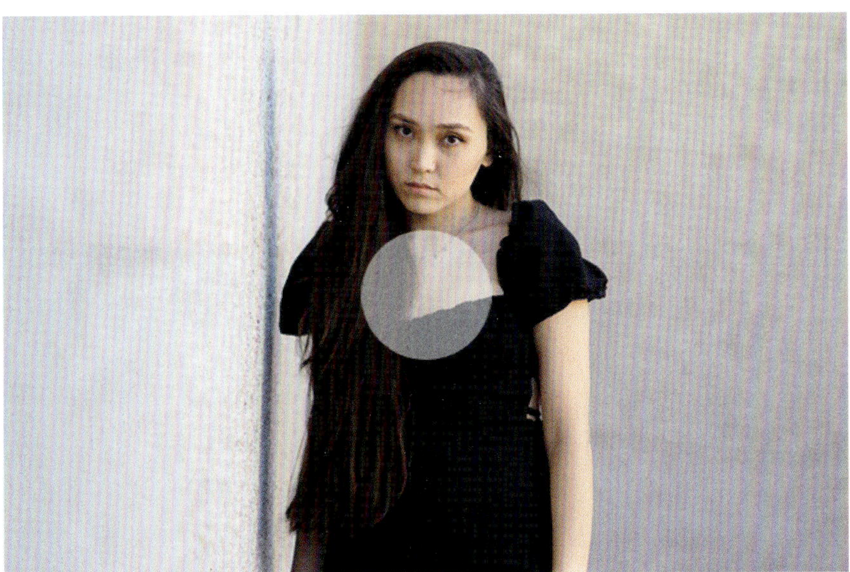

Abbildung 3.4 *Der markierte Kreis zeigt die Selektivmessung an. (Model: Aliya Mayrambek)*

Das Hauptanwendungsgebiet der Selektivmessung dürften wohl Motive wie Porträts im Gegenlicht sein. Aber auch für das Gegenteil kann man die Selektivmessung verwenden, wenn z. B. um ein helleres Motiv dunkle Bildränder vorhanden sind.

3.1.3 Die Spotmessung

Eine sehr nützliche Art der Belichtungsmessung ist die Spotmessung [•]. In der Grundeinstellung wird hiermit nur ein kleiner Bereich von 2,9 % der Bildfläche gemessen. Mithilfe der Spotmessung können Sie gezielt einzelne Bereiche eines Motivs auswählen und anhand dieser Auswahl punktgenau die Belichtung messen. Die Umgebung um diesen Bereich wird dabei nicht berücksichtigt. Wie auch bei der Selektivmessung [○] wird bei der Spotmessung [•] der Messbereich mit einem Kreis angezeigt – nur eben kleiner.

Die Spotmessung ist perfekt für die Momente geeignet, in denen die anderen Messmethoden kein zufriedenstellendes Ergebnis mehr ermöglichen. Dies ist zum Beispiel bei hellen Motiven mit dunklem Hintergrund oder umgekehrt der Fall. Da sich die Spotmessung allerdings auf einen Bildbereich von 2,9 % beschränkt, führen je nach Motiv häufig kleinere Änderungen des Bildausschnittes zu Veränderungen des Messergebnisses, was beim Fotografieren im schlimmsten Fall zu einer fehlerhaften Belichtung führt. Visieren Sie z. B. einen sehr dunklen Bildbereich an, wird dieser als Ausgangswert für das gesamte Bild genommen, und helle Bildbereiche werden überbelichtet.

Die Beispielbilder mit der Spotmessung in Abbildung 3.5 zeigen sehr schön, wie sensibel die Spotmessung auf den fokussierten Bereich reagiert. Im linken Bild liegt die Spotmessung (weißer Punkt) auf den dunklen Stangen im Hintergrund, wodurch die Belichtungsmessung die Gesamthelligkeit aufgrund des dunkleren Bereichs aufhellt. Im rechten Bild wird die Spotmessung auf die helleren Lampen gehalten, wodurch die Belichtung mit einem Abdunkeln reagiert. Der Vorteil der Spotmessung liegt klar darin, dass Sie die Messung im wahrsten Sinne des Wortes auf den Punkt beschränken können. Dieser Vorteil ist gleichzeitig der Nachteil dieser Messung, weil dies eben eine präzise Belichtungsmessung voraussetzt. Kleinste Änderungen an der Messung führt zu gravierenden Änderungen des Messergebnisses.

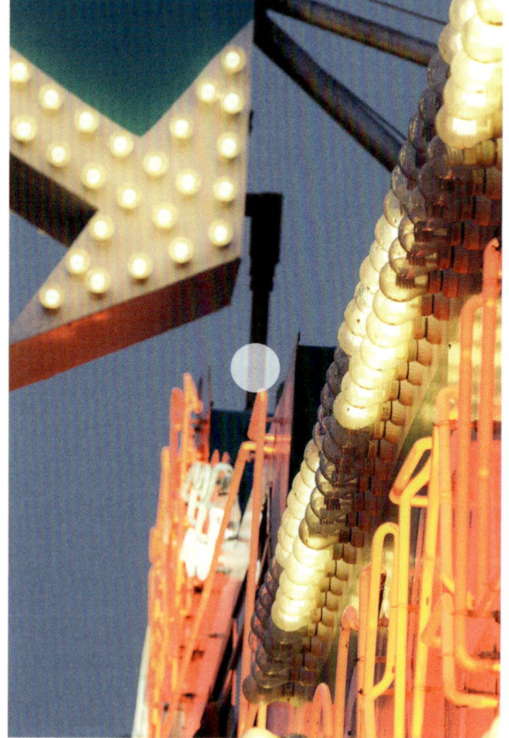

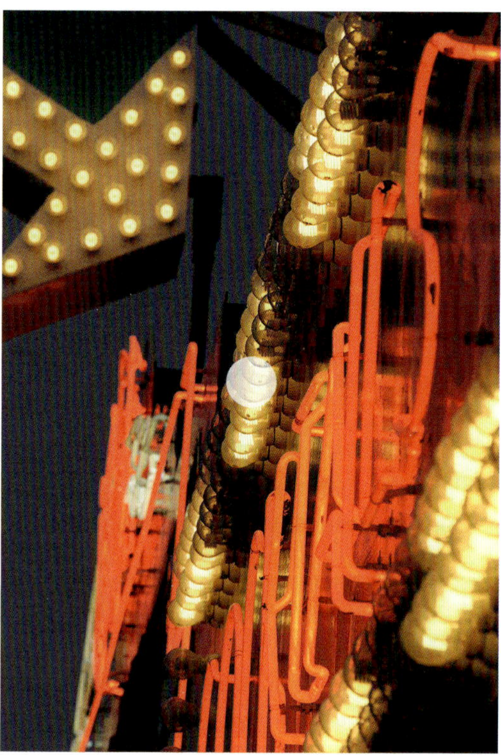

Abbildung 3.5 *Die Beispiele zeigen deutlich, dass sich die Spotmessung nur auf den mittleren Punkt konzentriert, der hier mit einem weißen Kreis markiert wurde. Im linken Beispiel lag die Spotmessung auf den dunkleren Stangen im Hintergrund. Im rechten Bild hingegen lag die Spotmessung auf den helleren Lichtern. Die Unterschiede sind auf den ersten Blick deutlich zu erkennen.*

Beim linken Beispiel in Abbildung 3.6 stand die Morgensonne direkt hinter der Tänzerin. Bei dem zu hellen Licht von hinten ist fast nur noch die Silhouette der Person zu erkennen. Das mag vielleicht schön sein, war aber nicht meine Absicht. Ich habe versucht, mit der Blendenvorwahl und der Mehrfeldmessung zu fotografieren. Beim Gegenlicht versagt die Belichtungsautomatik total.

Eine gute Lösung für Bilder mit einer tiefstehenden Sonne von hinten ist daher, die Spotmessung mit Fokus auf das Motiv (Person, Gesicht, Auge) zu verwenden. Eventuell können Sie auch noch leicht überbelichten, was ich hier aber nicht gemacht habe. Als Ergebnis würden Sie dann eine besonders weiche und stimmungsvolle Aufnahme erhalten. Das Fotografieren bei Gegenlicht braucht ein wenig Übung. Probieren Sie es aus!

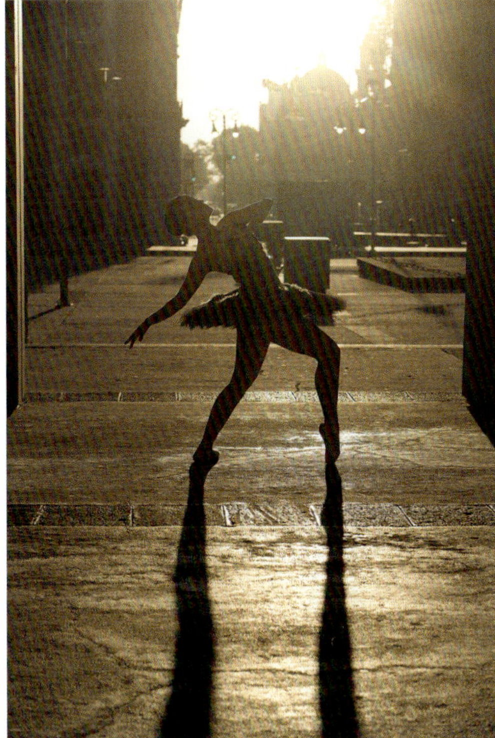

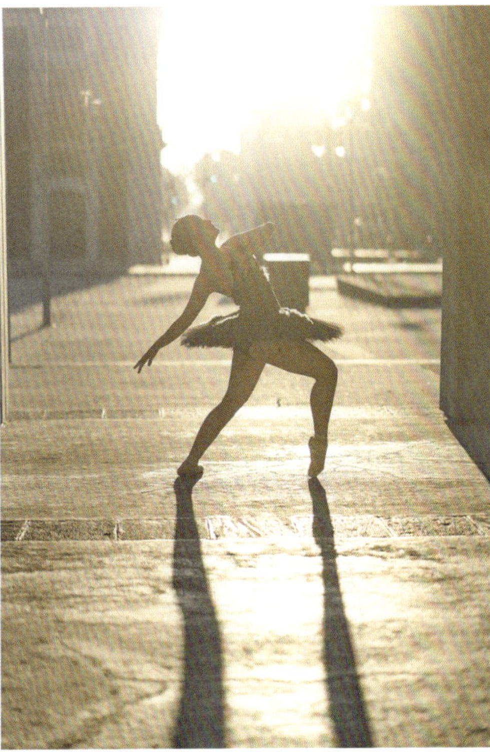

Abbildung 3.6 *Links: Bei solchen Lichtverhältnissen kann einen die Mehrfeldmessung zur Verzweiflung treiben. Rechts: Um auf Nummer sicher zu gehen, habe ich die Kamera auf Spotmessung gestellt und auf die Tänzerin gerichtet. Die Selektivmessung wäre auch eine Option gewesen.*

Links: 50 mm | *f*5 | 1/800 s | ISO 100; rechts: 50 mm | *f*2,8 | 1/2000 s | ISO 100

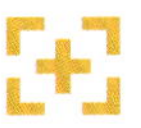

Speichern der Belichtung

Wenn Sie die Spotmessung verwenden und den gemessenen Bildausschnitt ändern oder sich das Motiv bewegt, gibt es folgende Möglichkeiten, die Belichtung zu speichern (außer im Programm **M** ohne Auto-ISO): Visieren Sie den Bereich an, für den Sie den Belichtungswert speichern wollen. Drücken Sie nun die ✱-Taste der Kamera. Jetzt wurde der Belichtungswert aus der Kombination von Belichtungszeit, Blende und gegebenenfalls dem ISO-Wert gespeichert. Sie können dies an einem Stern-Symbol links unten im Display oder Sucher erkennen. Jetzt können Sie den Bildausschnitt der Kamera schwenken, ohne dass die Belichtung für den neuen Bildausschnitt neu gemessen wird, und fotografieren. Die so gespeicherte Belichtungszeit-Blende-ISO-Kombination wird nun so lange verwendet, bis Sie erneut die ✱-Taste drücken. Die Speicherung der Belichtung ist natürlich unabhängig von der Belichtungsmessmethode und nicht auf die Spotmessung beschränkt.

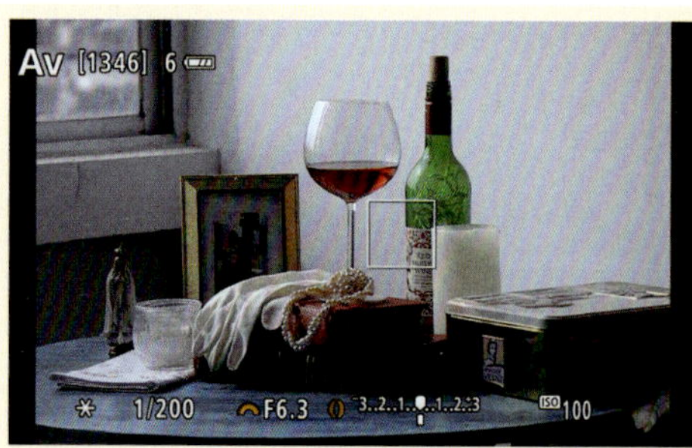

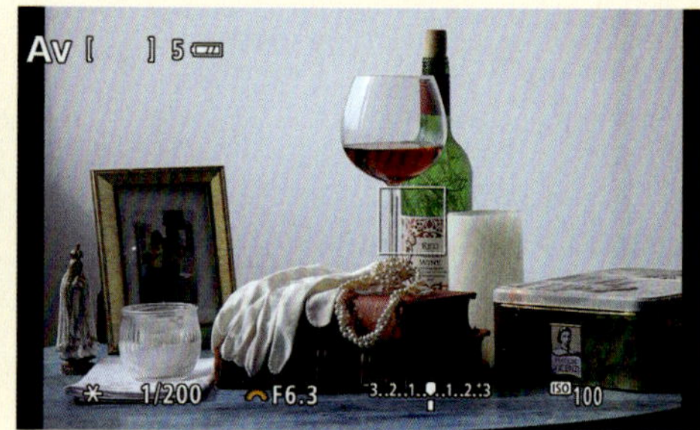

Abbildung 3.7 *Links: Visieren Sie den Bereich an, für den Sie die Belichtung speichern wollen und drücken Sie die ✱-Taste. Ein Stern-Symbol links unten zeigt an, dass die Belichtung gespeichert wurde. Rechts: Hier habe ich die Position der Kamera geändert und mit derselben eben gespeicherten Belichtungseinstellung fotografiert.*

Ich verwende die Spotmessung in der Praxis gern im manuellen Programmmodus **M**. Da dieser Modus keine Belichtungsautomatik hat, kann ich mit der Spotmessung spezielle Bildbereiche messen und mit einem Blick auf die Belichtungsskala (+/–3 Stufen) am rechten Rand die passende Belichtung mit der Blende und Belichtungszeit zu meinem anvisierten Motiv einstellen. Auto-ISO müssen Sie allerdings deaktivieren, weil damit sonst wieder eine Belichtungsautomatik zum Tragen kommt.

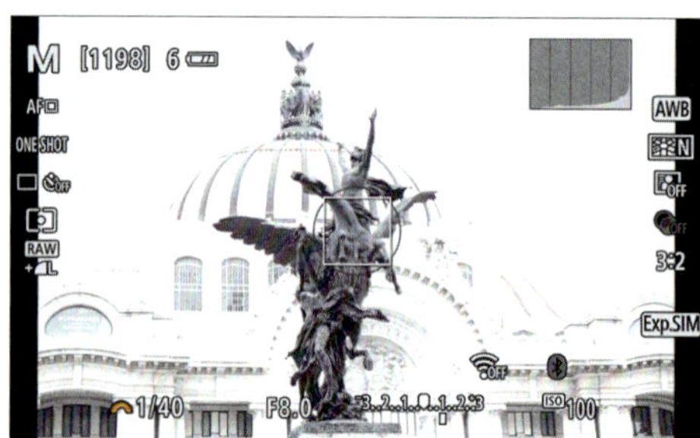

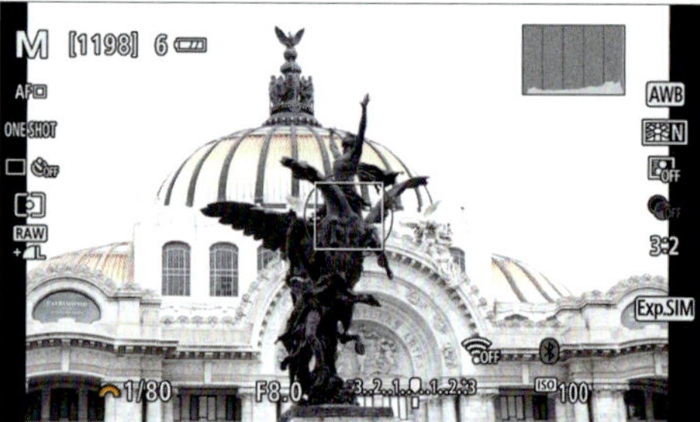

Abbildung 3.8 *Links: Hier habe ich die Spotmessung für die Belichtungsmessung auf die dunkle Statue in der Mitte gerichtet. Die Belichtungsskala am linken Rand zeigt +1 LW an. Die »Überbelichtung« in der linken Abbildung habe ich mit dem Hauptwahlrad behoben, indem ich die Belichtungszeit verkürzt habe. Jetzt wäre die Statue aufgrund der Spotmessung »perfekt« belichtet. Da diese Statue allerdings im Verhältnis zur restlichen Szene relativ dunkel ist, wurden die helleren Bildbereiche immer noch relativ hell. Wollen Sie dies beheben, können Sie auf die Mehrfeldmessung zurückgreifen.*

Die beiden Bilder in Abbildung 3.8 zeigen sehr schön, dass Sie mit der Spotmessung punktuell belichten können. In der Praxis bedeutet dies allerdings häufig auch, dass man eine gewisse Zeit dafür benötigt. Wenn es schnell gehen muss, dann greifen Sie besser auf die Mehrfeldmessung zurück.

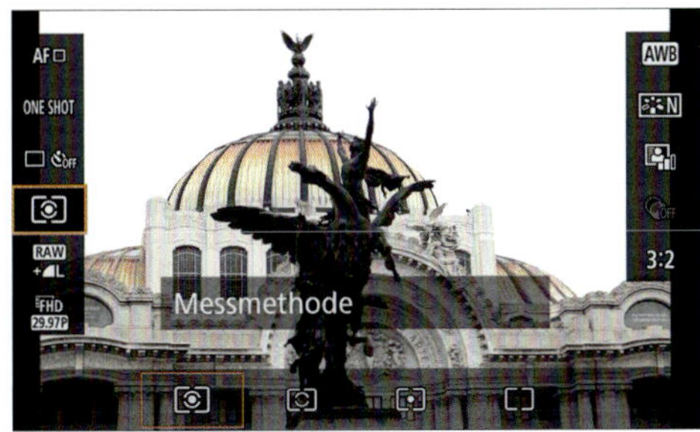

Abbildung 3.9 *Hier noch einmal der Unterschied zwischen der Spotmessung (links) und der Mehrfeldmessung (rechts) derselben Szene.*

3.1.4 Mittenbetonte Messung

Die Mittenbetonte Messung [ ] entspricht im Grunde der Mehrfeldmessung, ohne dass das zum Scharfstellen verwendete Autofokusmessfeld besonders berücksichtigt wird. Bei dieser Messung wird also jeder der Messbereiche gleich gewichtet. Als Ergebnis erhalten Sie eine mittlere Helligkeit des gesamten Bildbereichs. Da das scharfgestellte Motiv nicht besonders gewichtet wird, ist diese Messmethode nicht so anfällig für kleinere Veränderungen im Bildausschnitt. Bei hohen Kontrasten kann dies allerdings zu falschen Belichtungen führen, wenn z. B. ein sehr heller Himmel bei einer Landschaftsaufnahme zu stark bewertet wird.

In der Praxis empfiehlt sich diese Belichtungsmessmethode zwar für Landschaftsfotos und Porträts von Personen mit schwarzer oder weißer Kleidung, aber die Mehrfeldmessung macht hier häufig einen mindestens genauso guten Job. Und bei Bedarf reicht bei Verwendung der Mehrfeldmessung in schwierigen Situationen häufig ein Griff zur Belichtungskorrektur aus. Auch für Architektur und andere größere Motive wird gern die mittenbetonte Messung als Belichtungsmessmethode eingesetzt.

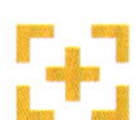

Meine Belichtungsmessmethode

Es ist schwer, konkrete Empfehlungen zu geben, weil es hier kein Richtig und Falsch gibt. Die Belichtungsmessmethode ist ein weiteres Hilfsmittel, um ein Bild korrekt oder nach Ihren Vorstellungen zu belichten. In der Praxis verwende ich in 90 % meiner Fälle die Mehrfeldmessung. Da ich bei Bedarf auch eine Belichtungskorrektur nach meinen Vorstellungen vornehmen kann, verwende ich so gut wie nie die mittenbetonte Messung. Wenn ich meine Belichtung etwas gezielter und kreativer haben will oder es eine schwierige Situation wie Gegenlicht ist, verwende ich die Spotmessung. Trotzdem sind die Messmethoden der Kamera keine Allheilmethoden. Es gibt immer Situationen, in denen man an eine technische Grenze stößt.

In Abbildung 3.10 habe ich im Gegenlicht mit der Mehrfeldmessung fotografiert. Eine Umstellung auf die Spotmessung wie in Abbildung 3.11 belichtet dann zwar die Kirche korrekt, aber dafür verlor ich die Details im Himmel. Ich habe mich dann wieder für die Mehrfeldmessung entschieden und die Belichtung ein wenig – um +1/3 bis +2/3 LW – korrigiert. Natürlich mit dem Hintergedanken, die Tiefen später am Computer anzupassen. Daher verwende ich bei solchen schwierigen Lichtsituationen immer das Raw-Format.

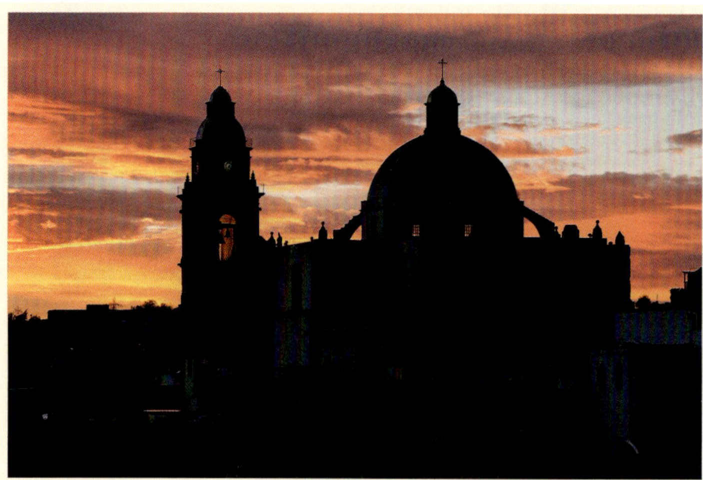

Abbildung 3.10 *Das Licht kommt von hinten. Hier habe ich die Mehrfeldmessung verwendet, wodurch das Gesamtergebnis etwas dunkel geworden ist.*

80 mm | *f*8 | 1/20 s | ISO 100 | mit Stativ

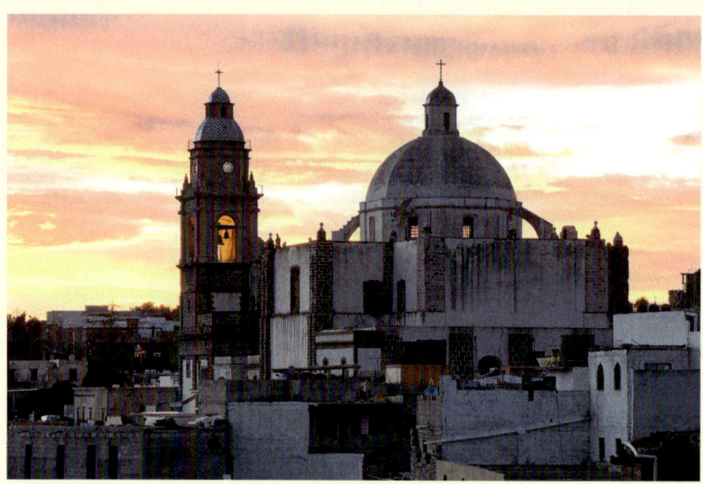

Abbildung 3.11 *Nach der Umstellung auf die Spotmessung wird die Kirche zwar korrekt belichtet, aber durch die Aufhellung ging der Himmel etwas verloren.*

80 mm | *f*8 | 1/8 s | ISO 100 | mit Stativ

3.2 Die Belichtung manuell korrigieren

Nicht immer liefert die EOS R100 automatisch die passende oder gewünschte Belichtung, und es gibt sicherlich Motive, bei denen Sie vielleicht selbst noch bei der Belichtung nachhelfen wollen. Gerade bei Motiven mit sehr hellen oder sehr dunklen Bereichen reagiert die Programmautomatik schon mal anders, als man es will. Wenn eine Schneelandschaft auf einmal grau und nicht weiß ist oder ein Sonnenuntergang nicht so recht gelingen will, dann können Sie über die Kreuztaste nach oben die Belichtungskorrektur aufrufen und mit dem Hauptwahlrad eine eigene Anpassung in 1/3-Schritten vornehmen. Die Belichtungskorrektur steht Ihnen in jedem Programmmodus außer dem manuellen Modus zur Verfügung. Eine weiße Schneelandschaft wird bei einer automatischen Belichtung eher grau dargestellt – dann empfiehlt es sich, die Belichtung mit positiven Korrekturwerten anzupassen, also bewusst überzubelichten. Auf das Problem, warum eine Winterlandschaft ab und zu grau anstatt weiß abgebildet wird, werde ich im folgenden Abschnitt kurz eingehen.

Die Belichtungskorrektur können Sie in den Programmmodi **P**, **Tv** und **Av** verwenden. Drücken Sie dafür die Kreuztaste nach oben, womit das orangefarbene Icon eines Wahlrades neben der Belichtungsskala angezeigt wird. Nun können Sie mithilfe des Hauptwahlrades die Belichtung reduzieren oder erhöhen. Zurück zur Belichtungszeit, Blende oder dem Programm-Shift (abhängig vom verwendeten Programmmodus) gelangen Sie, wenn Sie erneut die Kreuztaste nach oben drücken. Die Belichtungskorrektur lässt sich in Drittelstufen auf maximal +/–3 anpassen.

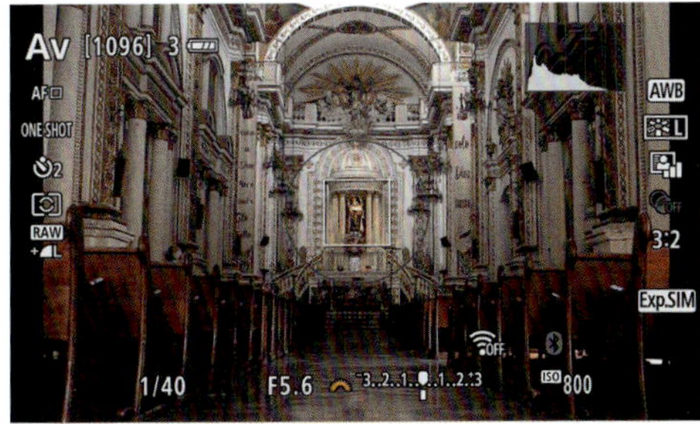

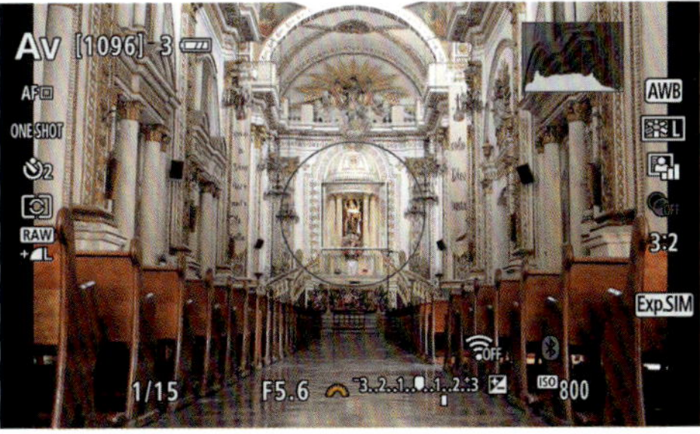

Abbildung 3.12 *Links: Die Belichtungskorrektur im Einsatz. Bei einer »korrekten« Belichtung ist der untere Balken exakt über dem oberen spitzen Balken in der Mitte, was dem Wert 0 entspricht. Rechts: Hier wurde die Belichtung um den Wert +1 1/3 erhöht, wodurch das Gesamtbild wesentlich heller gemacht wurde.*

Belichtungskorrektur mit dem Fokusring/Steuerring

Wenn Sie ein Motiv fokussiert haben, erscheint links neben der Skala der Belichtungskorrektur ein kleiner oranger Fokusring bzw. Steuerring. Dieser zeigt an, dass Sie mit dem Fokusring die Belichtung korrigieren können. Hierzu müssen Sie im Kameramenü **[Kamera-Symbol] > SHOOT5 > Fokus-/Steuerungsring** den Wert von **Als Fokusring verwenden** auf **Als Steuerungsring verwenden** ändern. Wenn Sie nun ein Motiv mit halbheruntergedrücktem Auslöser fokussieren und gedrückt halten, können Sie währenddessen die Belichtungskorrektur am Fokusring vornehmen. Es gibt Objektive, wie z. B. das RF 50 mm F1.8 STM, die einen entsprechenden Schalter dafür haben, um zwischen Fokus (Fokusring) und Control (Steuerungsring) umzuschalten. Bei solchen Objektiven finden Sie keinen Eintrag **[Kamera-Symbol] > SHOOT5 > Fokus-/Steuerungsring** im Kameramenü.

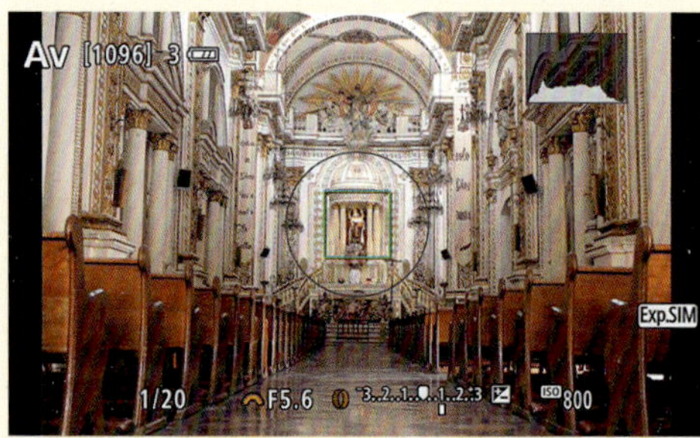

Abbildung 3.13 *Der orange Fokusring links neben der Belichtungsskala kann bei passender Einstellung der Kamera als Steuerring für eine Belichtungskorrektur verwendet werden.*

3.2.1 Das Problem mit schwarzen und weißen Motiven

Belichtungsmessmethoden sind farbenblind und gehen davon aus, dass alles in der Welt grau ist. Wenn Sie einen bunten Blumenstrauß mit vielen Farben fotografieren, bei dem die einzelnen Farben unter gleichbleibendem Licht unterschiedlich stark reflektiert werden, kann die Kamera nichts mit den Farben anfangen, sondern sieht darin nur unterschiedliche Lichtmengen.

Belichtungsmesser – und dazu zählt auch der in der EOS R100 eingebaute Belichtungsmesser – sind auf eine Motivreflexion von ungefähr 18 % geeicht. Diese 18 % entsprechen einem mittleren Grau. Ein Blick auf eine Karte mit verschiedenen Graustufen zeigt, dass 18 % Grau in etwa genau zwischen Weiß und Schwarz liegt.

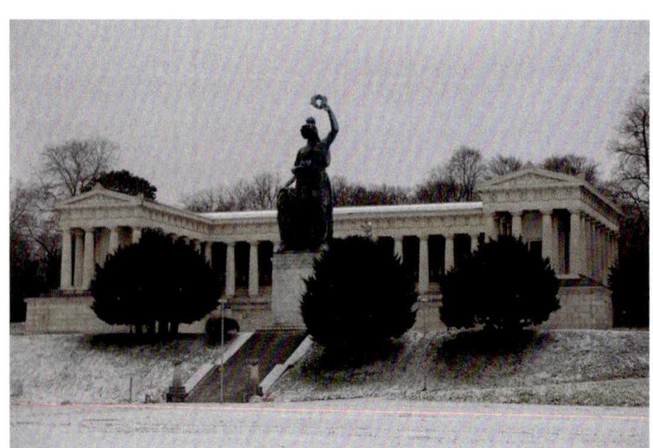

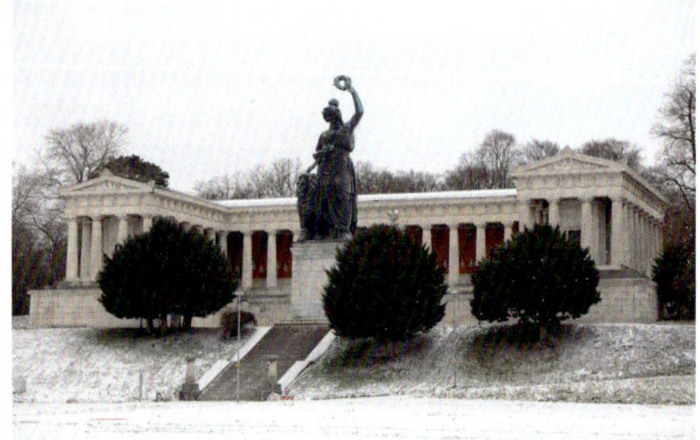

Abbildung 3.14 *Links ist der Hintergrund eigentlich weiß, und die Szene wurde auch technisch korrekt belichtet. Aber die Belichtungsmessmethode der Kamera ist so eingestellt, dass sie die Dinge 18 % grau erscheinen lässt. Eine Überbelichtung von +1 1/3 LW, mit der Kreuztaste nach oben und dann dem Hauptwahlrad vorgenommen, hat das Problem nach meinem Geschmack behoben.*

Links: 50 mm | ƒ5,6 | 1/125 s | ISO 100

Rechts: 50 mm | ƒ5,6 | 1/125 s | ISO 100 | +1 1/3

Die Messmethoden der Kameras sind daher so programmiert, dass sie denken, die Durchschnittshelligkeit von allem betrage 18 %. Das erklärt, warum die Kamera in manchen Situationen nicht korrekt belichten kann. Und es erklärt auch, warum helle oder dunkle Motive ohne Belichtungskorrektur nie so hell bzw. so dunkel wie gewünscht sind. Weißer Schnee wird grau, weil die Kamera – die das Motiv als solches (noch) nicht erkennt – einfach nur eine durchschnittliche Helligkeit von 18 % erzielen will. Dasselbe gilt für reines Schwarz.

Wenn man das weiß, dann ist es einfach, entsprechend mit einer Belichtungskorrektur zu reagieren. Um ein echtes Weiß auch in der Kamera wieder weiß zu machen, müssen Sie leicht überbelichten. Und um ein echtes Schwarz auch wirklich schwarz und nicht dunkelgrau erscheinen zu lassen, müssen Sie leicht unterbelichten. Beides können Sie mit der EOS R100 mit der Belichtungskorrektur machen.

3.3 Kleine Hilfen bei der Bildkontrolle

Moderne Kameras machen es Ihnen ziemlich einfach, ein gelungenes Bild zu fotografieren. So auch die EOS R100, bei der Sie mit vier verschiedenen Belichtungsmessmethoden auch in schwierigen Situationen die richtige Belichtung ermitteln können – obgleich Sie in der Praxis meistens mit der Mehrfeldmessung als Belichtungsmessmethode auskommen. Der Sucher bzw. das Display zeigt Ihnen auch eine möglichst genaue Vorschau des zu erwartenden Bildes. Ein weiteres nützliches Werkzeug ist das *Histogramm*, das Sie sowohl im Wiedergabemodus als auch als Live-Histogramm beim Fotografieren einblenden können.

3.3.1 Beurteilung im Wiedergabemodus

Wenn Sie ein Bild aufgenommen haben und es über die ▶-Taste im Wiedergabemodus betrachten, gelangen Sie nach zweimaligem bzw. dreimaligen Drücken der INFO-Taste in eine Darstellung mit ausführlicheren Informationen mitsamt Histogramm und einer Überbelichtungswarnung. Befinden sich im Bild überbelichtete Stellen, blinken sie schwarz auf. Im Histogramm erkennen Sie diese zu hellen Bereiche auf der rechten Seite des »Berges« – hier stößt die Anzeige am Rand an. Im Druck werden solche Bereiche weiß bleiben – die Lichter sind »ausgefressen«. Ziel sollte es daher für gewöhnlich sein, solche Überbelichtungen zu vermeiden. Auch wenn eine weiße Fläche im Motiv vorhanden ist, sollten Sie zumindest versuchen, ein Minimum an Zeichnung in diesen Bereichen zu wahren. Wohlgemerkt, die Rede ist von gewöhnlichen Aufnahmen und nicht von Fällen, in denen eine Überbelichtung zu kreativen Zwecken bewusst eingesetzt wird. Neben dem klassischen Standard-Luminanzhistogramm von Schwarz bis Weiß finden Sie hier auch das Histogramm der einzelnen Farbkanäle Rot, Grün und Blau – auch *RGB-Histogramm* genannt. Es kann nämlich auch sein, dass nur einzelne Farben über- oder unterbelichtet sind. Das Lesen eines RGB-Histogramms funktioniert genauso wie das eines normalen Histogramms. Die Histogramme für die verschiedenen Kanäle können ähnlich oder unterschiedlich aussehen, je nachdem, welche Farben im Bild vorhanden sind.

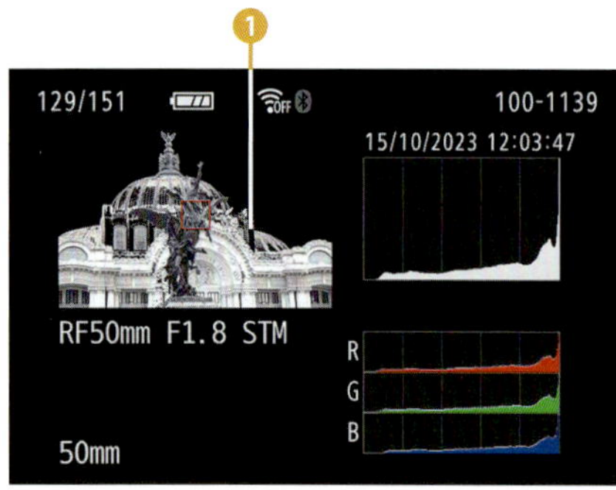

Abbildung 3.15 *Histogramme und Belichtungswarnung im Wiedergabemodus. Die Belichtungswarnung wird schwarz blinkend* ① *angezeigt.*

3.3.2 Live-Histogramm vor der Aufnahme

Eine weitere Hilfe für eine korrekte Belichtung vor der Aufnahme ist das Live-Histogramm. Das Live-Histogramm können Sie nach zweimaligem bzw. dreimaligen (abhängig ob man das Display oder den Sucher verwendet) Drücken der INFO-Taste aktivieren. Das Schöne am Histogramm von Canon ist, dass es sehr groß ist, womit es leichter fällt, eine Über- oder Unterbelichtung zu erkennen.

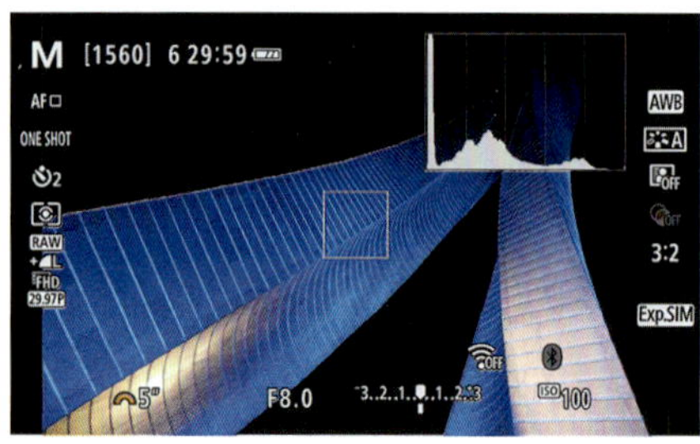

Abbildung 3.16 *Das Live-Histogramm ist eine weitere Hilfe für eine korrekte Belichtung: Ich verwende es z. B. in der Landschaftsfotografie oder bei Nachtaufnahmen immer.*

Wollen Sie anstelle des Luminanzhistogramms das RGB-Histogramm eingeblendet haben, können Sie dies über das Kameramenü **[Kamera-Symbol] > SHOOT7 > Anzeige Aufn.info > Histogramm > Helligkeit/RGB** ändern. Auch die Größe des Histogramms können Sie über **[Kamera-Symbol] > SHOOT7 > Anzeige Aufn.info > Histogramm > Anzeigegröße** verkleinern, falls Ihnen das große Histogramm zu viel Platz auf dem Bildschirm einnimmt.

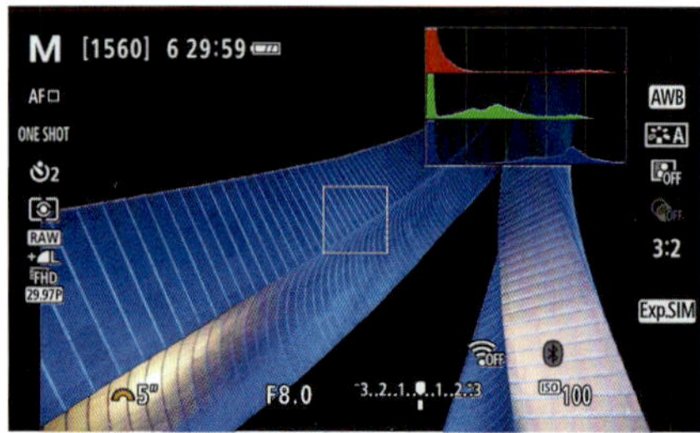

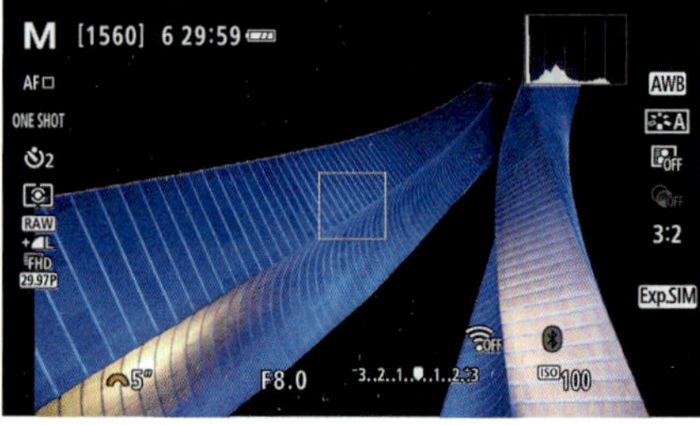

Abbildung 3.17 *Links wurde das RGB-Histogramm aktiviert, rechts die Anzeigegröße des Histogramms auf* ***Klein*** *geändert.*

Wohlgemerkt, ein Histogramm dient nur zur Kontrolle oder Hilfe. Es bietet Ihnen keine Informationen, die Ihnen bei der Beurteilung der Bildqualität hilft. Zudem gibt es nun mal auch Bilder mit schwarzen und weißen Stellen.

3.3.3 Das Histogramm lesen

Das Histogramm zeigt die Häufigkeit und Verteilung der Helligkeitswerte oder auch Tonwerte im Bild an. Die einzelnen Balken oder Kurven im Histogramm bilden die Tonwerte aller im Bild vorhandenen Pixel ab. Ganz auf der linken Seite finden Sie die schwarzen und dunklen Pixel, dazwischen die Mitteltöne und auf der rechten Seite die hellen bis weißen Pixel. Die Höhe der einzelnen Balken zeigt, wie häufig dieser Tonwert im Bild vorhanden ist. Je höher der Balken, desto häufiger ist dieser Tonwert im Bild vorhanden und je niedriger der Balken, desto weniger.

Bei einem Histogramm, in dem die Pixelberge ganz nach links (Schwarz) oder rechts (Weiß) wandern oder gar am Rand abgeschnitten sind, sollten Sie die Belichtung zur Sicherheit korrigieren, weil hier die Gefahr von Zeichnungsverlust besteht. Wie immer hängt das allerdings auch vom Motiv und von Ihrer Gestaltungsidee ab.

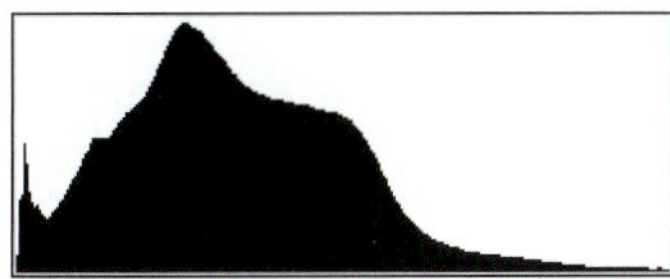

Abbildung 3.18 *Das Histogramm ist genauer als das Vorschaubild auf dem Display – nicht zuletzt in hellen Aufnahmeumgebungen. So erkennen Sie schnell eine Unter- oder Überbelichtung oder welchen Kontrastumfang ein Bild hat.*

Abbildung 3.19 *Bei einem solchen Histogramm mit überlaufenden Pixelbergen auf der linken oder rechten Seite besteht die Gefahr von Zeichnungsverlust. Bei Unterbelichtung spricht man von »abgesoffenen« oder »zugelaufenen« Schatten, bei Überbelichtung von »ausgefressenen« Lichtern.*

In manchen Fällen können Sie unter- oder überbelichtete Bilder durch Nacharbeiten am Computer ins rechte Licht rücken, ganz besonders wenn Sie Ihre Bilder im Raw-Format fotografieren. Dann ist es häufig noch möglich, die Belichtung mit dem Raw-Konverter im Rahmen von 1 bis 1 1/2 Blendenstufen nachträglich zu korrigieren. Aber dieser Korrektur sind Grenzen gesetzt, und es sollte Ihr Ziel sein, die Belichtung schon bei der Aufnahme optimal zu treffen.

Bei der Bildbearbeitung wird bei einem fertigen Bild häufig, neben dem allgemeinen Histogramm, zusätzlich die Helligkeitsverteilung der drei Grundfarben Rot, Grün und Blau getrennt angezeigt, wie dies auch der Fall ist, wenn Sie sich das Histogramm im Wiedergabemodus einblenden lassen.

3.4 Eine Belichtungsreihe erstellen

Trotz der vier vorhandenen Belichtungsmessmethoden und eines Live-Histogramms ist es nicht immer einfach, bei schwierigen Lichtverhältnissen mit sehr starken Motivkontrasten bestimmte Bereiche richtig zu belichten. Schnell sind die Tiefen zu dunkel oder die Lichter fast ausgefressen. In solch einem Fall könnten Sie mehrere Aufnahmen mit unterschiedlicher Belichtung erstellen. Sie machen z. B. ein Bild mit der für die Kamera korrekten Belichtung. Dann aktivieren Sie die Belichtungskorrektur über die Kreuztaste nach oben und drehen das Hauptwahlrad z. B. auf –1/3 LW oder –0,3 LW und erstellen eine dunklere Aufnahme. Dasselbe können Sie dann auch mit einer Korrektur auf +1/3 LW bzw. +0,3 LW für eine weitere Aufnahme machen. Auf diese Weise haben Sie drei unterschiedlich belichtete Bilder und können entweder das am besten gelungene Bild auswählen oder aber Sie kombinieren alle drei Bilder zu einem Foto mit einem höheren Kontrastumfang. Sie müssen diese Belichtungsreihe aber nicht manuell mit einer Belichtungskorrektur erstellen, sondern können dies mit der EOS R100 teilweise automatisch mit drei unterschiedlich belichteten Aufnahmen machen. Voraussetzung für die Belichtungsreihe ist, dass Sie die Kamera an einer festen Position fixieren und während der Aufnahmen nicht bewegen. Idealerweise verwenden Sie ein Stativ.

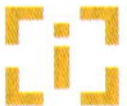

Lichtwertstufen (LW bzw. EV)

Immer wieder werden Sie im Zusammenhang mit Kamerawerten die Abkürzungen LW oder EV vorfinden. Hierbei handelt es sich um den *Lichtwert* (LW) oder englisch *Exposure Value* (EV), der ein Maß in der Fotografie darstellt, das sich auf die Belichtung einer Aufnahme bezieht. Ein solcher Wert definiert eine Gruppe von Blendenzahlen und Belichtungszeiten, die alle auf dieselbe Lichtmenge kommen. Für die Anpassung einer Belichtung werden eben solche Belichtungsstufen wie LW (oder auch EV) angegeben. Die EOS R100 bietet feine Drittelabstufungen zwischen einer vollen Lichtstufe (1/3, 2/3, 1, 1 1/3, 1 2/3, 2 usw.). 1/125 s auf 1/100 s oder *f*5,6 auf *f*5 entspricht einer Drittelstufe. 1/125 s auf 1/60 s oder *f*5,6 auf *f*4 entspricht einer ganzen Stufe (bzw. drei Drittelstufen)

SCHRITT FÜR SCHRITT
Belichtungsreihe erstellen

1 Kamera in den AEB-Modus stellen

Stellen Sie die Kamera in den AEB-Modus für eine Belichtungsreihe. Wählen Sie hierzu im Kameramenü **[Kamera-Symbol] > SHOOT1 > Beli.korr./AEB** aus.

2 Die Parameter einstellen

Mit dem Hauptwahlrad stellen Sie nun die Abstufung der Belichtung der drei Aufnahmen ein. Standardmäßig können Sie eine Belichtungsreihe von maximal +/–2 LW erstellen. Bezogen auf die linke Abbildung 3.20 wird eine Belichtungsserie mit –2 LW, 0 und +2 LW erstellt. Steht der Balken auf der rechten Seite von 0, dann bedeutet das, dass neben dem mit 0 normal belichteten Bild ein weiteres Bild um den eingestellten Wert üppiger belichtet wird. Bei einem Balken auf der linken Seite von 0 gilt dasselbe, nur eben in die andere Richtung. Sie können so eine Belichtungsserie von maximal drei Bildern erstellen. Tippen Sie auf den Auslöser, ohne diesen durchzudrücken. In der Anzeige der Belichtungskorrektur können Sie nun drei Balken unterhalb der Belichtungsskala sehen. Damit wird die Belichtungsreihe für die nächsten drei Aufnahmen angezeigt. Je nach INFO-Anzeige wird auch noch **AEB** für eine Belichtungsreihe im Bildschirm bzw. Sucher angezeigt.

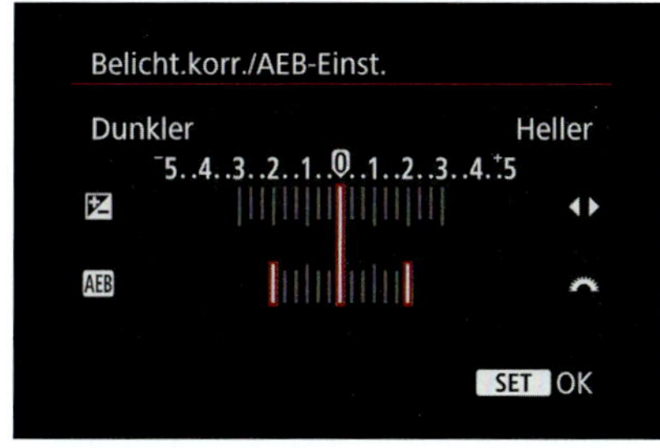

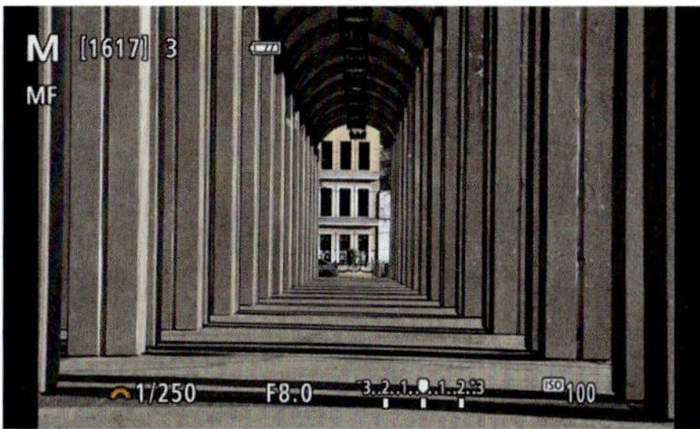

Abbildung 3.20 *Links: Die Einstellungen für die Autobelichtungsreihe. Rechts: Die Autobelichtungsreihe ist aktiv, wie Sie an den drei Balken unterhalb der Skala der Belichtungskorrektur sehen können.*

3 Betriebsart einstellen

Wenn Sie die **Betriebsart Einzelbild** verwenden würden, müssten Sie für jedes der drei Bilder für die Belichtungsreihe den Auslöser extra betätigen. Drücken Sie daher die Q-Taste für das Schnelleinstellungsmenü, und wählen Sie bei **Betriebsart Reihenaufnahme**, womit beim nächsten Betätigen des Auslösers alle drei Bilder der Belichtungsreihe aufgenommen werden. Alternativ können Sie auch einen **Selbstauslöser 2 Sek** auswählen. Damit können Sie Erschütterungen der Kamera vermeiden, wenn Sie den Auslöser betätigen.

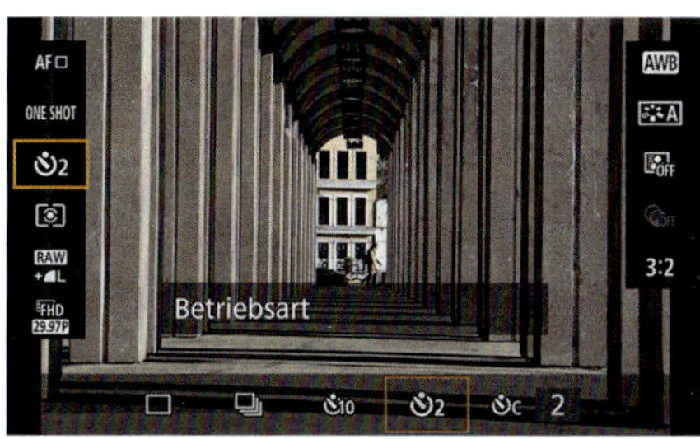

Abbildung 3.21 *Betriebsart auf **Reihenaufnahme** oder **Selbstauslöser 2 Sek** (hier der Fall) stellen, um alle drei Bilder der Autobelichtungsreihe auf einmal zu erstellen.*

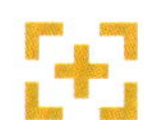

Mehr Abstufungen von –5 LW bis +5 LW

Sie können übrigens die komplette Belichtungsreihe mit dem Hauptwahlrad ändern, wenn Sie Belichtungskorrektur mit der Kreuztaste nach oben auswählen und die Belichtungsreihe weiter in den Minus- oder Plusbereich verschieben, dies allerdings nur in den Programmmodi **P**, **Av** und **Tv**. Wenn Sie einen Belichtungsabstand von +/–2 LW (–2, 0, +2) und die Belichtungskorrektur auf –3 LW und dann auf +3 LW stellen, dann können Sie auf zwei Durchgänge eine Belichtungsreihe mit sechs Bildern von –5 bis +5 LW auf diese Weise erstellen, was dann auch für extreme Kontraste ausreicht. In der gängigen Praxis reichen häufig allerdings drei Aufnahmen mit der Belichtung von –2 LW bis +2 LW aus. Nicht vergessen sollten Sie zudem auch, dass Sie, wenn Sie im Raw-Format fotografieren, auch noch mehr Spielraum in der Nachbearbeitung haben.

4 Belichtungsreihe erstellen

Betätigen Sie nun den Auslöser oder den Fernauslöser, und es werden drei Bilder mit unterschiedlicher Belichtung aufgenommen.

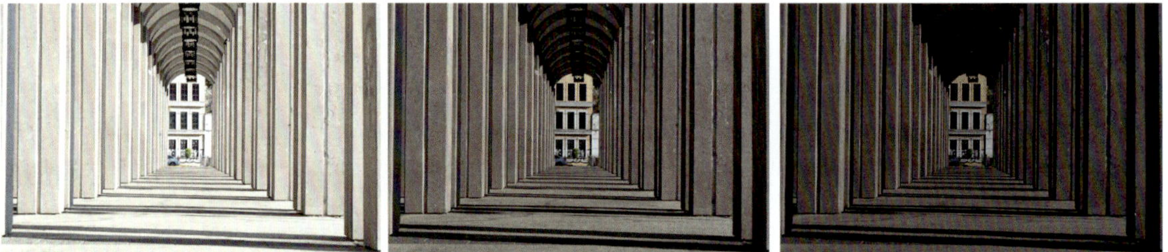

Abbildung 3.22 *Diese Belichtungsreihe habe ich mit +2 LW, 0 und –2 LW erstellt.*

Bei den Informationen der Bildwiedergabe erkennen Sie, ob gezielt über- oder unterbelichtet wurde. Jetzt können Sie nach Bedarf aus mehreren belichteten Bildern das passende auswählen. Oder Sie verwenden die Belichtungsreihe mit den unterschiedlich belichteten Bildern als Grundlage, um sie am Computer zu einem HDR-Bild zusammenzusetzen.

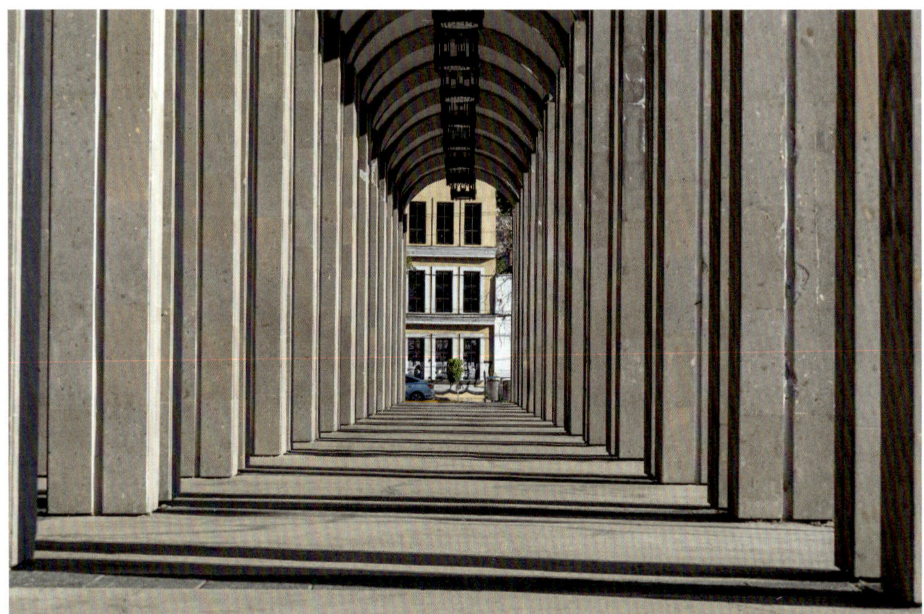

Abbildung 3.23 *Hier habe ich die drei Bilder am Computer mit einer HDR-Software (Adobe Lightroom Classic) zu einem HDR-Bild zusammengefügt.*

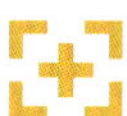

Tipps für eine gute Belichtungsreihe

Für den Fall, dass Sie vorhaben, ein HDR-Bild aus einer Belichtungsreihe zu erstellen, will ich Ihnen noch ein paar Empfehlungen mitgeben, die vielleicht nützlich sein können:

- Verwenden Sie kein Auto-ISO, weil sich sonst die Einzelbilder mit unterschiedlichen ISO-Werten in puncto Schärfe und Farbcharakter unterscheiden können.
- Fotografieren Sie im Programmmodus **Av**, und stellen Sie somit die Blende selbst ein, damit Sie keine unterschiedliche Blendenzahl und somit eine unterschiedliche Schärfentiefe erhalten. Fotografieren Sie außerdem nicht zu offenblendig, um eine hohe Schärfentiefe im Bild zu erreichen. Je nach Motiv ist Blende *f*8 ein guter Richtwert bei den meisten Objektiven. Natürlich bietet sich hierfür auch der Programmmodus **M** an.
- Fotografieren Sie mit einem Stativ oder platzieren Sie die Kamera auf einem unbeweglichen Untergrund. Ein Fernauslöser wäre empfehlenswert, um beim Auslösen eventuelle Verschiebungen zu vermeiden.
- Achten Sie auf Bewegungen im Bild. Ist es ein windiger Tag, denken Sie an Wolken, Blätter und Fahnen, oder beachten Sie Personen, die durch das Bild laufen. Dies alles hat Auswirkungen beim Zusammensetzen der Einzelbilder.

3.5 HDR-Aufnahmen mit der EOS R100

An dieser Stelle will ich auch noch die HDR-Funktion der Kamera erwähnen, die Sie im Modus **SCN** mit **HDR-Gegenlicht** vorfinden. Bei dieser Funktion übernimmt die Kamera für Sie die komplette Arbeit, eine perfekte Belichtungsreihe aufzunehmen, und fügt die Bilder zu einem HDR-Bild zusammen, bei dem die Details in den Schatten oder Lichtern nicht verloren gehen. Das Ergebnis ist ein Bild mit erweitertem Dynamikumfang mit natürlicher Tonwert- und Farbwiedergabe. Diese Funktion hat keine weiteren Optionen. Mit dieser Funktion nimmt die Kamera mit jedem Auslösen drei Bilder mit unterschiedlichen Belichtungen auf und erstellt daraus ein fertiges HDR-Bild. Diese Funktion ist allerdings auf JPEG beschränkt.

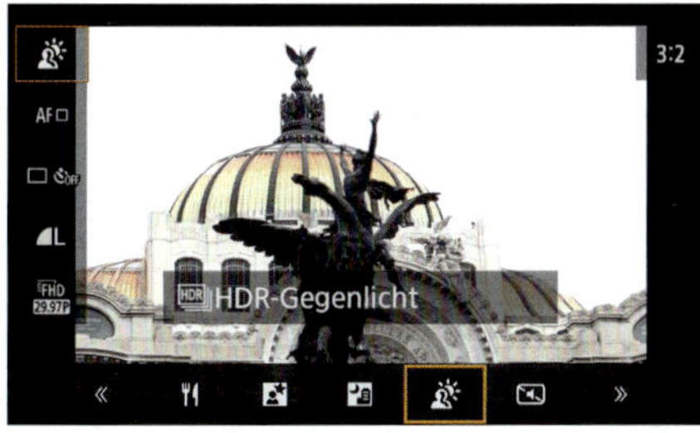

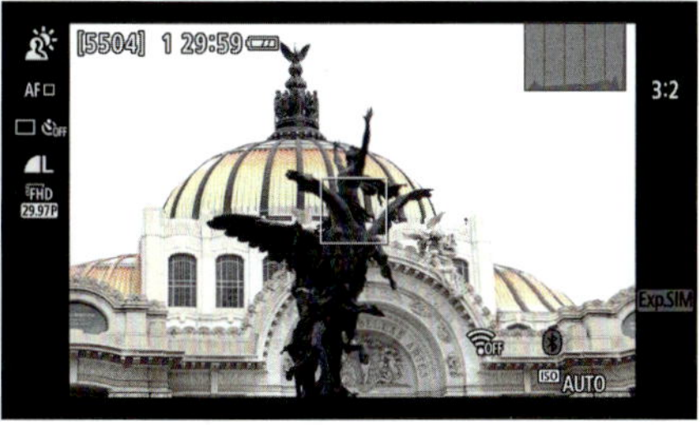

Abbildung 3.24 *Die HDR-Funktion der EOS R100 übernimmt die komplette Arbeit, eine Belichtungsreihe zu erstellen. Die Aufnahme wird dabei leicht beschnitten, was man in der Vorschau auch gleich sieht.*

Die HDR-Funktion der Kamera ist perfekt für JPEG-Fotografinnen und -Fotografen geeignet, die keine große Lust auf Bildbearbeitung haben und sofort ein fertiges HDR-Bild aus der Kamera haben wollen.

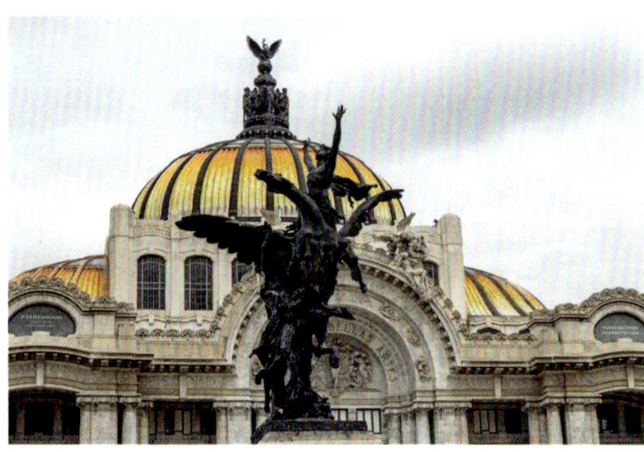

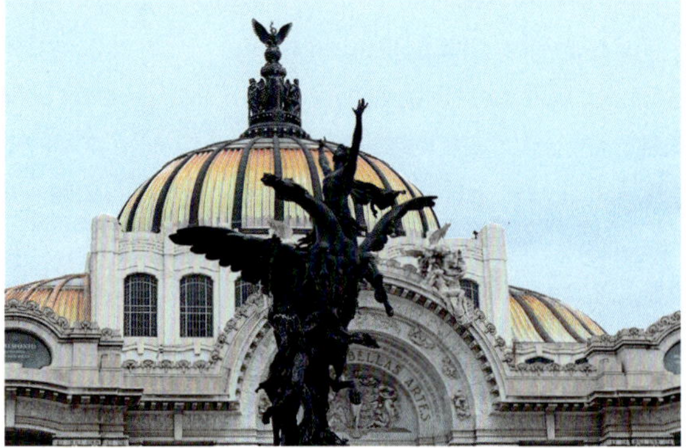

Abbildung 3.25 *Das linke Bild wurde mit einer Autobelichtungsreihe erstellt und an einem Computer zusammengesetzt. Rechts sehen Sie dasselbe Motiv mit der* ***HDR-Gegenlicht****-Funktion der Kamera.*

Wie schon bei der Erstellung einer Autobelichtungsreihe sollten Sie die Kamera ruhig halten oder idealerweise auf einem Stativ fixieren. Die Kamera richtet intern die drei Aufnahmen aus und führt auch eine Korrektur durch, um Dopplungen durch sich bewegende Objekte im Bild zu vermeiden. Hierbei kommt es aber unter Umständen zu Geisterbildern. Idealerweise sollten daher keine sich bewegenden Objekte Teil des Motivs sein. Das JPEG-Bild wird beim Ausrichten leicht beschnitten. Berücksichtigen Sie dies bei der Komposition Ihrer Aufnahme mit der HDR-Funktion.

3.6 Starke Kontraste im Griff mit Tonwert-Priorität

Der *Kontrastumfang* ist häufig ein wichtiges Kriterium in der Fotografie. Er gibt den Unterschied zwischen dem hellsten und dem dunkelsten Bereich im Bild an. Die Helligkeitsunterschiede, die der Sensor der Kamera insgesamt aufnehmen kann, werden als *Dynamikumfang* bezeichnet. Wenn der Kontrastumfang den Dynamikumfang übersteigt, sind die hellsten Stellen im Bild ausgefressen und die dunklen Schatten abgesoffen. Das klassische Beispiel ist eine Landschaftsaufnahme an einem hellen sonnigen Tag, wo trotz einer korrekten Belichtung die Schattenbereiche unterbelichtet und/oder die Wolken überbelichtet sind.

3.6.1 Der Kontrastumfang bei schwierigen Motiven (im Raw-Format)

Selbst wenn Sie die Bilder im Raw-Format fotografieren, ist es nicht immer möglich, die zu hellen Bereiche zu retten. Die Anhebung der Schatten und Mitteltöne hingegen ist bei der Nachbearbeitung fast immer möglich. Wenn die Schatten allerdings zu dunkel sind, besteht beim Anheben die Gefahr des Bildrauschens. Wenn Sie daher einen möglichst großen Kontrastumfang bei einer Aufnahme sicherstellen wollen, sollten Sie immer versuchen, zu erreichen, dass die hellsten Stellen des Bildes noch Zeichnung aufweisen, also im Histogramm nicht über den rechten Rand hinauslaufen.

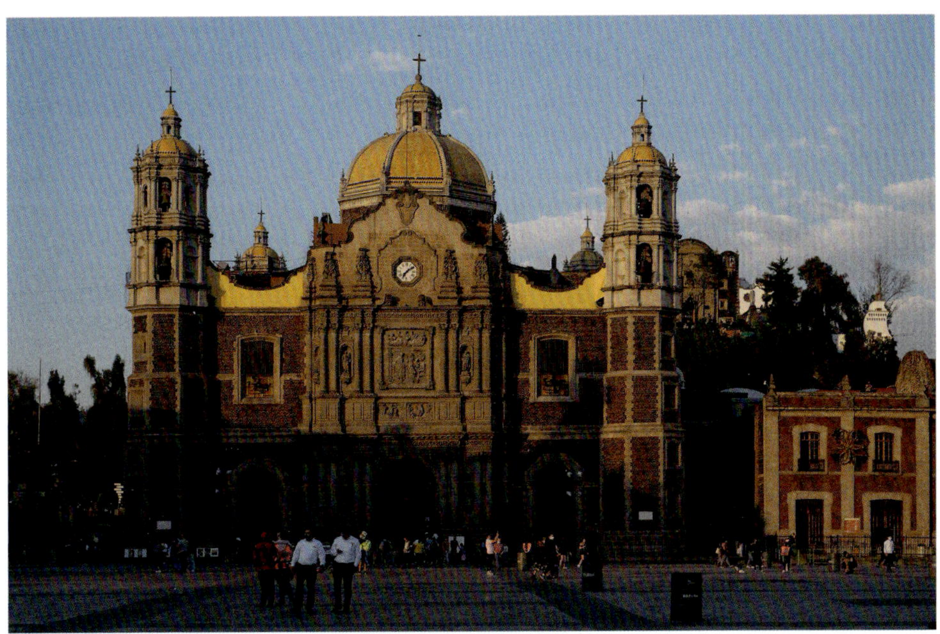

Abbildung 3.26 *Durch die tiefstehende Abendsonne gibt es bei dieser Aufnahme viele dunkle Schatten (mit Mehrfeldmessung) am unteren Teil der Kirche. Um den Himmel nicht ausbrennen zu lassen, habe ich bewusst dunkel belichtet.*

35 mm | *f*4 | 1/2000 s | ISO 100

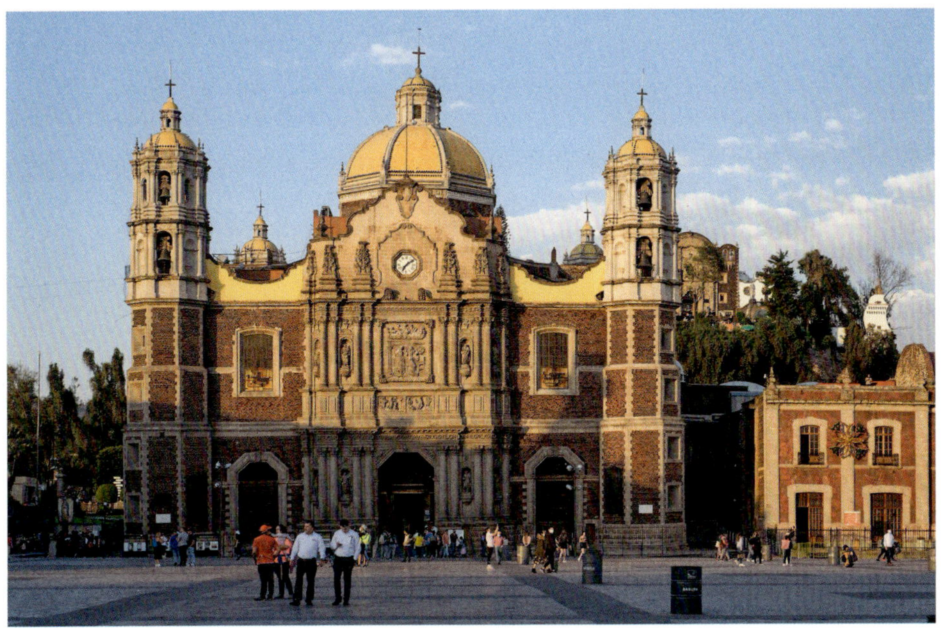

Abbildung 3.27 *Hier habe ich die Tiefen und Lichter mit einem Raw-Konverter nachbearbeitet.*

Zwar kann dies dazu führen, dass die dunklen Bereiche der Aufnahme recht dunkel erscheinen, aber wie bereits erwähnt, sind solche Anhebungen in der Nachbearbeitung mithilfe eines Raw-Konverters kein Problem. Die Strategie für das Raw-Format setzt allerdings voraus, dass Sie das Histogramm der Kamera eingeblendet haben.

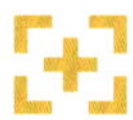

Kontrastumfang mit Belichtungsreihen sichern

Eine weitere Möglichkeit, dem Problem entgegenzuwirken, haben Sie bereits in Abschnitt 3.4, »Eine Belichtungsreihe erstellen«, kurz kennengelernt, in dem ich erläutert habe, wie Sie eine Belichtungsreihe erstellen, damit Sie diese Bilder dann zu einem HDR-Bild zusammensetzen können. Dabei kombiniert die Software die Schattenbereiche aus dem überbelichteten Bild mit den hellsten Bereichen aus dem unterbelichteten Bild. Als Ergebnis erhalten Sie ein ausgewogen belichtetes Bild. Allerdings funktioniert dies in der Regel nur bei sich nicht bewegenden Motiven, und die Kamera muss fixiert sein.

3.6.2 Die Tonwert-Priorität der Kamera verwenden

Die EOS R100 bietet eine Funktion, die Ihnen beim Kontrastumfang behilflich sein kann. Sie finden diese Funktion im Kameramenü über **[Kamera-Symbol] > SHOOT1 > Tonwert Priorität**, wo Sie zwischen **OFF**, **D+**, **D+2** wählen können. Die Standardeinstellung ist **OFF**. Wenn Sie den Wert auf **D+** oder **D+2** stellen, passiert im Grunde genau das, was ich in Abschnitt 3.6.1, »Der Kontrastumfang bei schwierigen Motiven (im Raw-Format)«, beschrieben habe. Vereinfacht ausgedrückt belichtet die Kamera eine oder zwei Blendenstufen weniger, um die hellen Bereiche im Bild zu sichern. Noch in der Kamera werden dann bei der Bearbeitung die Schatten und Mitteltöne eben um diese eine oder zwei Blendenstufen angehoben – eine Blendestufe bei **D+** und zwei Blendenstufen bei **D+2**. Bei dieser Funktion wird also weniger belichtet und eine selektive Tonwertkorrektur in den Schatten und Mitteltönen vorgenommen. Als Ergebnis erhalten Sie bei starken Kontrasten ein Bild mit einem ausgewogeneren Kontrast.

Anhand der Beschreibung dürfte auch klar geworden sein, dass diese Funktion nicht die Grenzen des Dynamikumfangs des Sensors ausdehnt. Stattdessen wird eben nur leicht unterbelichtet, womit die Lichter gerettet und die Tiefen und Mitteltöne aufgehellt werden. Hierbei kann es je nach Lichtumgebung auch passieren, dass durch das Aufhellen der Schatten das Bildrauschen zunimmt.

Ich habe die Funktion standardmäßig aktiviert, weil die R100 auch ein gutes Rauschverhalten hat. Gerade bei hohen Kontrasten werden ohne diese Option schon mal hellere oder dunklere Bereiche ausgefressen, was ein Verlust an Lichtzeichnung bedeutet. Bei Aufnahmen im Studio, wo ich die Tonwerte selbst im Griff habe, oder bei Situationen mit geringem Kontrast ist es allerdings besser, wenn Sie diese Option ausschalten.

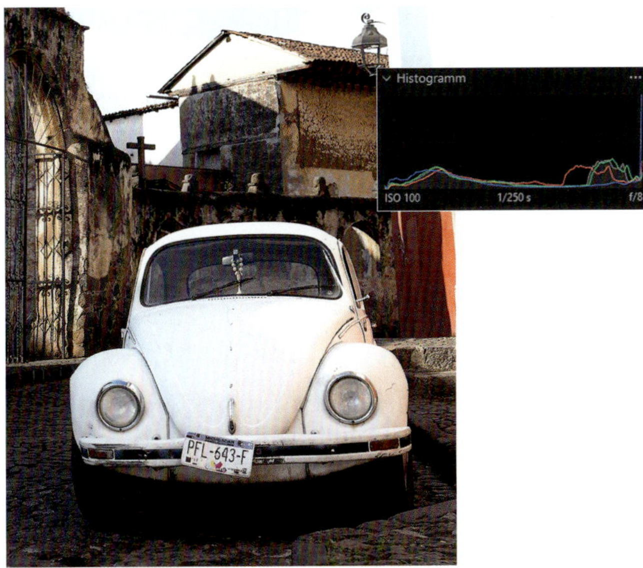

Abbildung 3.28 *Das Bild wurde ohne* ***Tonwert Priorität*** *aufgenommen. Sie erkennen in diesem Bildausschnitt auch ohne eine Überbelichtungswarnung recht deutlich, dass viele Bildbereiche wie der Himmel und der VW-Käfer fast ausgebrannt sind. Im Histogramm sehen Sie dies daran, dass auf der rechten Seite kleine Bereiche herausrutschen bzw. am Rand anstoßen.*

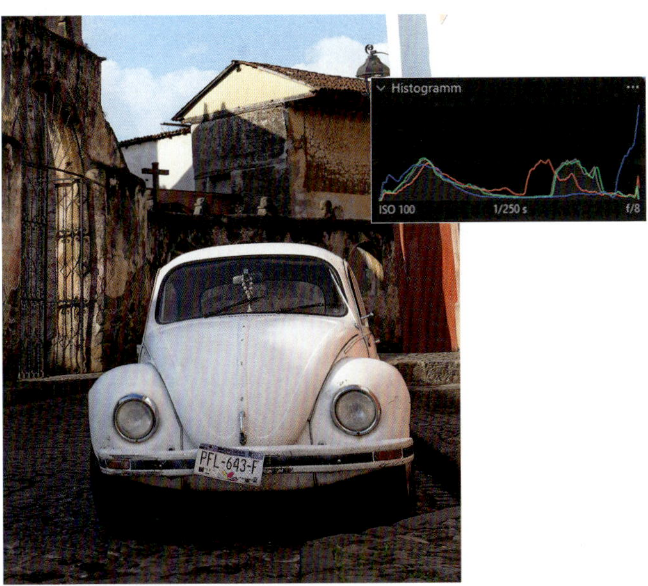

Abbildung 3.29 *Dasselbe Bild wurde mit der* ***Tonwert Priorität*** *von* ***D+2*** *aufgenommen und wirkt zunächst etwas flacher, aber es zeigt sehr schön, wie die hellen Bereiche des Himmels und VW-Käfers gerettet und zugleich die Schatten und Mitteltöne angehoben wurden. Der Blick in das Histogramm bestätigt dies.*

3.6.3 Automatische Belichtungsoptimierung (nur JPEG-Bilder)

Eine Funktion, um starke Kontraste in den Griff zu bekommen, gibt es noch im Kameramenü **> SHOOT1 > Automat. Belichtungsoptimierung**, wo der Wert auf **Standard** gestellt ist. Mit dieser Option werden dunkle Bilder etwas aufgehellt und bei flauen Bildern etwas Kontrast hinzugefügt. Wie stark dies geschehen solle, geben Sie mit **Gering**, **Standard** oder **Hoch** an. Mit **OFF** deaktivieren Sie diese Option. Diese Option hat allerdings nur Auswirkungen auf JPEG-Bilder. Bei Raw-Bildern hat diese Einstellung keinen Effekt. Wenn Sie zudem die **Tonwert Priorität** eingeschaltet haben, steht diese Option nicht zur Verfügung. Diese Option ist somit nur für JPEG-Fotografinnen und -Fotografen interessant. Wenn Sie ausschließlich im Raw-Format fotografieren, sollten Sie diese Option deaktivieren, weil die Bildvorschau eventuell verfälscht wird.

3.7 Den Weißabgleich einstellen

Die passende Belichtung ist wichtig, aber auch eine realistische farbliche Wiedergabe einer Aufnahme ist entscheidend für das Bild. Hier kommt der Weißabgleich ins Spiel, denn damit passen Sie die Kamera an die Farbtemperatur des Lichtes am Aufnahmeort an. Wie die Helligkeit ändert sich auch der Farbwert des Lichtes durch unterschiedliche Wellenlängen je nach Tageszeit und Beleuchtungsart. Mit dem Weißabgleich in der Kamera teilen Sie dieser praktisch mit, was weiß oder grau ist. Diese Informationen nimmt die Kamera als Basis für die Farbgebung der Aufnahme. So können Sie für eine korrekte Farbwiedergabe sorgen oder auch die Stimmung gezielt in eine wärmere oder kühlere Richtung beeinflussen.

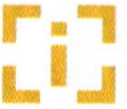

Weißabgleich im Raw-Konverter

Die Einstellung des Weißabgleichs spielt keine endgültige Rolle, wenn Sie das Raw-Format zum Fotografieren verwenden. Beim Raw-Format können Sie den Weißabgleich am Computer nachträglich nahezu ohne Qualitätsverlust ändern.

3.7.1 Automatischer Weißabgleich und Vorgaben

Als Raw-Fotograf verwende ich meistens den automatischen Weißabgleich der Kamera. Dieser ist standardmäßig aktiviert. Ich verlasse ich mich auf die Automatik der EOS R100, die von den hellsten Flächen annimmt, dass diese weiß oder neutralgrau sind und anhand ebendieser Flächen die Farbtemperatur des Bildes anpasst – diese Beschreibung ist natürlich technisch vereinfacht. Bei guten und natürlichen Lichtverhältnissen funktioniert diese Methode relativ zuverlässig. Wenn die Lichtverhältnisse schlechter werden, verschiedene Lichtquellen vorhanden sind oder es keine weißen oder grauen Flächen im Bild gibt, kann der Weißabgleich auch etwas danebenliegen, weil trotzdem die hellste Stelle im Bild herangezogen wird, in der Annahme, dass diese weiß oder grau ist. Das Ergebnis ist häufig ein Bild mit einem Farbstich. In dem Fall können Sie einen benutzerdefinierten Weißabgleich verwenden oder eine der Vorgaben, die für die Aufnahmesituation geeignet ist. (Oder Sie setzen auf die Korrektur im Raw-Konverter.)

Abbildung 3.30 *Die Anpassung des Weißabgleichs wird direkt im Livebild im Sucher oder auf dem Display angezeigt.*

Die Einstellung des Weißabgleichs können Sie über das Schnelleinstellungsmenü machen, wenn Sie die Q-Taste drücken. Den Eintrag zum Weißabgleich finden Sie rechts oben. Die Einstellung **AWB** z. B. steht für den automatischen Weißabgleich. Wenn Sie mit dem Hauptwahlrad nach rechts scrollen, finden Sie weitere Weißabgleichoptionen, aus denen Sie wählen können. Ebenso können Sie den Weißabgleich im Kameramenü über **[Kamera-Symbol] > SHOOT2 > Weißabgleich** einstellen.

Die sechs Voreinstellungen **Tageslicht**, **Schatten**, **Wolkig**, **Kunstlicht**, **Leuchtstoff** und **Blitz** muss ich an dieser Stelle vermutlich nicht umfassend beschreiben. Generell gilt, dass diese Werte nicht als »Standard« verstanden werden sollten. Wenn Sie im Beispiel die Voreinstellung **Tageslicht** verwenden, hängt das Ergebnis natürlich immer noch von der Tageszeit und vom Sonnenstand ab. So kann es z. B. trotzdem sein, dass mit dieser Voreinstellung das Tageslicht recht kühl wirkt. Für solche Fälle können Sie mit einer Weißabgleichverschiebung nachhelfen. Bei Tageslicht verwende ich allerdings ohnehin meistens den automatischen Weißabgleich.

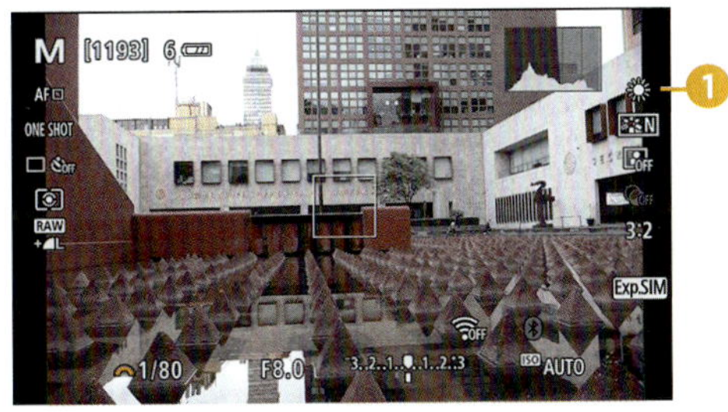

Abbildung 3.31 *Wenn Sie nicht den automatischen Weißabgleich verwenden, wird der gewählte Weißabgleich auf der rechten Seite durch ein Symbol angezeigt (hier* ***Tageslicht*** *1). Drücken Sie die INFO-Taste, wenn diese Informationen nicht angezeigt werden.*

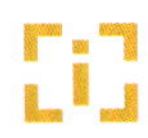

Automatischer Weißabgleich in zwei Versionen

Die EOS R100 bietet neben dem standardmäßigen automatischen Weißabgleich (**AWB**) mit der Option **Auto: Priorität Weiß** (**AWBW**) eine weitere Möglichkeit, reines Weiß zu verarbeiten. Mit Auto Priorität-Weiß werden Szenen, die z. B. mit einer Glühlampe beleuchtet werden, ein »strahlendes« Weiß zurückliefern. An dieser Stelle ist es schwer, eine Empfehlung zu geben, wo sich denn nun welche der beiden Automatiken besser eignet. Ich finde, dass Auto Priorität-Weiß im Freien bei hellem Sonnenlicht ein sehr ausgeglichenes Ergebnis produziert. Probieren Sie es einfach selbst aus! Um Auto Priorität-Weiß zu aktivieren, müssen Sie im Schnelleinstellungsmenü **AWB** auswählen und dann die [-:-]-Taste drücken. Im Kameramenü hingegen wählen Sie **AWB** und drücken dann die INFO-Taste.

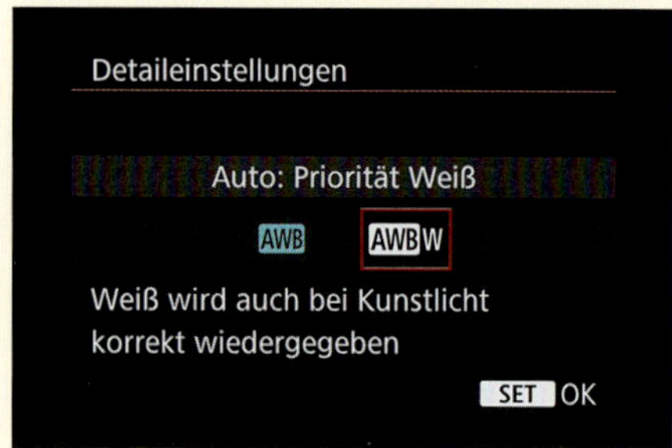

Abbildung 3.32 *Neben dem gewöhnlichen automatischen Weißabgleich (**AWB**) finden Sie noch eine weitere Version mit Auto Priorität-Weiß (**AWBW**).*

3.7.2 Weißabgleichverschiebung oder Feinabstimmung

Für alle vorhandenen Vorgaben gibt es die Möglichkeit, durch eine Verschiebung den Weißabgleich zu verändern. Sie können sogar den automatischen Weißabgleich anpassen. Um diese Funktion zu verwenden, rufen Sie die Weißabgleich-Funktion mit der Q-Taste im Schnelleinstellungsmenü auf und drücken dann beim ausgewählten Weißabgleich die INFO-Taste. Jetzt haben Sie den Bildschirm vor sich, mit dem Sie den Weißabgleich verschieben können. Canon spricht hier von einer *Weißabgleich-Korrektur*. Sie finden diese Einstellung auch im Kameramenü unter **[Kamera-Symbol] > SHOOT2 > WB-Korr.einst.** Im Kameramenü haben Sie allerdings, im Gegensatz zum Schnelleinstellungsmenü, keine Live-Vorschau vor sich.

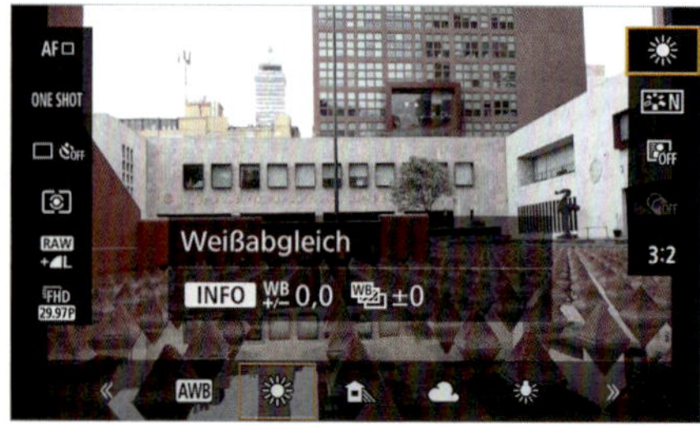

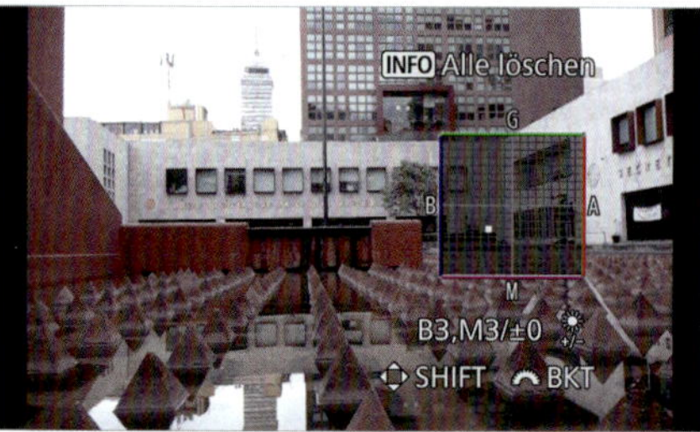

Abbildung 3.33 *Links: Weißabgleich auswählen und die INFO-Taste drücken. Rechts: Jetzt können Sie den Weißabgleich verschieben bzw. fein abstimmen.*

Über die Kreuztaste können Sie die Kalt-Warm- und die Grün-Magenta-Farbachse verschieben. Sie können die Auswirkungen live im Display bzw. Sucher sehen. Drücken Sie die SET-Taste, wenn Sie zufrieden sind. Mit der INFO-Taste können Sie die Weißabgleichverschiebung zurücksetzen.

Die Feineinstellung des Weißabgleichs kann durchaus ihren Nutzen haben. So können Sie jederzeit jeden ausgewählten Weißabgleich feintunen oder dem Bild eine eigene Farbstimmung geben.

Weißabgleich-Bracketing

Wenn Sie bei der Weißabgleichverschiebung das Hauptwahlrad drehen, ändert sich die Markierung von einem Punkt auf drei. Damit wird es möglich, drei Bilder mit unterschiedlichen Farbtönen aufzunehmen. Drehen Sie das Hauptwahlrad im Uhrzeigersinn, können Sie eine Warm-Kalt-Weißabgleichreihe (*Bracketing*) durchführen, und durch Drehen entgegen dem Uhrzeigersinn führen Sie ein Magenta-Grün-Weißabgleichreihe durch. Wie gehabt können Sie über die Kreuztasten auch das Bracketing verschieben. Es wird hierbei nur eine Aufnahme erstellt, aber drei Bilder mit unterschiedlichen Farbtönen gespeichert. In der Praxis kann das in Situationen mit unterschiedlichen Lichtverhältnissen oder verschiedenen Lichtquellen nützlich sein. Durch diese Belichtungsreihe können verschiedene Versionen desselben Motivs aufgenommen werden, um später die beste Version auszuwählen oder sie auch zu kombinieren. Auch hier gilt: Wer im Raw-Format fotografiert, kann dies auch hinterher mit dem Raw-Konverter erledigen.

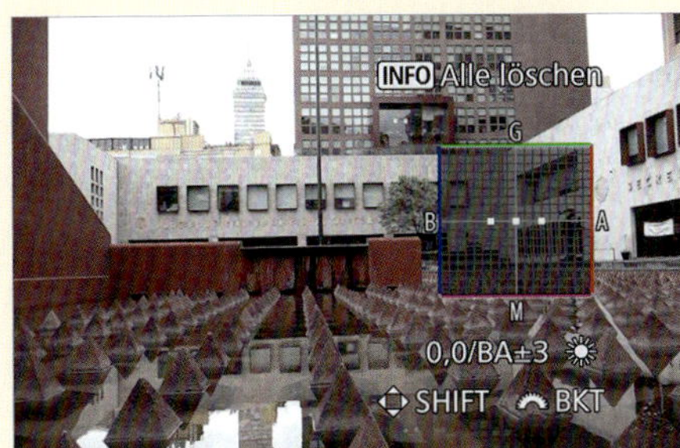

Abbildung 3.34 *Weißabgleich-Bracketing mit der EOS R100*

3.7.3 Farbtemperatur (Kelvin)

Die Farbtemperatur wird in der Regel in der Einheit Kelvin (K) angegeben. Wer im Umgang mit den genauen Kelvin-Werten vertraut ist, kann diese auch aus einer Liste von vorgegebenen Kelvin-Werten wählen. Sie finden auch diesen Eintrag im Menü der Auswahl des Weißabgleichs mit **K** (für Kelvin) vor. Ich stelle den Kelvin-Wert z. B. in der Studiofotografie gern manuell ein, und zwar auf einen Wert von 5.300 Kelvin. Der Wert lässt sich sehr fein in 100er-Schritten von 2.500 K bis hoch zu 10.000 K einstellen. Auch können Sie über eine Verschiebung jeden Kelvin-Wert fein abstimmen.

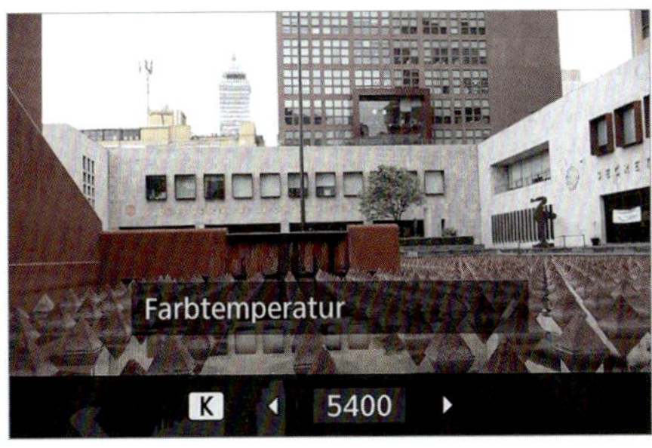

Abbildung 3.35 *Die Farbtemperatur als Kelvin-Wert auswählen*

Die Feinabstimmung bleibt so lange erhalten, bis Sie einen anderen Kelvin-Wert auswählen. Den Kelvin-Wert können Sie anpassen, wenn Sie beim Weißabgleich das **K** wählen und dann die [-:-]-Taste drücken.

3.7.4 Manueller Weißabgleich

Wenn Sie einen exakten Weißabgleich passend zu den vorhandenen Lichtverhältnissen erstellen wollen, dann hilft Ihnen auch kein Raw-Konverter. In einem solchen Fall müssen Sie einen eigenen Weißabgleich definieren. Die EOS R100 macht es Ihnen dabei sehr leicht. Sie benötigen lediglich ein weißes oder graues Objekt wie ein weißes Papiertaschentuch oder die Rückseite eines Notizblocks. Besser (und genauer) wäre allerdings eine Graukarte mit 18 % neutralem Grau, die von verschiedenen Herstellern in unterschiedlichen Preisklassen angeboten wird. Ich verwende im folgenden Beispiel den ColorChecker von X-Rite.

Eine Graukarte wird in der Fotografie zur Kalibrierung der Belichtung verwendet. Dabei handelt es sich in der Regel um eine stabile Papp- oder Kunststoffplatte, die neutralgrau gefärbt ist. Die graue Seite reflektiert etwa 18 % des Lichts, das auf sie fällt. Sie werden feststellen, dass die Preise für eine Graukarte sehr unterschiedlich sein können. Bedenken Sie dabei, dass auch eine Graukarte geeicht – oder zumindest kalibriert – werden muss, damit das Ergebnis verlässlich ist. Wenn Sie hier billig kaufen, sollten Sie sich nicht wundern, wenn der Weißabgleich damit unzuverlässig ist.

SCHRITT FÜR SCHRITT
Einen benutzerdefinierten Weißabgleich erstellen

1 Fotografieren Sie die Graukarte oder ein weißes Papier

Halten Sie die Graukarte oder ein weißes Blatt Papier vor die Kamera. Die Karte oder das Papier sollten dabei mindestens den Großteil im Display oder Sucher ausfüllen. Da der Autofokus hier wohl nicht funktionieren wird, sollten Sie die Kamera manuell fokussieren. Diese Umstellung machen Sie im Kameramenü [Kamera] > **SHOOT4** > **Fokussiermodus**, indem Sie den Wert von **AF** auf **MF** stellen. Nehmen Sie das Foto auf. Achten Sie darauf, dass Sie die Aufnahme bei denselben Lichtverhältnissen durchführen, wie Sie auch anschließend das Motiv fotografieren. Wenn sich die Lichtverhältnisse geändert haben oder Sie die Szene wechseln, müssen Sie das Verfahren wiederholen.

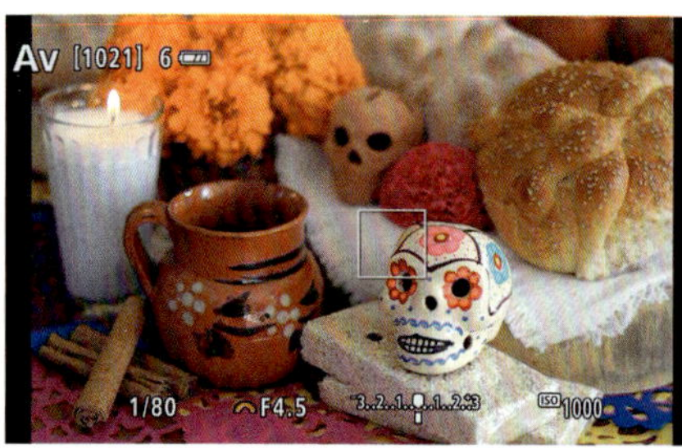

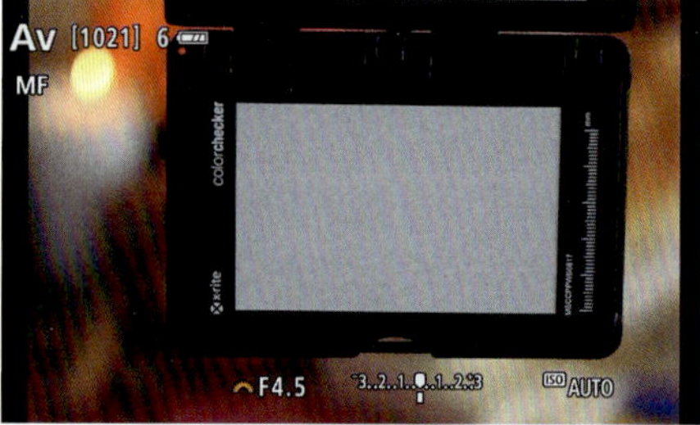

Abbildung 3.36 *Links: Die Szene, für die ein Weißabgleich eingestellt werden soll. Rechts: Die Graukarte abfotografieren.*

2 Benutzerdefinierte Einstellung wählen

Gehen Sie in das Kameramenü auf [Kamera-Symbol] > **SHOOT2 > Custom WB,** und wählen Sie das eben aufgenommene Referenzbild aus. Mit den Kreuztasten nach rechts und nach links können Sie das in Schritt 1 aufgenommene Bild auswählen. Drücken Sie die SET-Taste, um das Bild zu importieren. Bestätigen Sie den Vorgang mit **OK**.

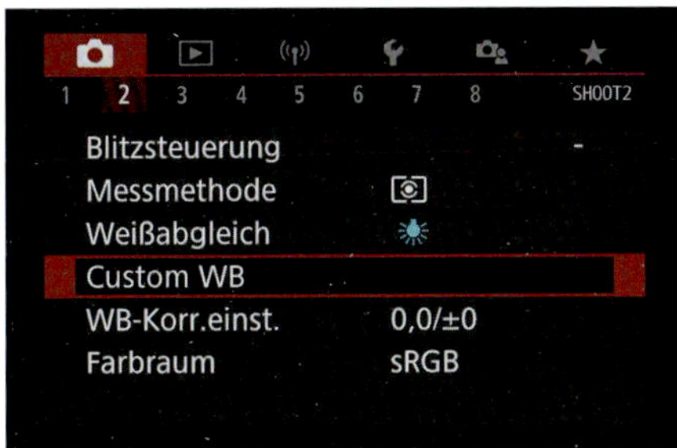

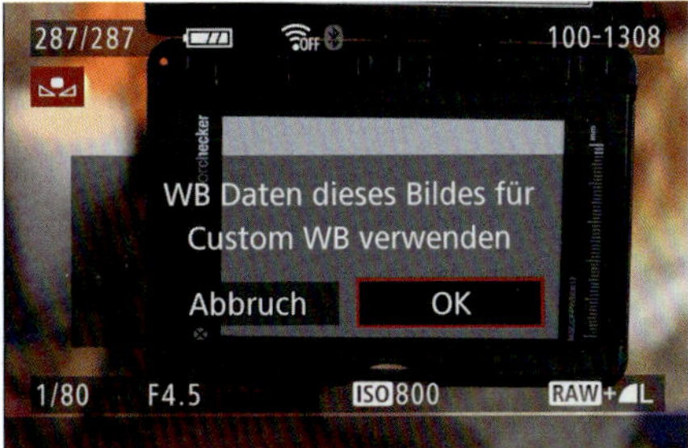

Abbildung 3.37 *Links: Im Kameramenü* ***Custom WB*** *auswählen. Rechts: Das aufgenommene Bild aus Schritt 1 auswählen.*

3 Manuellen Weißabgleich auswählen

Nun können Sie den manuellen Weißabgleich auswählen. Entweder im Schnelleinstellungsmenü, wo Sie **Manuell** wählen, oder im Kameramenü [Kamera-Symbol] > **SHOOT2 > Weißabgleich**.

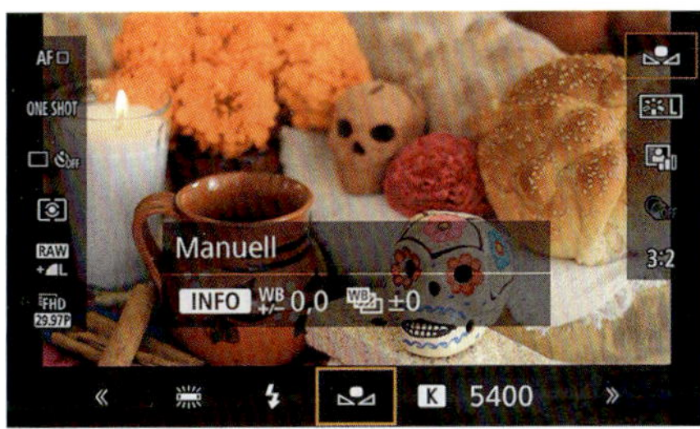

Abbildung 3.38 *Manuellen Weißabgleich auswählen.*

4 Foto aufnehmen

Nun haben Sie den perfekten Weißabgleich für die aktuelle Lichtsituation erstellt. Wenn Sie fotografieren, sollte das Ergebnis Ihrer Wahrnehmung der realen Umgebung entsprechen.

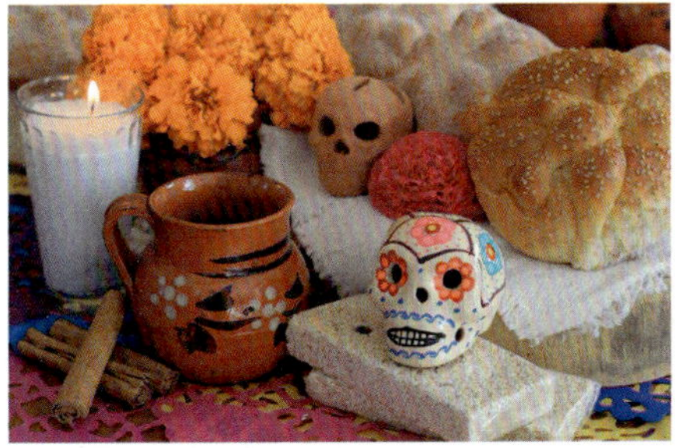

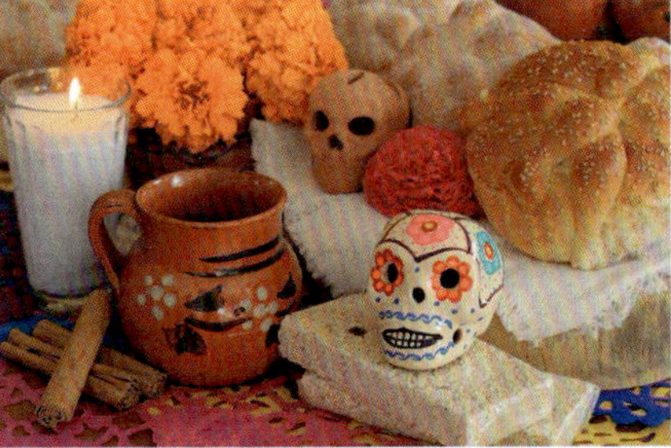

Abbildung 3.39 *Links das Motiv mit dem automatischen Weißabgleich und rechts mit dem benutzerdefinierten Weißabgleich.*

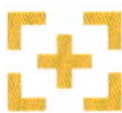

Mit Graukarte im Raw-Konverter

Eine gängige Praxis ist es auch, die Graukarte einfach in ein erstes Bild zu halten oder einem Model in die Hand zu geben. Auf diese Weise können Sie später im Raw-Konverter den Weißabgleich mithilfe des Weißabgleichwerkzeuges und der Pipette durchführen.

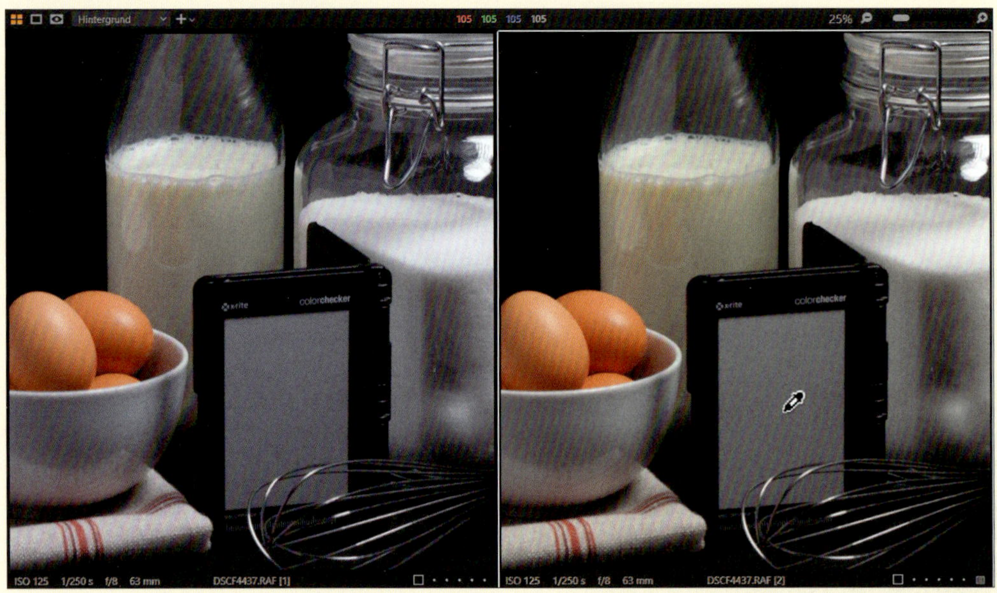

Abbildung 3.40 *Mithilfe der Graukarte können Sie später im Raw-Konverter den Weißabgleich festlegen und auf alle anderen Bilder mit derselben Belichtung (und natürlich ohne die Graukarte) anwenden.*

Kapitel 4
Fokussieren mit der EOS R100

Die Canon EOS R100 verfügt für die Scharfstellung über einen sehr guten und schnellen Autofokus. Damit das Fokussieren auch in unterschiedlichsten Situationen gelingt, bietet die EOS R100 verschiedene Möglichkeiten an. In diesem Kapitel erfahren Sie, wie und wann Sie diese Möglichkeiten am besten einsetzen können.

4.1 Die AF-Betriebsarten der EOS R100

Die EOS R100 bietet mit **One-Shot AF** (auch Einzel-AF) und **Servo AF** (auch kontinuierlicher AF) zwei grundlegende Betriebsarten für den Autofokus an. Diese Betriebsarten stellen Sie entweder über das Kameramenü mit **[Kamera-Symbol] > SHOOT4 > AF-Betrieb** ein oder im Schnelleinstellungsmenü mit der Q-Taste beim zweiten Feld links oben.

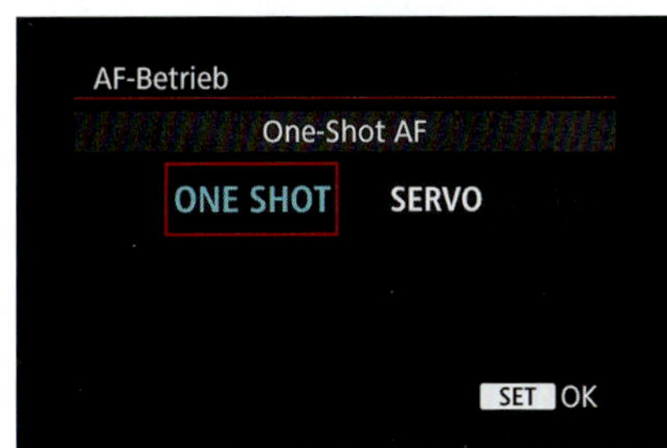

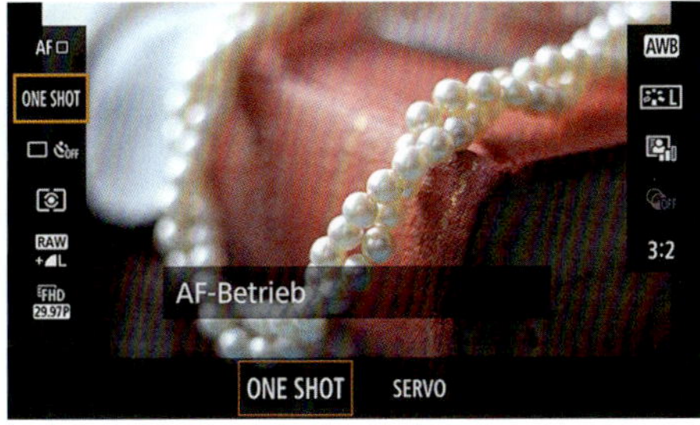

Abbildung 4.1 *Links wird der AF-Betrieb im Kameramenü eingestellt und rechts im Schnelleinstellungsmenü.*

Mit **One-Shot AF** können Sie statische Motive scharfstellen, während Sie mit **Servo AF** sich bewegende Motive verfolgen und im Fokus halten können. Mehr dazu erfahren Sie gleich in den nächsten beiden Abschnitten. Die dritte Option, **MF** (für *Manual Focus*), dient zum manuellen Fokussieren und wird in Abschnitt 4.4, »Manuelles Fokussieren mit der EOS R100«, erläutert. Der manuelle Fokus wird im Kameramenü über **[Kamera-Symbol] > SHOOT4 > Fokussiermodus** verwendet, wenn Sie den Wert **AF** (für Autofokus) auf **MF** stellen.

Zwar merkt man während des Fotografierens recht schnell, welcher Fokusmodus gerade aktiv ist, aber wenn Sie wollen, können Sie sich diesen anzeigen lassen, indem Sie über die INFO-Taste eine Anzeige aktivieren, auf der die Information der Betriebsart bzw. des Fokussiermodus links oben mit **One-Shot**, **Servo** oder **MF** angezeigt wird.

4.1.1 One-Shot AF für statische Motive

One-Shot AF eignet sich für Motive, die sich nicht bewegen. Wenn Sie in diesem Modus den Auslöser antippen, startet der Fokussiervorgang. Haben Sie so das anvisierte Motiv scharfgestellt, leuchten ein oder mehrere Fokuspunkte auf dem Display als grünes Quadrat auf. Sofern Sie den Signalton (siehe Abschnitt 1.5, »Einstellungen für einen guten Start«) nicht deaktiviert haben, hören Sie auch einen Bestätigungston, sobald die Kamera scharfgestellt hat. Der gefundene Schärfepunkt bleibt unverändert, solange Sie den Auslöser halb heruntergedrückt halten – auch wenn sich das Motiv mittlerweile nicht mehr im fokussierten Bereich befindet. Dieses Verhalten des Autofokus ist in vielen Situationen sehr hilfreich, weil Sie so ein Motiv anvisieren und dann den Ausschnitt des Bildes etwas ändern können, ohne dass sich die Schärfe verstellt. Sie können jetzt entweder den Auslöser voll durchdrücken und eine Aufnahme machen oder den Finger vom Auslöser nehmen und dann erneut fokussieren.

Leuchtet hingegen der Fokuspunkt oder ein Rahmen rot auf dem Display oder im Sucher, dann konnte die Kamera nicht auf das Objekt fokussieren, und Sie können nicht auslösen.

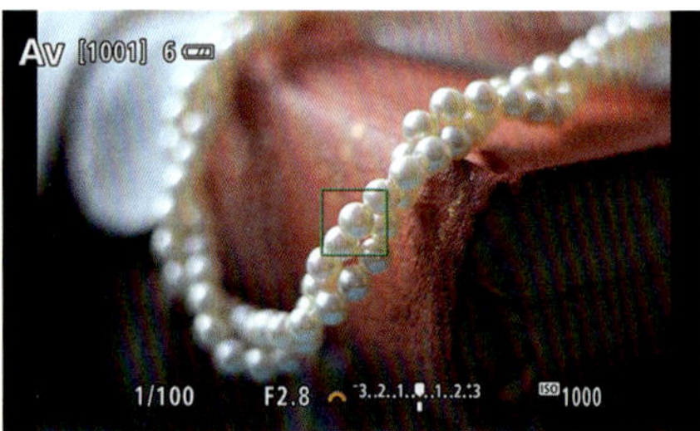

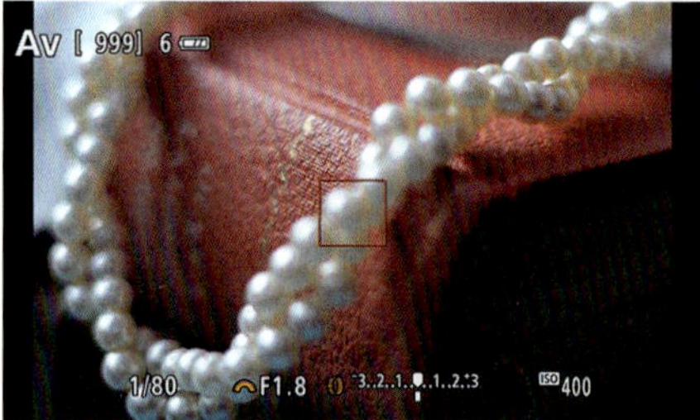

Abbildung 4.2 *Links: Das anvisierte Motiv wurde mit* ***One-Shot AF*** *scharfgestellt, der oder die Fokuspunkte (je nach gewählter Autofokusmethode) leuchten grün. Rechts: Hier konnte die EOS R100 nicht fokussieren, der Fokusrahmen leuchtet rot.*

Fokusprobleme

Wenn die Scharfstellung mit dem Autofokus nicht gelingt und der Fokuspunkt rot leuchtet, kann dies unterschiedliche Ursachen haben. Ein mögliches Problem ist z. B., dass Sie den Nahbereich des Objektivs unterschritten haben. So gibt es bei jedem Objektiv eine Grenze, wie weit Sie sich einem Motiv nähern können, die sogenannte *Naheinstellgrenze*. Gehen Sie näher heran, können Sie das Motiv nicht mehr scharfstellen – weder automatisch noch manuell. Die zweite Situation, in der der Fokus möglicherweise versagt, ist zu wenig Licht oder kaum Kontrast. Je heller und kontrastreicher eine Szene ist, umso besser funktioniert der Autofokus. Je dunkler es dagegen wird, desto schwieriger wird es für den Autofokus. Aber auch eine kontrastarme weiße Wand wird zum Problem. Auch bei zu viel Licht kann der Fokus der Kamera versagen, wie dies z. B. bei Gegenlichtaufnahmen oft der Fall ist.

Bei zu wenig Licht versucht das Hilfslicht, Sie zu unterstützen. Das AF-Hilfslicht strahlt das Motiv an, woraufhin der Autofokus genügend Informationen findet, um seine Arbeit zu verrichten. Allerdings ist die Leistung des Hilfslichtes begrenzt, und es funktioniert eher im Nahbereich. Beim Testen des Hilfslichtes hat sich eine realistische Reichweite von etwa fünf bis sechs Metern ergeben. Allerdings muss auch im Umgang mit dem Hilfslicht einiges beachtet werden: Aufgrund der Position der LED müssen Sie unter Umständen die Gegenlichtblende vom Objektiv nehmen. Auch der Finger legt sich gern mal über die LED.

Das Hilfslicht wird automatisch zugeschaltet und funktioniert nur im Modus **AF-S**. Nicht immer ist es allerdings erwünscht, dass dieses Hilfslicht aufleuchtet, da es auch die Aufmerksamkeit auf sich ziehen kann. (De-)Aktivieren können Sie dieses Licht daher über **> SHOOT5 > AF-Hilfslicht Aussendung**.

4.1.2 Servo AF für bewegte Motive

Der AF-Betrieb **Servo AF** (oft auch *Nachführ-AF* genannt) stellt das Autofokussystem auf einen Dauerbetrieb. Wenn Sie in diesem Modus den Auslöser halb herunterdrücken, stellt die Kamera innerhalb des aktiven Autofokusfeldes oder einer konfigurierten Autofokuszone kontinuierlich auf das anvisierte Motiv scharf. Dieser Fokusmodus eignet sich hervorragend für bewegte Motive – oder auch wenn Sie sich selbst in der Bewegung befinden. In diesem Modus gibt es keinen Bestätigungston beim Fokussieren, weil dieser Ton sonst permanent ertönen würde.

Aber auch hier leuchten ein oder mehrere Fokuspunkte im Sucher oder auf dem Display auf, wenn das Motiv scharfgestellt ist, allerdings in blauer anstatt grüner Farbe.

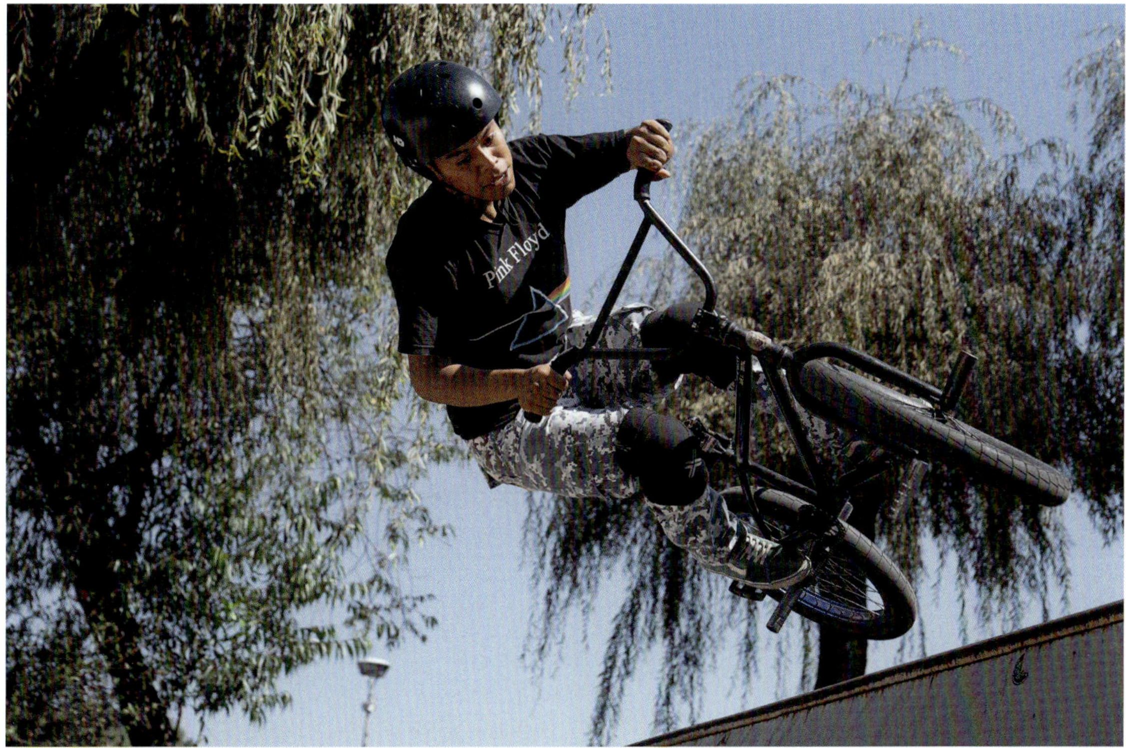

Abbildung 4.3 *Bei sich bewegende Motive spielt der* ***Servo AF*** *seine Stärken aus.*

50 mm | *f*2,8 | 1/3200 s | ISO 100

Dauerhaft fokussieren

Bestimmt haben Sie es schon bemerkt, dass die EOS R100 sowohl im **One-Shot AF** also auch im **Servo AF** dauerhaft fokussiert, wenn Sie die Kamera auf ein Motiv richten, ohne dass Sie überhaupt den Auslöser halb herunterdrücken. Dieses Vorfokussieren kann bei der einen oder anderen Situation einen Geschwindigkeitsvorteil bringen, wenn es darauf ankommen sollte. Aber diese Funktion leert natürlich auch den Akku schneller, denn es wird permanent fokussiert. Diese Funktion können Sie im Kameramenü jederzeit über **> SHOOT4 > Kontinuierl.AF** (de)aktivieren. Bei **One-Shot AF** wird die Schärfe dennoch behalten, wenn Sie den Auslöser halb gedrückt haben.

4.2 Die verschiedenen Autofokusmethoden der EOS R100

Von enormer Bedeutung für die Schärfe ist die Wahl der Autofokusmethode. Die EOS R100 bietet hierfür mit **+Verfolg.**, **Spot-AF**, **Einzelfeld-AF** und **AF-Messfeldwahl in Zone** vier verschiedene Arten an. Diese Methoden können Sie entweder im Schnelleinstellungsmenü über die Q-Taste im ersten Feld links oben einstellen oder im Kameramenü über **> SHOOT4 > AF-Methode**. In den Programmmodi , , **SCN** und wird automatisch immer **+Verfolg.** verwendet.

4.2.1 Augen- und Gesichtserkennung + Verfolgung

Bei der Methode **+Verfolg.** wird der gesamte Autofokusbereich für die Fokussierung verwendet. Der Unterschied liegt darin, ob Sie als AF-Betriebsart **One-Shot AF** oder **Servo AF** verwenden.

+Verfolg. mit One-Shot AF Mit dem Autofokusmodus **One-Shot AF** und **+Verfolg.** entscheidet die Kamera automatisch mit den verfügbaren Autofokusfeldern, worauf der Fokus liegen soll. Beim Testen hat sich gezeigt, dass die Kamera häufig den Bereich mit dem höchsten Kontrast oder näherliegende Motive wählt. Auch scheint die Priorität im Zweifelsfall etwas mittiger ausgerichtet zu sein. Daher kann es sein, dass der Fokus nicht da liegt, wo Sie ihn vielleicht gern hätten.

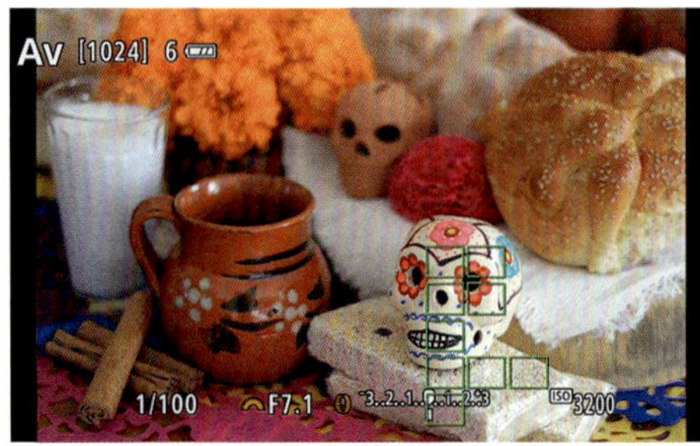

Abbildung 4.4 *Hier hat die Kamera im AF-Modus* ***+Verfolg.*** *mit* ***One-Shot AF*** *den Totenkopf scharfgestellt.*

Entdeckt die Kamera hingegen ein Gesicht, fokussiert sie das Gesicht bzw. das Auge der Person und verfolgt diese mit einem weißen Rahmen. Drücken Sie den Auslöser halb herunter, wird das Gesicht bzw. das Auge scharfgestellt, und das Autofokusmessfeld leuchtet grün. Drücken Sie den Auslöser durch, um die Person zu fotografieren. Beachten Sie allerdings, wenn Sie eine weit geöffnete Blende haben und sich die Person zwischen der Zeit des Fokussierens und Auslösens nach vorn oder hinten bewegt hat, dass der Fokus eventuell nicht mehr genau auf dem Auge oder dem Gesicht liegt. Hier sind Sie mit dem Fokusmodus **Servo AF** besser beraten.

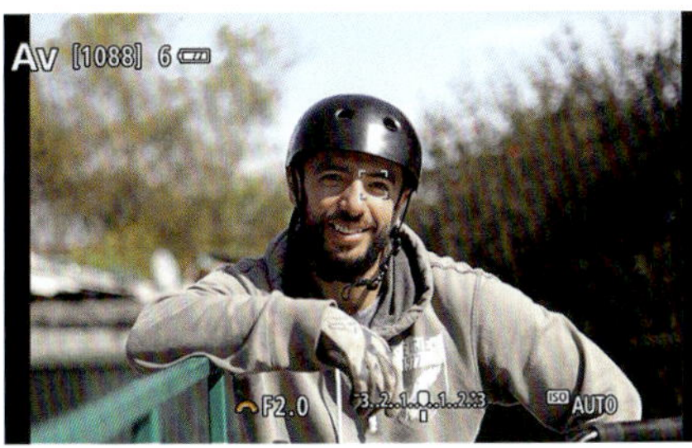

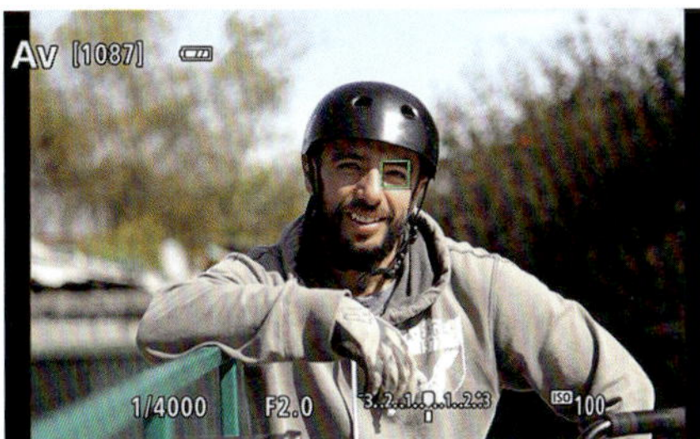

Abbildung 4.5 *Links: Ein Gesicht wurde erkannt und das Auge mit einem weißen Rahmen verfolgt. Rechts: Wenn Sie den Auslöser halb herunterdrücken, wird das Auge fokussiert.*

+Verfolg. mit Servo AF Wenn Sie den Autofokusmodus auf **Servo AF** umschalten, bietet **+Verfolg.** eine automatische Verfolgung von Objekten über den gesamten Bildbereich in alle Richtungen. Objekte, die sich von links bzw. oben nach rechts bzw. unten bewegen (und umgekehrt), werden also nahtlos verfolgt. Dasselbe gilt für Objekte, die sich zur Kamera hin- oder von ihr wegbewegen. Damit die Verfolgung eines Motivs funktioniert, müssen Sie den Auslöser halb herunterdrücken. Sobald die Kamera den Fokus auf ein Motiv gelegt hat, wird sie mit den blauen Autofokusfeldern das Objekt verfolgen, solange es sich im Bildbereich bewegt. Das klappt natürlich am besten, wenn sich das Objekt etwas deutlicher vom Hintergrund abhebt. Drücken Sie den Auslöser durch, um ein Foto zu machen, oder stellen Sie die **Betriebsart** auf **Reihenaufnahme**, um eine ganze Serie von Bildern zu machen.

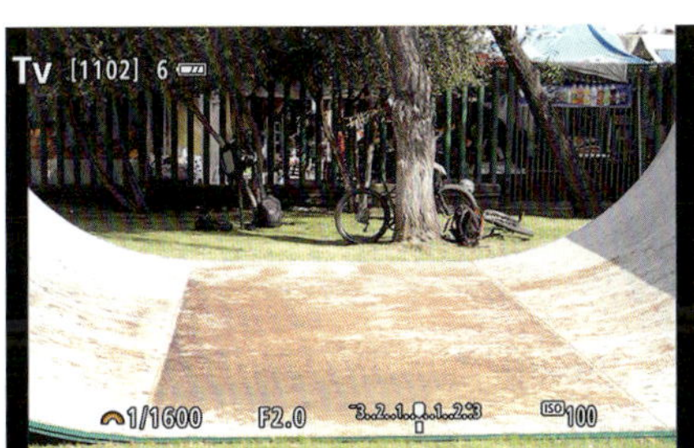

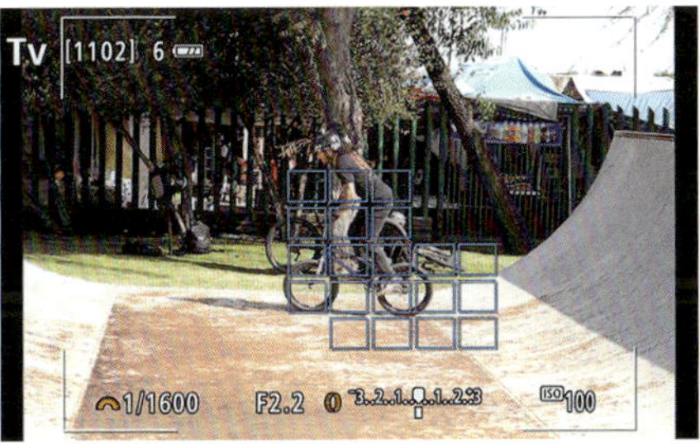

Abbildung 4.6 *Links: Hier habe ich die Kamera auf einen Bereich gerichtet, wo ich einen BMX-Fahrer erwarte. Rechts: Der BMX-Fahrer kommt ins Bild, und dank halb heruntergedrücktem Auslöser wird dieser auch gleich anvisiert.*

Diese Verfolgung funktioniert auch, wenn Sie die Kamera auf einem Stativ fixiert haben, wodurch der Bildausschnitt behalten werden kann, während die Kamera dem Objekt folgt. So können Sie z. B. eine Person im Zickzack auf Sie zu rennen lassen und eine Serienaufnahme erstellen. Diese Art der Fokussierung funktioniert erstaunlich gut. Wichtig ist nur, dass die Fokussierung diese Person bzw. das Objekt auch erfasst hat, um das Motiv weiterzuverfolgen.

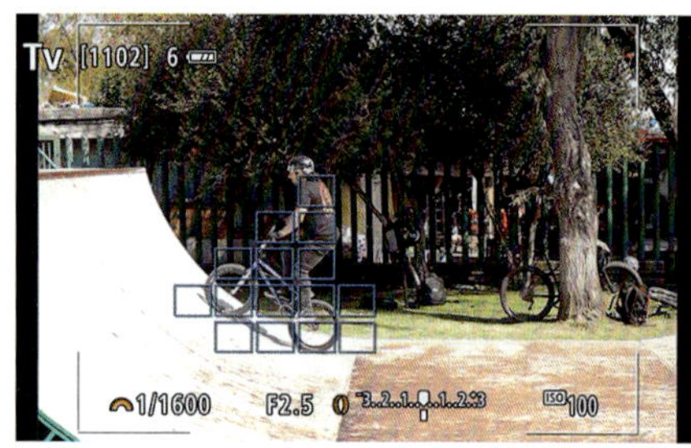

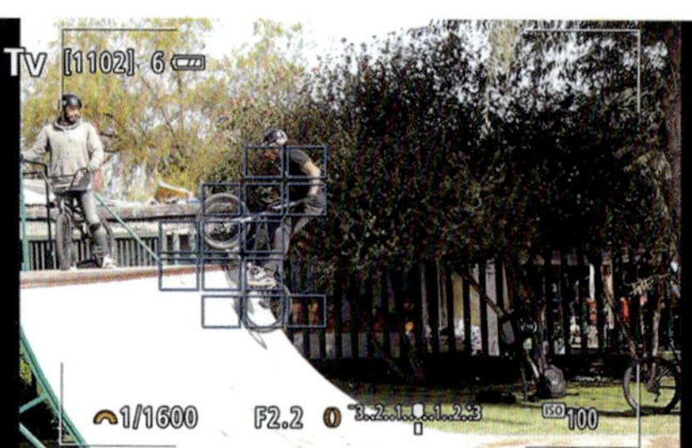

Abbildung 4.7 *Dank* ***Servo AF*** *und der Methode* ***+Verfolg.*** *mit durchgedrücktem Auslöser können Sie auf diese Weise drei Bilder pro Sekunde machen.*

Augenerkennung (de)aktivieren und Gesichter auswählen Die Augen- und Gesichtserkennung der EOS R100 funktioniert sehr zuverlässig. Sicherlich gibt es Motive, die irrtümlicherweise als Gesicht erkannt werden. Auch kann es sein, dass die Geschichtserkennung nicht funktioniert, wenn das Gesicht sehr klein oder sehr groß ist oder es zu hell oder dunkel ist. Befindet sich ein Gesicht am Rand des Bildschirms, wird dies auch nicht immer erkannt. In dem Fall sollten Sie den Bildausschnitt ändern, womit das Gesicht sich mehr in der Mitte befindet.

Wenn mehrere Gesichter erkannt werden, drücken Sie auf die [·:·]-Taste, wodurch sich das Messfeld um zwei Pfeile rechts und links erweitert. Drücken Sie nun die Kreuztasten nach links oder nach rechts, um das Gesicht auszuwählen, auf das Sie fokussieren wollen. Wollen Sie bei mehreren Gesichtern, dass die Augen- und Gesichtserkennung einem bestimmten Gesicht folgt und nicht zu einem anderen Gesicht im Zentrum springt, müssen Sie über das Kameramenü **> SET UP4 > Individualfunktionen(C.Fn) > C.Fn II: Weiteres Custom Steuerung** einer der konfigurierbaren Tasten die Funktion **Verfolgtes Motiv wechseln** zuweisen. Wenn Sie die neu konfigurierte Taste bei mehreren erkannten Gesichtern anwenden, verändert sich die Augen- bzw. Gesichtserkennung zu einem Doppelrahmen und verfolgt ein markiertes Gesicht etwas intensiver. Des Weiteren können Sie nun mit Druck auf diese zugewiesene Taste von einem erkannten Gesicht oder Auge zum nächsten wechseln, bis alle erkannten Gesichter oder Augen durchlaufen wurden. Danach wechselt das AF-Feld zu einem einfachen Rahmen.

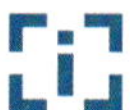

Augenerkennung (de)aktivieren

Mit Autofokusmethode **+Verfolg.** können Sie auch die Augenerkennung deaktivieren. Dies können Sie über das Schnelleinstellungsmenü mit der Q-Taste machen, indem Sie bei der AF-Methode **+Verfolg.** die INFO-

Taste drücken. Jetzt wird nur noch die Gesichtserkennung verwendet. Erneutes Drücken der INFO-Taste aktiviert die Augenerkennung wieder. Selbige Funktion finden Sie auch über das Kameramenü > **SHOOT4 > Augenerkennung**.

4.2.2 Vergrößerte Ansicht beim Fokussieren

Ausgenommen von der eben vorgestellten Autofokusmethode **+Verfolg.** können Sie bei den anderen hier gleich noch folgenden Autofokusmethoden die Anzeige um das Fünf- oder Zehnfache vergrößern, indem Sie die -Taste und dann die INFO-Taste drücken. Die Vergrößerung wird immer zentriert an der Stelle durchgeführt, wo das Autofokus-Messfeld für **Spot-AF**, **Einzelfeld-AF** oder **AF-Messfeldwahl in Zone** positioniert wurde. Mithilfe einer solchen Vergrößerung kann bei kritischeren Aufnahmen wie z. B. Makros oftmals exakter fokussiert werden.

Wenn Sie den Auslöser während einer vergrößerten Ansicht in der Autofokusbetriebsart **One-Shot AF** halb herunterdrücken, findet die Fokussierung beim **Spot-AF** oder **Einzelfeld-AF** mit der vergrößerten Anzeige statt. Bei **AF-Messfeldwahl in Zone** erfolgt die Fokussierung in der normalen Anzeige ohne Vergrößerung. In der Autofokusbetriebsart **Servo AF** wird beim halben Durchdrücken des Auslösers in jeder Autofokusmethode in die Standardansicht in normaler Größe zurückgeschaltet.

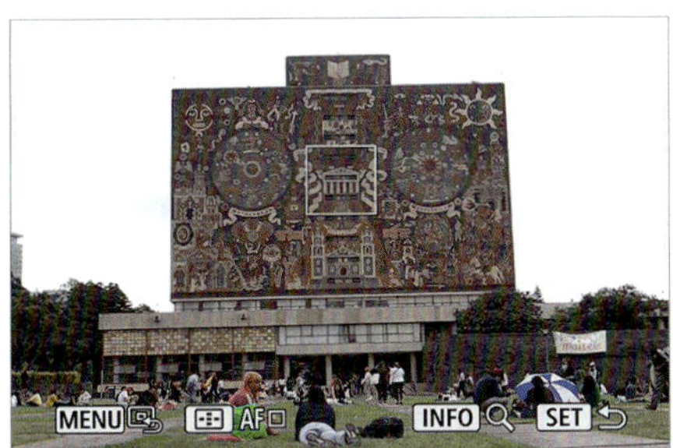

Abbildung 4.8 *Die Lupenfunktion aktivieren Sie nach dem Drücken der -Taste mit der INFO-Taste.*

Abbildung 4.9 *Hilfreich beim Fokussieren ist die Lupenfunktion der Kamera. Links die fünf- und rechts die zehnfache Vergrößerung.*

4.2.3 Einzelfeld-AF, Spot-AF und AF-Messfeldwahl in Zone

Neben der automatischen Methode **+Verfolg.** finden Sie noch folgende drei Autofokusmethoden vor:

- **Einzelfeld-AF**: Mit der Autofokusmethode **Einzelfeld-AF** können Sie ein Objekt sehr exakt und genau fokussieren. Bei dieser AF-Methode vermisst man ein wenig einen Touchscreen bei der EOS R100.
- **Spot-AF**: Dieser Fokussierungsbereich entspricht dem des **Einzelfeld-AF**, nur mit einem deutlich kleinerem Messfeld. Damit können Sie noch gezielter feinere Details scharfstellen (z. B. eine Blume in hohem Gras). Bei dieser AF-Methode bietet sich zudem die -Taste mit der INFO-Taste an, womit Sie mit der Vergrößerung noch genauer scharfstellen können.
- **AF-Messfeldwahl in Zone**: Damit erhalten Sie einen breiteren Zonenrahmen, was das Erfassen von Motiven wesentlich leichter als mit dem **Einzelfeld-AF** oder **Spot-AF** macht. Befinden sich Gesichter in dem Zonenrahmen, werden diese bevorzugt fokussiert.

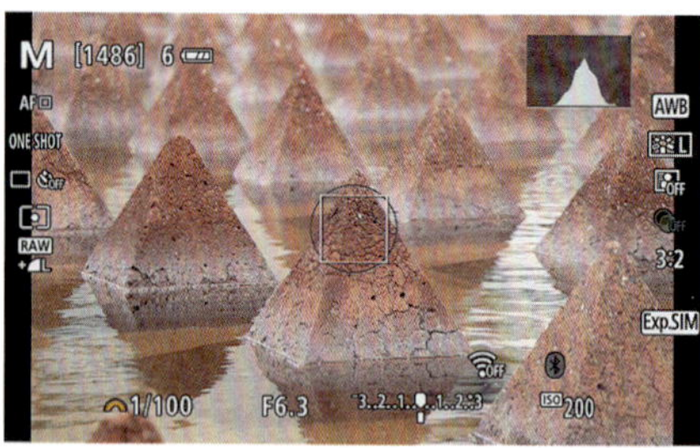

Abbildung 4.10 ***Einzelfeld-AF*** *im Einsatz*

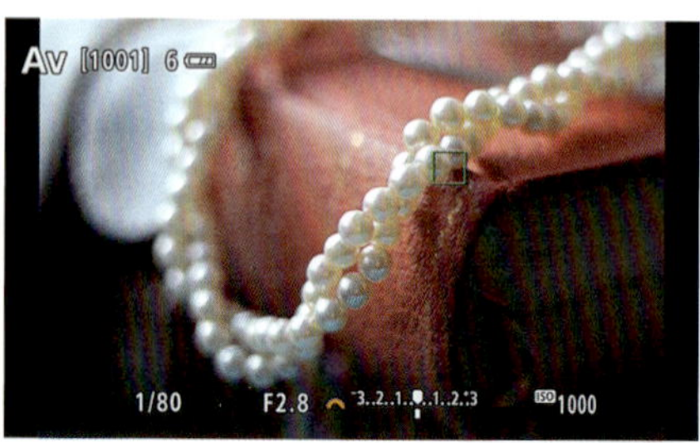

Abbildung 4.11 ***Spot-AF*** *im Einsatz*

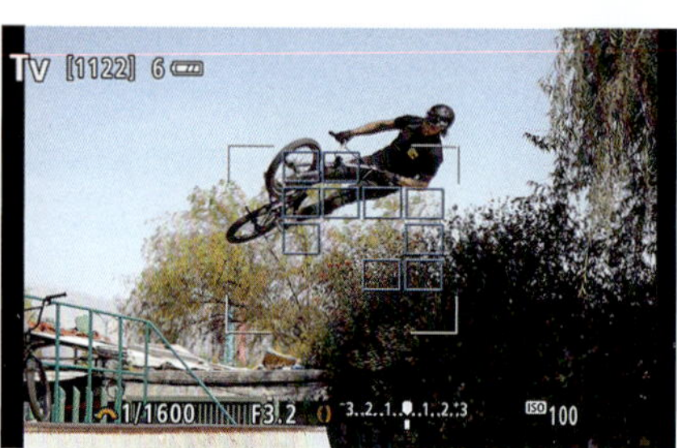

Abbildung 4.12 ***AF-Messfeldwahl in Zone*** *im Einsatz*

Wie bereits in Abschnitt 4.2.2, »Vergrößerte Ansicht beim Fokussieren«, beschrieben, können Sie bei allen drei Autofokusmethoden die Ansicht beim Fokussieren um das Fünf- bzw. Zehnfache der Standardansicht vergrößern. Bei allen drei Autofokusmethoden können Sie zudem das AF-Messfeld bzw. die AF-Zone manuell auf dem Bildschirm verschieben. Hierzu drücken Sie zunächst die [-:-]-Taste. Jetzt können Sie über die Kreuztasten das AF-Messfeld verschieben. Auch mit dem Hauptwahlrad können Sie das AF-Messfeld nach links oder rechts verschieben. Mit der MENU-Taste können Sie das AF-Messfeld wieder zentrieren.

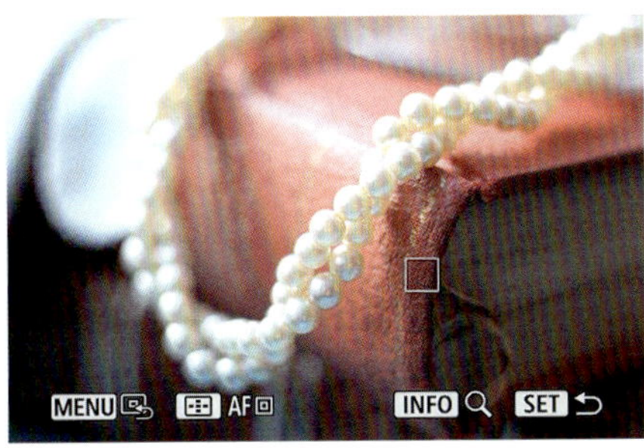

Abbildung 4.13 *AF-Messfeld verschieben. Hier wird der* ***Spot-AF*** *verschoben.*

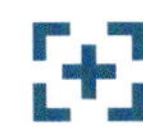

AF-Messfeld zentrieren

Das AF-Messfeld können Sie jederzeit zentrieren, wenn Sie die [-:-]-Taste drücken und etwas halten.

4.2.4 Fokussieren und Auslösen trennen (Backbutton-Fokus)

Eine etwas fortgeschrittenere Funktion, die ich gern bei einer Systemkamera verwende, ist, das Fokussieren und Auslösen voneinander zu trennen. Das Fokussieren mache ich dann mit der ✱-Taste mit dem rechten Daumen, und der Auslöser dient nur noch zum Auslösen. Voraussetzung dafür ist allerdings, dass Sie die Standardfunktion einer Taste der EOS R100 ändern. Im Beispiel »opfere« ich daher die ✱-Taste.

Das Fokussieren mit der ✱-Taste können Sie über **🔧 > SET UP4 > Individualfunktionen(C.Fn) > C.Fn II: Weiteres Custom Steuerung** erledigen. Drücken Sie hier die SET-Taste, gelangen Sie auf einen Bildschirm, auf dem Sie die Tastenbelegung der Kamera ändern können. Wählen Sie die ✱-Taste an, und wählen Sie die Option **Messung und AF Start**. Die Standardeinstellung war vorher **AE-Speicherung/FE-Speicherung**. Auch den Auslöser können Sie hier nun auf **Messung Start** ändern. Damit wird der Auslöser nicht mehr beim halb herunterdrücken fokussieren. Die Standardfunktion war vorher **Messung und AF Start**.

Mit diesen Änderungen ist der Autofokus vom Auslöseknopf entkoppelt, und der Auslöser kann nicht mehr zum Fokussieren verwendet werden. Zum Fokussieren können Sie nun ausschließlich die ✱-Taste verwenden.

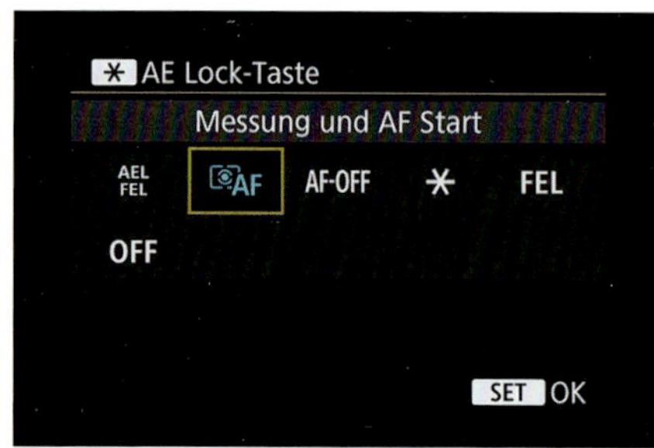

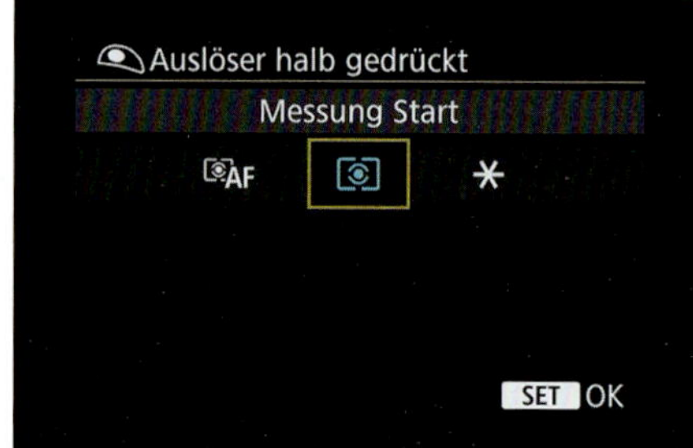

Abbildung 4.14 *Links: Die Funktion für die* ✱*-Taste auf* ***Messung und AF Start*** *setzen. Rechts: Funktion von* ***Auslöser halb gedrückt*** *auf* ***Messung Start*** *ändern.*

In der Praxis verwende ich diese Art der Fokussierung gern, um nicht zwischen den Fokusmodi **One-Shot AF** und **Servo AF** umschalten zu müssen. Ein einfaches Beispiel: Wenn Sie eine Porträtaufnahme einer Person machen wollen, werden Sie vermutlich die Person mit **One-Shot AF** fokussieren und auslösen. Wenn die Person aber auf Sie zu läuft und Sie weiterhin **One-Shot AF** verwenden, wird das Bild sehr wahrscheinlich unscharf, weil sich die Person zwischen dem Moment des Fokussierens und dem Auslösen weiterbewegt. Daher lässt sich in einem solchen Fall besser **Servo AF** verwenden, mit dem die anvisierte Person kontinuierlich fokussiert wird. Sie müssen also vom Fokusmodus **One-Shot AF** zu **Servo AF** umschalten.

Häufig wird Ihnen diese Zeit zum Umschalten nicht bleiben. Auch bringt Sie das gegebenenfalls aus dem Foto-Workflow, weil Sie sich wieder auf die Anpassung der Kameraeinstellungen konzentrieren müssen. Aber gerade bei der Streetfotografie, bei Reportagen oder der Sportfotografie haben Sie diese Zeit nicht. Genau da kommt der Vorteil der eben eingestellten *Backbutton-Fokus-Funktion* zum Tragen. Sie müssen nicht mehr zwischen **One-Shot AF** und **Servo AF** umschalten. Sie stellen den Modus der Kamera auf **Servo AF** und können nun nahtlos zwischen den beiden Modi wechseln. Für sich wenig bewegende Objekte müssen Sie die ✱-Taste nur einmal kurz drücken, um scharfzustellen (und können bei Bedarf auch den Ausschnitt verschieben). Bei sich bewegenden Objekten halten Sie die ✱-Taste einfach gedrückt (entspricht dem **Servo AF**) und lösen mit dem Auslöser aus. Dies lässt sich auch sehr schön mit der **Betriebsart Reihenaufnahme** kombinieren.

Aber auch das Umschalten auf den manuellen Fokusmodus können Sie sich hiermit ersparen. Wenn Sie z. B. mehrere Bilder mit derselben Einstellung und demselben Fokus machen müssen, reicht das einmalige Fokussieren mit der ✱-Taste aus, und Sie können auslösen. Wenn Sie mit derselben Taste fokussieren und auslösen, was in der Standardeinstellung der Fall ist, würde jedes Mal neu fokussiert. Die Lupenfunktion mit der [·⁝·]-Taste ist bei sich nicht bewegenden Motiven ebenfalls sehr hilfreich.

Auch bei schlechten Lichtverhältnissen ist die Backbutton-Fokus-Funktion nützlich, weil sich die Kamera dann oftmals schwertut, den Fokus zu finden und das Motiv von vorn nach hinten absucht (*Focus Hunting*), bis der Schärfepunkt sitzt. Mit der Backbutton-Fokus-Funktion reicht einmaliges Fokussieren aus (beispielsweise auf eine Lichtquelle), und Sie können mehrere Fotos hintereinander machen. Muss die Kamera hingegen, wie in der Standardeinstellung, nach jeder Aufnahme neu fokussieren, geht das Focus Hunting von vorn los.

Ebenso können Sie die Backbutton-Fokus-Funktion verwenden, um auf eine bestimmte Stelle einer Szene zu fokussieren. Dann warten Sie, bis jemand an dieser Stelle erscheint, und drücken den Auslöser. Auch lässt sich mit der Backbutton-Fokus-Funktion effizienter und sicherer fotografieren, weil nicht, wie beim halb heruntergedrückten Auslöser, die Gefahr besteht, versehentlich auszulösen oder eben die Taste loszulassen und so den Fokus zu verlieren.

4.3 Ursachen für unscharfe Bilder

Neben der Kontrolle der richtigen Belichtung ist das korrekte Fokussieren oftmals essenziell, um gute Bilder zu machen. Nicht immer klappt dies perfekt, und selbst bei Profis ist nicht jedes Bild scharf. In diesem Abschnitt sollen die gängigsten Möglichkeiten beschrieben werden, warum und wie es zu unscharfen Bildern kommen kann.

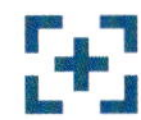

AF-Feldanzeige im Wiedergabemodus

Wollen Sie selbst nachprüfen, wo die Kamera bei einer Aufnahme scharfgestellt hat, müssen Sie nur im Kameramenü [▶] > **PLAY5** > **AF-Feldanzeige** aktivieren. Wenn Sie nun im Wiedergabemodus der Kamera die Bilder betrachten, wird das für das Bild scharfgestellte AF-Feld mit roten Quadraten angezeigt.

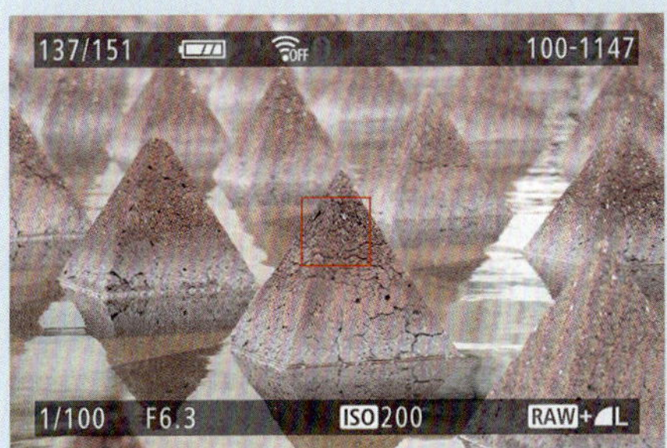

Abbildung 4.15 *Die verwendeten AF-Felder für die Scharfstellung von Bildern können Sie sich im Wiedergabemodus anzeigen lassen.*

4.3.1 Autofokus liegt nicht auf dem Motiv

Die häufigste Ursache, wenn ein Bild bzw. das Motiv nicht scharf geworden ist, liegt ganz einfach darin, dass beim Fokussieren nicht auf das Motiv scharfgestellt wurde, sondern auf etwas anderes im Hinter- oder Vordergrund. Dies kann z. B. passieren, wenn Sie ein größeres Messfeld verwenden und der Autofokus etwas anderes als Hauptmotiv gewählt hat, etwa weil dieser Bereich kontrastreicher gewesen ist. Dies kann gerade bei der Autofokusmethode **[L] +Verfolg.** oder auch **AF-Messfeldwahl in Zone** bei langen Brennweiten mit kleineren Motiven passieren, da es für die Kamera nicht immer einfach ist, das Motiv punktgenau zu erfassen. Hier hilft es häufig, eine etwas kleinere Autofokusmethode wie **Einzelfeld-AF** oder **Spot-AF** zu verwenden.

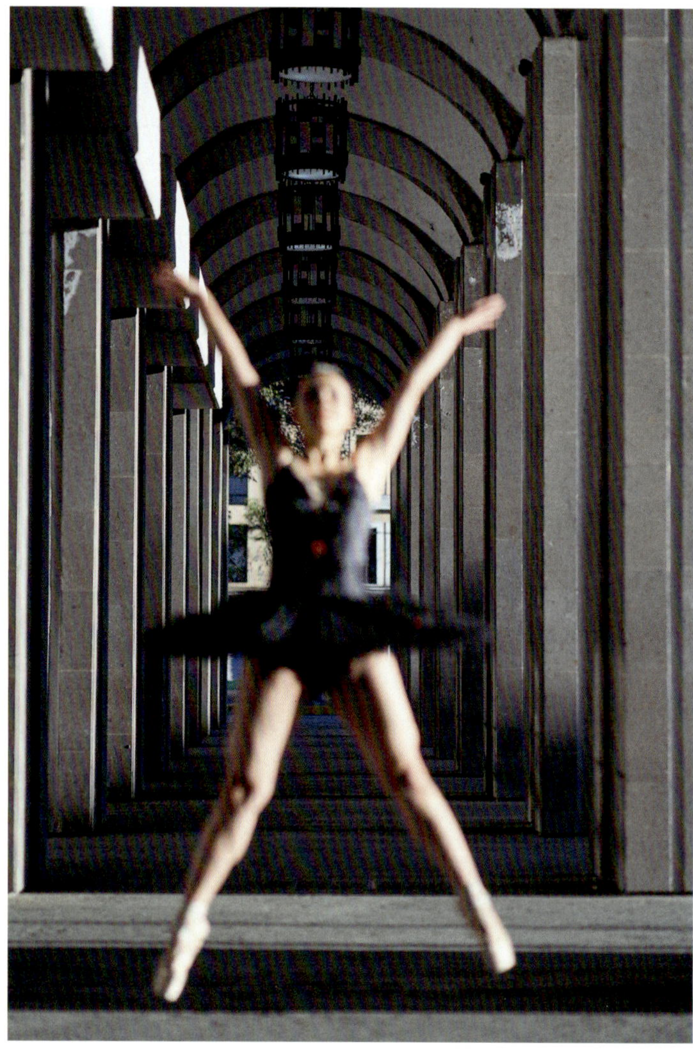

Abbildung 4.16 *Hier hat der Fokus den Hintergrund anstelle der Tänzerin fokussiert.*

4.3.2 Person ist nicht im Fokus

Wenn trotz der Autofokusmethode **+Vefolg.** die Person nicht im Fokus ist, dann haben Sie vielleicht eine weit geöffnete Blende verwendet (z. B. *f*1,8 mit dem 50-mm-Objektiv), und die Person hat sich zwischen dem Fokussieren und Auslösen leicht nach vorn oder hinten bewegt. Leider sieht man dies häufig erst auf einem großen Display am Computer. Da die Gesichts-/Augenfokussierung eigentlich sehr gut ist, empfiehlt es sich, die Autofokus-Betriebsart **Servo AF** zu verwenden. In dem Fall wird permanent fokussiert und nicht nur einmalig wie mit **One-Shot AF**. Ich gehe hier sogar noch weiter und trenne dabei das Fokussieren vom Auslöser, wie dies in Abschnitt 4.2.4, »Fokussieren und Auslösen trennen (Backbutton-Fokus)«, beschrieben wurde.

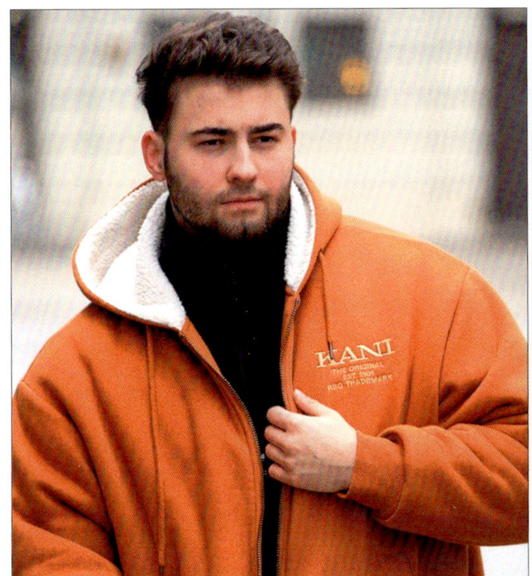

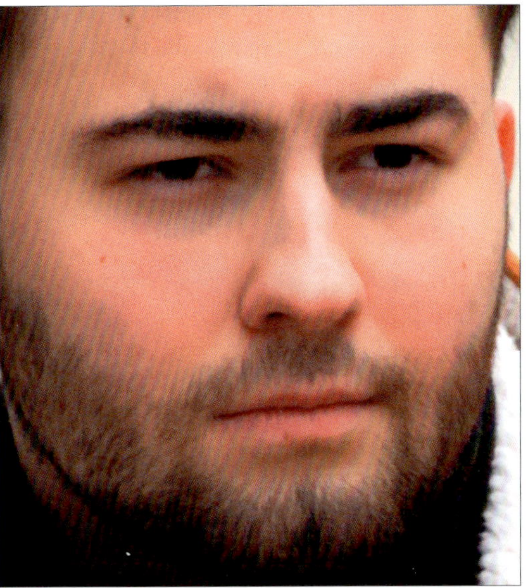

Abbildung 4.17 *Die Person ist nur auf den ersten Blick scharf. Bei genauerem Hinsehen fällt auf, dass der Fokus nicht mehr auf den Augen gewesen ist und sich die Person zwischen dem Fokussieren und Auslösen leicht bewegt hat.*

4.3.3 Lichtverhältnisse

Wenn die Lichtverhältnisse schlecht werden, dann tut sich die Kamera schwer zu fokussieren, wenn es keine helleren Motive im Bild wie z. B. eine Lampe gibt. Sie können dann entweder manuell fokussieren oder das Hilfslicht der Kamera bzw. eine Taschenlampe verwenden. Das klappt natürlich auch nur bis zu einem gewissen Abstand zum Motiv. In der Regel kann es immer schwieriger sein, bei wenig Licht zu fokussieren. Zwar ist dies seltener der Fall, aber auch bei zu viel Licht kann das Signal nicht mehr gelesen werden (z. B. bei fast reinem Weiß).

4.3.4 Kontrastarme Motive

Wenn Sie versuchen, eine Fläche ohne wirkliche Kontrastkanten (z. B. weiße Wand oder Papier) zu fotografieren, wird der Autofokus nur hin- und herfahren und den Fokussiervorgang ohne Erfolg abbrechen. Sie können den Fokus verschieben und nach einem Bereich suchen, in dem etwas mehr Kontrast vorhanden ist. Oftmals ist es hilfreich, ein größeres Fokusfeld wie **+Verfolg.** oder **AF-Mehrfeldauswahl in Zone** anstelle von **Einzelfeld-AF** oder **Spot-AF** zu verwenden. Hilft dies alles nicht, müssen Sie manuell fokussieren.

4.3.5 Bewegungsunschärfe

Bei sich schnell bewegenden Motiven kann es trotz einer sehr kurzen Belichtungszeit zu einer Bewegungsunschärfe kommen. Natürlich können Sie dies auch bewusst verwenden, um eine gewisse Dynamik in das Bild zu bringen. Wenn die Bewegungsunschärfe nicht bewusst als Effekt zum Bild erstellt wurden, müssen Sie in der Regel immer die Belichtungszeit verkürzen. Bei

Sport- und Action-Szenen werden Sie häufig mit Belichtungszeiten von 1/640 s bis 1/1000 s arbeiten müssen. Bei Aufnahmen von fliegenden Vögeln werden Sie sogar bis zu 1/2000 s verkürzen müssen. Es hängt dann häufig noch vom vorhandenen Licht und der Tageszeit ab, aber bei solchen extremen Werten müssen Sie häufig auch den ISO-Wert deutlich anheben, um eine sehr kurze Belichtungszeit zu erreichen.

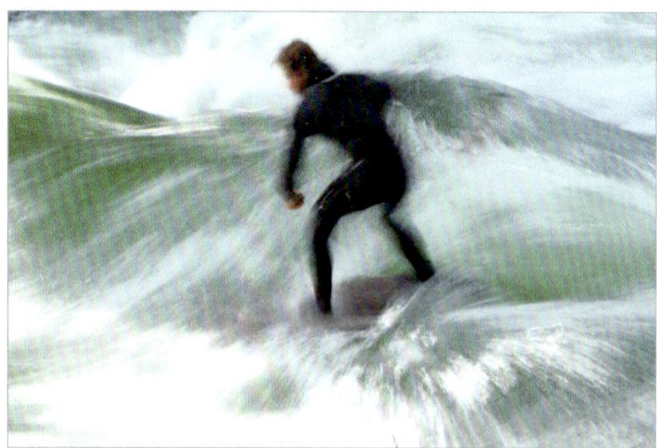

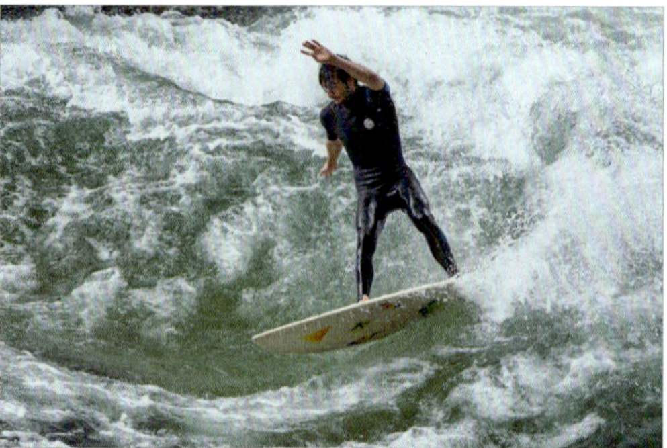

Abbildung 4.18 *Links wurde der Surfer mit 1/20 s aufgenommen. Der Effekt sieht toll aus, war aber nicht beabsichtigt. Erst nachdem ich wie rechts die Belichtungszeit auf 1/640 s reduziert haben, wurde der Surfer scharf abgebildet.*

4.3.6 Verwackeln

Verwackler kommen häufig zustande, wenn die Belichtungszeit zu kurz ist, um noch scharfe Bilder aus der Hand zu fotografieren. Zwar kann die EOS R100 Verwackler mithilfe von IS-Objektiven sehr gut ausgleichen, aber auch die Bildstabilisierung hat ihre Grenzen.

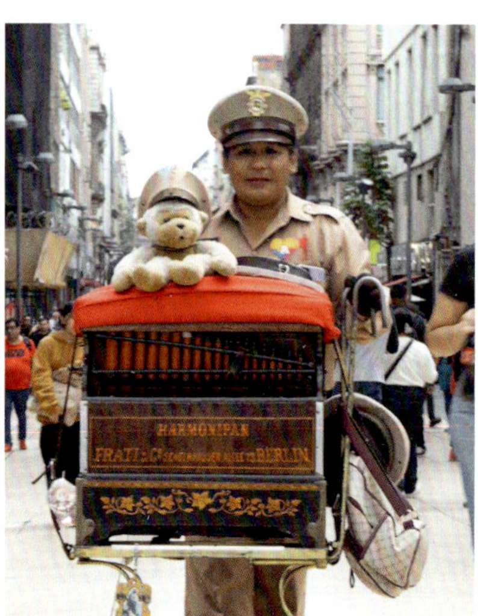

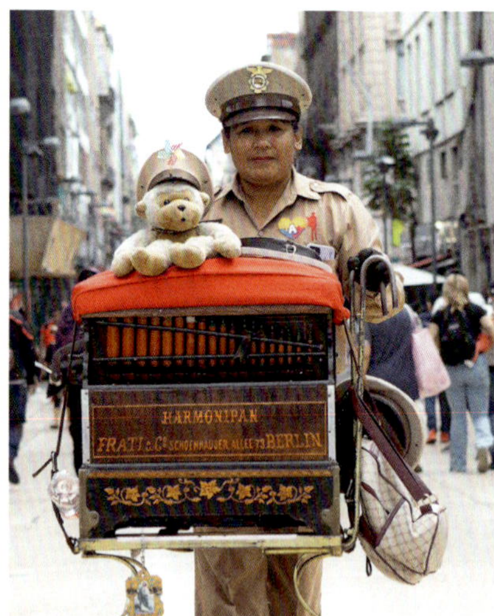

Abbildung 4.19 *Links das Bild mit einer längeren Belichtungszeit von 1/15 s aus der Hand ohne IS und entsprechend verwackelt. Rechts habe ich den Bildstabilisator eingeschaltet und mit denselben Einstellungen fotografiert, womit das Bild trotz der etwas längeren Belichtungszeit scharf geworden ist. Die Bilder wurden zwecks besserer Sichtbarkeit der Verwacklung für das Buch zugeschnitten.*

Je länger die Brennweite, umso größer ist die Gefahr der Verwacklung. Wenn die Belichtungszeit zu lange wird und der Bildstabilisator auch nichts mehr hilft, können Sie von einem Stativ aus fotografieren. Dies hilft dann allerdings auch nur bei Motiven ohne Bewegung.

4.4 Manuelles Fokussieren mit der EOS R100

Natürlich können Sie das Scharfstellen auch manuell mithilfe des Scharfstellrings am Objektiv selbst durchführen. Hierfür müssen Sie im Kameramenü bei **> SHOOT4 > Fokussiermodus** den Wert von **AF** (Autofokus) auf **MF** (Manueller Fokus) ändern. Im Sucher bzw. auf dem Display erkennen Sie den manuellen Modus anhand des Zeichens **MF** rechts oben unter dem Programmmodus. Wenn Sie das manuelle Fokussieren eingestellt haben, dann gilt dies für alle Programmmodi bis auf den Vollautomatikmodus und den Modus Hybrid Auto. Bei RF-Objektiven mit einem Fokussierschalter stellen Sie den Fokussierschalter von **AF** auf **MF**.

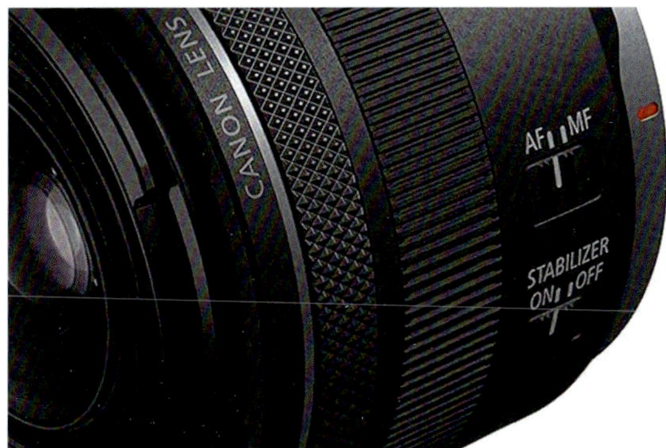

Abbildung 4.20 *Bei RF-Objektiven mit einem Fokussierschalter stellen Sie diesen auf **MF**, um manuell fokussieren zu können. (Bild: Canon)*

Gelegenheiten, den manuellen Fokus zu nutzen, gibt es eine Menge: in der Dunkelheit bei Nachtaufnahmen, bei der Fotografie mit Stativ, bei niedrigen Motivkontrasten, bei der Makrofotografie oder wenn Sie durch etwas Halbtransparentes wie Gardinen oder verschmutzte Scheiben fotografieren wollen. Überall, wo es eben schwierig wird, mit dem Autofokus ein Motiv scharfzustellen, kommt die manuelle Fokussierung ins Spiel. Auch den Umstand, dass beim manuellen Fokussieren schneller ausgelöst wird, weil die Kamera nicht erst noch die Schärfe suchen muss, sollten Sie nicht aus Acht lassen. Natürlich hilft Ihnen auch hier die Kamera mit verschiedenen Hilfsmitteln, die das manuelle Fokussieren sehr angenehm machen.

4.4.1 Suchervergrößerung bzw. Lupenfunktion

Unverzichtbar für das manuelle Fokussieren ist die Vergrößerung der Ansicht auf das Fünf- bzw. Zehnfache. Diese Funktion kennen Sie bereits aus Abschnitt 4.2.2, »Vergrößerte Ansicht beim Fokussieren«, und im Grunde gilt hier dasselbe. Drücken Sie die -Taste und dann die INFO-

Taste, um die Ansicht im Sucher bzw. Display zu vergrößern. Über den Fokussierring des Objektivs stellen Sie nun die vergrößerte Ansicht scharf. Über die Kreuztasten können Sie den Vergrößerungsbereich verschieben und mit der MENU-Taste bei Bedarf wieder mittig ausrichten.

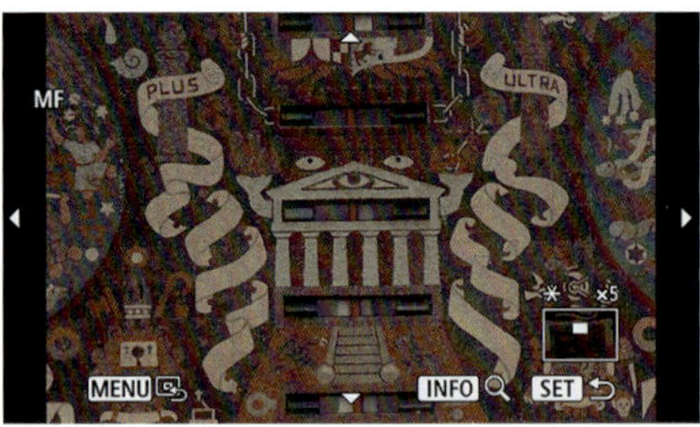

Abbildung 4.21 *Unverzichtbar beim manuellen Fokussieren ist die Lupenfunktion der Kamera (hier in fünffacher Vergrößerung).*

4.4.2 Focus Peaking für das manuelle Fokussieren verwenden

Die wohl populärste Methode zum manuellen Fokussieren dürfte das *Focus Peaking* sein. Damit werden die Bildbereiche, zwischen denen ein hoher Kontrast besteht und die gewöhnlich besonders scharf erscheinen, eingefärbt. Anhand der Farbe erkennen Sie sehr schnell, welcher Motivbereich scharfgestellt ist. Im Kameramenü können Sie diese Funktion mit **> SHOOT5 > Einst. für MF Peaking > Peaking** auf **Ein** aktivieren. Sie können dann im Kameramenü **> SHOOT5 > Einst. für MF Peaking > Farbe** auf **Rot** (Standardeinstellung), **Gelb** oder **Blau** als Hervorhebungsfarbe für das Peaking stellen. Die Intensität des Kontrastes (**Hoch** oder **Gering**) wählen Sie dann mit **> SHOOT5 > Einst. für MF Peaking > Empfindlichkeit**. Ich wähle hier **Hoch**, um das Peaking deutlicher im Display oder Sucher erkennen zu können. Schade ist, dass das Focus Peaking nicht in der vergrößerten Ansicht angezeigt wird. Focus Peaking ist ein Hilfsmittel beim Fotografieren und wird natürlich nicht in der fertigen Aufnahme mit angezeigt.

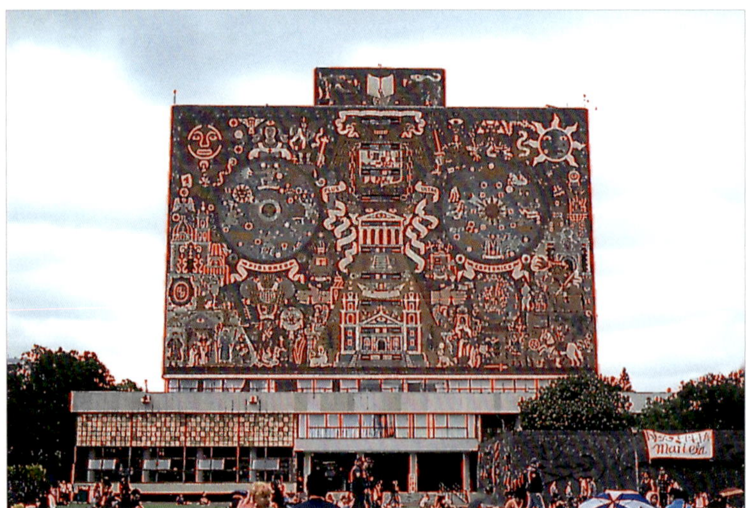

Abbildung 4.22 *Focus Peaking im Einsatz: Bereiche, die scharfgestellt sind (hoher Kontrast), werden in der eingestellten Farbe hervorgehoben. Zur Auswahl stehen **Rot** (hier verwendet), **Blau** und **Gelb**.*

Schwarzweiß und Raw mit Focus Peaking

Ich finde es einfacher, das Focus Peaking in einem Schwarzweißbild durchzuführen, denn zu viel Farbe lenkt häufig ab. Ganz besonders wenn im Bild ähnliche Farben enthalten sind wie die gewählte Farbe für das Focus Peaking. Ich stelle hierfür im Kameramenü > **SHOOT3** > **Bildstil** auf **Monochrom**. Wenn Sie ohnehin im Raw-Format fotografieren, dann ist diese Einstellung nicht relevant, und Sie haben im Ergebnis dennoch ein farbiges Bild. Wenn Sie hingegen JPEG und Raw fotografieren, dann haben Sie ein Schwarzweißbild (JPEG bzw. HEIF) und ein farbiges Bild (Raw).

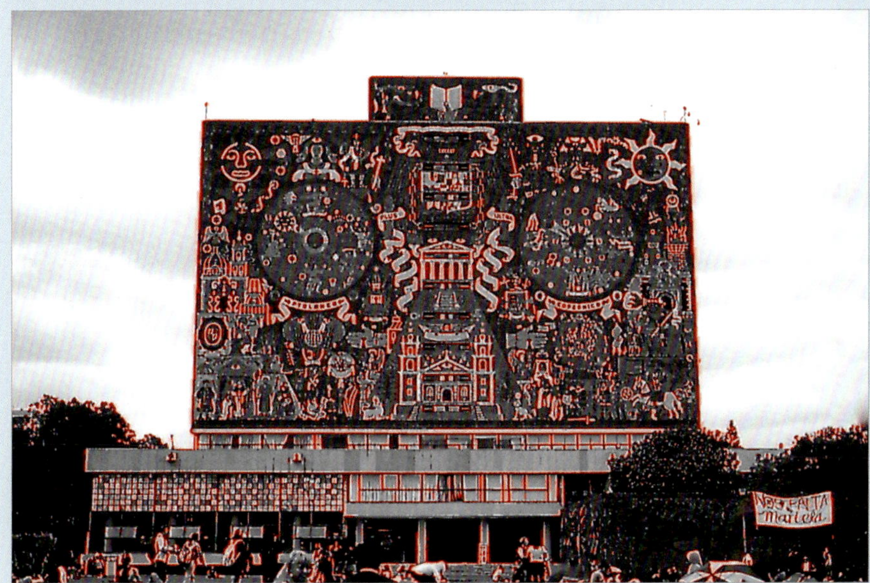

Abbildung 4.23 *Mithilfe eines schwarzweißen Bildstils ist es noch einfacher, das Focus Peaking zu verwenden.*

4.4.3 Autofokus und manuellen Fokus kombinieren

Wenn der Autofokus versagt und nicht so trifft, wie Sie das gern hätten, dann ist das manchmal ein guter Grund, in die manuelle Fokussierung zu wechseln. Aber anstatt unnötig Zeit zu verlieren, die Fokusmethode von **AF** auf **MF** zu stellen, können Sie auch gleich im Autofokusmodus über den Fokusring in die Fokussierung eingreifen und manuell nachregeln. Damit das auch funktioniert, müssen Sie im Kameramenü > **SHOOT5** > **Objektiv Electronic MF** von **Deaktiv. nach One-Shot AF** auf **Aktiv. nach One-Shot AF** stellen.

Jetzt können Sie wie gewohnt in der Fokusmethode **One-Shot AF** fokussieren, indem Sie den Auslöser halb herunterdrücken. Sobald der Autofokus scharfgestellt hat, können Sie den Fokus über den Fokusring manuell nachregeln. Wichtig ist, dass Sie nach wie vor den Auslöser halb herunterdrücken und nicht loslassen, weil die Kamera sonst wieder von vorn fokussiert. Wenn Sie das Fokussieren und Auslösen getrennt haben (siehe Abschnitt 4.2.4, »Fokussieren und Auslösen trennen (Backbutton-Fokus)«), dann können Sie diese Kombination von Autofokus und manuellen Fokus auch damit anwenden, aber Sie müssen hierbei **AF-Betrieb** auf **One-Shot AF** gestellt haben.

Wenn Sie vom Autofokus zum manuellen Fokussieren mit dem Fokusring wechseln, wird bei der Autofokusmethode **+Verfolg.** das Focus Peaking als Hilfsmittel zum manuellen Scharfstellen verwendet. Vorausgesetzt, Sie haben Focus Peaking auch über **> SHOOT5 > Einst. für MF Peaking > Peaking** auf **Ein** gestellt. Bei den anderen Autofokusmethoden **Spot-AF**, **Einzelfeld-AF** und **AF-Messfeldwahl in Zone** wird beim Wechsel vom Autofokus zum manuellen Fokus der Fokusbereich in fünffacher Vergrößerung angezeigt.

Kapitel 5
Die Canon EOS R100 anpassen

Die bisherigen Kapitel haben Sie mit den grundlegenden Funktionen der EOS R100 vertraut gemacht. Bestimmt haben Sie sich aber das eine oder andere Mal gewünscht, eine bestimmte Funktion auf eine andere Taste zu legen. Auch das Durchlaufen des Kameramenüs, nur um eine bestimmte Funktion auszuwählen, ist manchmal recht mühsam. Glücklicherweise lässt sich die EOS R100 ein wenig an Ihre Bedürfnisse anpassen. In diesem Kapitel erfahren Sie, was alles möglich ist.

Alles wieder zurücksetzen

Oft probiert man zu Beginn mit der Kamera das eine oder andere aus und würde dann doch gern wieder alles auf den Ursprungszustand zurücksetzen, um eventuell nochmals neu anzufangen. Zurücksetzen können Sie die EOS R100 jederzeit über das Kameramenü mit **> SET UP4 > Kam. zurücks. > Grundeinstell.**

Wollen Sie nur einzelnen Einstellungen der Kamera zurücksetzen, können Sie diese mit **> SET UP4 > Kam. zurücks. > Andere Einstell.** und der dort aufgelisteten Einstellung machen.

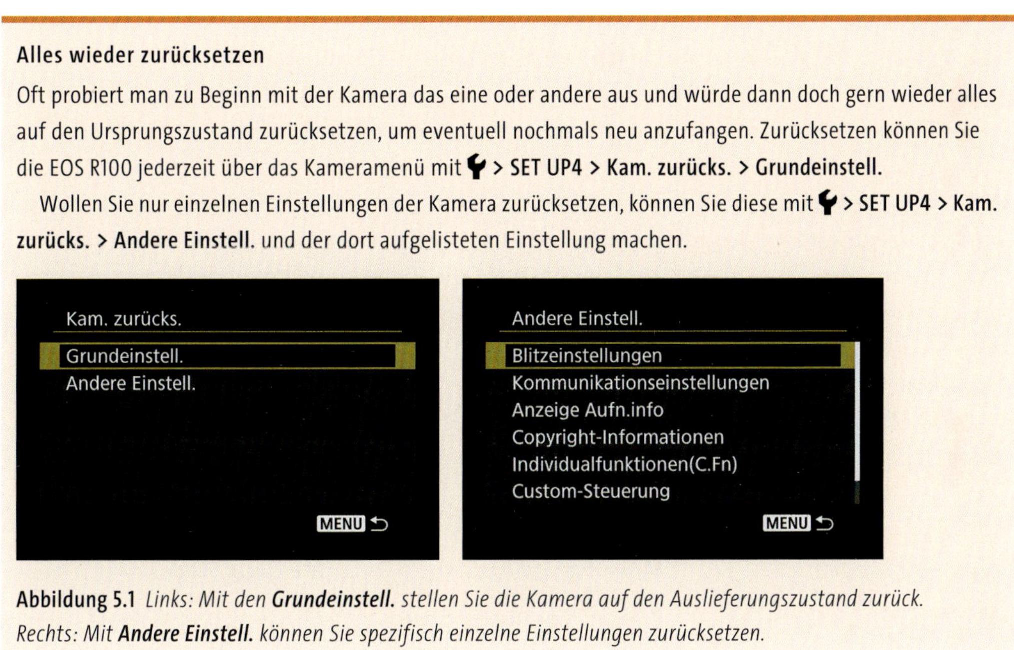

Abbildung 5.1 *Links: Mit den* ***Grundeinstell.*** *stellen Sie die Kamera auf den Auslieferungszustand zurück. Rechts: Mit* ***Andere Einstell.*** *können Sie spezifisch einzelne Einstellungen zurücksetzen.*

5.1 Tastenbelegung ändern

Die Funktionstasten der EOS R100 sind in der Standardeinstellung mit sinnvollen Funktionen belegt. Dennoch kann es natürlich sein, dass Sie lieber die eine oder andere Einstellung anders haben wollen. In Abschnitt 4.2.4, »Fokussieren und Auslösen trennen (Backbutton-Fokus)« haben Sie beispielsweise eine Einstellung gesehen, in der ich das Fokussieren und Auslösen getrennt habe. Ändern können Sie die Tastenbelegung über das Kameramenü **> SET UP4 > Individualfunktionen(C.Fn) > C.Fn II: Weiteres Custom Steuerung**. Drücken Sie hier auf die INFO-

Taste, können Sie die Standardeinstellung der Tastenbelegung wieder auf den Auslieferungszustand zurücksetzen.

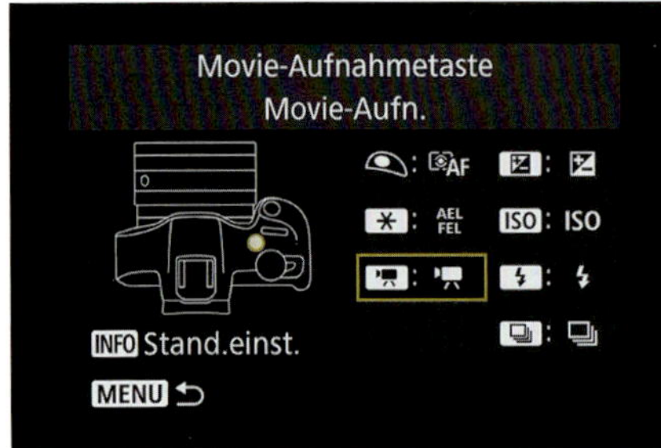

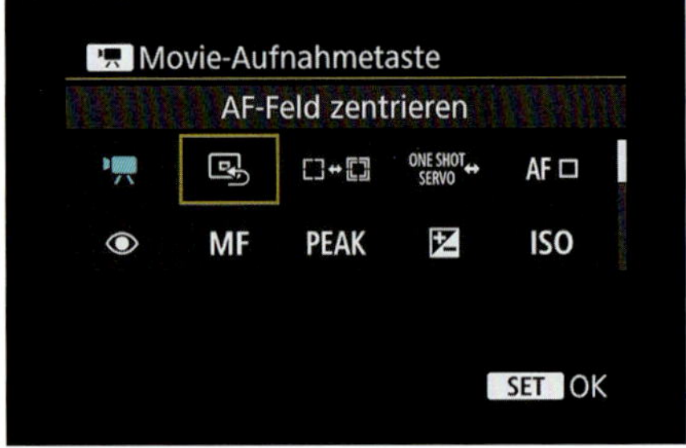

Abbildung 5.2 *Übersicht über die Funktionstasten und deren Belegung. Rechts: Wenn Sie eine Funktionstaste ausgewählt haben, können Sie ihr aus einer Liste eine neue Funktion zuweisen.*

Zur Auswahl stehen sieben Tasten, die Sie individuell belegen können. Dies sind die Auslösertaste halb gedrückt, die ✱-Taste, die ●-Taste und die vier Kreuztasten.

Um die Funktion einer Taste zu ändern, wählen Sie diese in der Übersicht durch einen Druck auf die SET-Taste aus, und weisen der Taste aus der Auswahl von Funktionen die gewünschte Funktion zu. Für Tasten, die Sie überhaupt nicht verwenden oder gern mal nur aus Versehen drücken, können Sie auch die Option **OFF** auswählen und eine solche Funktionstaste damit komplett deaktivieren.

Es ist kaum sinnvoll möglich, Empfehlungen für die individuelle Konfiguration zu geben. Es hängt stark davon ab, wie Sie fotografieren und filmen und welche Funktionen Ihnen dabei besonders wichtig sind.

Ich gebe Ihnen im Folgenden einen kurzen Überblick zu den Standardeinstellungen der EOS R100 und über meine Einstellungen, wie ich sie bevorzuge. Sie werden feststellen, dass Canon – zumindest für meinen Geschmack – die Tasten schon recht sinnvoll vorbelegt hat.

Taste	Standard	Meine Einstellung
Auslöser halb gedrückt	**Messung und AF-Start**	**Messung Start**
✱-Taste	**AE-Speicherung/FE-Speicherung**	**Messung und AF Start**
●-Taste	**Movie-Aufnahme**	**One Shot <-> Servo** (Umschaltung)
Belichtungskorrekturtaste (Kreuztaste nach oben)	**Belichtungskorrektur**	**Weißabgleich (WB)**
ISO-Taste (Kreuztaste nach links)	**ISO-Empfindlichkeit einstellen**	**ISO-Empfindlichkeit einstellen**

Tabelle 5.1 *Meine Belegung der Funktionstasten*

Taste	Standard	Meine Einstellung
Blitztaste (Kreuztaste nach rechts)	**Blitzzündung**	**Vergrößern**
Betriebsarttaste (Kreuztaste nach unten)	**Betriebsart**	**Betriebsart**

Tabelle 5.1 *Meine Belegung der Funktionstasten (Forts.)*

Die Belichtungskorrektur mache ich mit dem Fokusring, indem ich im Kameramenü 📷 > **SHOOT5 > Fokus-/Steuerungsring** auf **Als Steuerungsring verwenden** stelle oder, wenn das Objekt einen Schalter hat, diesen von **Fokus** auf **Control** stelle.

Da einige Bezeichnungen zur Auswahl für die Tastenbelegung vielleicht nicht ganz so für sich sprechen, sollen hier die wichtigsten Funktionen kurz beschrieben werden:

- **Messung und AF Start**: Diese Funktion gibt es nur für den Auslöser. Damit starten Sie beim halb gedrückten Auslöser die Belichtungsmessung wie auch den Autofokus.
- **Messung Start**: Hiermit wird nur die Belichtungsmessung durchgeführt. Das kann sinnvoll sein, wenn Sie Belichtungsmessung vom Autofokus trennen wollen.
- **AE-Speicherung**: Damit können Sie die Belichtung speichern. Standardmäßig tun Sie dies mit der ✱-Taste, aber diese Funktion kann auch auf den Auslöser gelegt werden. Allerdings nur bei halb gedrücktem Auslöser.
- **AF-Stopp**: Wenn der Autofokus keinen Schärfepunkt zum Fokussieren findet, können Sie diese Funktion z. B. auf die ✱-Taste legen und trotz fehlender Schärfe auslösen.
- **FE-Speicherung (FEL)**: Diese Funktion ist nur in Kombination mit einem Blitz sinnvoll. Damit speichern Sie anhand einer Belichtungsmessung die Blitzstärke und können dieselbe Stärke für die nächste Aufnahme verwenden.
- **One Shot <-> Servo**: Hiermit können Sie den Autofokusbetrieb von **One-Shot AF** auf **Servo AF** umschalten.
- **Schärfentiefe-Kontrolle**: Damit wird die Blende auf den Wert der Arbeitsblende geschlossen, damit Sie die Schärfentiefe vor der Aufnahme besser beurteilen können.

5.2 My Menu individuell anpassen

Selbst mit den Funktionstasten und dem Schnelleinstellungsmenü können nicht alle Funktionen der EOS R100 erfasst werden bzw. sind teilweise auch gar nicht dafür auswählbar. Gibt es also im Kameramenü noch Funktionen, die Sie häufiger verwenden, dann können Sie sie in das Register ★ **My Menu** legen. Das erspart Ihnen den Weg und eventuell die Suche durch die Kameramenüs.

SCHRITT FÜR SCHRITT
Registerkarten mit Elementen zu My Menu hinzufügen

1 Neue Registerkarte hinzufügen

Gehen Sie im Kameramenü zu ★ **My Menu** und wählen Sie zunächst **Registerkarte My Menu hinzuf.** aus und bestätigen Sie den folgenden Dialog mit **OK**.

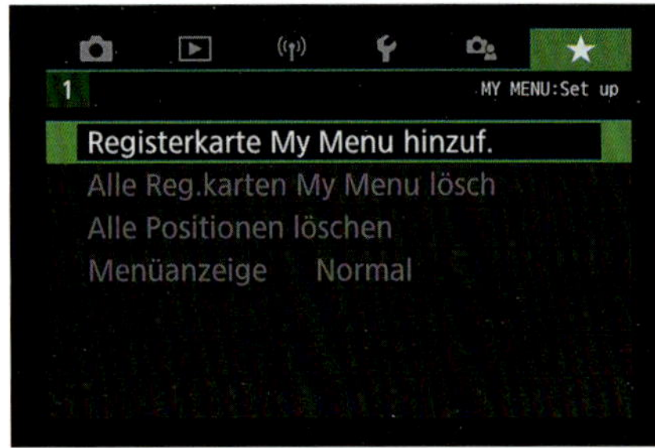

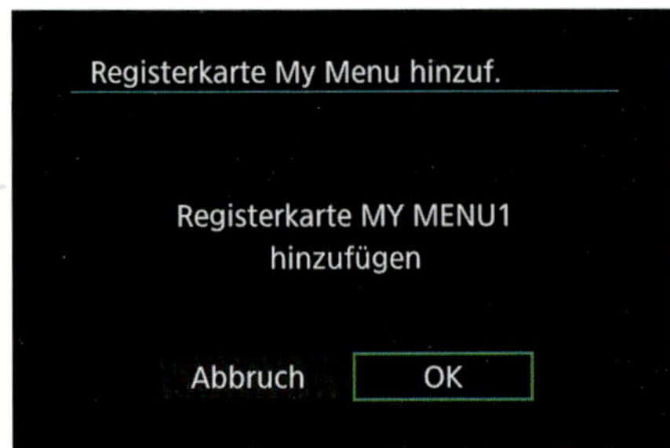

Abbildung 5.3 *Eine neue Registerkarte zu* ★ ***My Menu*** *hinzufügen*

2 Registerkarte benennen (optional)

Sie können jetzt den Namen der Registerkarte bei **MY MENU1** belassen oder, wenn Sie mehrere Registerkarten erstellen wollen, einen benutzerdefinierten Namen verwenden. Wählen Sie hierzu **Konfig.** mit dem Namen des neu erstellten Registers aus (hier: **MY MENU1**) und drücken Sie die SET-Taste. Im folgenden Menü wählen Sie **Registerkarte umbenennen**. Geben Sie den gewünschten Text ein, und bestätigen Sie mit der MENU-Taste.

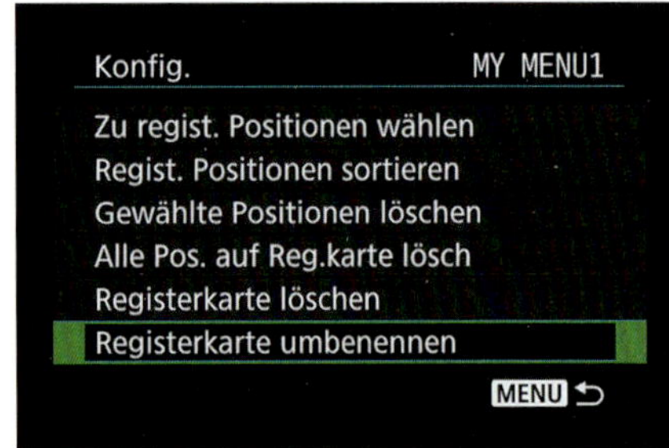

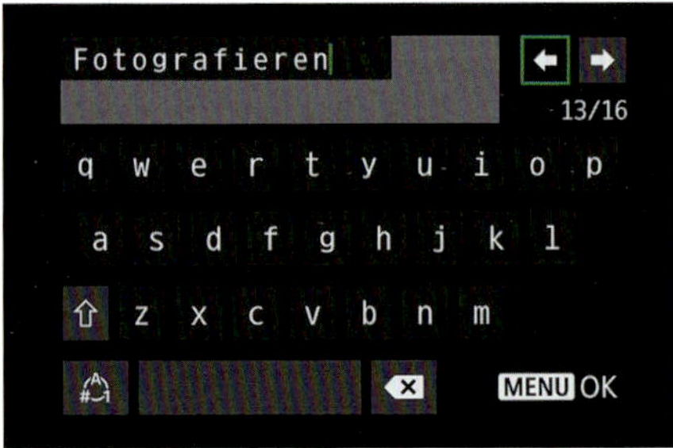

Abbildung 5.4 *Ich benenne die Registerkarten (hier:* ***Fotografieren****), weil ich in der Praxis gern ein Register für das Fotografieren und eines für das Filmen verwende.*

3 Menüelemente zur Registerkarte hinzufügen

Gehen Sie nun erneut zum **Konfig.** der entsprechenden Registerkarte, und wählen Sie den Befehl **Zu regist. Positionen wählen**. Wählen Sie nun ein Element aus und drücken Sie die SET-Taste. Bestätigen Sie den folgenden Dialog mit **OK**. Auf diese Weise können Sie bis zu sechs Elemente auswählen. Zum Bildschirm kehren Sie mit der MENU-Taste zurück.

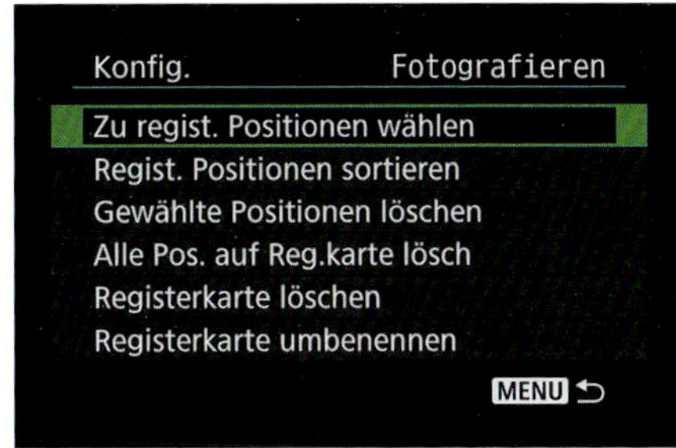

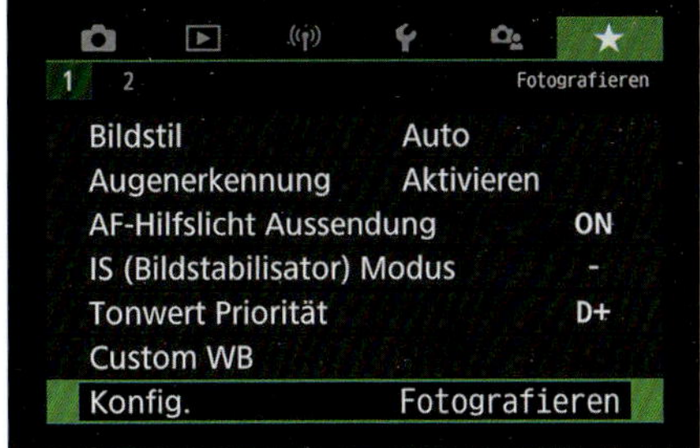

Abbildung 5.5 *Links der Befehl, um Menüelemente zur Registerkarte hinzuzufügen, und rechts hinzugefügte Menüelemente zur Registerkarte* ***Fotografieren***

4 Menüelemente/Registerkarte sortieren/löschen

Über **Konfig.** des Registers können Sie auch mit dem Befehl **Regist. Positionen sortieren** die Reihenfolge ändern oder mit **Gewählte Positionen löschen** einzelne Menüeinträge aus dem Register löschen bzw. mit **Alle Pos. auf Reg.Karte löschen** komplett entfernen. Die komplette Registerkarte können Sie mit **Registerkarte löschen** entfernen.

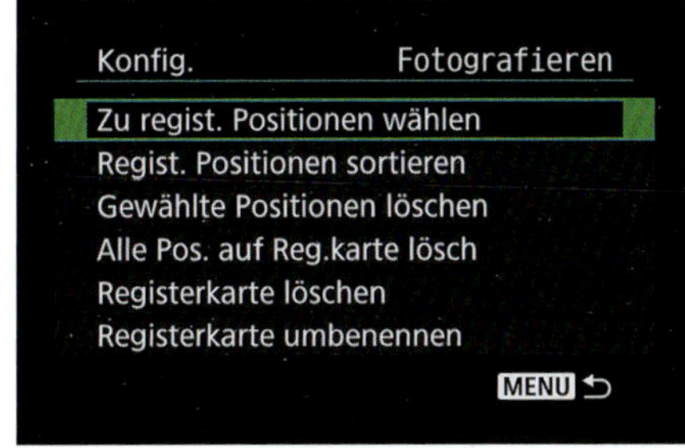

Abbildung 5.6 *Befehle zum Organisieren von Menüeinträgen und Registerkarten*

5 Weitere Registerkarten hinzufügen

Reichen Ihnen die sechs Elemente pro Registerkarte nicht aus, können Sie jederzeit weitere Registerkarten mit **Registerkarte My Menu hinzuf.** erstellen. Maximal können Sie fünf Registerkarten zu ★ **My Menu** hinzufügen. Alle angelegten Registerkarten können Sie über **Alle Reg.karten My Menu lösch** wieder entfernen. Mit **Alle Positionen löschen** hingegen behalten Sie die Registerkarten und löschen stattdessen nur die Menüeinträge darin.

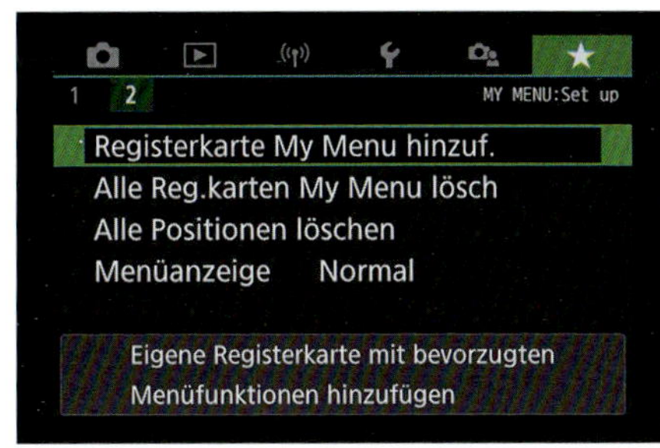

Abbildung 5.7 *Registerkarten verwalten*

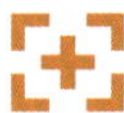

My Menu immer anzeigen

Wenn man sich schon die Mühen macht, die wichtigsten Kameramenü-Funktionen in ★ **My Menu** zu organisieren, dann ist es auch sehr hilfreich, dieses benutzerdefinierte Menü immer anzuzeigen, wenn Sie die MENU-Taste drücken. Standardmäßig wird hier immer der zuletzt ausgewählte Menüeintrag (**Normale Anzeige**) angezeigt. Diese Anzeige können Sie im Kameramenü mit ★ **> MY MENU:Set up > Menüanzeige** ändern, indem Sie dort **Von Reg.Karte My Menu anz.** auswählen. Der Befehl **Nur Reg.karte My Menu anz.** hingegen würde nur noch **My Menu** anzeigen und alle anderen Einträge im Kameramenü ausblenden.

5.3 Display bzw. Sucher anpassen

Viele Einstellungen für das Display und den Sucher habe ich im Buch bereits an verschiedenen Stellen kurz erwähnt – ich denke, diese Einstellungen sollte niemanden überfordern, weshalb im Folgenden nicht mehr allzu umfangreich darauf eingegangen werden soll.

Die Informationen auf dem Display bzw. Sucher lassen sich ebenfalls anpassen. Wenn Sie die INFO-Taste auf dem Display bzw. Sucher drücken, können Sie aus bis zu fünf (beim Display) bzw. drei (Sucher) unterschiedlichen Anzeigen wählen. Nicht für jeden sind alle Anzeigen sinnvoll. Über das Kameramenü 📷 **> SHOOT7 > Anzeige Aufn.info > Bilds.-Info-Einst** können Sie einzelne Anzeigen für das Display deaktivieren bzw. mit der INFO-Taste anpassen. Dasselbe finden Sie auch für die drei Anzeigen des Suchers im Kameramenü 📷 **> SHOOT7 > Anzeige Aufn.info > Sucher-Info/Einstellungen ändern**.

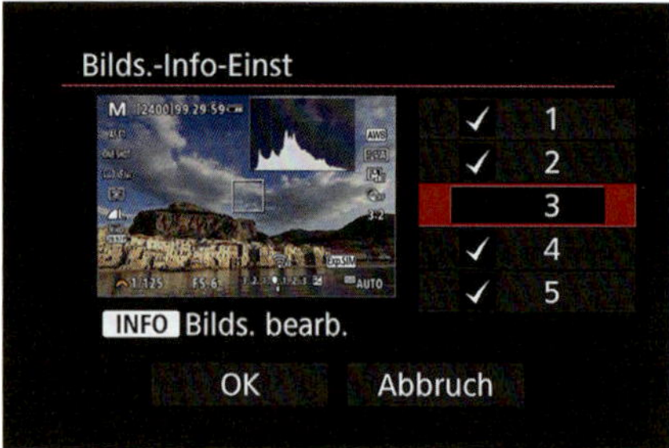

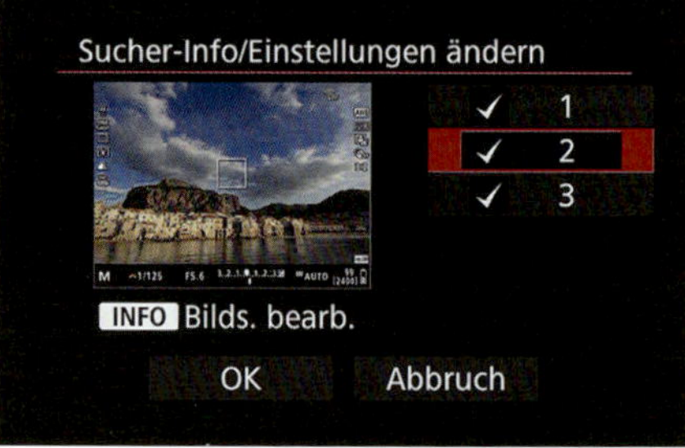

Abbildung 5.8 *Sie können einzelne Info-Anzeigen des Displays (links) und des Suchers (rechts) (de-)aktivieren und bearbeiten.*

Wollen Sie die digitalen Anzeigen im Sucher auch im Hochformat vertikal sehen, können Sie die Option 📷 **> SHOOT7 > Anzeige Aufn.info > Sucher: Vert-Anz.** auf **Ein** stellen.

Eine weitere hilfreiche Anzeige für den Sucher finden Sie mit 📷 **> SHOOT7 > Sucher-Anz-format**: Mit **Anzeige1** werden alle Informationen im Bild überlagernd angezeigt, und mit **Anzeige2** werden die Informationen nicht im Bild, sondern mit verkleinertem Vorschaubild auf einem schwarzen Rahmen angezeigt.

Kapitel 6
Bildstile und die JPEG-Fotografie

Nicht alle haben Lust oder Zeit, sich nach dem Fotografieren auch noch mit der Bildbearbeitung bzw. der Konvertierung des Raw-Formates auseinanderzusetzen. Die Begeisterung dafür, einfach nur zu fotografieren und die Bilder so weiterzuverwenden, wie sie aus der Kamera kommen (*Out-of-Cam*), nimmt zu. Natürlich haben Bilder im Raw-Format mehr Potenzial in der Nachbearbeitung, aber wer einmal nach einer längeren Reise mit ein paar Tausend Bildern nach Hause gekommen ist und diese dann noch sichten, bearbeiten und konvertieren musste, der weiß, was für ein großer Aufwand es sein kann. Canon bietet hierfür Bildstile an, die bei Aufnahmen im JPEG-Format oder beim Filmen sinnvoll sind. Dieses Kapitel stellt somit mehr oder weniger ein reines JPEG-Kapitel dar.

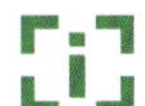

Raw und/oder JPEG

Ganz klar: Bei schwierigen Aufnahmesituationen oder wichtigen Fotoshootings, bei denen ich die Bilder hinterher weitergeben muss, verwende ich weiterhin das Raw-Format zusätzlich zu JPEG. Trotzdem fotografiere ich mittlerweile mehr als 50 % meiner Bilder ausschließlich im JPEG-Format und gebe sie dann in der Regel ohne eine zusätzliche Bearbeitung weiter. Das dürfte dem einen oder anderen von Ihnen im ersten Moment vielleicht den Schweiß auf die Stirn treiben, aber dadurch konzentriert man sich wieder stärker auf die Aufnahme des Fotos. Die Bildstile und dieses Kapitel bieten Ihnen alles, um das analoge Gefühl ein Stück weit (wieder) zu erleben. Sie können damit Ihren Bildern wie in analogen Zeiten einen bestimmten Bildlook verleihen.

6.1 Warum im JPEG fotografieren?

Vielleicht fragen Sie sich, warum Sie überhaupt im JPEG-Format fotografieren sollten, wenn das Raw-Format doch potenziell mehr Qualität bietet und man im Raw-Konverter so viele Möglichkeiten hat. Trotzdem gibt es immer noch oder vielleicht auch wieder gute Gründe, das JPEG-Format zu nutzen. Vielleicht ist es Teil Ihres Jobs, Bilder einer Veranstaltung direkt zu liefern, damit noch während der Veranstaltung z. B. die sozialen Medien bespielt werden können. Das geht nur ohne großen Zeitverlust, wenn Sie JPEG-Dateien liefern. Oder denken Sie daran, dass Sie aus Ihrem Urlaub ein Bild an Freunde schicken wollen. Eine Raw-Datei müssten Sie erst bearbeiten und umspeichern. Eine JPEG-Datei, per WiFi ans Smartphone übertragen, können Sie ohne einen wirklichen Umweg direkt verwenden.

Wer bisher ausschließlich im Raw-Format fotografiert hat, den wird dabei zunächst wohl ein unsicheres Gefühl beschleichen. Schließlich schränken Sie sich mit dem JPEG-Format zunächst etwas ein, weil Ihnen eine beachtliche Anzahl von Helligkeitsstufen verloren geht. Allerdings werden Sie feststellen, dass Sie sich durch diese Einschränkung wieder mehr auf das Wesentliche konzentrieren und auch deutlich fokussierter und kreativer werden: Licht, Farbe, Bildkomposition und der Bildausschnitt stehen schon bei der Aufnahme wieder im Mittelpunkt und werden nicht erst nachträglich am Computer angepasst. Es ist wieder mehr Fotografie und weniger Bildbearbeitung. Denn es gibt natürlich auch diejenigen, die keine Lust oder keine Zeit haben, am Computer zu sitzen, um die Bilder nachzubearbeiten. Auch gibt es Einsteiger in die Fotografie, die mit dem Raw-Format zunächst noch gar nichts anfangen können.

Die Frage ist weniger, was das bessere Format ist, sondern vielmehr: Was ist das bessere Format für die jeweilige Aufgabe? Es gibt Szenarien, bei denen JPEG-Dateien ausreichen oder die bessere Wahl sind. Dann sollten Sie aber auch schon bei der Aufnahme alle Einstellungen richtig treffen.

Die Kamera auf JPEG umstellen

Wie Sie die Kamera auf JPEG und/oder Raw einstellen, habe ich bereits am Anfang des Buches kurz erwähnt. Die Einstellungen finden Sie über den Menüpunkt > **SHOOT1** > **Bildqualität** vor. Die Einstellung **L** speichert JPEG-Dateien in hoher Qualität; bei **M** sind die Dateien von mittlerer Qualität, benötigen aber weniger Speicherplatz. Ich empfehle, die JPEG-Dateien in hoher Qualität mit **L** zu speichern. Ich verwende die Einstellung **L** und Raw und speichere so neben dem JPEG-Bild zusätzlich eine Raw-Version ab. Dafür habe ich einen guten Grund: Ich führe regelmäßig wichtige Fotoshootings für andere Personen durch. Mit dem Raw-Format gehe ich auf Nummer sicher, da ich möglichst viele Informationen speichere. Doch es ist mir schön häufiger passiert, dass ich vergessen habe, von **L** (ohne Raw) auf **L** und Raw umzustellen. Daher behalte ich diese Einstellung nun als Standard bei.

6.2 Die mitgelieferten Bildstile der Kamera verwenden

Alle aktuellen Canon-Kameras verfügen über verschiedene Bildstile. Sie können auch eigene Bildstile erstellen oder weitere Stile herunterladen und hinzufügen. Die Parameter der Bildstile sind Schärfe, Kontrast, Sättigung und Farbton bei Farbbildern und Schärfe, Kontrast, Filtereffekt und Tonungseffekt bei Monochrom-Bildern. Einen Bildstil können Sie im Kameramenü > **SHOOT3** > **Bildstil** auswählen.

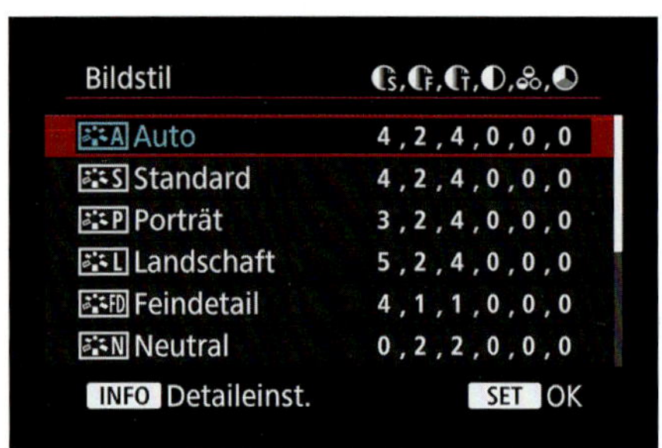

Abbildung 6.1 *Die mitgelieferten Bildstile der EOS R100*

Folgende Voreinstellungen stehen Ihnen zur Verfügung:

- **Auto**: Die Kamera versucht anhand der vorhandenen Szene einen Bildstil zu erzeugen, der dazu passt. Generell passt der Bildstil automatisch die Farben an, womit diese häufiger lebendiger wirken. **Auto** ist die Standardeinstellung der Kamera.
- **Standard**: Dieser Stil verwendet eine deutlichere Schärfung mit satteren Farben und gutem Kontrast. Er ist eine gute Wahl für fast alle Motive und Szenen.
- **Porträt**: Hier sind der Farbton und die Sättigung so eingestellt, dass die Hauttöne natürlich wiedergegeben werden. Die Schärfe ist dabei moderater festgelegt als bei **Standard**, damit die Haut schmeichelhafter wirkt.
- **Landschaft**: Farbton und Sättigung zielen damit mehr auf die Blau- und Grüntöne ab. Die Schärfe ist höher als bei **Standard** eingestellt, damit die Umrisse von Bergen, Bäumen oder Gebäude schärfer dargestellt werden.
- **Feindetail**: Damit werden gezielt Strukturen und feine Details verstärkt. Auch die Farben werden etwas kräftiger dargestellt. Ich verwende diesen Stil gern für Makroaufnahmen.
- **Neutral**: Mit diesem Bildstil werden neutrale Farben erzielt, und es wird keine Schärfung verwendet. Hier kann man bei Bedarf noch am Computer nacharbeiten. Dieser Stil eignet sich auch für Bildbereiche mit vielen weißen Schattierungen, die durch mehr Sättigung und Helligkeit eher überbelichtet würden.
- **Natürlich**: Ähnlich wie bei **Neutral** wird hier keine weitere Schärfung verwendet und es wird eine sehr natürliche Farbwiedergabe erzeugt. Ziel dieses Bildstiles ist es, dass es möglichst so aussehen soll, wie es mit bloßem Auge sichtbar ist. Dies ist z. B. wichtig für die Produktfotografie.
- **Monochrom**: Hiermit wird das Bild in ein Schwarzweißbild umgewandelt. Die Schärfe ist eingestellt wie beim Bildstil **Standard** und der Kontrast auf einem mittleren Wert. Im Gegensatz zu den anderen Bildstilen bietet dieser Stil noch eine Option für einen Filtereffekt (Gelbfilter, Rotfilter, Grünfilter und Orangefilter) sowie für eine Tonung (Sepia, Blau, Violett, Grün), womit Sie dem Schwarzweißbild noch einen künstlerischen Effekt verleihen können.

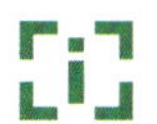

Bildanzeige in der Kamera und Raw

Zwar werden die Bildstile nur auf JPEG-Dateien angewendet, aber wenn Sie im JPEG- und Raw-Format fotografieren, können Sie das Beste aus beiden Welten nutzen: das JPEG mit dem Bildstil und die Raw-Datei als »neutrale« Datei, die Sie nachträglich mit einem Raw-Konverter bearbeiten können. Wenn Sie ausschließlich im Raw-Format fotografieren, wird zwar bei der Bildwiedergabe in der Kamera der verwendete Bildstil angezeigt, aber dies bezieht sich nur auf die Anzeige im Sucher und auf dem Display. Sofern Sie den Bildstil nur für eine bessere Bildkontrolle verwenden, also ausschließlich im Raw-Format fotografieren wollen, dann empfehle ich Ihnen **Neutral** zu verwenden, da diese Darstellung der menschlichen Farbwahrnehmung nahekommt.

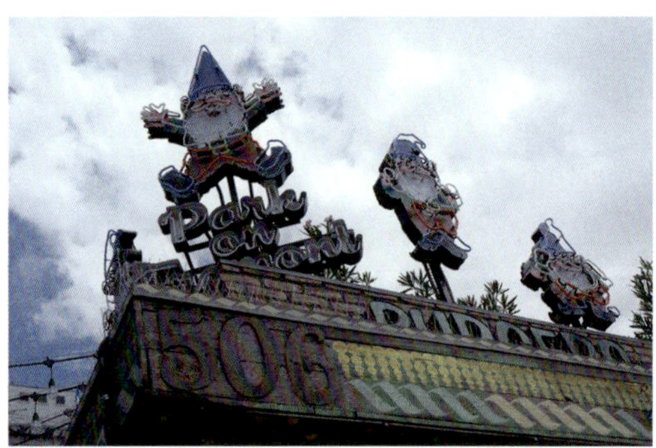

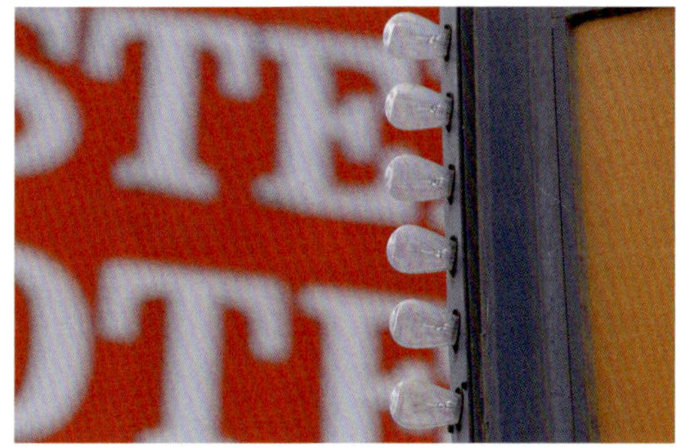

Abbildung 6.2 *Links: Der Bildstil* ***Neutral*** *produziert ein eher flaues Bild ohne stärkere Kontraste oder Farben. Rechts: Der Bildstil* ***Standard*** *wirkt da schon wesentlich knackiger mit deutlich mehr Farben.*

Links: 27 mm | *f*8 | 1/500 s | ISO 200 | Bildstil: Neutral

Rechts: 140 mm | *f*5 | 1/680 s | ISO 125 | Bildstil: Standard

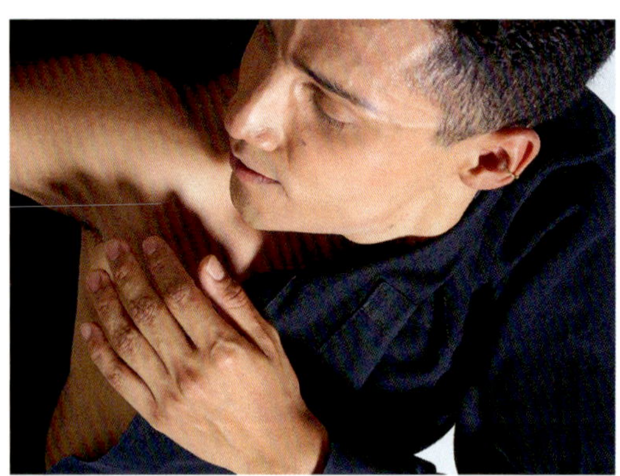

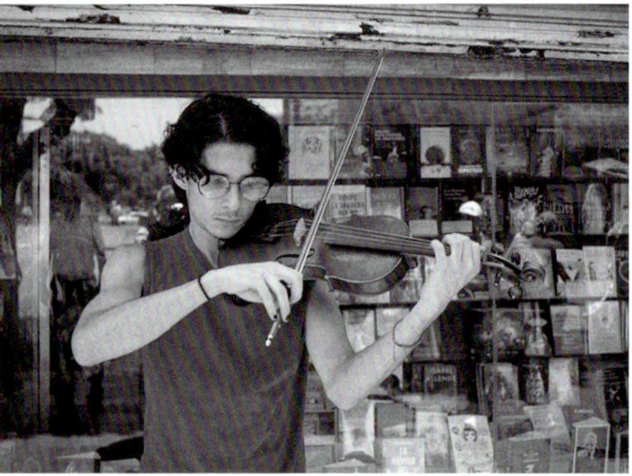

Abbildung 6.3 *Links: Der Bildstil* ***Porträt*** *lässt die Hauttöne natürlich wirken und produziert weniger Schärfe, um der Haut zu schmeicheln. Rechts: Der Bildstil* ***Monochrom*** *erzeugt scharfe Bilder ohne Farbe.*

Links: 40 mm | *f*6,3 | 1/250 s | ISO 640 | Bildstil: Porträt

Rechts: 27 mm | *f*4 | 1/250 s | ISO 200 | Bildstil: Monochrom

Alle mitgelieferten Bildstile in **> SHOOT3 > Bildstil** können Sie auch an Ihre persönlichen Bedürfnisse anpassen. Wählen Sie hierzu einfach den Stil aus, den Sie anpassen wollen, und drücken Sie dann die INFO-Taste. Jetzt können Sie die **Schärfe**, den **Kontrast**, die **Farbsättigung** und den **Farbton** ändern, indem Sie einen der Werte mit der SET-Taste auswählen. Bei monochromen Bildstilen finden Sie anstatt **Farbsättigung** und **Farbton** verschiedene **Filtereffekte** und **Tonungseffekte**. Auf die einzelnen Einstellungen wird gleich noch eingegangen. Wählen Sie die Schaltfläche **Stand.einst.** können Sie die Parameter des jeweiligen Bildstiles wieder auf die Standardeinstellung zurücksetzen.

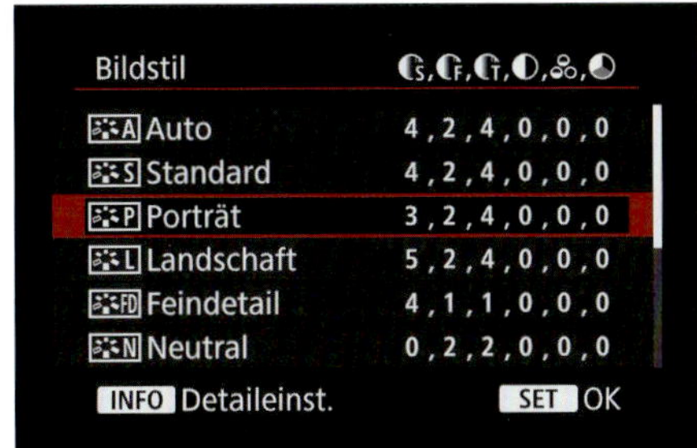

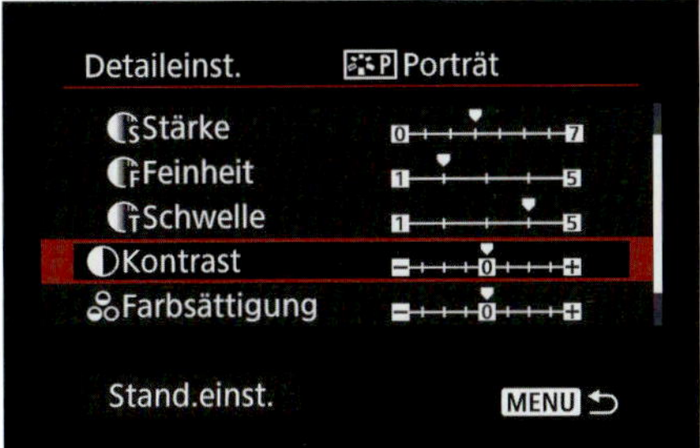

Abbildung 6.4 *Links: Wählen Sie einen Bildstil aus, den Sie anpassen wollen (hier:* ***Porträt****). Rechts: Wählen Sie die Option aus, die Sie ändern wollen (hier:* ***Kontrast****).*

Mit den Kreuztasten nach rechts und nach links können Sie die Effektstärke anpassen. Drücken Sie die SET-Taste, um den angepassten Wert zu bestätigen. Drücken Sie die MENU-Taste, um die angepassten Einstellungen eines Bildstiles zu speichern.

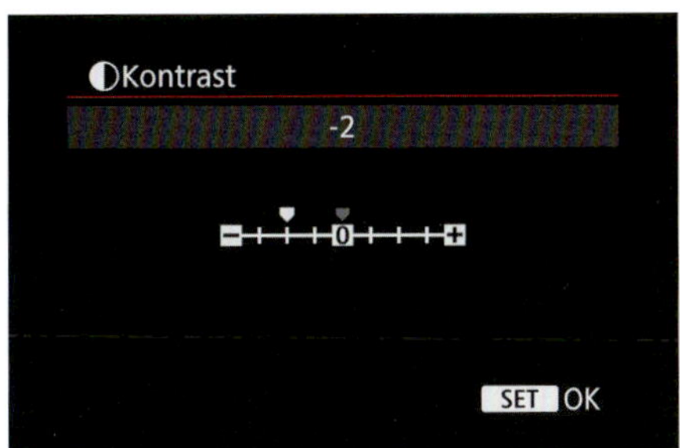

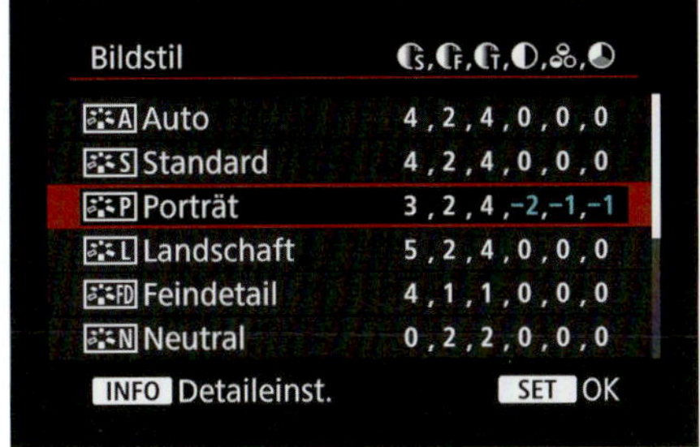

Abbildung 6.5 *Links: Stellen Sie die Effektstärke ein. Rechts: Alle vom ursprünglichen Standardwert des Bildstiles abweichende Werte werden in blauer Farbe angezeigt.*

Um nicht komplett blind die Werte von den Bildstilen zu ändern, empfehle ich Ihnen, den Bildstil über das Schnelleinstellungsmenü mit der Q-Taste anzupassen. Den Bildstil finden Sie hier rechts oben im zweiten Feld. Mit den Kreuztasten nach rechts und nach links können Sie einen Bildstil auswählen.

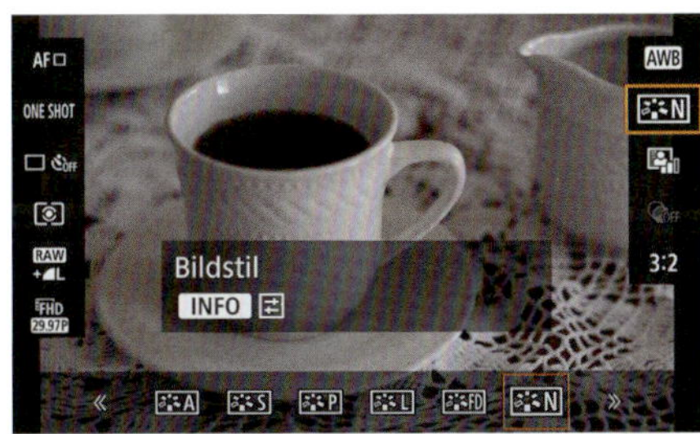

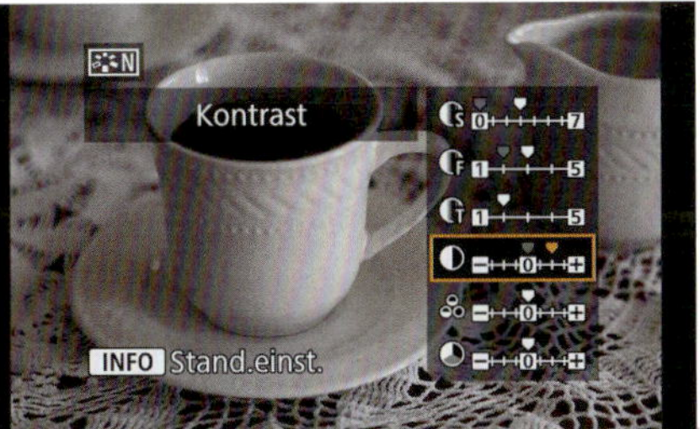

Abbildung 6.6 *Links: Bildstile im Schnelleinstellungsmenü auswählen; rechts: Bildstil im Livebild anpassen*

Mit der INFO-Taste gelangen Sie in das Menü, in dem Sie die Einstellungen und Effekte mit den Kreuztasten auswählen und ändern können. Der Vorteil, den Bildstil direkt auf dem Display bzw. Sucher anzupassen, liegt darin, dass Sie auch gleich sehen können, welche Auswirkungen eine Einstellung oder ein Effekt auf das Bild hat.

6.2.1 Einstellungen und Effekte für den Bildstil

In Tabelle 6.1 finden Sie einen Überblick zu den minimalen und maximalen Werten, die Sie mit den Bildstilen verwenden können.

Einstellung		Minimaler Wert	Maximaler Wert
Schärfe	**Stärke**	**0**	**7**
Feinheit	1 (Fein)	5 (Körnig)	
Schwelle	–4 (gering)	+4 (hoch)	
Kontrast		–4	+4
Farbsättigung		–4	+4
Farbton		–4 (rötlicher)	+4 (gelblich)

Tabelle 6.1 *Minimale und maximale Werte für Bildstile von Farbfotos*

Mit der **Stärke** bei der **Schärfe** geben Sie an, wie stark die Umrisse im Bild verstärkt werden sollen. Mit **Feinheit** geben Sie die Kantenstärke an, für die dieser Wert gilt. Je niedriger der Wert von **Feinheit** ist, desto feiner sind die Umrisse (Bilddetails), die hier verstärkt werden sollen. Mit **Schwelle** bestimmen Sie die Kantenerweiterung zwischen den Kanten und den umgebenen Bildbereichen. Je geringer hier der Wert ist, desto mehr werden die Umrisse verstärkt, wenn der Kontrastunterschied gering ist. Allerdings werden dann u. U. auch Bildrauscheffekte verstärkt. Bei Filmaufnahmen können beiden Einstellungen **Feinheit** und **Stärke** unter **Schärfe** nicht verwendet werden bzw. werden dort gar nicht eingeblendet.

Mit **Kontrast** bestimmten Sie den Tonwertkontrast. Dieser Regler bezieht sich auf den Unterschied zwischen den Helligkeitswerten im Bild, d. h. wie gut die hellen und dunklen Bereiche voneinander abgegrenzt sind. Je höher dieser Wert gesetzt wird, umso deutlicher werden die Unterschiede zwischen den Lichtern und Schatten sein. Bei niedrigem Kontrast wirken die Bilder hingegen eher flau.

Mit der **Farbsättigung** stellen Sie die Intensität oder Reinheit der Farben ein. Eine hohe **Farbsättigung** bedeutet lebendige, kräftige Farben, während eine niedrige Farbsättigung zu blassen, gedämpften Farben führt.

Mit dem Regler **Farbton** können Sie diesen von rötlicher (–4) bis hin zu gelblicher (+4) einstellen. Aufgrund der rötlichen und gelblichen Farbe eignet sich die Einstellung besonders gut für die Hauttöne von Personen.

Filtereffekt und Tonungseffekt für monochrome Bildstile

Wenn Sie einen monochromen Bildstil verwenden, stehen die beiden Einstellungen **Farbsättigung** und **Farbton** nicht zur Verfügung. Stattdessen finden Sie mit **Filtereffekt** und **Tonungseffekt** zwei für Schwarzweißbilder passende Einstellungen.

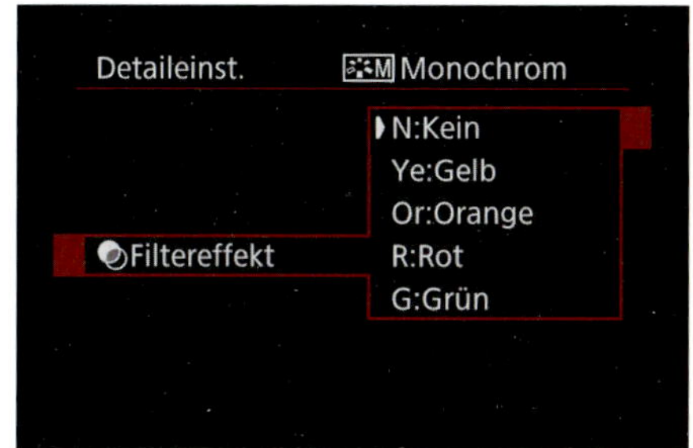

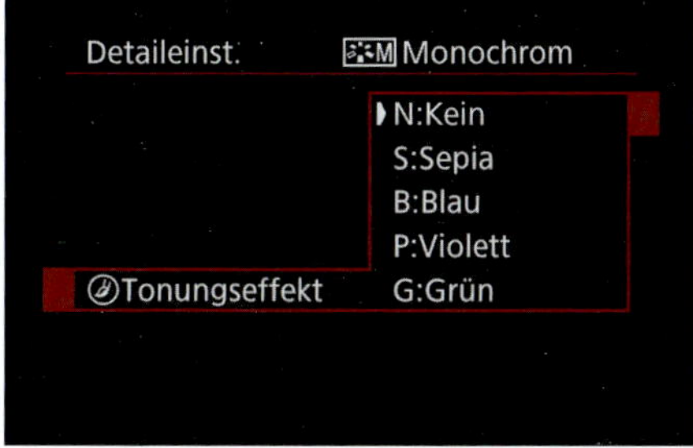

Abbildung 6.7 *Links: Die Filtereffekte für ein Monochrombild; rechts: Die Tonungseffekte für Monochrombilder*

Als **Filtereffekt** finden Sie neben der Standardversion (**Kein**) eine Version mit digitalem Gelb-, Orange-, Rot- und Grünfilter. Beim Gelbfilter bekommt Gelb einen helleren Farbton, während andere Farbtöne wie Lila und Blau etwas dunkler dargestellt werden. Dies eignet sich sehr gut für Landschaftsaufnahmen zur Abbildung des Himmels. Der Rotfilter hellt die roten Farbtöne auf und verdunkelt ebenfalls Lila- und Blautöne. Damit lassen sich dramatische Aufnahmen von Wolken erzielen. Der Orangefilter ist eine Mischung aus Rot- und Gelbfilter und lässt sich daher recht vielseitig u. a. auch in der Landschaftsfotografie einsetzen, weil damit z. B. das Grün der Pflanzen besser differenziert wird. Der Grünfilter ist das Gegenstück zum Rotfilter: Er verdunkelt rote und braune Farbtöne und sorgt für bessere Hauttöne bei Porträtaufnahmen. Darüber hinaus können Sie Schwarzweiß für Akt-, Street-, Reportage- und Architekturaufnahmen ausprobieren. Wollen Sie den Filtereffekt verstärken, können Sie dies mit einer Erhöhung des Kontrastes tun.

Mit dem **Tonungseffekt** hingegen können Sie das Monochrombild mit einer ausgewählten Farbe tonen. Zur Auswahl stehen **Sepia**, **Blau**, **Violett**, **Grün** und **Kein**, also ohne Tonungseffekt.

6.2.2 Zusätzliche Bildstile hinzufügen

Über die drei benutzerdefinierten Einstellungen **Anw. Def. 1**, **Anw. Def. 2** und **Anw. Def. 3** können Sie zu den voreingestellten Bildstilen drei benutzerdefinierte Stile hinzufügen – also eigene Stile erstellen. Drücken Sie die INFO-Taste, und wählen Sie einen der vorhandenen Stile als Basis aus. Bestätigen Sie mit der SET-Taste. Jetzt können Sie über die verschiedenen Schieberegler **Schärfe**, **Kontrast**, **Sättigung** und **Farbton** den Stil an Ihre Bedürfnisse anpassen. Wenn Sie die MENU-Taste drücken, werden die Einstellungen automatisch gespeichert.

Sie können aber auch fertige Bildstile aus dem Internet herunterladen und über die Software EOS Utility auf der EOS R100 installieren. Bildstildateien haben die Endung **.pf2** oder **.pf3**. Canon selbst liefert auf der Website *https://global.canon/en/imaging/picturestyle/index.html* einige zusätzliche Stile zum kostenlosen Download. Wenn Sie im Internet danach suchen, finden Sie häufig ganze Pakete mit unzähligen kostenlosen sowie kommerziellen Bildstilen für Canon-Kameras. Wenn Sie einen Stil heruntergeladen und die Software *EOS Utility* (*https://www.canon.de/support/consumer_products/software/eos-utility.html*) auf dem Computer installiert haben, können Sie in folgenden Schritten einen Bildstil installieren:

SCHRITT FÜR SCHRITT

Schritt für Schritt: Einen Bildstil installieren

1 Kamera mit dem Computer verbinden

Verbinden Sie die Kamera mit einem USB-Kabel mit dem Computer, und schalten Sie die Kamera ein.

2 Starten Sie EOS Utility auf dem Computer

Starten Sie die Software EOS Utility auf dem Computer, und wählen Sie **Kamera-Einstellungen** und dann **Bildstildatei registrieren** aus.

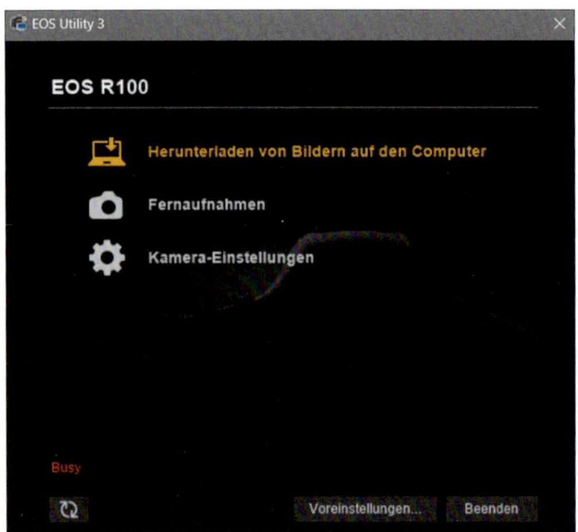

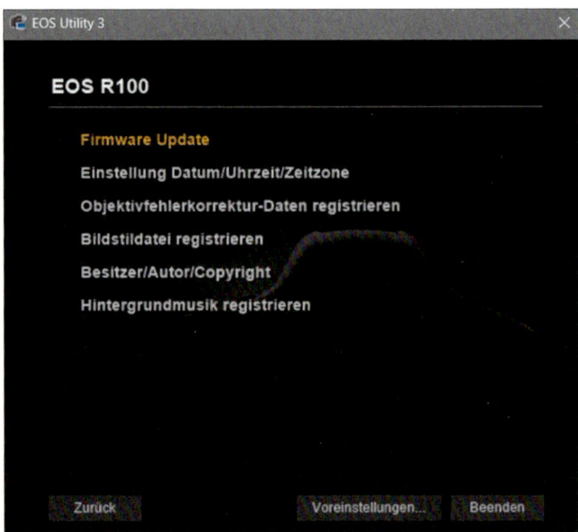

Abbildung 6.8 *Die EOS-Utility-Software bei der Ausführung*

3 Bildstil registrieren/installieren

Klicken Sie nun auf die Registerkarte **Anw. Def. 1**, **Anw. Def. 2** oder **Anw. Def. 3** – je nachdem, wo Sie den benutzerdefinierten Bildstil auf der Kamera installieren wollen. Klicken Sie dann auf das Ordnersymbol, und suchen Sie im sich öffnenden Dialogfeld die Bildstildatei mit der Endung **.pf2** oder **.pf3** aus, die Sie installieren möchten. Klicken Sie dann auf **OK**, wird der Bildstil auf der Kamera registriert und gespeichert. Jetzt können Sie EOS Utility beenden und das Kabel vom Computer entfernen.

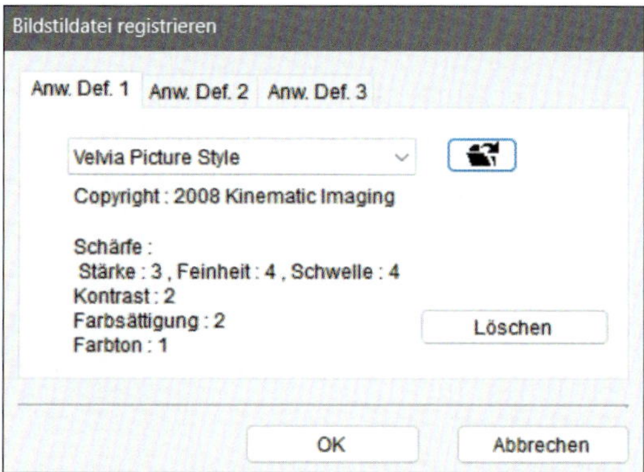

Abbildung 6.9 *Ein heruntergeladener Bildstil (Velvia Picture Style) soll auf* ***Anw. Def. 1*** *installiert werden.*

4 Bildstil verwenden

Den installierten Bildstil finden Sie jetzt auf der Kamera unter **Anw. Def. 1**, **Anw. Def. 2** oder **Anw. Def. 3**.

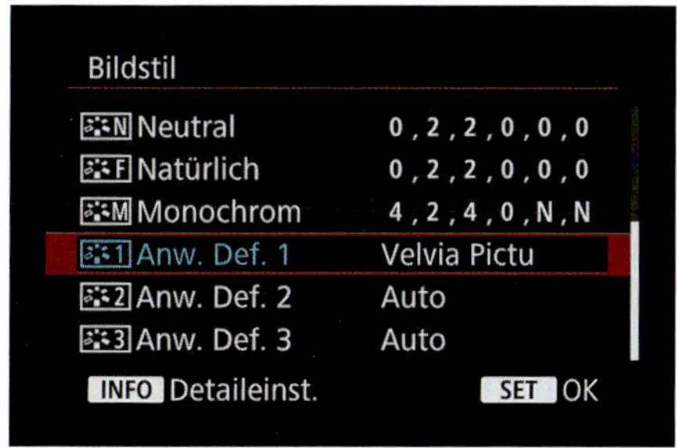

Abbildung 6.10 *Der neu installierte Bildstil kann ausgewählt und verwendet werden.*

6.2.3 Eigene Bildstile erstellen mit Pictures Style Editor

Wenn Sie einige Bildstile heruntergeladen und ausprobiert haben, werden Sie sich sicherlich die Frage stellen, wie einige Effekte zustande gekommen sind. Gerade die Dinge wie farbliche Anpassungen oder Tonwertbeschneidungen sind mit den vorhandenen Einstellungen innerhalb der Kamera nicht möglich. Hierzu bietet sich der Pictures Style Editor (*https://www.canon.de/support/consumer_products/software/picture-style-editor.html*) von Canon an, in dem Sie neben den in der Kamera bekannten Einstellungen auch eine Gradationskurve, sechs Farbachsen sowie spezifische Farben finden, um einen erweiterten Bildstil zu erstellen. Ich werde nicht ins Detail gehen, was welche Einstellung beim Pictures Style Editor bewirkt, aber ich werde Ihnen im Folgenden eine kurze Anleitung geben, wie Sie eigene Bildstile damit entwerfen, speichern und in der Kamera verwenden können.

SCHRITT FÜR SCHRITT
Bildstil mit dem Pictures Style Editor erstellen

1 Pictures Style Editor starten und Bild öffnen

Starten Sie den Pictures Style Editor von Canon. Öffnen Sie dann über **Datei > Bild öffnen** eine Raw-Datei, die Sie mit der EOS R100 aufgenommen haben. Dafür können Sie auch die Kamera per USB-Kabel am Computer anschließen. Wenn Sie das Bild geladen haben, wird rechts eine Werkzeugpalette eingeblendet, in der Sie neben den bekannten Grundeinstellungen auch eine Gradationskurve, Farbachsen und spezifische Farben finden. Machen Sie über diese Werkzeugpalette Ihre Anpassungen am Bild, die Sie anschließend auch für den Bildstil verwenden wollen. Bei der Einstellung des Bildstiles mit der Werkzeugpalette hat sich folgende Reihenfolge bewährt:

1. **Grundeinstellung** vornehmen
2. Einstellung der **Sechs Farbachsen**
3. **Spezifische Farben** einstellen

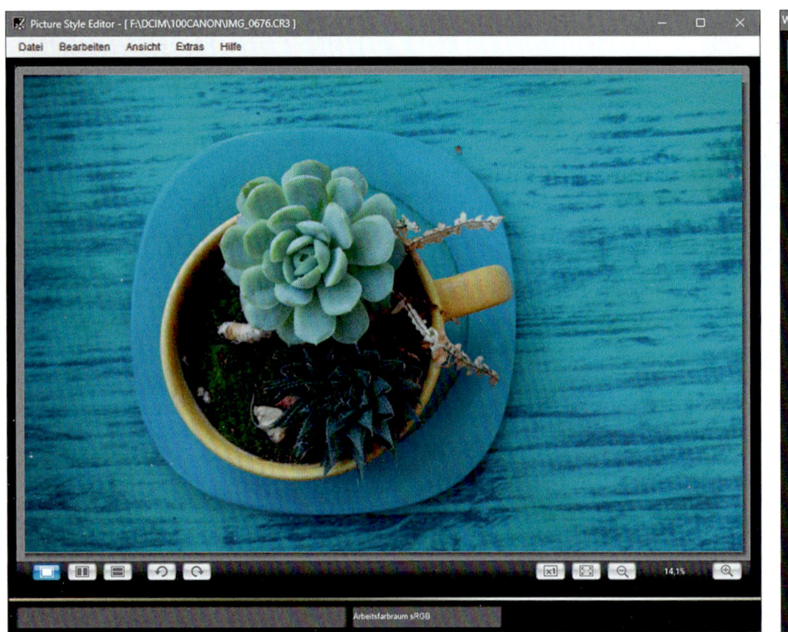

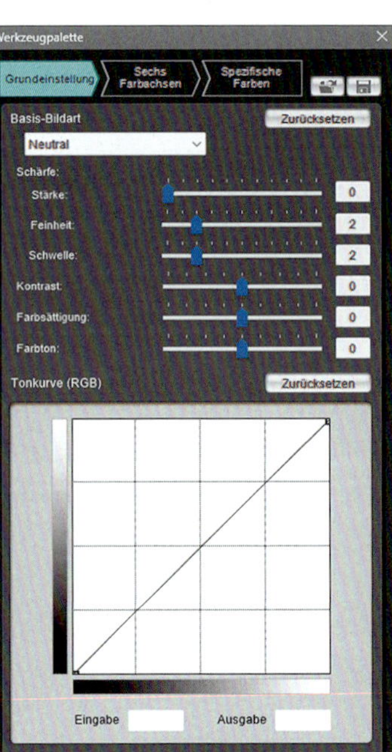

Abbildung 6.11 *Der Picture Style Editor bietet eine Werkzeugpalette, womit Sie den Bildstil erstellen können.*

2 Bildstil speichern

Sind Sie mit der Bearbeitung des Bildes zufrieden und wollen diese nun künftig als Bildstil verwenden, klicken Sie in der Werkzeugpalette rechts oben auf das Disketten-Symbol, um diese Einstellungen als Bildstil zu speichern. In der Dialogbox zum Speichern geben Sie einen Dateinamen ein (der Dateityp ist **.pf3**). Sie müssen hier auch einen Titel verwenden, der dann als Namen bei der Auswahl des Bildstiles in der Kamera erscheint. Sie können auch ein Copyright angeben. Klicken Sie auf **Speichern**.

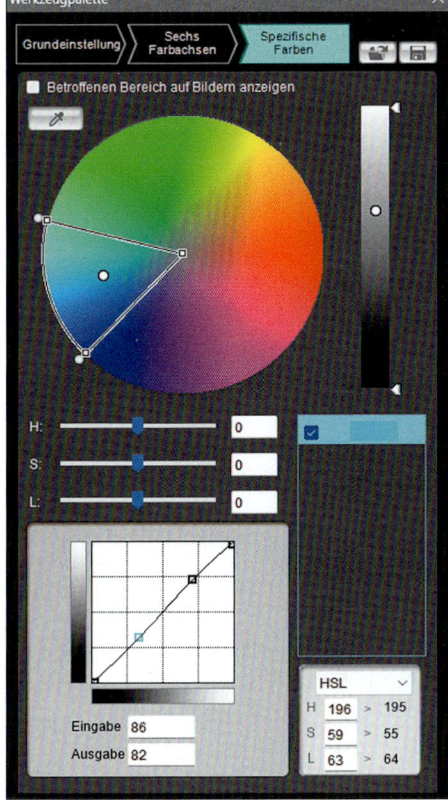

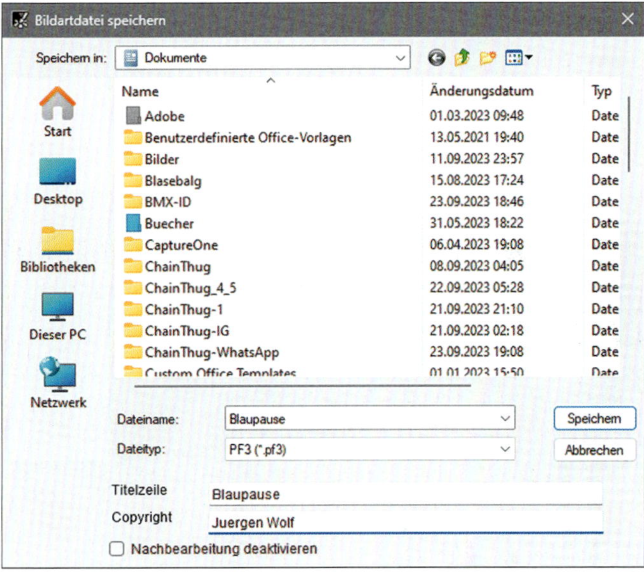

Abbildung 6.12 *Links: Über das Disketten-Symbol können Sie die Einstellungen speichern; rechts: der Dialog zum Speichern des Bildstiles (hier:* ***Blaupause****)*

3 Bildstil installieren

Jetzt können Sie den Bildstil wie in Abschnitt 6.2.2, »Zusätzliche Bildstile hinzufügen«, beschrieben auf der Kamera installieren und verwenden.

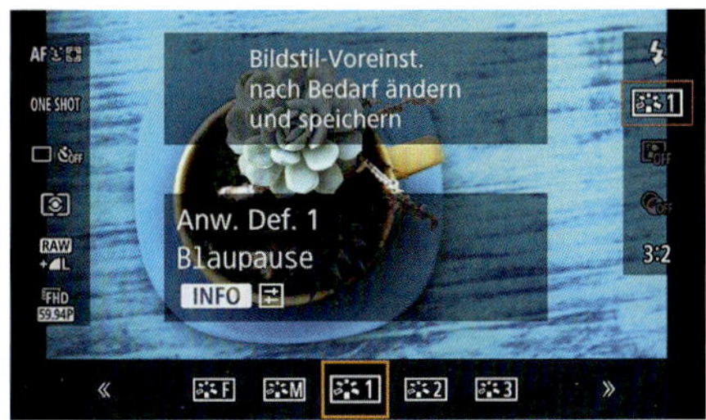

Abbildung 6.13 *Der selbst erstellte Bildstil (****Blaupause****) im Einsatz in der Kamera*

6.2.4 Bildstile und Raw-Dateien

Wie Sie bereits wissen, werden Bildstile zusammen mit JPEG-Dateien gespeichert. Wenn Sie also im JPEG-Format fotografieren, wird der Bildstil auf die JPEG-Datei angewendet und kann auch nicht mehr entfernt werden. Bei einem Bildstil mit Monochrom wird das Bild in Schwarzweiß konvertiert und die Farben verworfen. Wenn Sie allerdings die Aufnahmen (zusätzlich) im Raw-Format machen, wird zwar auch der Bildstil auf das Bild angewendet und auch bei der Wiedergabe angezeigt. Allerdings handelt es sich hierbei nur um den Datensatz dazu. Haben Sie z. B. einen monochromen Bildstil angewendet und öffnen die Raw-Datei nun mit Digital Photo Professional von Canon, wird das Raw-Bild mit dem angewendeten Bildstil geöffnet. Diese können Sie allerdings bei Bedarf jederzeit entfernen. Beachten Sie, dass andere Raw-Konverter den Bildstil gewöhnlich ignorieren und die Raw-Datei mit eigenen Einstellungen öffnen.

Wenn Sie also im Raw-Format mit Bildstilen fotografieren, können Sie mit der Software Digital Photo Professional von Canon später immer noch entscheiden, ob Sie den Bildstil verwenden wollen oder nicht.

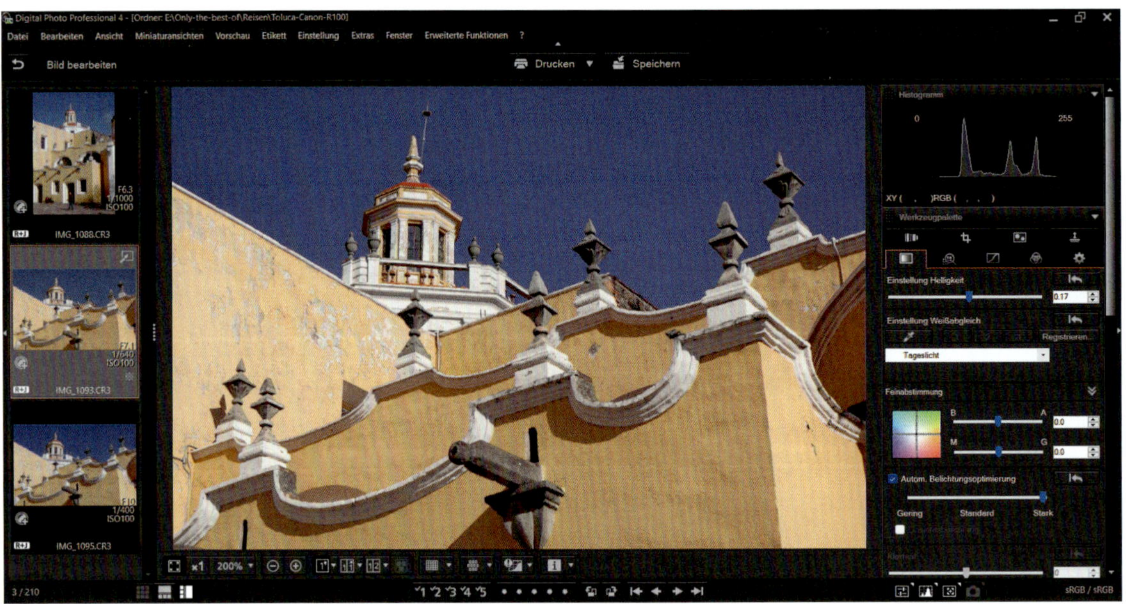

Abbildung 6.14 *Die Software Digital Photo Professional von Canon*

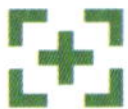

Digital Photo Professional

Digital Photo Professional (DPP) ist die Canon Software zur Bearbeitung von Raw-Daten von EOS-Kameras. Im Gegensatz zu den großen Raw-Konvertern wie Adobe Lightroom, Capture One und Co. wirkt die Software von Canon etwas altbacken, was aber nicht bedeutet, dass die Ergebnisse damit schlechter sind. Wer noch keinen Raw-Konverter hat bzw. vorhat, die Bilder im Raw-Format aufzunehmen, für den bietet sich der kostenlose Raw-Konverter von Canon zum Einstieg an.

6.3 Weitere Bildeffekte und Einstellungen für JPEG-Dateien

Neben den Bildstilen können Sie weitere JPEG-Einstellungen vornehmen und anpassen. Auf Raw-Dateien haben diese Einstellungen häufig keine Auswirkungen. Die in diesem Kapitel erwähnte Bildeffekte und Einstellungen sind wichtig für die JPEG-Fotografie, weil diese endgültig und unwiderruflich im JPEG gespeichert werden.

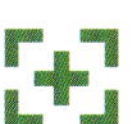

Das Histogramm in der JPEG-Fotografie nutzen

Da der Spielraum der Helligkeitsstufen beim JPEG geringer ist als beim Raw-Format, blende ich insbesondere beim Fotografieren im JPEG-Format das Histogramm ein. Zwar haben Sie über das Display oder den Sucher schon einen guten Eindruck, wie das fertige Bild aussehen wird, trotzdem verlasse ich mich nicht allein auf die Vorschau. Natürlich sollten Sie das Histogramm auch lesen können. Näheres dazu erfahren Sie in Abschnitt 3.3.3., »Das Histogramm lesen«. Ein- und ausblenden können Sie das Histogramm über die INFO-Taste.

6.3.1 Weißabgleich

Den Weißabgleich im Menü 📷 > **SHOOT2** > **Weißabgleich** habe ich bereits in Abschnitt 3.7, »Den Weißabgleich einstellen«, umfassend beschrieben. Fotografieren Sie im Raw-Format, können Sie der Automatik vertrauen, weil Sie den Weißabgleich jederzeit nachträglich anpassen können. Möchten Sie allerdings ausschließlich im Format JPEG fotografieren, dann müssen Sie sich genauer mit dem Weißabgleich auseinandersetzen, weil ein nachträgliches Anpassen nicht mehr in der Qualität möglich ist, wie dies bei einem Raw-Format der Fall ist. Zwar können Sie die Weißabgleich-Regler in den Raw-Konvertern auch bei JPEG-Bildern verschieben, aber das Ergebnis ist nicht vergleichbar mit dem Effekt im Raw-Format. Probieren Sie es einfach selbst aus, und Sie werden verstehen, was ich meine.

Wenn Sie bei künstlichem Licht fotografieren oder gar keine weißen oder grauen Bereiche im Bild vorhanden sind, gibt der automatische Weißabgleich nicht die korrekte Farbgebung wieder. Hier ist eine Anpassung des Weißabgleichs nötig, indem Sie vordefinierte Farbtemperaturen wie **Tageslicht** oder **Wolkig** verwenden oder indem Sie ihn manuell einstellen, wie ich es in Abschnitt 3.7, »Den Weißabgleich einstellen«, beschrieben habe. Es bleibt Ihrem Geschmack überlassen, ob Sie den Weißabgleich lieber korrekt oder kreativ einstellen wollen.

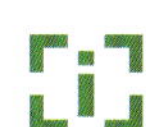

Weißabgleich kreativ einsetzen

Der (automatische) Weißabgleich ist leider eine Variable und keine Konstante bei den Bildlooks und in der JPEG-Fotografie. Dieser kann auch zu unerwünschten Ergebnissen führen. Das kann das Gefühl, einfach nur fotografieren zu wollen, etwas stören. Wenn Sie keine Lust haben, ihn ständig zu kontrollieren und anzupassen, dann können Sie weiterhin der Automatik die Arbeit überlassen. Ich verlasse mich bei gutem Tageslicht häufig auf die Automatik. Auf dem Display und im Sucher erhalten Sie eine ungefähre Vorschau der Wirkung. In extremen Fällen lässt sich der Wert dann trotzdem schnell ändern. Für viele Bildlooks benutze ich gern die Funktion [Kamera-Symbol] > **SHOOT2 > WB-Korr.einst.**, in der ich die Farben in Richtung Blau, Gelb sowie Magenta und Grün verschieben kann.

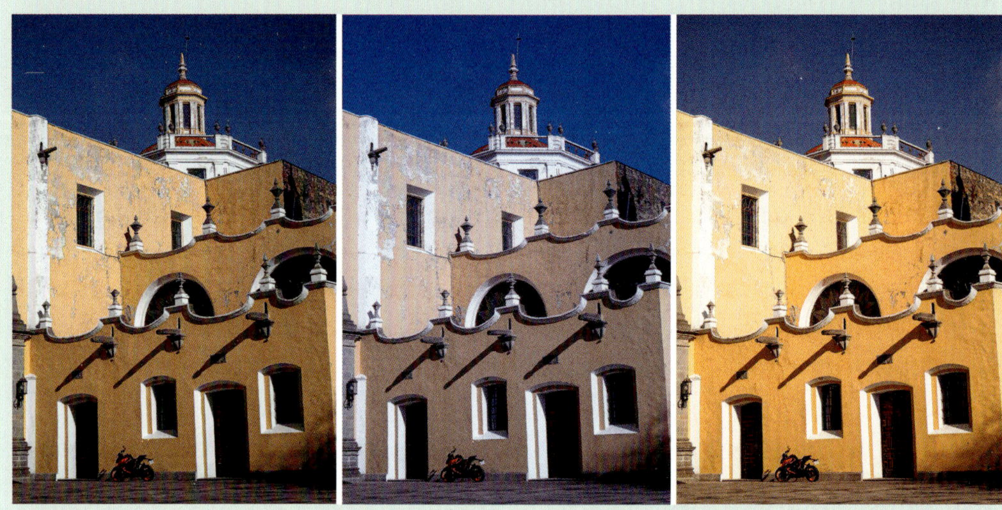

Abbildung 6.15 *Dreimal dasselbe Bild. Nur jedes Mal mit einem anderen Weißabgleich, um einen anderen Bildlook zu erzeugen.*

6.3.2 Bildgröße und Seitenverhältnis

Zwei weitere Einstellungen, die sich nur auf JPEG-Dateien auswirken, sind die Bildgröße und das Seitenverhältnis. Die Bildgröße erreichen Sie über [Kamera-Symbol] > **SHOOT1 > Bildqualität**, wo Sie mit **L**, **M** oder **S** die Auflösung bestimmen. In Tabelle 6.2 finden Sie die Werte zu den drei Angaben für die EOS R100. Von allen drei Auflösungen finden Sie zusätzlich Versionen in einer geringeren Datengröße, aber auch niedrigeren Qualität.

L	6.000 × 4.000	24 Megapixel
M	3.984 × 2.656	11 Megapixel
S	2.976 × 1984	5,9 Megapixel

Tabelle 6.2 *Bildauflösung beim voreingestellten 3:2-Seitenverhältnis*

Eine zweite Einstellung finden Sie mit dem Seitenverhältnis über [Kamera-Symbol] > **SHOOT1 > Seitenverh. Fotos**. Zur Auswahl stehen bei der EOS R100 3:2, 4:3, 16:9 und 1:1. Auch hier gilt, dass die Raw-Daten immer im nativen Seitenverhältnis der Kamera (3:2) gespeichert werden, weil damit die komplette Fläche des Sensors genutzt wird. Verwenden Sie also ein anderes Seitenverhältnis für Ihre JPEG-Bilder, werden diese in der Kamera entsprechend beschnitten.

Seitenverhältnis – meine Empfehlung

Wenn ich frage, in welchem Seitenverhältnis jemand seine Bilder aufnimmt, bekomme ich häufig nur ein Achselzucken als Antwort. Die meisten nutzen, was eben die Standardeinstellung ist. Bei der EOS R100 ist dies das 3:2-Format. Es ist allerdings schade, immer mit der Voreinstellung zu arbeiten, weil Sie mit dem Seitenverhältnis beachtlichen Einfluss auf die Bildwirkung nehmen können. Der eine oder andere, der vielleicht Bilder auf Instagram im 1:1-Seitenverhältnis verwendet, dürfte schnell feststellen, dass die Bildwirkung im Quadrat viel ruhiger ist als bei Bildern im klassischen 3:2-Format und der Fokus auf dem Wesentlichen liegt. Breitere Formate wie 16:9 spielen ihre Stärken eher bei Landschaftsaufnahmen aus. Das 4:3-Format war das klassische Bildformat des 35-mm-Films und ist heute das Standardformat einiger Mittelformatkameras. Gerade bei Hochformataufnahmen wirken Bilder im 4:3-Format häufig besser als 3:2. Wenn Sie direkt im gewünschten Seitenverhältnis fotografieren, gehen Sie auch noch einmal bewusster an den Bildaufbau heran. Ein nachträglicher Beschnitt funktioniert nicht immer perfekt. Dies sollen aber keine Regeln sein – ich möchte Sie lediglich ein wenig für das Seitenverhältnis sensibilisieren.

6.3.3 Tonwert Priorität

Bei starken Hell-Dunkel-Unterschieden kann es passieren, dass gerade die Lichter ausbrennen. Um hier einen größeren Dynamikumfang zu haben, können Sie mit 📷 > **SHOOT1** > **Tonwert Priorität** den Wert auf **D+** oder **D+2** stellen. Gerade wenn Sie sich nicht auf das Raw-Format verlassen, ist die Einstellung für den Dynamikbereich oftmals sehr nützlich, wenn der Kontrastumfang eines Motivs den Dynamikumfang des Kamerasensors übersteigt. Die Lichter werden dann oft zu hell oder gar komplett weiß und/oder die mittleren Töne zu dunkel oder schwarz dargestellt. Fotografieren Sie im Raw-Format, können Sie dies nachträglich mit einem Raw-Konverter beheben, indem Sie die Schattenbereiche anheben und die Lichter leicht absenken. Ausgebrannte weiße Bereiche lassen sich aber auch im Raw-Format nicht mehr reparieren.

Genau dasselbe, was Sie mit einem Raw-Konverter mit den Schatten und Lichtern machen können, kann auch die EOS R100 für Sie übernehmen, wenn Sie bei **Tonwert Priorität** einen Wert wie **D+** oder **D+2** verwenden. Das Bild wird um eine Blende unterbelichtet, um die Lichter zu erhalten, die Schatten werden in der Kamera angehoben, und das Bild wird als JPEG gespeichert. Dass dies nicht so gut funktioniert wie in einem Raw-Konverter, sollte klar sein. Trotzdem ist es eine gute Möglichkeit, auch JPEG-Bilder mit hohen Kontrasten aufzunehmen. Auf der anderen Seite bedeutet das allerdings auch, dass **D+** und **D+2** mindestens ISO 200 benötigt, weshalb die Aktivierung der automatischen ISO-Auswahl hilfreich ist.

Weil der ISO-Wert um eine Stufe heruntergesetzt wird und die Helligkeit über eine Tonwertkurve wieder heraufgesetzt wird, macht sich diese Einstellung auch in der Raw-Datei bemerkbar.

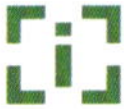

Automatische Lichtoptimierung

Die Funktion > **SHOOT1** > **Autom. Belichtungsoptimierung** steht Ihnen nur dann zur Verfügung, wenn Sie die **Tonwert Priorität** deaktiviert haben. Dies ist eine reine JPEG-Funktion, womit dunkle Bilder aufgehellt werden und bei flauen Bildern der Kontrast erhöht wird.

6.3.4 Kamerainterne Rauschreduzierung

Die Canon EOS R100 verfügt im Kameramenü > **SHOOT3** über drei Arten von automatischer Rauschreduzierung: Rauschreduzierung bei Langzeitbelichtung, hohe ISO-Rauschreduzierung und Multi-Shot. Hierzu eine kurze Beschreibung der einzelnen Funktionen zur Rauschreduzierung:

- **High ISO Rauschreduzierung**: Je höher die ISO-Einstellungen sind, umso stärker wirkt sich diese Rauschreduzierung auf das JPEG-Bild aus. Die Stärke dieser Rauschreduzierung kann in drei Stufen eingestellt werden. Die Einstellung **Gering** wirkt sich vorwiegend nur auf *Chromarauschen* (Farbrauschen) aus. Mit **Standard** wird auch das Luminanzrauschen (Helligkeitsrauschen) berücksichtigt und mit **Stark** werden Details »glattgebügelt«, die man eventuell nicht geglättet haben will.
- **Multi-Shot-Rauschreduz.**: Diese Funktion finden Sie ebenfalls über > **SHOOT3** > **High ISO Rauschreduzierung**. Die Funktion ist allerdings nur aktiviert, wenn Sie ausschließlich im JPEG-Format fotografieren. Damit werden mehrere Bilder aus derselben Position hintereinander aufgenommen und ähnlich wie beim Focus Stacking überlagert und verglichen. Das funktioniert natürlich nur ideal mit feststehenden Motiven.
- **Rauschred. bei Langzeitbel.**: Die Rauschreduzierung bei der Langzeitbelichtung kann man sowohl für JPEG- also auch für Raw-Bilder verwenden. Hierbei wird eine zweite Belichtung für die Korrektur erstellt, um das Rauschen bei einer Langzeitbelichtung zu korrigieren.

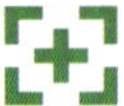

Bildrauschen reduzieren – meine Empfehlung

Ich bin ein großer Fan von leichtem Bildrauschen. Ich meine damit nicht das krasse Rauschen bei ISO 12.800, sondern eine gleichmäßige Körnung. Oftmals hat es den positiven Effekt, dass ein Bild dadurch noch etwas »schärfer« wirkt. Rauschen wird heutzutage oft verteufelt und als schlecht empfunden – nur selten wird es als Stilmittel gesehen. Ich reduziere den Wert der **High ISO Rauschreduzierung** gern auf **Gering**, um ein natürlicheres Rauschen mit mehr Details zu erhalten.

6.3.5 Kamerainterne Objektivkorrekturen

Wie gut ein Objektiv ist, hängt von der optischen Physik, dem Preis und vom Aufwand der Herstellung ab. Aber egal, wie gut ein Objektiv ist, es ist nicht möglich, das perfekte Objektiv ohne Fehler zu produzieren. Mit Fehlern sind hier optische Unregelmäßigkeiten wie eine Vignettierung, Verzerrung, chromatische Aberrationen oder Farbsäume gemeint. Jedes Objektiv hat hier abhängig auch von der Brennweite seine Eigenheiten und Fehler. Um diese Fehler zu beheben, werden Korrekturdaten von den Objektiven benötigt. Diese werden im Objektiv gespeichert. Das bedeutet, dass die Kamera auf diese Objektivdaten zugreifen und sie bei der Verarbeitung von JPEGs anwenden kann. Bei Raw-Dateien wird dann für den Raw-Konverter das entsprechende Objektivprofil benötigt.

Wenn Sie die kamerainternen Objektivkorrekturen auf JPEG-Dateien anwenden wollen, müssen Sie diese aktivieren. Sie finden sie über **[Kamera-Symbol] > SHOOT3 > ObjektivAberrationskorrektur**. Oberhalb der Objektiv-Aberrationskorrektur finden Sie den Namen des Objektives (hier: **RF50mm F1.8 STM**).

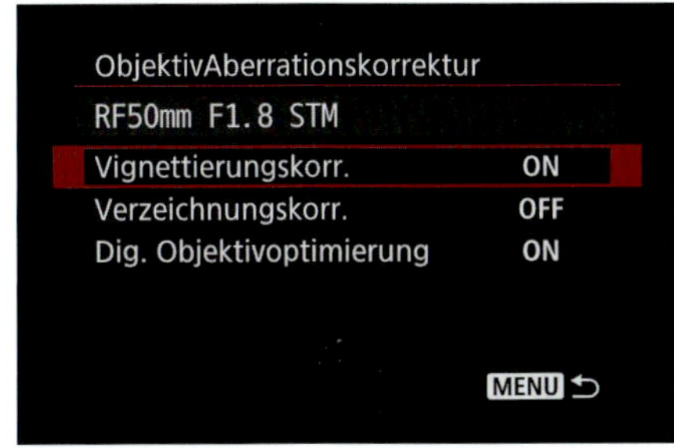

Abbildung 6.16 *Die Objektivkorrekturen können direkt auf JPEG-Bilder angewendet werden.*

Folgende Objektivkorrekturen können Sie (de)aktivieren:

- **Vignettierungskorr.**: Hiermit werden Randabschattungen ausgeglichen, indem die Helligkeit der Szene gleichmäßiger gemacht wird.
- **Verzeichnungskorr.**: Abhängig von der Brennweite kann es zu tonnen- oder kissenförmigen Verzerrungen im Bild kommen. Hiermit wird diese Verzerrung behoben.
- **Dig. Objektivoptimierung**: Damit beheben Sie chromatische Aberrationen (Farbfehlerkorrektur) und die Beugungsunschärfe (Beugungskorrektur). Wenn Sie die **Dig. Objektivoptimierung** deaktivieren, können Sie einzeln wählen, ob Sie die Farbfehlerkorrektur oder Beugungskorrektur aktivieren wollen oder nicht.

Wie bereits beschrieben: Beim Raw-Format können alle Objektivkorrekturen nachträglich mit dem Raw-Konverter durchgeführt werden. Es ist dafür aber unerlässlich, dass der Raw-Konverter auch das entsprechende Objektivprofil kennt und hat.

EXKURS
sRGB oder Adobe RGB?

Sie finden im Kameramenü 📷 > **SHOOT2 > Farbraum** mit **sRGB** und **Adobe RGB** zwei Optionen für den Farbraum. Ein Farbraum definiert die Anzahl der darstellbaren Farbtöne in einem bestimmten Model. Leider herrscht häufig noch der Irrtum vor, dass Adobe RGB mehr Farben darstellen könne als sRGB. Die Anzahl der Farben hängt von der Farbtiefe ab, und ein 8-Bit-RGB-Bild kann daher, egal in welchem Farbraum, 16,7 Millionen Farben kodieren. Bei 16 Bit wären es schon 281 Billionen Farben.

Der Unterschied liegt vielmehr in der Größe des Bereiches, über den sich die 16,7 Millionen Farben erstrecken (auch als *Gamut* bezeichnet). Und hier ist es richtig, dass Adobe RGB einen größeren Bereich (nicht mehr Farben) als sRGB hat. Durch den größeren Gamut von Adobe RGB werden auch mehr für das menschliche Auge unterscheidbare Farbtöne dargestellt als bei sRGB. Für die Auswahl des Farbraumes ist der Anwendungszweck entscheidend und mit welchen Geräten Sie die Farben verwenden wollen.

In der Praxis dürften Sie wohl mit sRGB ganz gut zurechtkommen, weil dieser Farbraum von allen Bildschirmen unterstützt wird. Selbst bei der Entwicklung von Raw-Dateien (bei denen Sie diesen Wert nachträglich ändern können) ist sRGB die bevorzugte Wahl, wenn Sie die Bilder im Internet weitergeben wollen. Damit können Sie sich sicher sein, dass ein Bild auf den verschiedensten Geräten gleich gut aussieht. Die Option Adobe RGB ist eher für die Weiterverarbeitung im Vierfarbdruck (CMYK) gedacht. Wenn Sie hierbei Adobe RGB verwenden wollen, müssen Sie sicherstellen, dass Sie einen (kalibrierten) Bildschirm verwenden, der Adobe RGB als Farbraum unterstützt. Unterstützt der Bildschirm den Farbraum nicht, können die Farben auch nicht korrekt angezeigt werden. Beachten Sie, dass auch die Live-Ansicht der Kamera den Adobe-RGB-Farbraum nicht darstellen kann. Das Display und der Sucher der Kamera liefern immer nur einen ungefähren Gesamteindruck der Farben und können niemals einen kalibrierten Monitor ersetzen. Dies gilt natürlich auch für sRGB.

Wenn Sie im Raw-Format fotografieren, können Sie den Farbraum jederzeit nachträglich mit dem Raw-Konverter ändern. Dies geht natürlich ohne Informationsverlust, weil ein Raw-Bild gar keinen Farbraum im eigentlichen Sinn kennt. Das Raw-Bild enthält die rohen Sensordaten mit dem größtmöglichen Farb- und Tonwertumfang, den die Kamera hat. Und dieser Umfang ist viel größer als z. B. der Adobe-RGB-Farbraum. Beim Raw-Format spielt es somit keine Rolle, ob Sie sRGB oder Adobe RGB in der Kamera eingestellt haben.

Fotografieren Sie hingegen ausschließlich im JPEG-Format, müssen Sie die Entscheidung vor der Aufnahme treffen. Das Thema des Farbraumes ist komplex – daher meine Empfehlung: Wenn Sie Adobe RGB verwenden wollen, sollten Sie sich unbedingt vorher intensiv mit dem Thema Farbmanagement befassen und dieses dann auch konsequent anwenden. Sie laufen sonst recht schnell Gefahr, sich mehr Nachteile als Vorteile einzufangen. Sofern Sie also (noch) keine Kenntnisse mitbringen, sollten Sie zunächst sRGB verwenden. Diese Vorentscheidung bezieht sich, wie bereits erwähnt, auf alle, die ausschließlich im JPEG-Format fotografieren.

Kapitel 7
Der Alltag mit der EOS R100

In diesem Kapitel gehe ich genauer auf den Einsatz der EOS R100 in verschiedenen Motivsituationen ein. Mein Ziel ist es nicht, Ihnen eine Anleitung zu geben, wie Sie z. B. Porträts erstellen. Eher möchte ich zeigen, wie Sie die Kamera in unterschiedlichen fotografischen Situationen bestmöglich nutzen können.

7.1 Porträtfotografie

Die Porträtfotografie ist sicher eines der beliebtesten Genres. Das umfasst Bilder aus dem Alltag, auf denen Sie einen schönen Moment mit Ihrer Familie, mit Freunden oder Bekannten festhalten, aber auch inszenierte Modelshootings an großartigen Locations gehören dazu. Bei einer Porträtaufnahme versucht man in der Regel, die zu fotografierende Person möglichst interessant und vorteilhaft abzulichten. Die EOS R100 ist bestens für die Porträtfotografie geeignet und bietet mit der Gesichts- und Augenerkennung eine großartige Komfortfunktion.

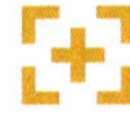

Typische Einstellungen für die Porträtfotografie

- Programmmodus: **Av**
- Brennweite: 35 mm bis 200 mm
- kleine Blendenzahl (offene Blende) für geringe Schärfentiefe
- **AF-Betrieb: Servo AF**
- **AF-Methode:** **+Verfolg.** oder **Einzelfeld AF**
- **Betriebsart: Einzelbild** oder **Reihenaufnahme**

7.1.1 Geeignete Brennweite

Bei Porträtaufnahmen werden gern lichtstarke Festbrennweiten ab 35 mm bis 200 mm verwendet. Mein Favorit ist das RF 50 mm mit *f*1,8. Die genannte Brennweite hat den Vorteil, dass keine starken Verzerrungen der Proportionen von Gesicht und Körper auftreten und man einen gewissen Aufnahmeabstand zum Motiv, also zur Person, einhalten kann. Bei geringeren Brennweiten ist schon mal die Nase zu groß, das Gesicht zu rund oder die Beine sind zu lang. Wobei Letzteres durchaus auch interessant sein kann. Die folgenden beiden Abbildungen zeigen deutlich den Unterschied in der Bildwirkung, wenn mit einem Weitwinkelobjektiv wie 18 mm und mit 200 mm eine Porträtaufnahme gemacht wird. Sie sehen sehr schön, wie mit einer längeren Brennweite das Gesicht schmaler wird. Auch die Schärfentiefe des Hintergrunds ändert sich durch den Abstand zum Motiv zwischen 18 mm und 200 mm deutlich.

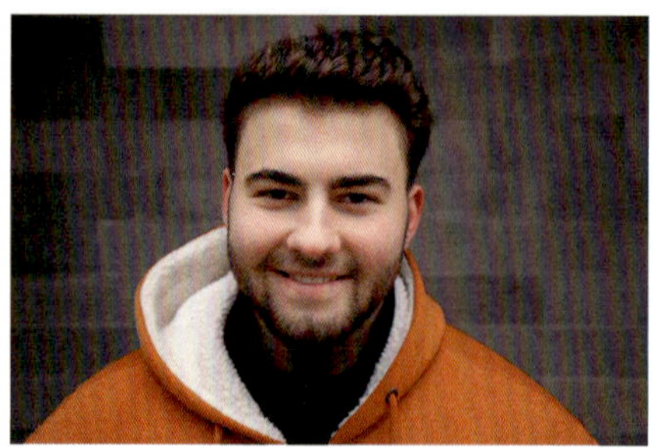
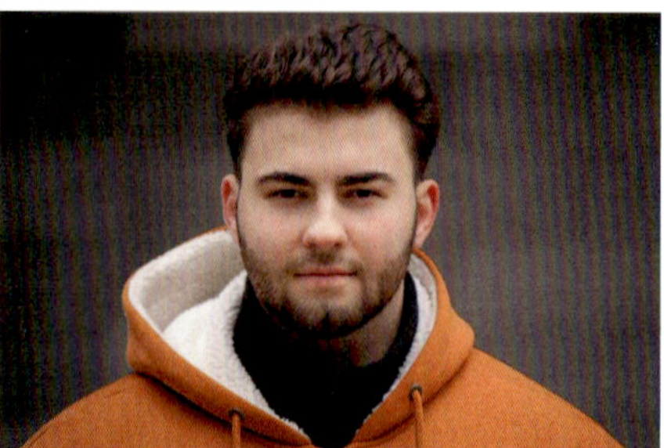

Abbildung 7.1 *Eine Porträtaufnahme mit 18 mm und mit 200 mm*

7.1.2 Geringe Schärfentiefe

Eine geringe Blendenzahl (weit geöffnete Blende) wird sehr gern bei Porträtaufnahmen verwendet, um den Hintergrund verschwimmen zu lassen und nur die Person scharf abzubilden, damit sie im wahrsten Sinne des Wortes im Fokus steht. Allerdings hat es durchaus seine Tücken, mit einer Blende von *f*1,4 zu fotografieren. Manch einer hat schon eine böse Überraschung erlebt, wenn er die Bilder zu Hause auf einem großen Bildschirm betrachtet hat: die Augen unscharf, dafür der Haaransatz oder die Nasenspitze scharf. Sie müssen immer bedenken, dass sich der Schärfebereich bei einem kurzen Abstand zum Motiv von ein bis zwei Metern und einer weit geöffneten Blende häufig nur auf ein paar Zentimeter beschränkt. Bewegt sich das Model oder bewegen Sie sich selbst während der Aufnahme nur um wenige Zentimeter, dann liegt die Schärfe nicht mehr da, wo Sie sie eigentlich haben wollen.

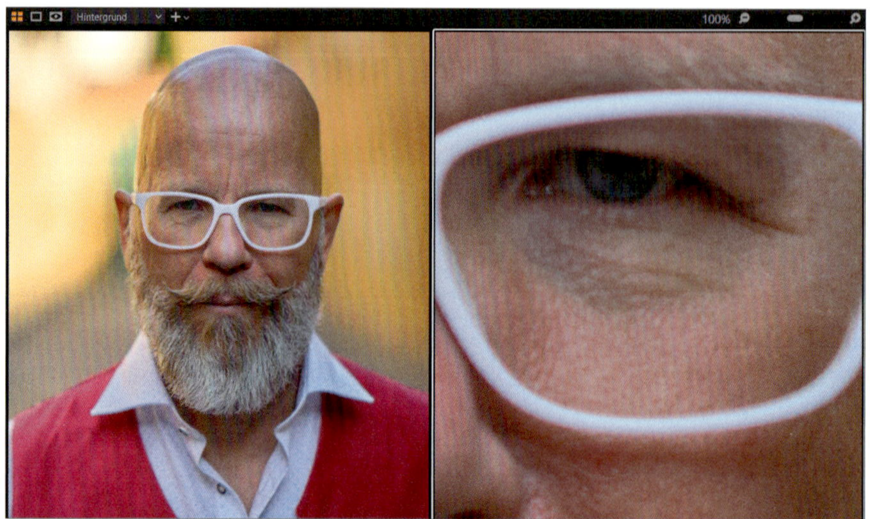

Abbildung 7.2 *Auf den ersten Blick sieht die Aufnahme sehr gut aus. Erst bei einem genaueren Blick fällt auf, dass der Fokus gar nicht auf einem Auge, sondern etwas hinter der Schläfe liegt, weil sich die Person während der Aufnahme leicht um ein bis zwei Zentimeter nach vorn bewegt hat.*

Bewegt sich das Model oder bewegen Sie sich selbst während der Aufnahme nur ein paar Zentimeter, dann liegt die Schärfe nicht mehr da, wo Sie sie eigentlich haben wollen. Möchten Sie dennoch mit weit geöffneter Blende fotografieren, kann es hilfreich sein, eine Serienaufnahme mit einer **Betriebsart** wie **Reihenaufnahme** zu erstellen. So ist die Chance größer, ein scharfes Bild zu erhalten. Häufig ist es sicherer, ein wenig abzublenden. Wenn Sie ein lichtstarkes Objektiv haben, dann wird der Hintergrund auch bei *f*2,8 noch schön unscharf – dafür erhalten Sie aber etwas mehr Schärfentiefe. Das hängt natürlich auch von der Brennweite des Objektivs und vom Abstand zum Model ab. Es gibt aber noch andere Möglichkeiten, eine gute Hintergrundschärfe bei Porträtaufnahmen zu erzielen:

- Verwenden Sie eine längere Brennweite. Bei einer Brennweite mit beispielsweise 85 mm und Blende *f*2,8 werden Sie einen größeren Aufnahmeabstand verwenden müssen, damit sich auch die Schärfentiefe erweitert. Statt einigen Zentimetern erhalten Sie schon einen größeren Spielraum von ein bis zwei Metern (je nach Abstand). Damit ist es natürlich wesentlich leichter, das Model scharfzustellen, weil Sie mehr Spielraum haben.
- Wenn Sie kein lichtstarkes Objektiv haben, können Sie auch einfach nur den Abstand zwischen Model und Kamera reduzieren. So erzielen Sie auch mit dem günstigen RF-S 55–210 mm bei einer Brennweite von 100 mm und einer Blende von *f*6,3 noch eine schöne Hintergrundunschärfe.
- Wenn möglich, erhöhen Sie außerdem den Abstand zwischen Model und Hintergrund. Ist der Hintergrund nicht so nah am Model, können Sie ihn auch stärker verschwimmen lassen.

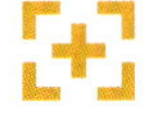

Ein anderer Bildlook durch Abblenden – meine Empfehlung

Zugegeben, der Bildlook bei Offenblende mit viel Unschärfe ist oftmals sehr schön. Trotzdem blende ich auch gern mal auf *f*4 bis *f*5,6 ab, wenn das Model vor einem interessanten Hintergrund steht oder die Porträtaufnahme auch dokumentieren soll, wo sie aufgenommen wurde. Der Bildlook ändert sich durch das Abblenden: Sie müssen stärker auf die Bildkomposition achten, weil die Elemente im Hintergrund nun Teil des Motivs sind und nicht mehr in Unschärfe verschwimmen.

Wer sich ein ungefähres Bild vom Einfluss der verschiedenen Faktoren – Blendenwert, Abstand zum Model und zum Hintergrund – auf die Bildwirkung machen will, der kann sich den *Depth of Field Simulator* auf *https://dofsimulator.net/en* ansehen und damit ein wenig experimentieren.

7.1.3 Gezielt fokussieren

Die größte Herausforderung bei Porträtaufnahmen dürfte das Fokussieren sein. Gewöhnlich liegt der Fokus bei Porträtaufnahmen auf dem Auge, das sich näher an der Kamera befindet. Die Augenerkennung (bzw. Gesichtserkennung) der EOS R100 mit **+Verfolg.** ist dabei ein großartiges Hilfsmittel. Bei extremen Offenblenden kann es allerdings passieren, dass der Fokus auf die Augenbrauen oder Wimpern gelenkt wird. Dann ist es empfehlenswert, zum klassischen **Einzelfeld AF** oder **Spot-AF** bei der **AF-Methode** zu wechseln. Damit können Sie den Fokusrahmen direkt auf die Pupille legen.

Eventuell lohnt es sich in einem solchen Fall auch, das Fokussieren mit der ✱-Taste durchzuführen (Backbutton-Fokus) und vom Auslöser zu trennen, wie in Abschnitt 4.2.4, »Fokussieren und Auslösen trennen (Backbutton-Fokus)«, beschrieben. Je nach Abstand zum Model und gewählter Blendenöffnung dürfte wohl auch der klassische Weg zum Erfolg führen, bei dem Sie auf das Gesicht/Auge fokussieren und dann zum gewünschten Bildausschnitt schwenken.

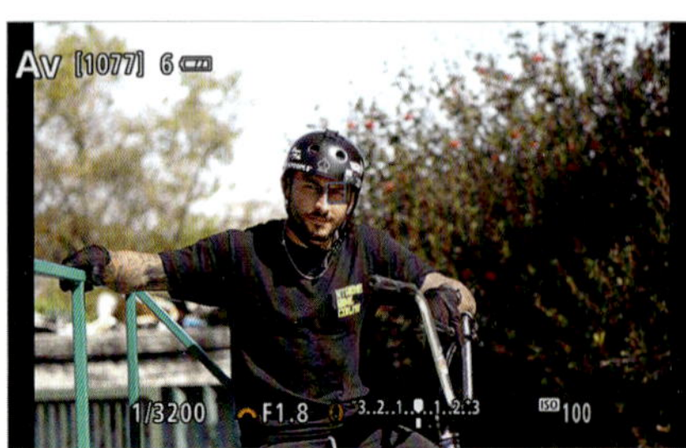

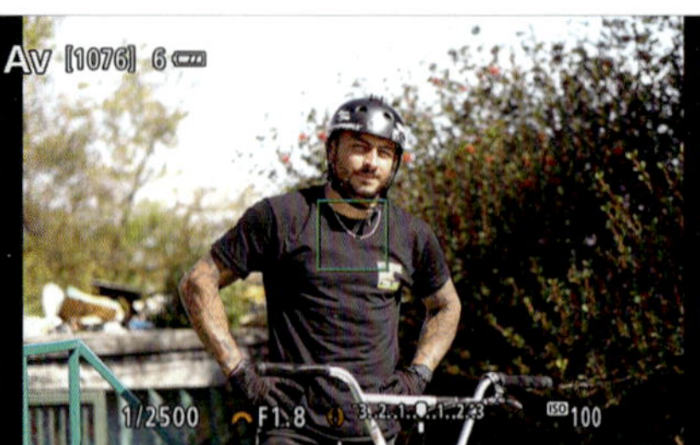

Abbildung 7.3 *Fokussieren mit* ***+Verfolg.*** *(hier mit* ***Servo AF****) oder mit dem* ***Einzelfeld AF*** *(hier mit* ***One-Shot AF****) und dem Autofokusfeld – Sie haben die Wahl.*

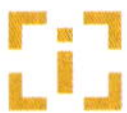

Bildausschnitt schwenken

Nicht immer klappt es mit **+Verfolg.** und der Augen-/Gesichtserkennung perfekt. In solch einem Fall greife ich dann zum **Einzelfeld AF**. Wenn ich schon mit dem **Einzelfeld AF** fokussiere, wäre es schön gewesen, wenn die EOS R100 einen Joystick oder eine Möglichkeit hätte, nicht umständlich erst einmal die -Taste zu drücken, bevor man den Fokusrahmen verschieben kann. Man kann dies vor der Serie von Bildern zwar vorbereiten, aber wenn man schnell vom Hoch- zum Querformat, oder umgekehrt, wechselt, ist das doch recht umständlich. Oftmals verwende ich daher bevorzugt **One-Shot** als **AF-Betrieb**. Hierbei fokussiere ich zunächst das Gesicht, womit der Fokusrahmen grün leuchtet. Dann schwenke ich den Ausschnitt mit halbgedrückter Auslösertaste, so wie ich es haben will, und löse aus. Dies ist bei offener Blende allerdings etwas riskanter, weil sich die Person zwischen dem Fokussieren und dem Auslösen eventuell leicht nach vorn oder hinten bewegen könnte. Bei einer Blende wie *f*1,8 ist dann schnell mal das Gesicht unscharf.

Generell stelle ich bei Porträtaufnahmen immer eine Belichtungszeit ein, die mir verwacklungsfreie Aufnahme garantiert. Je nach Brennweite wähle ich häufig mindestens 1/125 s, um sicherzugehen, dass ich eine scharfe Aufnahme bekomme. Mit einem integrierten Bildstabilisator in einem Objektiv können Sie damit auch noch locker mit 200 mm aus der Hand scharfe Bilder machen. Natürlich ist es mit aktivem Bildstabilisator möglich, noch längere Belichtungszeiten zu verwenden, aber ich gehe lieber auf Nummer sicher, gerade bei längeren Brennweiten. Den Bildstabilisator habe ich immer über **> SHOOT6 > IS(Bildstabilisator) Modus > IS Modus** aktiviert. Vorausgesetzt natürlich, das Objektiv hat einen Bildstabilisator. So hat mein Lieblingsobjektiv, das RF 50 mm F1.8, keinen Bildstabilisator.

Beachten Sie allerdings, dass der Bildstabilisator nur vor einer Verwacklung von Bildern aus der Hand hilft und sich die zu fotografierende Person in der Regel auch bewegt – wenn auch nur unbewusst. Als maximalen ISO-Wert stelle ich 1.600 ein, aber dies dürfte auch vom Umgebungslicht abhängen. Lieber riskiere ich etwas mehr Bildrauschen als unscharfe Bilder.

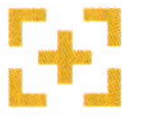

Meine Präferenzen in der Porträtfotografie

Meine bevorzugten Brennweiten für die Porträtfotografie sind das RF 50 mm F1.8 und das RF 85 mm F2 Macro IS STM. Beide Objektive lassen Personen nicht durch Verzerrungen unnatürlich wirken. Zudem habe ich ausreichend Spielraum bei den Blendenwerten, um einen schönen unscharfen Hintergrund zu erzielen. Als Programmmodus verwende ich entweder **Av** oder **M**. Als Blende wähle ich je nach Brennweite und gewünschtem Bildlook einen Wert zwischen *f*2,8 und *f*5,6. Die Gesichts-/Augenerkennung verwende ich mit der **AF-Methode ⁚L⁚+Verfolg.** Über 📷 **> SHOOT4 > Augenerkennung** lasse ich die Augenerkennung aktiviert. Den ISO-Wert stelle ich so hoch wie nötig und so niedrig wie möglich. Dafür verwende ich eine ISO-Automatik. Ich behalte immer die Belichtungszeit im Auge. Da ich hierbei – sofern das Objektiv einen hat – auch den Bildstabilisator verwende, kann ich mit der minimalen Belichtungszeit etwas großzügiger sein. Ohne Bildstabilisator würde ich das Doppelte der Brennweite als Mindestverschlusszeit wählen, mit aktiviertem Stabilisator gehe ich auf großzügige 1/125 s.

7.2 Landschaftsfotografie

Die Naturfotografie steht der Porträtfotografie in ihrer Beliebtheit nicht nach und umfasst mehrere Teilgebiete, die in der Regel unterschiedliche Brennweiten erfordern. Während in der Landschaftsfotografie bevorzugt mit (Ultra-)Weitwinkelobjektiven fotografiert wird, greifen Tierfotografen gern auf längere Brennweiten ab 200 mm zurück, um ihre Motive auch aus weiter Entfernung aufnehmen zu können. Wollen Sie hingegen Pflanzen oder Insekten aufnehmen, dann verwenden Sie gewöhnlich ein Makroobjektiv. In diesem Abschnitt will ich die Landschaftsfotografie mit der EOS R100 etwas genauer erläutern.

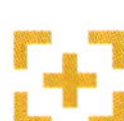

Typische Einstellungen für die Landschaftsfotografie

- Programmmodus: **M**
- Brennweite: ab 14 mm bis 24 mm
- oftmals Stativ nötig
- niedriger ISO-Wert
- große Blendenzahl (geschlossene Blende) wie *f*8 für eine hohe Schärfentiefe
- **AF-Betrieb: One-Shot AF**
- **Fokussiermodus: AF** oder **MF**
- **Betriebsart: Einzelbild**

7.2.1 Große Schärfentiefe

Bei Landschaftsaufnahmen will man gewöhnlich eine große Schärfentiefe erzielen. Dies erreichen Sie zum einen mit einer geschlossenen Blende (höhere Blendenzahl) wie *f*8 oder *f*11 und zum anderen, wenn der Punkt, auf den Sie fokussieren, weiter entfernt ist. Befindet sich im Vordergrund dazwischen kein Objekt, reicht es oft aus, etwas in der Ferne zu fokussieren, und das Bild ist fast durchgehend scharf.

Wenn es mit dem Fokussieren nicht so klappen will, dann verwende ich **One-Shot AF** als **AF-Betrieb** und stelle im Kameramenü **> SHOOT5 > Objektiv Electronic MF** auf **Aktiv. nach One-Shot AF**. Jetzt kann ich mit **One-Shot AF** wie gehabt mit dem Auslöser halb heruntergedrückt fokussieren und mit dem Fokusring in der fünffachen Lupenansicht manuell nachfokussieren. Wichtig bei diesem Vorgang ist, dass Sie den Auslöser halb heruntergedrückt halten. Bin ich mit der manuellen Feinjustierung des Fokus zufrieden, drücke ich den Auslöser durch und mache das Foto.

7.2.2 Landschaftsaufnahme belichten

Die Belichtung hängt natürlich vom jeweiligen Tageslicht ab. Bei viel Licht dürfte es schwierig sein, durch die Spiegelung auf dem Display etwas zu erkennen, weshalb das Fotografieren durch den Sucher häufig die bessere Lösung ist. Auch das Histogramm ist ein sehr gutes Hilfsmittel, um die Belichtung zu kontrollieren. Wenn starke Schatten und Lichter zusammenkommen, werden Sie entweder unter- oder überbelichten und sich für eine Bildwirkung entscheiden müssen.

Oder aber Sie erstellen eine Belichtungsreihe über **> SHOOT1 > Beli.korr./AEB** und entscheiden am Computer, welches Bild Ihnen besser gefällt. Alternativ fügen Sie die Aufnahmen zu einem HDR-Bild zusammen. Das Erstellen einer solchen Belichtungsreihe habe ich bereits in Abschnitt 3.4, »Eine Belichtungsreihe erstellen«, beschrieben.

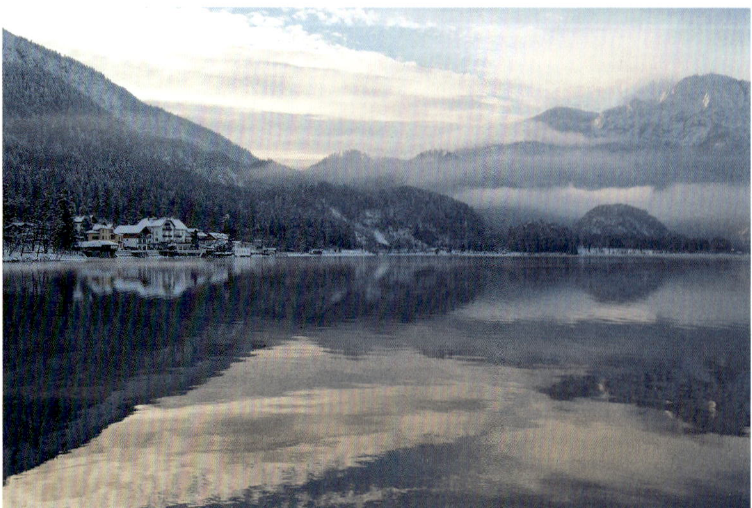

Abbildung 7.4 *Schwierige Aufnahmesituation: Aufgrund der hellen Wolken und des Schnees wird die eigentlich helle Szene trotz korrekter Belichtung recht dunkel wiedergegeben, wodurch die dunklen Bereiche fast schon schwarz sind.*
50 mm | *f*4 | 1/640 s | ISO 100

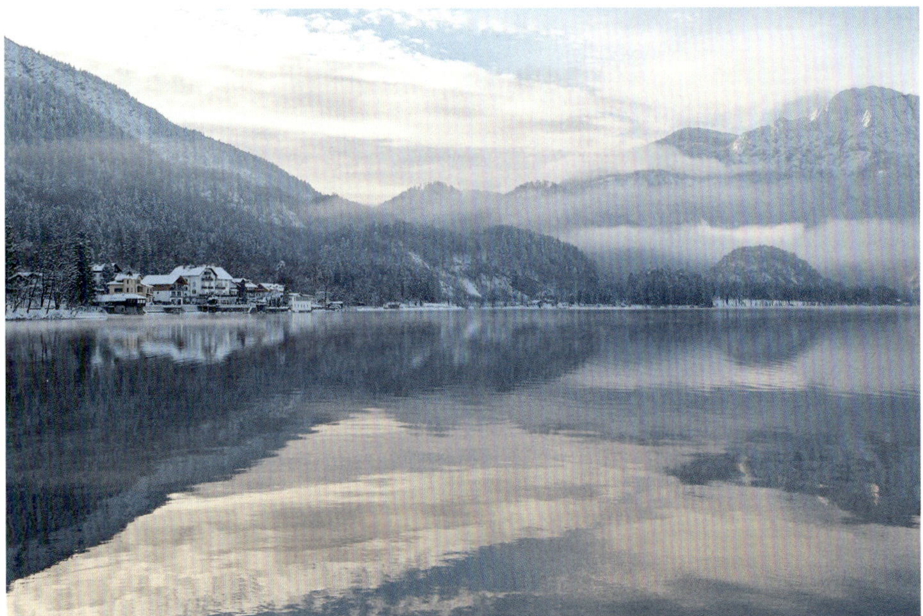

Abbildung 7.5 *Hier habe leicht überbelichtet, um die zu dunkle Szene etwas aufzuhellen. Durch die Überbelichtung sind allerdings einige Bereiche in den Wolken verloren gegangen.*

50 mm | *f*4 | 1/640 s | ISO 100 | +1 EV

Bildstabilisator auf dem Stativ deaktivieren

Bei vielen Landschaftsaufnahmen wie Sonnenaufgängen oder Sonnenuntergängen werden längere Belichtungszeiten notwendig, weil man trotzdem mit einem niedrigen ISO-Wert fotografieren will. Dasselbe gilt, wenn man einen ND-Filter (auch *Graufilter* genannt) verwendet, um Wasseroberflächen »glattzustreichen«. Für solche Aufnahmen wird in der Regel ein Stativ oder eine andere unbewegliche und stabile Unterlage verwendet. Bei Aufnahmen von einem Stativ wird in der Regel empfohlen, den Bildstabilisator zu deaktivieren. Aber es gibt auch die Stimmen, die sagen, dass es unproblematisch ist, den Bildstabilisator nicht abzuschalten. In der Tat habe ich schon öfter vergessen, den Bildstabilisator zu deaktivieren, ohne Einbußen in der Bildschärfe feststellen zu können. Das Thema wird häufig diskutiert, aber ich halte mich trotzdem in der Regel daran, den Bildstabilisator auf dem Stativ abzuschalten – obgleich ich es immer wieder mal vergesse

7.2.3 ND-Filter und Verlaufsfilter

Um z. B. fließenden Bachläufen eine mystische Stimmung zu verleihen oder heranziehende Wolken verschwimmen zu lassen, müssen Sie eine Langzeitbelichtung durchführen. Für eine Langzeitbelichtung an einem hellen Tag benötigen Sie einen ND-Filter. Abhängig von der Stärke des ND-Filters können Sie auch tagsüber Belichtungszeiten von mehreren Sekunden einstellen.

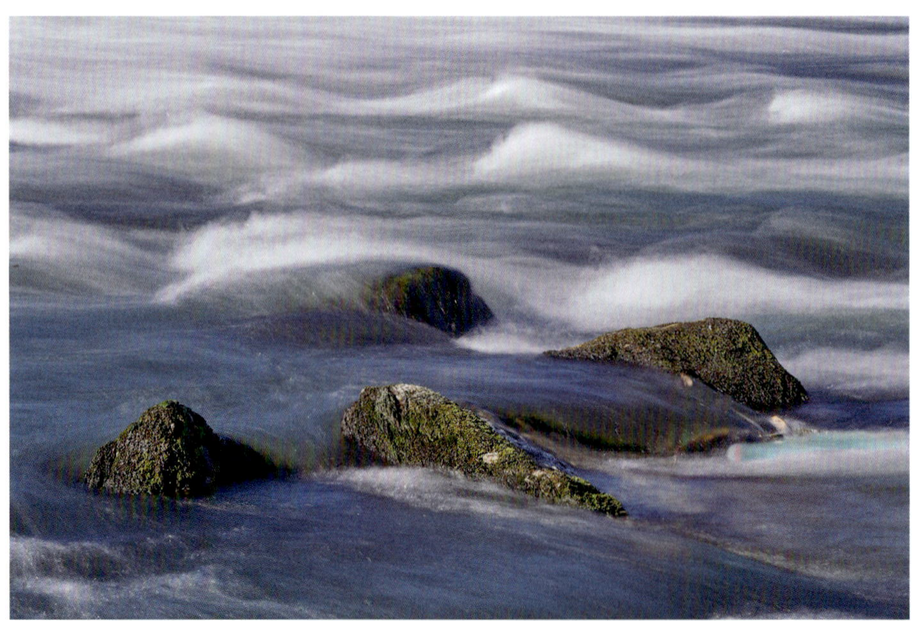

Abbildung 7.6 *Mithilfe eines aufgeschraubten ND-Filters sind solche »glattgebügelten« Wasserflächen kein Problem.*
87 mm | *f*11 | 1 s | ISO 100

Für die Langzeitbelichtung eignet sich zwar der Programmmodus **Tv**, aber in der Praxis will ich auch gern die anderen Werte selbst bestimmen und verwende daher meistens den Programmmodus **M**. Auch hier wollen Sie gewöhnlich eine große Schärfentiefe erreichen und stellen eine etwas kleinere Blende von *f*8 bis *f*11 ein. Mit ISO 100 nehme den kleinsten »natürlichen« Wert. Dann stelle ich die passende Belichtungszeit ein. Für das »glattgebügelte« Wasser sind häufig nur wenige Sekunden nötig. Das Histogramm und auch die Belichtungsskala helfen mir, die richtige Belichtung einzustellen.

Fernauslöser und Selbstauslöser

Damit Sie durch das Drücken des Auslösers die Kamera nicht verwackeln, empfiehlt sich für eine Langzeitbelichtung, einen Fernauslöser zu verwenden. Sie können aber auch einen 2-Sekunden-Selbstauslöser einstellen. Wählen Sie z. B. im Schnelleinstellungsmenü das Feld mit der **Betriebsart** aus, und wählen Sie den **Selbstauslöser: 10 Sek** oder **Selbstauslöser: 2 Sek** aus.

Ein weiterer beliebter Filter in der Landschaftsfotografie ist der Grauverlaufsfilter, mit dem der Kontrast zwischen Himmel und Landschaft angeglichen werden kann. Für solch einen Verlaufsfilter müssen Sie einen gesonderten Filterhalter erwerben, den Sie dann an die EOS R100 anbringen.

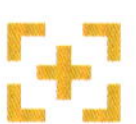

Meine Präferenzen in der Landschaftsfotografie

Für Landschaftsaufnahmen bevorzuge ich ein Weitwinkelobjektiv. Meistens habe ich das RF 16 mm F2.8 STM oder das günstige RF 18–45 mm F4.5–6.3 IS STM dabei. Ein weiteres APS-C-Weitwinkel-Objektiv für die Landschaftsfotografie gibt es mit dem Canon RF-S 10–18 mm f4.5–6.3 IS STM. Interessant wäre hier auch noch das RF 14–35 mm *f*4L IS USM, aber das liegt verglichen mit der günstigen EOS R100 preislich dann doch schon ziemlich hoch.

Natürlich gibt es auch Motive, die Sie nicht so ohne Weiteres erreichen können und die sehr weit entfernt sind. In solch einem Fall ist ein Teleobjektiv mit langer Brennweite sehr hilfreich. Manche Hügellandschaften wie in der Toskana oder Südmähren sind ohne ein Teleobjektiv kaum schön abzubilden. Um Wasser oder Wolken verwischen zu lassen, habe ich verschiedene ND-Filter dabei (ND 1,8 und ND 3,0). Für den Fall, dass der Kontrast zwischen Himmel und Landschaft zu stark ist, bin ich mit einem Grauverlaufsfilter mitsamt Filterhalter ausgerüstet. Ein Muss dabei ist ein stabiles Stativ – den Bildstabilisator deaktiviere ich dann (wenn ich es nicht vergesse).

Ich fokussiere bei Landschaftsaufnahmen fast immer manuell. Als Hilfe verwende ich die Lupenfunktion oder das Focus Peaking. Der Programmmodus steht bei mir dann immer auf **M**. Die Blende stelle ich meistens auf *f*8 bis *f*11 – wegen der Beugungsunschärfe vermeide ich es, die Blende weiter zu schließen. Der ISO-Wert bleibt so niedrig wie möglich bei 100. Zum Auslösen verwende ich entweder einen Fernauslöser oder den zweisekündigen Selbstauslöser der EOS R100.

7.3 Makrofotografie

Bei der Makrofotografie können Sie kleine Dinge wie Pflanzen, Tiere oder Insekten ganz groß abbilden, um so eine nicht ganz alltägliche Sicht auf solche Motive zu ermöglichen. Sie können sogar Dinge sichtbar machen, die mit dem bloßen Auge nicht zu erkennen sind. Für solche Aufnahmen müssen Sie möglichst nah an Ihr Motiv heran. Wenn Sie das mit einem herkömmlichen Objektiv versuchen, werden Sie feststellen, dass es ab einem bestimmten Abstand nicht mehr möglich ist, scharfzustellen. Alle Objektive haben eine sogenannte *Naheinstellgrenze*, womit der Mindestabstand zum Motiv gemeint ist, ab dem nicht mehr scharfgestellt werden kann. Wo sich die Sensorebene in der EOS R100 befindet, erkennen Sie an dem Symbol neben dem linken Trageriemen der Kamera.

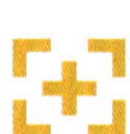

Typische Einstellungen für die Makrofotografie

- Programmmodus **M**
- Brennweite ab 85 mm bis 100 mm (Makroobjektiv)
- Aufnahme von einem Stativ
- gegebenenfalls Makroschlitten
- niedrige ISO-Zahl
- große Blendenzahl (geschlossene Blende) wie *f*5,6 oder *f*8 für eine hohe Schärfentiefe
- **Fokussiermodus**: **AF** oder **MF**
- **Betriebsart**: **Einzelbild**

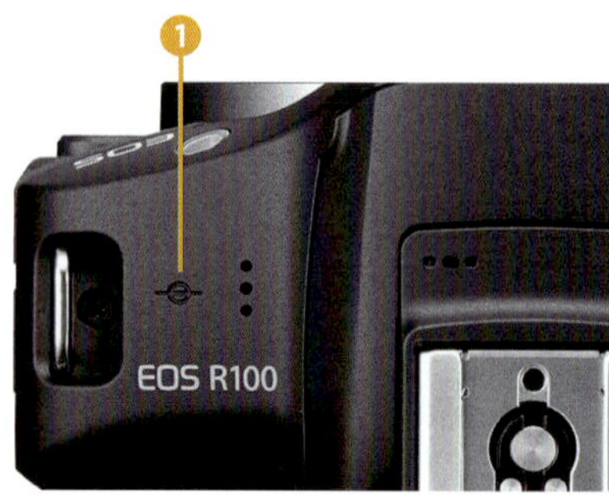

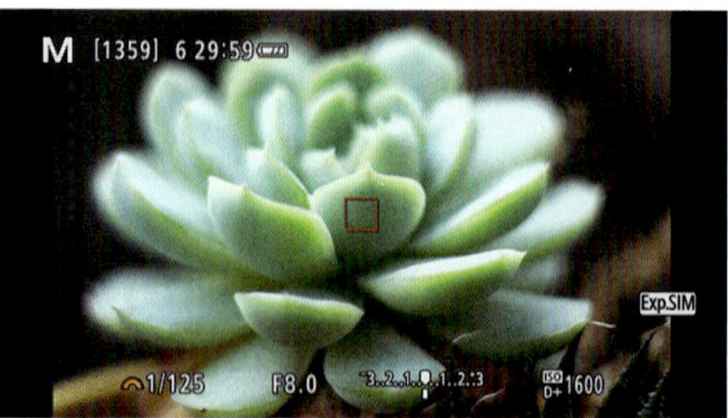

Abbildung 7.7 *Rechts: Die Naheinstellgrenze des Objektivs wurde unterschritten, daher kann die Kamera nicht mehr scharfstellen. Links: Das Symbol* 1 *markiert die Sensorebene.*

Ebenfalls von Bedeutung bei einem passenden Objektiv für die Makrofotografie ist der Abbildungsmaßstab, der angibt, in welcher Größe das Motiv auf dem Sensor abgebildet werden kann. Ein echtes Makroobjektiv sollte mit einem Abbildungsmaßstab von mindestens 1:1 aufwarten.

Damit wird das Motiv auf dem Sensor genauso groß abgebildet, wie es in Wirklichkeit ist. Ob Sie ein Makroobjektiv benötigen, hängt natürlich auch vom Anwendungszweck ab. Wer gelegentlich ein paar Nahaufnahmen macht, kann es auch mit sogenannten *Nahlinsen* (*Achromaten*) probieren, mit denen Sie den Abstand zwischen der Kamera und dem Motiv verringern, also näher herankommen. Auch sogenannte *Zwischenringe* können einem normalen Objektiv gewisse Makrofähigkeiten verleihen.

Für Nahaufnahmen sind ebenfalls Teleobjektive geeignet. Zwar kommen Sie damit nicht so nah an das Motiv heran, dennoch können Sie große Abbildungsmaßstäbe erzielen. Oftmals ist ein Teleobjektiv sogar die einzige Möglichkeit, eine Nahaufnahme von beispielsweise einem Frosch am Teich zu machen. Mit einem Makro kämen Sie nicht nah genug heran, ohne dass Ihnen der Frosch weghüpft. Und selbst mit Weitwinkelobjektiven können Sie unter Umständen interessante Nahaufnahmen produzieren. Probieren Sie also die vorhandene Ausrüstung aus, bevor Sie sich gleich ein Makroobjektiv kaufen.

7.3.1 Geringe Schärfentiefe

Die größte Schwierigkeit bei der Makrofotografie ist die geringe Schärfentiefe, wenn sich das Motiv nur wenige Zentimeter vor der Linse befindet. Auf der Website *www.dofmaster.com* können Sie sich die Schärfentiefe ausrechnen lassen. Als Beispiel dient ein Makroobjektiv mit 50 mm Brennweite und Blende *f*8, mit dem ich auf 15 cm Abstand zum Motiv gehe. Die Schärfeebene liegt in diesem Fall zwischen 14,9 cm und 15,1 cm, ist also gerade einmal 2 mm breit. In dieser Größenordnung verwackeln Sie die Kamera schon, wenn Sie auslösen. Wenn Sie die Blende auf *f*13 schließen, dann erweitern Sie den Bereich auf 4 mm, riskieren aber auch eine Beugungsunschärfe. Trotzdem bleibt es immer noch ein sehr kleiner Bereich, den Sie wirklich scharfstellen können. Wenn Sie damit ein Insekt oder eine Blume fotografieren, können Sie das

Motiv in der Regel nicht durchgehend scharf abbilden. Sie stellen also einen bestimmten Bereich scharf, und der Rest verschwindet in Unschärfe, was auch sehr malerisch wirken kann.

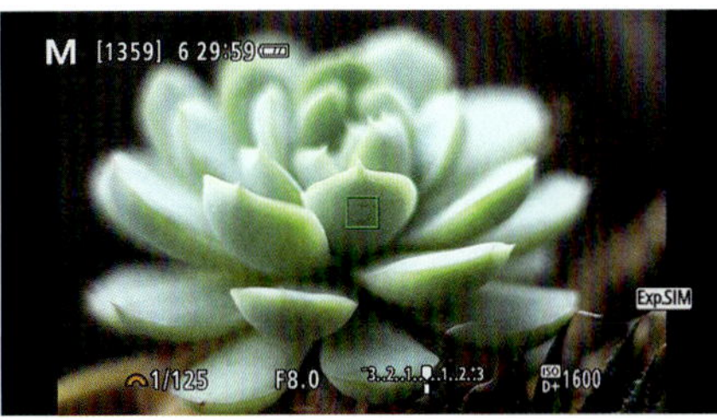

Abbildung 7.8 *Ich fokussierte auf die Mitte dieser Sukkulente. Sie erkennen, dass durch die schräge Anordnung der Kamera zum Motiv nach hinten trotz Blende f8 alles recht schnell unscharf wird.*

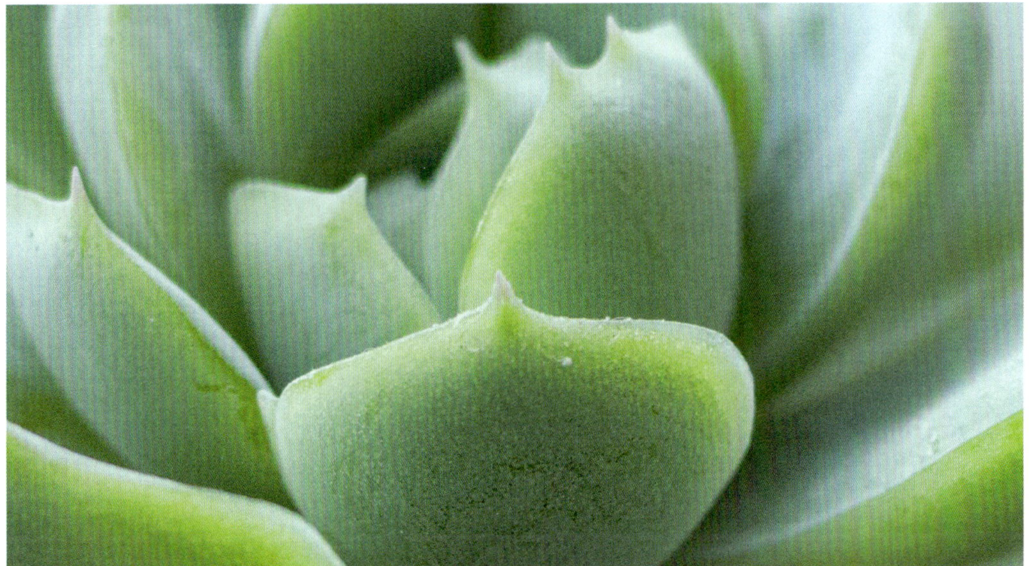

Abbildung 7.9 *Zoomen Sie tiefer in die 1:1-Ansicht, dann sehen Sie, dass bereits das nächste Blatt dahinter, das nur 4 bis 5 mm tiefer lag, unscharf ist. Daran erkennen Sie sehr schön, wie gering der Bereich der Schärfentiefe in der Makrofotografie ist.*

Bei solch kleinen Schärfentiefebereichen wird es sehr schwierig, mit einer offenen Blende wie *f*2,8 zu fotografieren. Schließen Sie die Blende, verlängert sich aber die Belichtungszeit. Dann hängt einiges davon ab, ob Sie aus der Hand fotografieren oder ein Stativ verwenden. Wenn Sie aus der Hand fotografieren, sollten Sie schon mit 1/100 s oder 1/200 s belichten. Bei schnellen Motiven wie einer fliegenden Biene werden noch kürzere Belichtungszeiten notwendig. Dann müssen Sie mit der Blende oder dem ISO-Wert gegensteuern, bis die Belichtungszeit passt.

Bei der Makrofotografie ist ein Stativ empfehlenswert, um nicht zu verwackeln. Weil es sich häufig um Millimeter handelt, die bei der Makrofotografie entscheidend sind, kann sich auch die Anschaffung eines Einstellschlittens für das Stativ lohnen, der sich über Einstellschrauben millimeterweise verschieben lässt. Zusätzlich ist ein Fernauslöser empfehlenswert, um nicht beim Drücken des Auslösers zu verwackeln. Alternativ behelfen Sie sich mit dem 2-Sekunden-Selbstauslöser. Er eignet sich aber natürlich nicht für heranfliegende Bienen oder andere sich bewegende Insekten.

Wenn Sie den Autofokus verwenden wollen, empfiehlt es sich, mit der AF-Betrieb **One-Shot AF** und der AF-Methode **Spot-AF** zu fokussieren. Mit der Lupenfunktion wählen Sie den Bereich an, den Sie scharfstellen wollen. Einfacher ist es allerdings, mit dem manuellen Fokus und den Hilfsfunktionen wie Focus Peaking zu arbeiten. Auch die Möglichkeit, vom **One-Shot AF** Betrieb zum manuellen Fokus zu wechseln, ist sehr empfehlenswert. Das machen Sie, indem Sie **> SHOOT5 > Objektiv Electronic MF** auf **Aktiv. nach One-Shot AF** stellen, womit Sie das Bild mit dem Autofokus scharfstellen und dann am Fokusring manuell nachregeln können.

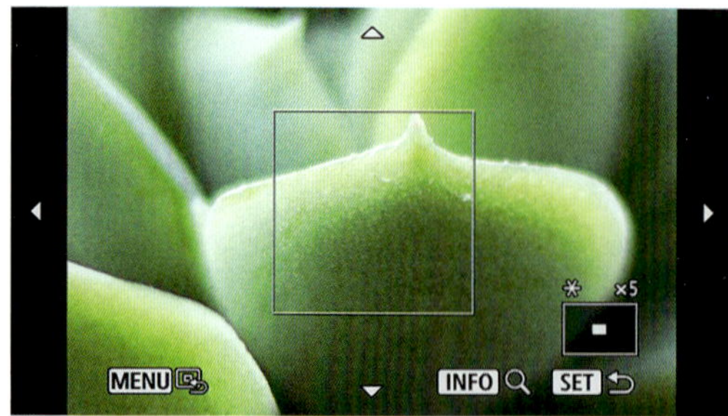

Abbildung 7.10 *Auch die Scharfstellhilfen, hier die Lupe mit fünffacher Vergrößerung, erleichtern die Scharfstellung ungemein*

7.3.2 Durchgehende Schärfe mit Focus Stacking

Bestimmt haben Sie schon Makroaufnahmen von Insekten gesehen, die durchgehend scharf waren, und haben sich gefragt: Wie geht das? Das Prinzip ist einfach: Sie müssen »nur« mehrere Bilder vom selben Motiv aus derselben Position machen, wobei sich der Fokuspunkt bei jedem Bild verschiebt. Auf diese Weise haben Sie viele Einzelbilder, die einen bestimmten Bildbereich des Motivs scharf zeigen. Diese Bilder können Sie dann am Computer mit einer Software wie Photoshop oder einer Spezialsoftware wie Helicon Focus weitestgehend automatisch zusammensetzen. Beim Focus Stacking werden die scharfen Bereiche in einer Aufnahme kombiniert, die dann einen großen Schärfebereich hat.

Viele Kameras bieten für solche Aufnahmen ein sogenanntes *Focus Bracketing* an, bei dem der Fokus automatisch schrittweise um einen bestimmten Abstand verlagert wird. Leider kann die EOS R100 das nicht. Aber Sie können dies jedoch manuell machen, indem Sie den Fokus jeweils schrittweise am Fokusring verlagern. Hierzu müssen Sie zum manuellen Fokus wechseln. Zunächst stellen Sie den zur Kamera naheliegendsten Punkt scharf und lösen aus. Dann drehen Sie leicht am Fokusring, um einen tieferliegenden Punkt scharfzustellen, und lösen erneut aus. Auf diese Weise verlagern Sie den Schärfepunkt schrittweise. Das funktioniert häufig recht gut, aber Sie müssen mit Fehlern durch Verwackler am Fokusring rechnen, an dem Sie die Position um einen Millimeter verschieben. Auch die Schärfelücke von einer Aufnahme zur nächsten könnte ungleichmäßig werden.

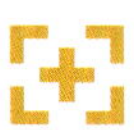

Meine Präferenzen bei der Makrofotografie

Ich mache gern Makrofotos, aber nicht besonders häufig. Daher rentiert sich für mich der Kauf des 85-mm- bzw. 100-mm-Makroobjektivs von Canon nicht. Wer sich allerdings ernsthaft mit der Makrofotografie befassen möchte, der kommt wohl um das Objektiv nicht herum. Ich konnte das RF 100 mm F2,8L Macro IS USM leihweise testen, und es ist schon eine Referenz in diesem Segment. Es macht sich auch sehr gut als Porträtlinse. Allerdings stimmt hier das Preis-Leistungs-Verhältnis nicht mit der EOS R100.

Ich verwende hingegen ein 40 Jahre altes Makroobjektiv von Canon, das ich an die EOS R100 adaptiert habe. Da ich meine Makros ohnehin manuell fokussiere, fahre ich damit sehr gut. Alternativ habe ich auch Zwischenringe, um mit meinen anderen Objektiven möglichst nah an das Motiv zu gelangen. Ein Stativ ist dabei ohnehin Pflicht. Wenn ich einen Focus Stack plane, verwende ich einen Makroschlitten für die Aufnahmen.

Die Blende stelle ich gewöhnlich auf *f*5,6 oder *f*8, und den ISO-Wert halte ich so niedrig wie möglich zwischen 200 und 640. Der Programmmodus ist natürlich **M**. Gewöhnlich fokussiere ich ohnehin manuell. Wenn ich mal **One-Shot AF** zum Fokussieren verwende, dann nutze ich auch auf die Einstellung **> SHOOT5 > Objektiv Electronic MF** auf **Aktiv. nach One-Shot AF** und verwende die Lupe, um so kleinere Bereiche anvisieren zu können.

7.4 Straßenfotografie

Die Straßenfotografie ist ein kontroverses Thema, weil man dabei oft in rechtliche Grauzonen gelangt, Grenzen überschreitet und die Privatsphäre verletzt. Diese Aspekte sollten Sie unbedingt beachten, aber ich will mich hier auf den Einsatz der EOS R100 in der Straßenfotografie konzentrieren. Da die EOS R100 zusammen mit einer Festbrennweite wie 28 mm oder 35 mm eine verhältnismäßig kleine und leichte Kamera ist, eignet sie sich hervorragend für die Straßenfotografie, die eine sehr anspruchsvolle Disziplin ist: Sie müssen oft schnell reagieren, um einen besonderen Moment festzuhalten, und haben daher wenig Zeit, sich mit den Einstellungen der Kamera zu befassen. Darum sollten Sie bereits im Voraus Ihre Einstellungen festlegen.

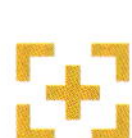

Typische Einstellungen für die Straßenfotografie

- Programmmodus: **Av**, **M** oder **Tv** (auch **P**)
- Brennweite ab 28 mm bis 35 mm (aber auch 50 mm)
- flexibler ISO-Wert
- kürzere Belichtungszeit wie 1/125 s oder kürzer
- mittlere bis größere Blendenzahl (geschlossen Blende) wie *f*5,6 oder *f*8
- **AF-Betrieb**: **Servo AF** oder **MF** (mit Focus Peaking)
- **AF-Methode**: **+Verfolg.**, **Einzelfeld AF** oder **AF-Messfeldwahl in Zone**
- **Betriebsart**: **Einzelbild** oder **Reihenaufnahme**

Zunächst müssen Sie entscheiden, welchen Programmmodus Sie verwenden wollen. **Av**, **M** oder **Tv** bieten sich an. Es gibt aber auch Streetfotograf*innen, die **P** als Programmmodus verwenden und dann die gewünschte Blenden-Belichtungszeit-Kombination durch den Programm-Shift anpassen. Entscheiden Sie selbst, wie Sie bildgestalterisch eingreifen wollen. Egal, welchen Programmmodus Sie verwenden, Sie sollten immer die Belichtungszeit im Auge behalten. Es empfiehlt sich, eine Belichtungszeit von 1/125 s oder (besser) kürzer anzupeilen. Damit vermeiden Sie die Gefahr, dass Personen, die Sie häufig im Vorbeigehen fotografieren, unscharf dargestellt werden. Natürlich kann eine gewisse Unschärfe im Motiv auch für Spannung und Dynamik im Bild sorgen.

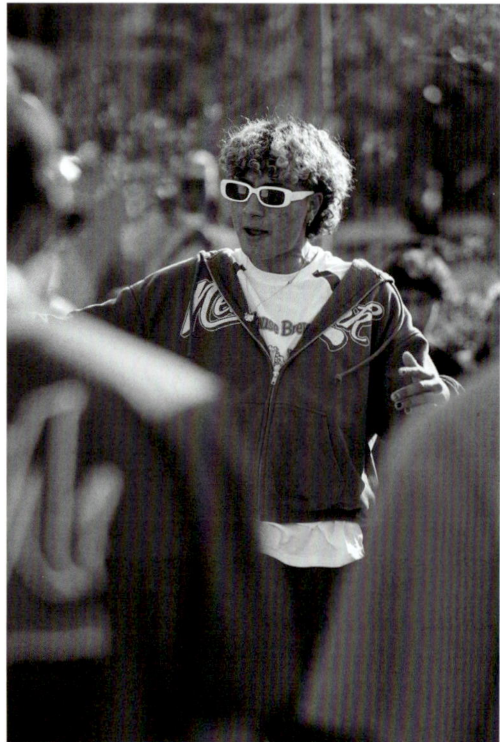

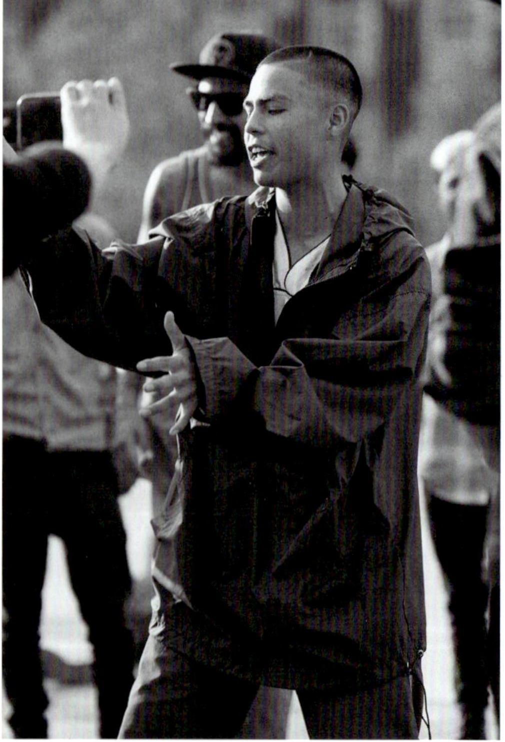

Abbildung 7.11 *Dank einer ausreichend kurzen Belichtungszeit wurden die schnell gestikulierenden Personen scharf abgebildet.*

85 mm | *f*2,8 | 1/1000 s | ISO 100 | Bildstil: Monochrom

85 mm | *f*2,8 | 1/800 s | ISO 100 | Bildstil: Monochrom

Auch beim ISO-Wert sollten Sie großzügig sein, weil sich bei der Straßenfotografie ständig die Belichtung ändern kann. Bei Tageslicht können Sie den ISO-Wert bei 400 bis 800 belassen. In der Dämmerung müssen Sie schon mal auf 6.400 hochgehen. Es bietet sich die Regelung über Auto-ISO an, wo Sie auch gleich eine Mindestverschlusszeit von 1/125 s einstellen können.

Der Blendenwert ist eine Frage des Geschmacks. Allerdings muss es auf der Straße oft sehr schnell gehen, und mit einer Blende wie *f*2 wird es schwer, den Fokuspunkt schnell richtig zu setzen. Daher ist es oftmals sicherer, auf die geringere Schärfentiefe zu verzichten und die Blende etwas zu schließen. Es gibt nicht wenige Streetfotografen, die der Meinung sind, ein Streetfoto sollte eine möglichst große Schärfentiefe haben. Eine Blende von *f*5,6 bis *f*8 ist dafür eine gute Wahl. Wer grelles Sonnenlicht mit harten Schatten bevorzugt, der kann auch mal mit Blende *f*8 oder gar *f*9 mit einer Belichtungszeit von 1/500 s und einem ISO-Wert von 400 oder 640 fotografieren. Damit entstehen Straßenbilder mit Hell-Dunkel-Kontrasten.

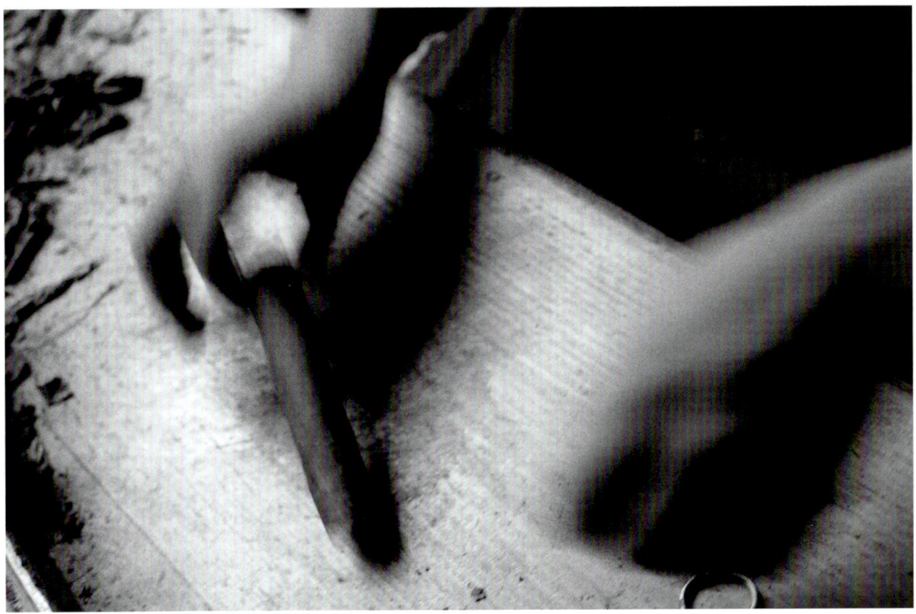

Abbildung 7.12 *Hier habe ich eine längere Belichtungszeit verwendet, wodurch das Bild eine gewisse Dynamik erhält.*
28 mm | *f*4 | 1/30 s | ISO 400 | Bildstil: Monochrom

Das Fokussieren in der Straßenfotografie ist sehr anspruchsvoll. Es bieten sich mehrere Strategien an. Eine ist es, den AF-Betrieb auf **Servo AF** und die **Betriebsart** auf **Reihenaufnahme** zu stellen. Mit dem kontinuierlichen Autofokus und der Reihenaufnahme von drei Bildern klappt es in der Regel sehr gut. Natürlich können Sie auch ohne die schnellere Reihenaufnahme fotografieren.

Und die Augen-/Gesichtserkennung mit **+Verfolg.** ist auch bei der Straßenfotografie zusammen mit **Servo AF** recht hilfreich. Oftmals reicht allerdings die Zeit gar nicht aus, um kontrolliert zu fokussieren. Daher ist es hilfreich, sich eine Fokuszone einzurichten: Stellen Sie dafür die Blende auf *f*5,6 bis *f*8, und verwenden Sie den manuellen Fokussiermodus **MF**. Aktivieren Sie das Focus Peaking (siehe Abschnitt 4.4.2, »Focus Peaking für das manuelle Fokussieren verwenden«), und drücken Sie den Auslöser, wenn die gewünschte Person farblich durch das Peaking hervorgehoben wird. Hier bietet es sich auch an, einen monochromen Bildstil zu verwenden, um die farbliche Hervorhebung vom Focus Peaking besser erkennen zu können. Der Vorteil bei dieser Strategie ist, dass Sie schneller Bilder machen können, ohne sich überhaupt Gedanken um die Fokussierung machen zu müssen. Allerdings bedarf diese Strategie auch ein wenig Übung, um ein Gefühl für den Abstand zu bekommen.

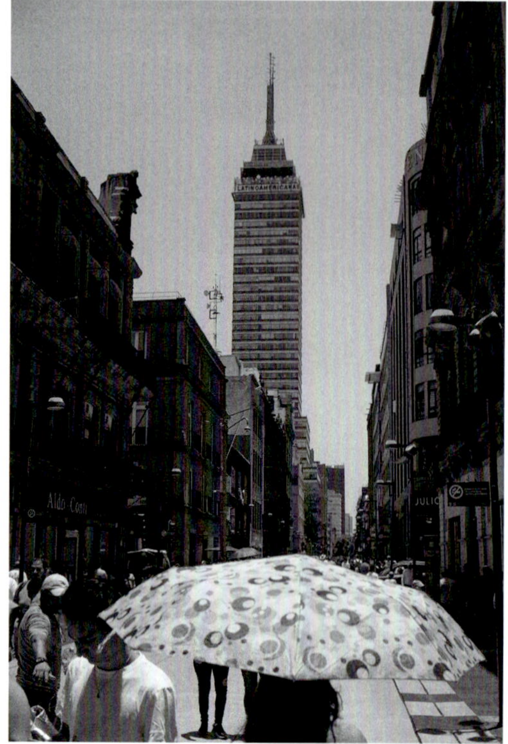

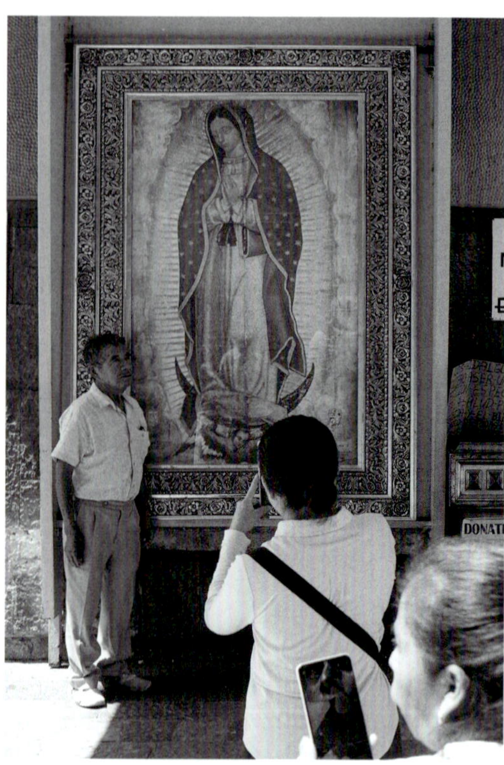

Abbildung 7.13 *Solche Aufnahmen lassen sich mit weiter geschlossener Blende und einer schnelleren Belichtungszeit im Vorbeigehen bzw. aus der Bewegung heraus realisieren.*

28 mm | *f*5,6 | 1/640 s | ISO 100 | Bildstil: Monochrom

28 mm | *f*5,6 | 1/250 s | ISO 400 | Bildstil: Monochrom

Häufig werden bei der Straßenfotografie Festbrennweiten eingesetzt. Der Vorteil ist, dass sie kleiner und unauffälliger sind, und vor allem verlieren Sie damit keine Zeit beim Zoomen. Für die EOS R100 würden sich Brennweiten von 28 mm bis hoch zu 50 mm anbieten.

7.5 Architekturfotografie

Vieles, was ich für die Landschaftsfotografie beschrieben habe, können Sie für die Architekturfotografie übernehmen. Die Unterschiede sind nicht groß. Allerdings stoßen Sie bei der Architekturfotografie auf ein Problem, das bei der Landschaftsfotografie keine oder nur eine geringe Rolle spielt: die stürzenden Linien. Diese treten besonders bei weitwinkligen Objektiven auf.

Stehen Sie beispielsweise vor Häuserwänden, großen Toren oder einer ganzen Skyline, scheint es, als würden die Linien nach innen stürzen. Der Effekt verstärkt sich, je näher Sie am Objekt stehen und die Kamera dadurch zwangsläufig häufig nach hinten kippen müssen. Stürzende Linien treten besonders bei weitwinkligen Objektiven auf. Technisch gesehen haben die stürzenden Linien nichts mit der Nähe oder dem Objektiv zu tun. Wenn Sie theoretisch den Kamerasensor parallel zum Gebäude ausrichten könnten, was in der Praxis recht selten möglich sein dürfte, dann gäbe es auch keine stürzenden Linien.

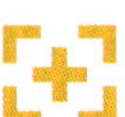

Typische Einstellungen für die Architekturfotografie

- Programmmodus: **M**
- Brennweite ab 10 mm bis 35 mm
- Aufnahmen vom Stativ (sicherheitshalber den Bildstabilisator deaktivieren)
- niedriger ISO-Wert
- große Blendenzahl (geschlossene Blende) wie *f*8 für eine hohe Schärfentiefe
- **Fokussiermodus: MF**
- **Betriebsart: Einzelbild**

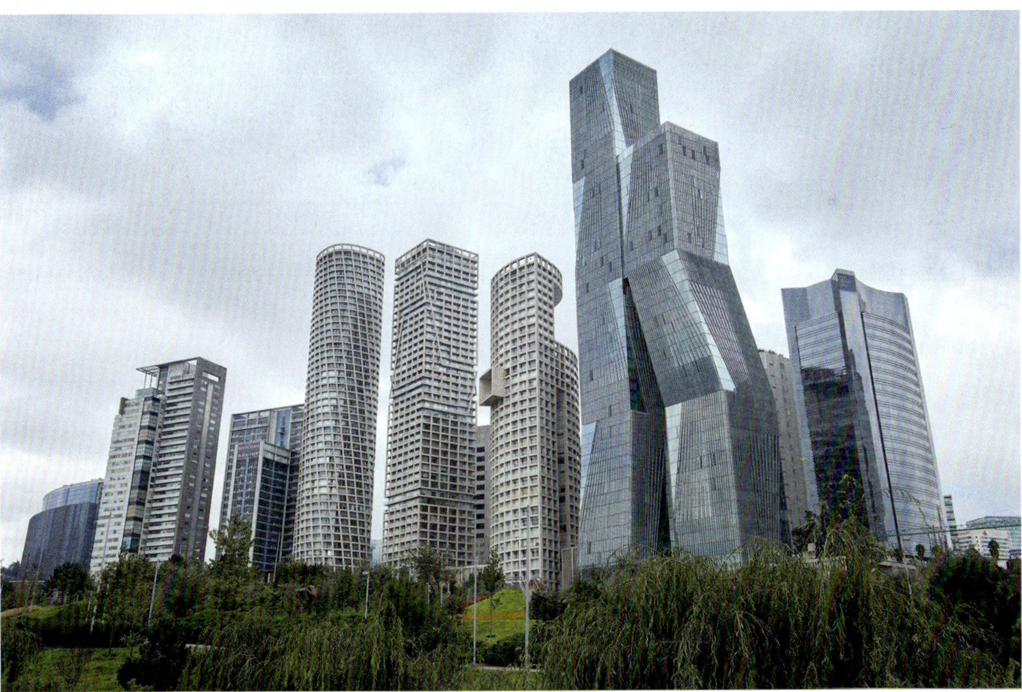

Abbildung 7.14 *Stürzende Linien, das Problem in der Architekturfotografie*

18 mm | *f*8 | 1/250 s | ISO 200

Um das Problem mit den stürzenden Linien zu beheben, gibt es mehrere Möglichkeiten:

- **Kamera parallel zum Motiv ausrichten:** Je paralleler Sie den Bildsensor der Kamera zum Motiv ausrichten können, umso weniger werden Sie stürzende Linien erhalten. Auch eine waagerechte Haltung zum Objekt ist wichtig, weil eine leichte Drehung der Kamera das Motiv noch mehr verzerrt.
- **Abstand zum Motiv vergrößern:** Erweitern Sie den Abstand zum Motiv, und fotografieren Sie es möglichst mittig. Das ist nicht immer möglich. Wenn doch, benötigen Sie für gewöhnlich kein weitwinkliges Objektiv. Das hat den zusätzlichen Vorteil, dass Normalbrennweiten weniger Verzeichnung aufweisen als Weitwinkelobjektive. Einen höheren Standort einzunehmen, annähernd an das Level mit dem Bauwerk, schwächt den Effekt ebenfalls ab. Allerdings hilft es Ihnen nicht weiter, ein Bauwerk von einem noch höheren Standpunkt aus zu fotografieren, denn dann stürzen die Linien einfach in die andere Richtung.
- **Tilt-Shift-Objektiv:** Mit einem Tilt-Shift-Objektiv können Sie die Verzerrung bereits vor der Aufnahme korrigieren. Als Ergebnis erhalten Sie gerade Linien. Solche Objektive haben allerdings ihren Preis und dürften im Zusammenhang mit der eher günstigen EOS R100 unverhältnismäßig sein.
- **Nacharbeit am Computer:** Viele Raw-Konverter und Bildbearbeitungsprogramme bieten verschiedene Möglichkeiten, die Perspektive von schiefen Linien zu korrigieren. Sie sollten allerdings dann schon beim Fotografieren etwas Raum um das Gebäude bzw. Motiv lassen, weil durch das Geraderücken am Computer auch Bildbereiche entfernen werden.

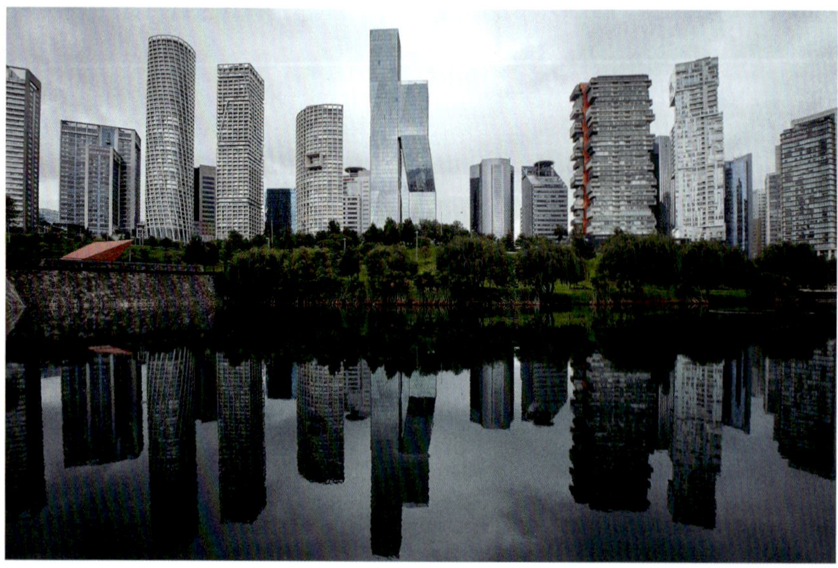

Abbildung 7.15 *Hier habe ich den Abstand zum Motiv deutlich vergrößert. Zwar sind immer noch stürzende Linien vorhanden, aber nicht mehr so dominant.*

11 mm | *f*8 | 1/125 s | ISO 100

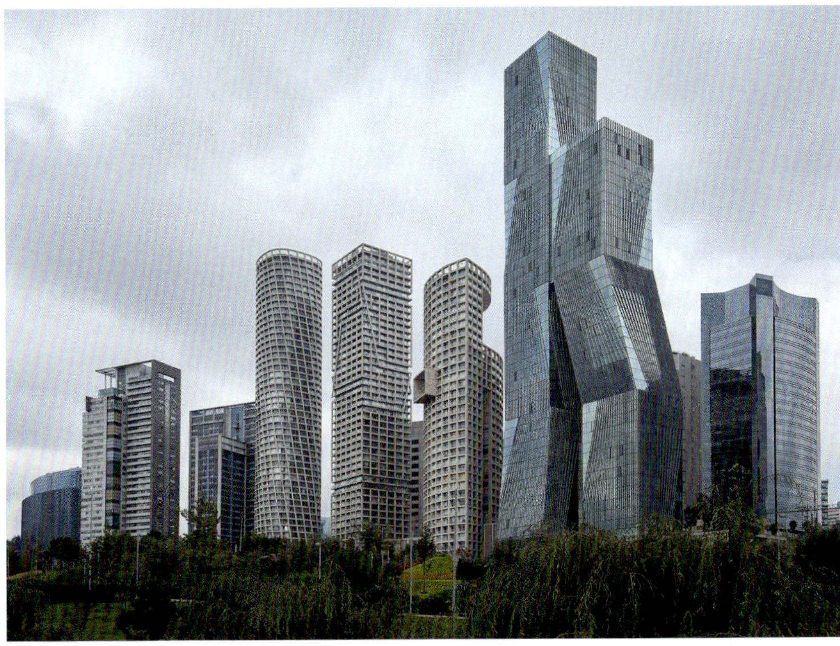

Abbildung 7.16 *Diese Aufnahme (siehe Abbildung 7.14) habe ich nachträglich am Computer gerade ausgerichtet.*

Auch bei der Architekturfotografie hängt die Belichtungseinstellung stark vom vorhandenen Licht ab (Tageslicht, Sonnenstand, Aufnahme in einem Gebäude etc.). Am Tag haben Sie oft mit Schatten zu kämpfen. Im linken Bild von Abbildung 1.18 kam z. B. das Sonnenlicht beim Altar der Kirche direkt von oben, wodurch alles außen herum etwas dunkler wirkt. In solchen Fällen können Sie entweder das Bild ein wenig überbelichten, so wie ich es im rechten Bild von Abbildung 1.18 gemacht habe, oder Sie erstellen eine Belichtungsreihe über [Kamera-Symbol] > **SHOOT1** > **Beli.korr./AEB** und fügen die Bilder am Computer zu einem HDR-Bild zusammen.

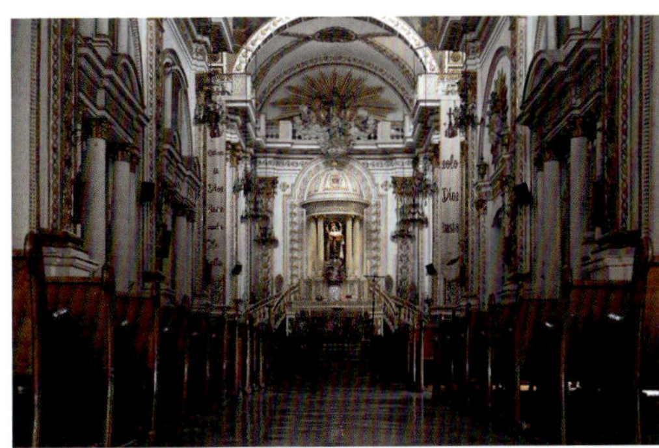

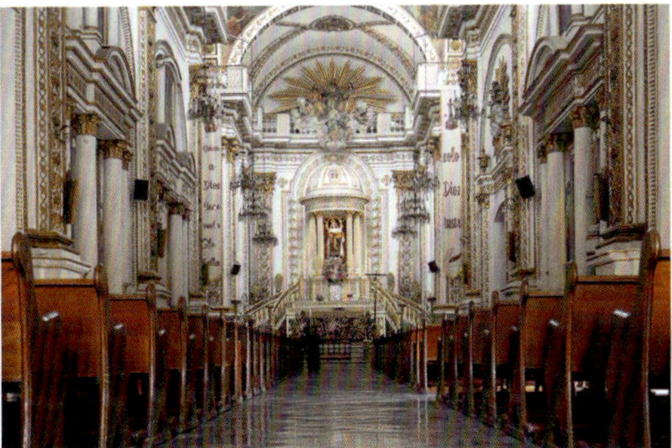

Abbildung 7.17 *Links: Schwierige Aufnahmesituation: Die Sonne kommt direkt von oben über dem Altar, und das Bild drumherum wirkt dadurch recht dunkel. Es ist korrekt belichtet, aber nicht jedem gefällt das Ergebnis. Rechts: Bei dieser Aufnahme habe ich leicht (+1 EV) überbelichtet, um die dunklen Schatten etwas aufzuhellen.*

31 mm | *f*5,6 | 1/5 s | ISO 100 | vom Stativ aufgenommen

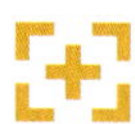

Architekturaufnahme mit Normalbrennweiten – meine Empfehlung

Wenn ich kein Objektiv mit einem Weitwinkel dabeihabe und trotzdem eine Architekturaufnahme machen will, dann erstelle ich mehrere Bildausschnitte der Architektur im Hochformat mit einer Überlappung von 30 bis 40 % und füge sie anschließend mit der Panoramafunktion am Computer zusammen. Dabei nutze ich auch gleich den Vorteil, dass die Verzeichnung mit einer Normalbrennweite geringer ist. Für die Aufnahmereihe müssen Sie mit einem Stativ arbeiten und die Belichtung manuell fix einstellen.

7.6 Action- und Sportfotografie

Wenn es um die Action- und Sportfotografie geht, ist die EOS R100 eher gemütlich unterwegs. Zwar verspricht die **Betriebsart** mit **Reihenaufnahme** ca. 6,5 Bilder pro Sekunde, allerdings ist dies nur im **AF-Betrieb One-Shot AF** möglich oder eben im manuellen Fokussiermodus. Beim **AF-Betrieb** mit **Servo AF** beträgt die Geschwindigkeit bei der Reihenaufnahme nur noch 3,5 Bilder in der Sekunde. Gerade bei Action- und Sportaufnahmen verwendet man in der Regel aber häufig **Servo AF** als **AF-Betrieb**.

Wie lange Sie mit durchgedrücktem Auslöser und (sinnvollerweise) kontinuierlichem Autofokus (**Servo AF**) eine Serienaufnahme durchführen können, hängt davon ab, ob Sie JPEG bzw. Raw, cRaw oder JPEG und Raw aufnehmen. Je länger Sie den Auslöser durchdrücken, desto langsamer wird mit der Zeit die Kamera. Langsamer, weil die Daten vom internen Puffer auf die Speicherkarte übertragen werden müssen. Sie erkennen dies, wenn die Kontrollleuchte rot leuchtet.

Als AF-Methode für sich bewegende Motive bietet sich entweder **+Verfolg.** oder **AF-Messfeldwahl in Zone** an. Damit die EOS R100 mit den schnellen Bewegungen des Motivs Schritt halten kann und das Motiv immer scharfgestellt ist, sollten Sie den **AF-Betrieb** auf **Servo AF** einstellen. Wenn Sie den Auslöser halb herunterdrücken, wird das anvisierte Motiv kontinuierlich fokussiert und bleibt auch im Fokus, wenn Sie die Reihenaufnahme starten. Auf diese Weise, mit **Servo AF** und der **Reihenaufnahme** als **Betriebart**, holen Sie das Maximum aus der EOS R100 bei Action- und Sportaufnahmen heraus.

Die wichtigste Einstellung, um die Bewegung von schnellen Motiven einzufrieren, ist die Belichtungszeit. Oft wird in der Sport- und Actionfotografie eine Belichtungszeit von 1/500 s und kürzer angepeilt. Wollen Sie beispielsweise beim Schwimmen oder Turmspringen einzelne Wassertropfen einfrieren, benötigen Sie sogar etwa 1/2500 s. Für die Sportfotografie bietet sich daher die Zeitvorwahl **Tv** an, in der Sie die Belichtungszeit vorgeben können und die Kamera die übrigen Parameter für Sie einstellt. Natürlich können Sie auch den manuellen Programmmodus verwenden und alles selbst festlegen.

Der ISO-Wert hängt von der Tageszeit und vom verfügbaren Umgebungslicht ab. Wie immer sollten Sie versuchen, ihn möglichst niedrig zu halten. Da aber die Belichtungszeit Priorität hat, werden Sie hinsichtlich des ISO-Wertes speziell bei schlechten Lichtverhältnissen, wie in einer Halle, in den sauren Apfel beißen und den Wert höher stellen müssen. In der Zeitvorwahl **Tv** passt die Kamera zwar auch die Blende automatisch an, aber auch dabei gibt es ein Limit. Verwenden Sie ein Objektiv wie das RF 70–200 mm, das sich hervorragend für die Sportfotografie eignet, ist bei *f*2,8 Schluss. Und dieser Wert ist bei 1/500 s und schlechten Lichtverhältnissen schnell erreicht.

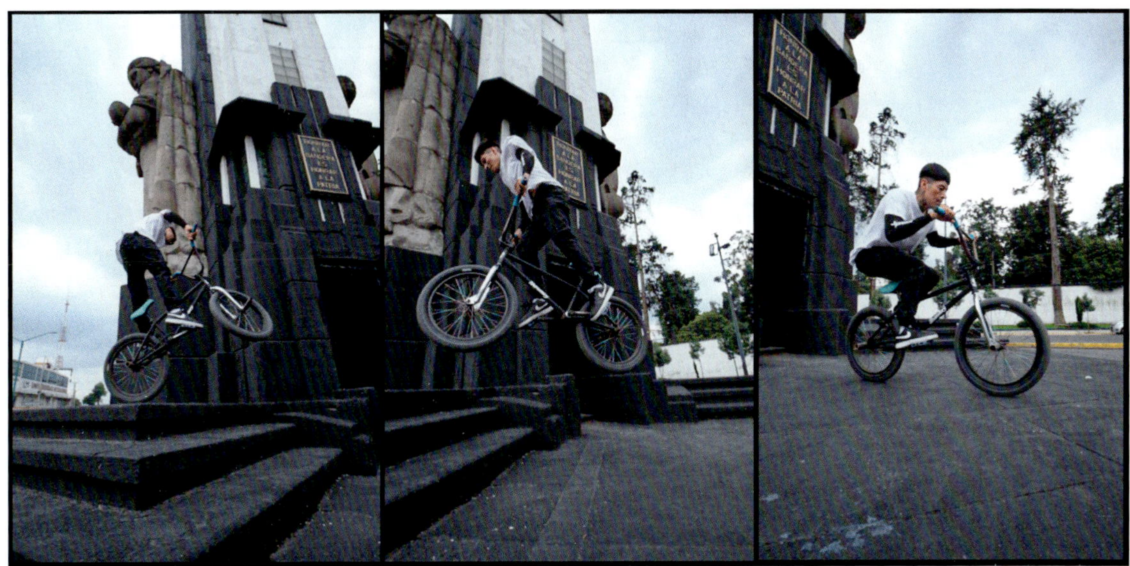

Abbildung 7.18 *Für schnelle Actionsportarten wie BMX sind Reihenaufnahmen mit 3,5 Bilder in der Sekunde mitsamt* ***Servo AF*** *bedingt machbar. Hier wünscht man an sich häufig mehr Bilder in der Sekunde. Als* ***AF-Methode*** *habe ich hier* ***AF-Messfeldwahl in Zone*** *verwendet. Allerdings ist die EOS R100 auch nicht wirklich für solche Genres gemacht.*
18 mm | *f*8 | 1/640 s | ISO 1.000

Das wäre dann auch gleich ein weiterer wichtiger Punkt in der Action- und Sportfotografie: Das Objektiv, das Sie verwenden, sollte lichtstark sein. Gerade bei Hallensport ist das Umgebungslicht oft nicht optimal, sodass Sie mit einer höheren Lichtstärke mehr Spielraum haben und den ISO-Wert nicht gleich auf das Maximum stellen müssen. Solche Objektive haben allerdings auch ihren Preis.

Wollen Sie hingegen Mitzieher fotografieren, um die Schnelligkeit und Dynamik einer Sportart zu betonen, benötigen Sie eine etwas längere Belichtungszeit. Bei dieser Art Aufnahme fokussieren Sie auf eine bestimmte Position des sich bewegenden Objektes, verfolgen es mit der Kamera und starten dann die Serienaufnahme. Mitzieher erfolgreich umzusetzen, ist nicht so einfach, und es bedarf viel Übung, sie zu perfektionieren.

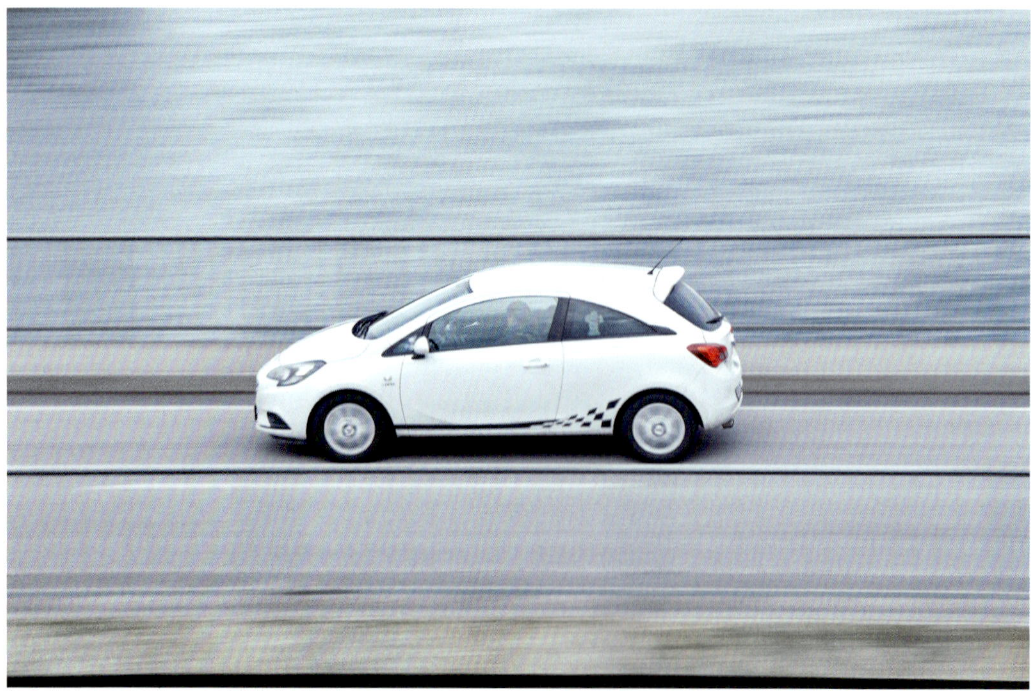

Abbildung 7.19 *Hier habe ich einen klassischen Mitzieher aufgenommen. Dafür habe ich eine relativ lange Belichtungszeit mit 1/30 s eingestellt. Dann habe ich das Auto mit* ***Servo AF*** *dauerhaft fokussiert und mit ihm im Fokus meinen Oberkörper mitgedreht und den Auslöser durchgedrückt.*

90 mm | *f*8 | 1/30 s | ISO 100

7.7 Fotografieren mit Blitz

Ein externer Blitz ist ein sehr hilfreiches Zubehör, wenn es um das Aufhellen einzelner Motivbereiche geht, wie z. B. bei Motiven am Tag mit Gegenlicht oder bei schlechten Lichtverhältnissen. Die EOS R100 bietet einen eingebauten Blitz, mit dem Sie zumindest bei schwachen Lichtverhältnissen für mehr Licht sorgen können. Für ernsthafte Arbeiten empfehlen sich dann in der Regel leistungsfähigere Geräte. In diesem Abschnitt erfahren Sie, wie Sie die verschiedenen Blitzoptionen der EOS R100 in der Praxis verwenden können.

7.7.1 Den internen Blitz der EOS R100 verwenden

Die Verwendung des eingebauten Blitzgerätes ist einfach: Klappen Sie den Blitz manuell nach oben. Im Sucher oder auf dem Display wird der Blitzmodus mit einem Symbol über der Belichtungszeit angezeigt. Steht hier **BUSY**, bedeutet dies, dass der Blitz aufgeladen wird. Zum Einklappen drücken Sie den Blitz wieder nach unten, bis er im Gehäuse einrastet.

Die Blitzautomatik macht das Blitzen zum Kinderspiel. Allerdings sollten Sie sich bewusst sein, dass Sie mit diesem Blitz nur frontal auf Ihr Motiv blitzen können – Dreh- und Schwenkmöglichkeiten gibt es nicht. Durch die kleine Leuchtfläche entsteht leider häufig ein hartes Licht. Abhängig vom verwendeten Objektiv und vom Abstand zum Motiv kann beim Einsatz des eingebauten Blitzes das Objektiv auch einen unschönen Schatten am unteren Rand der Aufnahme werfen. Dennoch ist es damit natürlich möglich, gelungene Blitzaufnahmen zu gestalten, wie Sie in den folgenden Abschnitten erfahren werden.

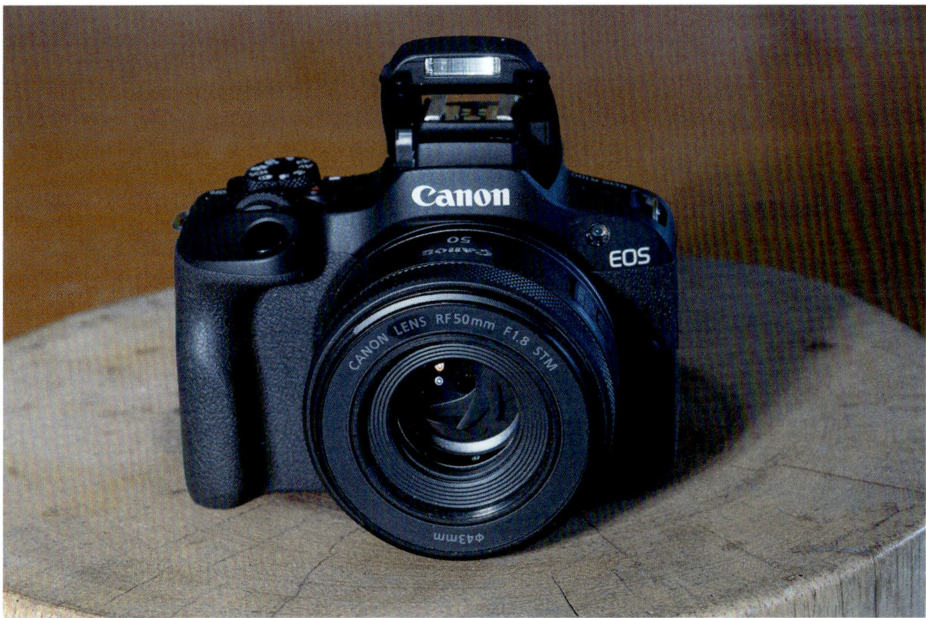

Abbildung 7.20 *Der in der EOS R100 integrierte aufklappbare Blitz*

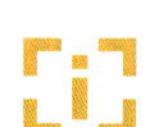

Blitzsteuerung im Kameramenü einstellen

Wenn Sie den internen Blitz hochklappen oder einen externen Blitz aufstecken, können Sie in der Regel loslegen, den Auslöser durchzudrücken, und es wird geblitzt. Natürlich können Sie die Blitzeinstellungen vom internen bzw. von einem externen Blitz steuern. Darauf wird in den folgenden Abschnitten etwas genauer eingegangen. Generell finden Sie alle Funktionen für das Blitzen im Kameramenü über **> SHOOT2 > Blitzsteuerung**.

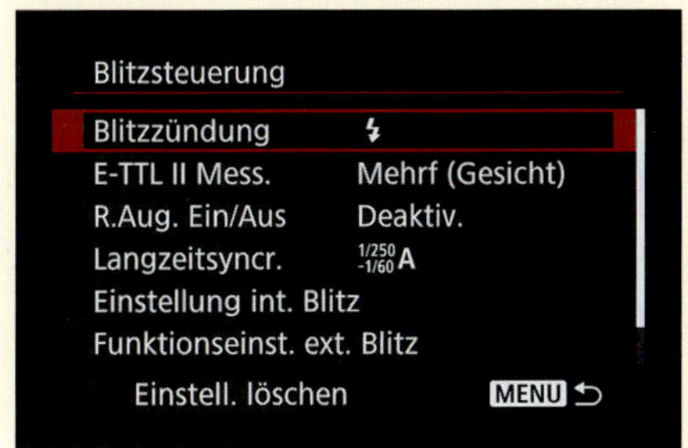

Abbildung 7.21 *Die Befehle für die Blitzsteuerung mit der EOS R100*

In den Programmmodi **P**, **Tv**, **Av** und **M** finden Sie zudem abhängig vom Blitzgerät zusätzliche Funktionen. Für den internen Blitz finden Sie **Einstellung int. Blitz** und für einen externen Blitz **Funktionseinst. ext. Blitz**. Canon Speedlites und andere kompatible Blitze für Canon bieten zudem noch spezielle Funktionen an, die Sie häufig im Bereich **C.Fn-Einst. ext. Blitz** anpassen können. Die folgenden Abschnitte beschreiben das Blitzen mit der EOS R100 im Allgemeinen. Auf die einzelnen Funktionseinstellungen eines externen Blitzes bzw. Canon Speedlites wird hier nicht eingegangen. Diese Beschreibung können Sie aus der Anleitung der EOS R100 von der Website *https://cam.start.canon/de/C015/* entnehmen.

7.7.2 Blitzzündung einstellen

Ob ein Blitz zum Einsatz kommen soll oder nicht, können Sie mit **> SHOOT2 > Blitzsteuerung > Blitzzündung** einstellen. Zur Auswahl steht **Zünden** (Standardeinstellung), womit der Blitz immer ausgelöst wird, oder **Aus**, womit dieser deaktiviert ist. Im Programmmodus **P** finden Sie zudem noch die Option **Automatisch zünden**. Damit wird je nach Aufnahmebedingung der Blitz automatisch ausgelöst. Diese Funktion erreichen Sie auch über die Kreuztaste nach rechts mit dem Blitz-Symbol.

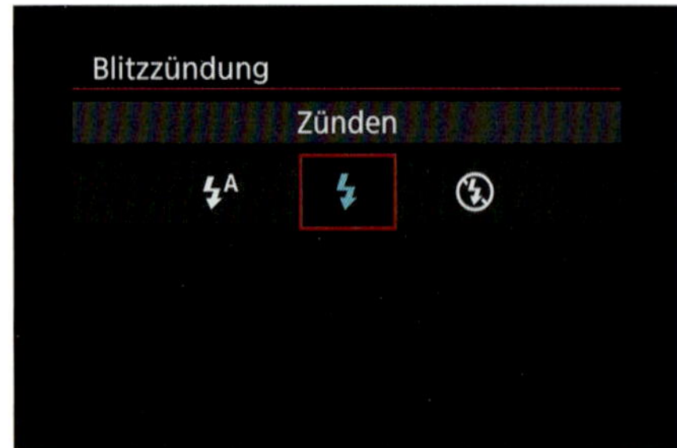

Abbildung 7.22 *Hier können Sie festlegen, ob ein Blitz auslösen darf oder nicht. Im Programmmodus* ***P*** *finden Sie mit* ***Automatisch zünden*** *eine Automatik dazu.*

7.7.3 E-TTL II-Blitzmessung

Welche Blitzstärke erforderlich ist, um das Motiv gut zu belichten, misst die EOS R100 mit E-TTL II vor jeder Aufnahme. E-TTL bedeutet *Evaluative Through The Lens* (Belichtungsmessung durch das Objektiv). Wenn Sie den Auslöser herunterdrücken, wird kurz vor der eigentlichen Aufnahme ein Messblitz mit geringer Intensität ausgesendet. Die Kamera kann so die Belichtungssituation des Motivs analysieren und auf dieser Basis die korrekte Blitzstärke bestimmen. Diese Informationen werden für die Hauptauslösung an den Blitz gesendet, sodass beim eigentlichen Auslösen eine ausgewogene Beleuchtung erreicht wird.

Mit **> SHOOT2 > Blitzsteuerung > E-TTL II Mess.** finden Sie eine Art Belichtungsanpassung für den Blitz in drei verschiedenen Optionen vor:

- **Mehrf (Gesicht)**: Diese Messung ist für das Blitzen von Personen geeignet. Das klappt zwar nicht immer wie gewünscht, aber in der Regel ist diese Option sehr gut geeignet, wenn Sie eine Person mit dem Blitzlicht fotografieren.

- **Mehrfeld**: Diese Blitzmessung eignet sich dafür, wenn Sie eine Reihenaufnahme mit mehreren Bildern hintereinander machen wollen.
- **Integral**: Mit dieser Messung wird die Blitzbelichtung für die gesamte Szene ermittelt.

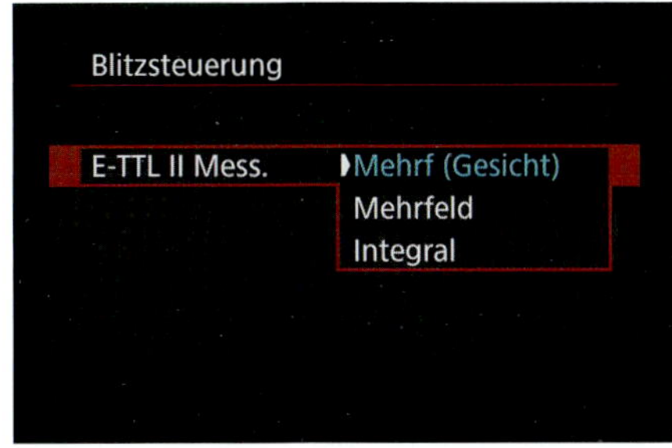

Abbildung 7.23 *Verschiedene E-TTL-Blitzmessungen zur Auswahl*

7.7.4 Die Rote-Augen-Korrektur

Wenn das Blitzgerät recht nah an der optischen Achse des Objektivs liegt, kommt es schnell zu roten Pupillen bei Personen. Gerade beim eingebauten Blitz ist eben genau dieser geringe Abstand vorhanden. Um den Effekt zu reduzieren, bietet die EOS R100 im Menü **> SHOOT2 > Blitzsteuerung > R.Aug. Ein/Aus** eine Option an.

Rote Augen können natürlich auch nachträglich am Computer entfernt werden. Jedes gängige Bildbearbeitungsprogramm bietet diese Funktion an. Sogar intern in der Kamera können Sie nachträglich über **> PLAY3 > Rote-Augen-Korr.** Rote Augen entfernen. Wählen Sie hierzu einfach das Bild mit der SET-Taste aus, und die Automatik kümmert sich um die roten Augen. Daraufhin können Sie das Bild als neue Datei abspeichern.

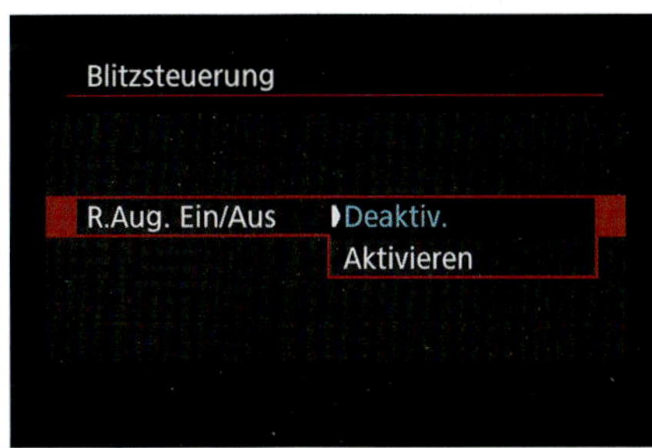

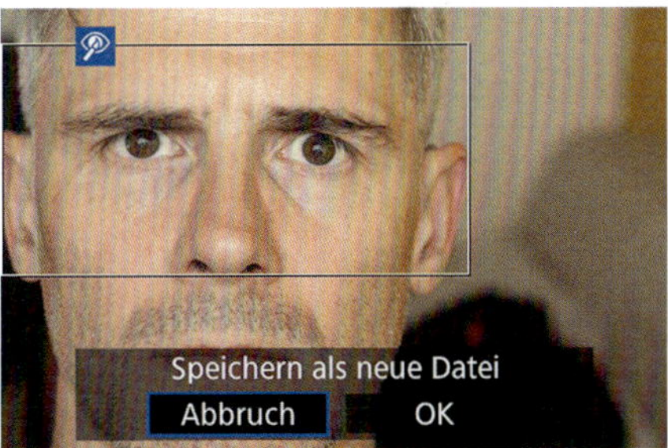

Abbildung 7.24 *Links: Die Funktion, mit der Sie rote Augen vermeiden. Rechts: Rote Augen-Korrektur nachträglich im Wiedergabemodus der EOS R100.*

7.7.5 Verschluss-Synchronisation

Auch die Verschluss-Synchronisation des internen oder externen Blitzes können Sie jederzeit über **> SHOOT2 > Blitzsteuerung > Einstellung int. Blitz** oder **> SHOOT2 > Blitzsteuerung > Funktionseinst. ext. Blitz** anpassen. Hierbei können Sie auswählen, ob der Blitz sofort nach dem

Öffnen des Verschlusses zündet (**1.Verschluss**), was auch die Standardeinstellung ist. Alternativ können Sie den Blitz auch am Ende der Belichtungszeit zünden (**2.Verschluss**). Diese Einstellung macht sich vor allem bei langen Belichtungszeiten und bewegten Motiven bemerkbar. Bei unbewegten Motiven hat diese Einstellung keinen Einfluss auf das Bild.

In den folgenden Abbildungen bewegt sich ein Auto mit Licht von rechts nach links, und ich habe eine längere Belichtungszeit (1 s) bei der Aufnahme verwendet. Sie entscheiden nun, ob das sich bewegende Objekt am Anfang der Belichtung (**1.Verschluss**) oder am Ende der Belichtung (**2.Verschluss**) eingefroren werden soll. Das müssen Sie berücksichtigen, weil ein sich bewegendes Objekt am Anfang der Belichtung natürlich eine andere Position hat als am Ende. In der Praxis eignen sich die beiden Programmmodi **Tv** und **M** am besten dafür, eine längere Belichtungszeit einzustellen, um den gewünschten Effekt zu erzielen.

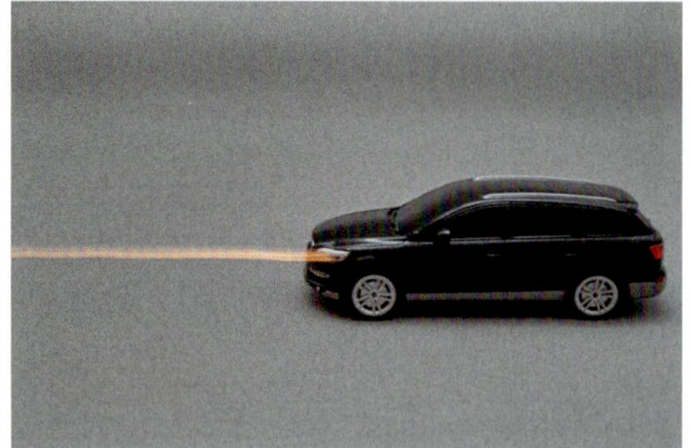

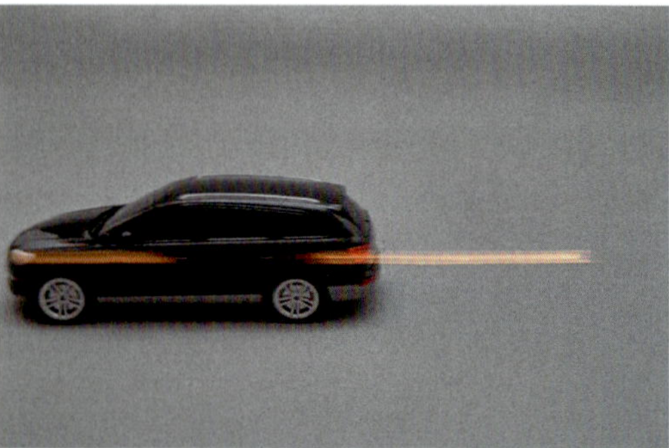

Abbildung 7.25 *Links: Das ferngesteuerte Auto mit dem Licht ist bei einer Sekunde Belichtungszeit von rechts nach links gefahren. Den Blitz habe ich auf den* ***1.Verschluss*** *gezündet. Es scheint so, als würde das Auto rückwärtsfahren. Rechts dasselbe Motiv, nur habe ich hier den* ***2.Verschluss*** *für die Blitzsynchronisation verwendet. Die Motivbewegung inklusive Lichtspuren hat nun eine komplett andere Wirkung bekommen.*

7.7.6 Blitzen in der Praxis

Auch beim Blitzen steuern Sie mit der Blende die Schärfentiefe, und mit der Belichtungszeit haben Sie das Verwacklungsrisiko im Griff. Allerdings gelten andere Regeln, wenn es z. B. völlig dunkel ist. In der Dunkelheit können Sie mithilfe des Blitzes problemlos mit einer Belichtungszeit von mehr als einer Sekunde noch ein perfektes Bild aus der Hand von sich bewegenden Motiven fotografieren. Der Grund ist einfach, wenn man bedenkt, dass die Blitzleuchtdauer häufig sehr kurz im Gegensatz zur Belichtungszeit ist. Bei kurzen Blitzzeiten spielt es kaum eine Rolle, wie lang die Belichtungszeit der Kamera ausfällt. Dies gilt natürlich nur dann, wenn ein Motiv in der Dunkelheit angeblitzt wird, es also keine anderen Lichtquellen gibt.

In der Praxis werden Sie aber wohl eher selten Bilder in der dunkelsten Nacht machen. Daher gilt auch beim Fotografieren mit Blitz: Ist die Belichtungszeit zu lang, besteht die Gefahr der Bewegungsunschärfe. Diese zeigt sich in Form eines Schleiers (siehe Abbildung 7.26).

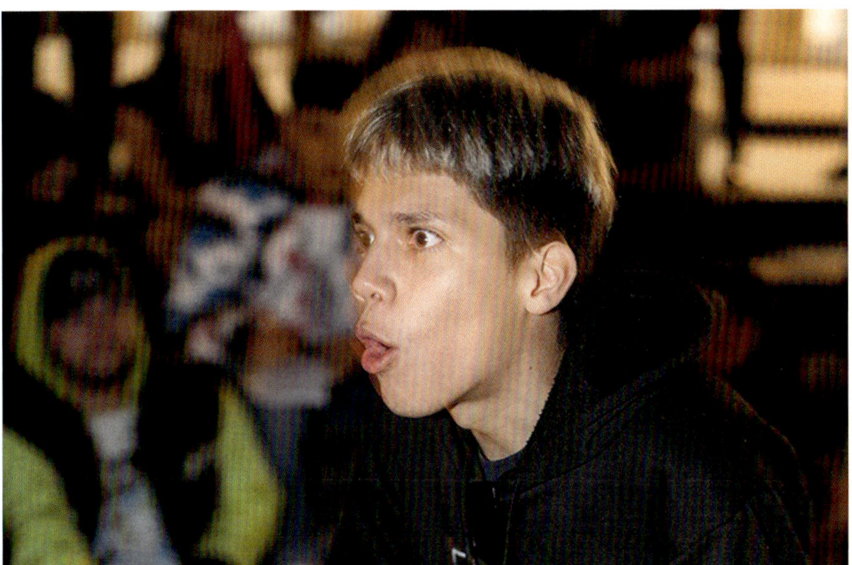

Abbildung 7.26 *Durch die schnellen Bewegungen des Rappers und die kurze Belichtungszeit (1/25 s) entstand dieser Schleier beim Blitzen.*

50 mm | *f*2 | 1/25 s | ISO 1.600

Für ein ordentliches Blitz-Ergebnis bei normalem Umgebungslicht (also nicht in völliger Dunkelheit) steuern Sie einfach wie gewohnt die Belichtung mit Belichtungszeit, Blende und ISO-Wert. Je mehr Umgebungslicht Sie zulassen, umso weniger hart wird das Motiv angeblitzt oder »verblitzt«, weil die E-TTL-Steuerung immer versuchen wird, ein korrekt belichtetes Ergebnis zu erzeugen. Mit der Belichtungszeit beeinflussen Sie häufig entscheidend, wie viel des vorhandenen Umgebungslichts beim Blitzen im Bild sichtbar gemacht wird.

Der ISO-Wert beim Blitzen

Natürlich spielt der ISO-Wert beim Blitzen eine wichtige Rolle. Mit einem höheren ISO-Wert verstärken Sie das Signal, wodurch der Blitz weniger stark arbeiten muss und mit der gleichen Leistung eine größere Reichweite hat. So können Sie auch mit einer ISO-Erhöhung zum selben Ergebnis kommen wie mit der Verlängerung der Belichtungszeit. Wie immer gilt: Behalten Sie das Rauschen im Blick.

Generell gilt: Wenn Sie einen Canon-kompatiblen Blitz mit der E-TTL-Funktion verwenden und die E-TTL-Funktion aktiv ist, dürften Sie mit den Programmmodi **P**, **Tv** und **Av** selten ein Problem mit der Blitzautomatik haben. Gewöhnlich kümmert sich E-TTL gemäß den eingestellten Werten für ISO, Blende und Belichtungszeit um eine passende Blitzleistung und somit auch um eine ordentliche Belichtung. Natürlich kommen weitere Dinge hinzu wie der Abstand zum Objekt, die Tageszeit, das Umgebungslicht und die Leistung des Blitzes selbst.

Zudem muss klar sein, dass das Ergebnis beim Blitzen, bei dem die Kamera und der Blitz immer versuchen, eine normale Belichtung zu erreichen, nicht dem entsprechen kann, wie die Situation im Augenblick der Aufnahme tatsächlich ist. »Ordentlich« und »normal« muss nicht Ihrem künstlerischen Empfinden entsprechen. Ist die Blitzleistung doch einmal zu stark oder zu schwach, können Sie sie in der Kamera mit **> SHOOT2 > Blitzsteuerung > Einstellung int. Blitz** oder **> SHOOT2 > Blitzsteuerung > Funktionseinst. ext. Blitz** in 1/3-Stufen anpassen. Die Anpassung der Leistung wird im Sucher bzw. auf dem Display gleich neben dem Blitz-Symbol angezeigt. Alternativ können Sie die Blitzleistung anpassen, indem Sie die Kreuztaste nach links mit dem Blitz-Symbol drücken und das Hauptwahlrad drehen.

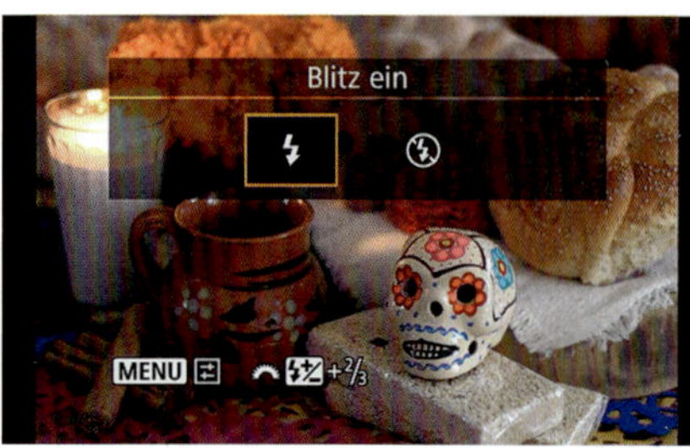

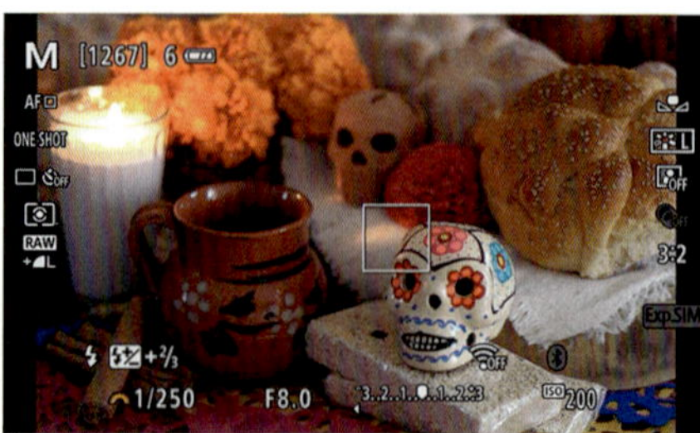

Abbildung 7.27 *Die Blitzleistung beim E-TTL-Blitzen können Sie in 1/3-Stufen anpassen. Die Anpassung der Blitzleistung (hier:* ***+2/3****) wird gleich neben dem Blitz-Symbol angezeigt.*

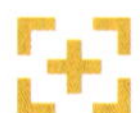

Die Blitzleistung speichern

Um Motive zu blitzen, die nicht mittig liegen, kann es manchmal sinnvoll sein, die Blitzleistung zu speichern. Dies können Sie in den Programmmodi **P**, **Tv**, **Av** und **M** machen. Richten Sie die Kamera mittig auf das Motiv, und speichern Sie die Blitzleistung mit der ✱-Taste. Neben dem Blitz-Symbol im Display wird nun ein ✱ angezeigt. Schwenken Sie dann den Bildausschnitt und lösen Sie mit der gespeicherten Blitzleistung aus. Diese **FE-Speicherung** funktioniert natürlich nur solange, wie Sie einen Blitz verwenden. Ansonsten ist diese Taste standardmäßig mit der Belichtungsspeicherung (**AE-Speicherung**) belegt. Dies gilt allerdings generell nur, wenn Sie die Funktion von der ✱-Taste nicht verändert haben.

7.7.7 Langzeitsynchronisation in den Modi Av und P

In den Programmmodi **Av** und **P** wird die Belichtungszeit automatisch so eingestellt, dass das Fotografieren ohne Verwacklung möglich ist. Das Ergebnis hängt stark von der Lichtumgebung ab. Die Belichtungszeit entscheidet darüber, wie viel Umgebungslicht mit aufgenommen wird.

In den Programmmodi **P** und **Av** gibt es bei der EOS R100 mit einer minimalen Belichtungszeit von 1/60 s ein hartes Limit, das nicht unterschritten wird. Das kann bei dunklen Aufnahmen am Abend oder in der Nacht dazu führen, dass ein Motiv trotz Blitzen unterbelichtet wird. Wenn Sie längere Belichtungszeiten benötigen, sollten Sie im Modus **Tv** oder **M** fotografieren.

Oder Sie verwenden die Langzeitsynchronisation **> SHOOT2 > Blitzsteuerung > Lanzeitsynchr.**, indem Sie den Wert von **1/250-1/60Sek. automatisch** auf **1/250-30Sek. automatisch** stellen.

Diese Einstellung sorgt dafür, dass die Belichtungszeit lang genug ist, damit auch der Hintergrund ordentlich belichtet wird. Diese Methode eignet sich perfekt, um eine Lichtstimmung trotz Blitzlicht zu erhalten. Allerdings kann es dabei passieren, dass die Belichtungszeit recht lang wird und es dadurch wieder etwas schwerer ist, aus der Hand ohne Verwacklungen zu fotografieren. Aber auch dieser Effekt der schwebenden Verwacklung kann durchaus gewollt sein.

Sollte die Belichtungszeit zu lang werden, können Sie mit der Belichtungskorrektur unterbelichten. Der Blitz zündet dann mit mehr Leistung, aber in der Entfernung fällt das Licht stärker ab, wodurch wiederum ein dunklerer Hintergrund entsteht. Sie können aber auch die Entfernung zum Motiv vergrößern, um den gleichen Effekt zu erzielen.

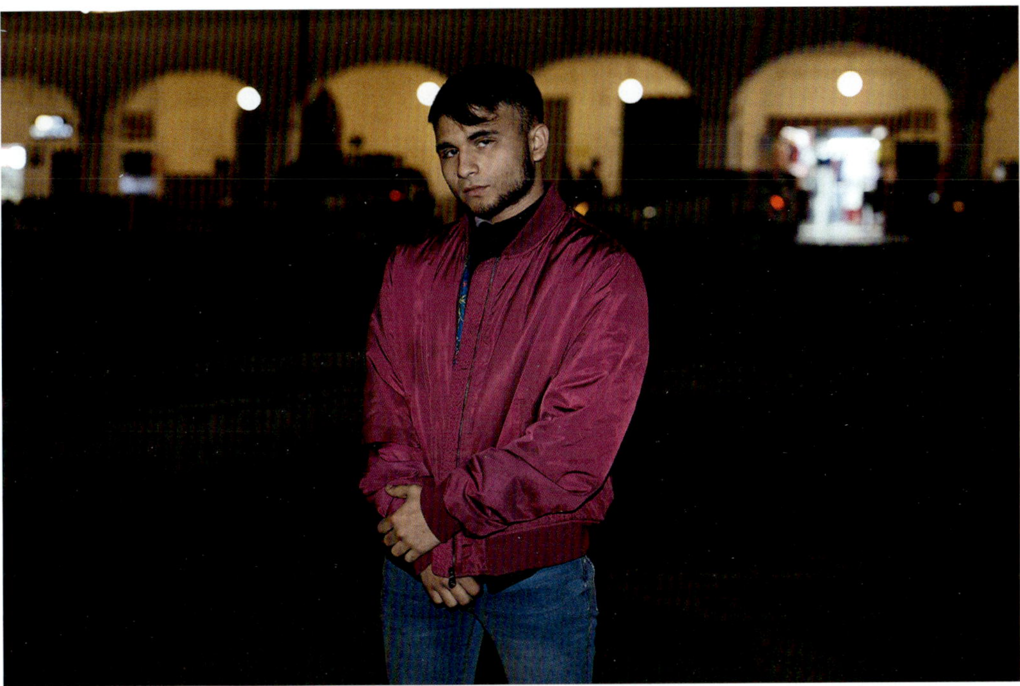

Abbildung 7.28 *Bei diesem Bild habe ich bei einer Belichtungszeit von 1/100 s geblitzt. Das Motiv ist recht hart belichtet, und die Lichtstimmung des Umgebungslichtes passt nicht mehr so recht. Der Hintergrund ist zu dunkel geworden.*

Hierzu nochmals die drei Werte von 📷 > **SHOOT2** > **Blitzsteuerung** > **Lanzeitsynchr.** für die Programmmodi **Av** und **P** in der Übersicht:

- **1/250-30Sek. automatisch**: Die Blitzsynchronzeit wird je nach Umgebungslicht automatisch auf 1/250 s bis 30 s gestellt. Dieser Wert eignet sich gut bei sehr dunklen Lichtverhältnissen, um auch den vorhandenen Hintergrund hinter dem Motiv zu erfassen.
- **1/250-1/60Sek. automatisch**: Damit stellen Sie sicher, dass die Belichtungszeit bei schwacher Beleuchtung nicht zu lange wird. Außerdem vermeiden Sie Verwackler oder Unschärfen beim Motiv. Bei dunkler Umgebung kann hierbei der Hintergrund recht dunkel werden.

- **1/250 Sek. (fest)**: Diese Einstellung eignet sich noch besser, damit es zu keinen Verwacklern oder unscharfen Motiven kommt. Natürlich wird bei dunkler Umgebung der Hintergrund noch dunkler. Oft sieht man dann in der Dunkelheit nur noch das geblitzte Motiv.

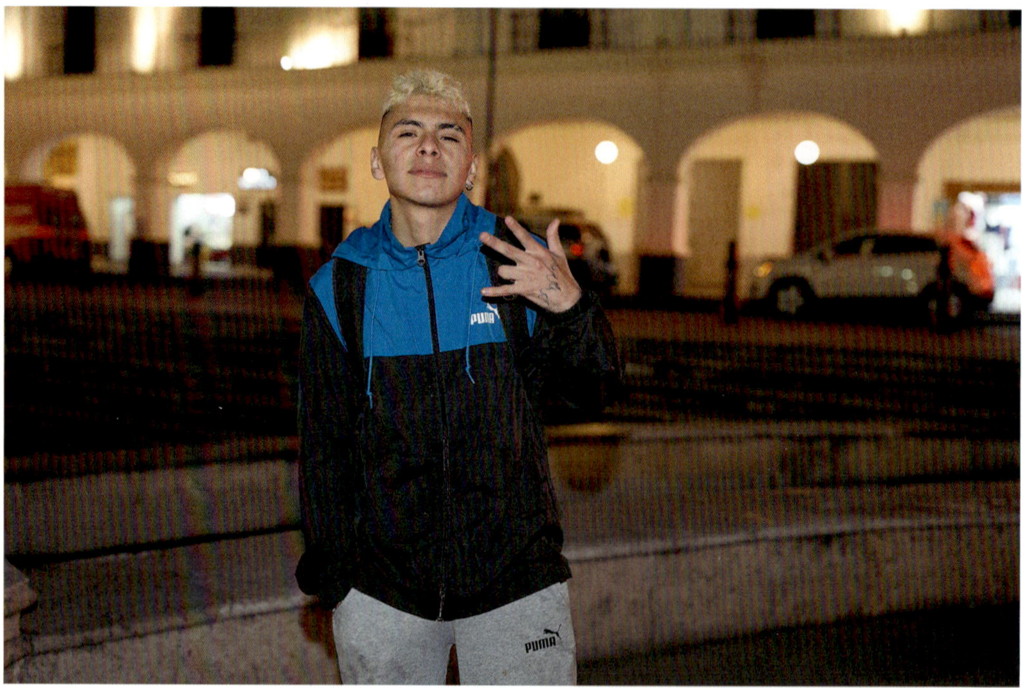

Abbildung 7.29 *Dieselbe Location mit einem anderen jungen Mann. Diesmal mit* ***1/250-30Sek. automatisch*** *und einer Belichtungszeit von 1/8 s, wodurch der Hintergrund wesentlich »stimmiger« belichtet aussieht.*

7.7.8 Blitzen im Programmmodus Tv

Wenn Sie im Programmmodus **Tv** blitzen, versucht die Kamera, zur eingestellten Belichtungszeit die passende Blende zu ermitteln. Der Blitz dient somit als Aufhelllicht. In diesem Modus haben Sie zudem eine gute Kontrolle darüber, wie das Motiv und das Umgebungslicht erfasst werden sollen. Bei einer kürzeren Belichtungszeit wird weniger vom natürlichen Umgebungslicht mit aufgenommen. Hierbei können Sie sogar den Hintergrund komplett ins Schwarz abtauchen lassen, was bei einigen Aufnahmen durchaus ein interessanter Effekt ist.

Bei längeren Belichtungszeiten hat das vorhandene Umgebungslicht einen stärkeren Einfluss auf das Bild. Natürlich bedeutet eine längere Belichtungszeit auch, dass bewegte Motive gegebenenfalls verwackeln. Häufig ist diese Verwacklung der Umgebung sogar gewollt, um den Fokus stärker auf das Motiv zu lenken.

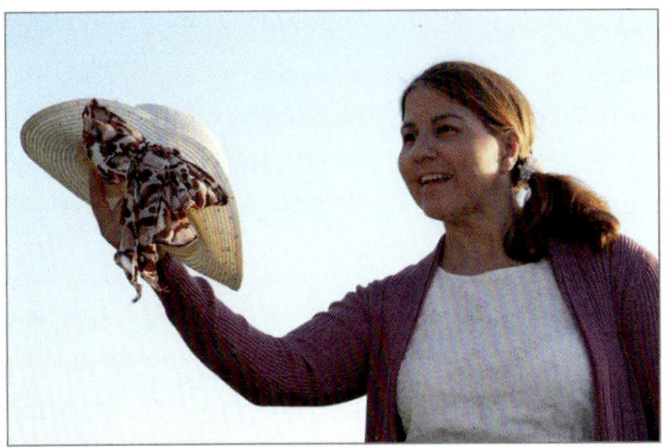

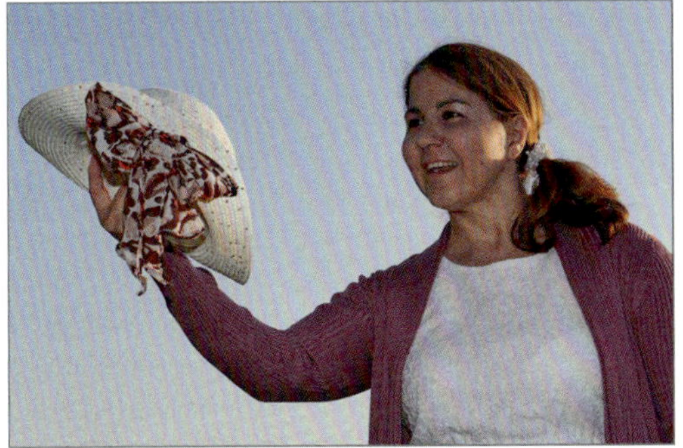

Abbildung 7.30 *Links: Eine klassische Gegenlichtaufnahme, die ich direkt mit einer kurzen Belichtungszeit von 1/40 s fotografiert habe. Durch die längere Belichtungszeit ist das Umgebungslicht recht hell geraten. Rechts: Dasselbe noch einmal, nur habe ich jetzt die Belichtungszeit deutlich verkürzt (1/180 s), wodurch weniger Umgebungslicht (bzw. hier das Licht von hinten) im Bild enthalten ist. Das Bild ist so wesentlich stimmiger und der Hintergrund realistischer.*

7.7.9 Blitzen im Programmmodus M

Beim Blitzen im Programmmodus **M** haben Sie die meiste Freiheit. Sie können die Blende beliebig einstellen und auch eine lange Belichtungszeit von 30 s bis hin zur Synchronzeit von 1/250 s wählen. Wollen Sie noch länger belichten, können Sie auch den Bulb-Modus zum Blitzen verwenden. Wenn der Blitz HSS unterstützt, wird diese Funktion bei kürzeren Belichtungszeiten automatisch aktiviert.

7.7.10 Blitzsynchronzeit und HSS

Ich habe bereits die *Blitzsynchronzeit* erwähnt. Das ist die kürzestmögliche Belichtungszeit beim internen Blitzen und beträgt bei der EOS R100 genau 1/250 s. In allen Programmmodi wird die EOS R100 daher niemals eine kürzere Belichtungszeit anbieten. Sollten Sie damit z. B. bei Tageslicht an die Grenzen stoßen, können Sie die Blende schließen oder den ISO-Wert reduzieren. Reicht dies nicht aus, können Sie auch einen ND-Filter aufschrauben.

ND-Filter beim Blitzen

Wenn mit 1/250 s die Blitzsynchronzeit erreicht wurde, der ISO-Wert auf ein Minimum von 100 gestellt ist und Sie trotzdem mit offener Blende fotografieren wollen, um eine geringere Schärfentiefe bei einer Porträtaufnahme zu erzielen, dann kann die Verwendung eines neutralen ND-Filters eine Lösung sein. Je nach Stärke des ND-Filters schluckt dieser einige Blendenstufen an Licht, und Sie können damit am Tag trotzdem mit offener Blende und einer Blitzsynchronzeit von 1/250 s fotografieren, ohne überzubelichten. ND-Filter können Sie natürlich auch ohne Blitz einsetzen, um z. B. Wasser oder Personen verwischen zu lassen.

Abhilfe schafft die *High-Speed-Synchronisation* (*HSS*), die auch von der EOS R100 unterstützt wird. Damit können Belichtungszeiten von bis zu 1/4000 s mit Blitz realisiert werden. Allerdings hängt diese Unterstützung auch vom verwendeten Blitzgerät ab. Der eingebaute Blitz der EOS R100 beherrscht z. B. kein HSS.

Um bei HSS-fähigen Blitzgeräten diese Funktion zu aktivieren, stellen Sie im Kameramenü **> SHOOT2 > Blitzsteuerung > Funktioneinst. ext. Blitz** die Einstellung auf **Hi-Speed-Synchronisation**. Dank HSS können Sie nun auch mit offener Blende bei Tageslicht blitzen, ohne die Blitzsynchronisationszeit beachten zu müssen.

Der Trick bei HSS ist, dass der Blitz permanent, während des gesamten Verschlussvorgangs, kurze Impulse abfeuert. Dadurch wird während dieser Zeit das Motiv konstant beleuchtet, und das Problem mit zu kurzen Belichtungszeiten ist behoben. Der Nachteil bei HSS ist, dass Sie nicht mit der vollen Blitzleistung arbeiten können, weshalb sich Reichweite und Blitzstärke bei HSS etwas verringern.

Reicht die Blitzleistung mithilfe von HSS nicht mehr aus, bleibt immer noch die Option, ohne HSS mit einem aufgeschraubten ND-Filter zu fotografieren. Diese schluckt abhängig von seiner Stärke eine Menge Licht, wodurch Sie sich trotz offener Blende innerhalb der Blitzsynchronisationszeit bewegen können.

7.8 Langzeitbelichtung

Bei der Langzeitbelichtung geht es darum, durch eine möglichst lange Belichtungszeit zur gewünschten Aufnahme zu kommen. Mit der Langzeitbelichtung können Sie z. B. kreative und spektakuläre Aufnahmen von glatten Wasserflächen, mystisch wirkenden Wasserfällen, Feuerwerk, Wolkenbewegungen oder vom Sternenhimmel machen. Unter einer langen Belichtungszeit versteht man eine Belichtungszeit von mehreren Sekunden. Voraussetzung dafür ist in der Regel eine feste und unbewegliche Unterlage für die Kamera wie ein Stativ. Auch den Bildstabilisator können Sie dann sicherheitshalber deaktivieren. Für die Langzeitbelichtung mit der EOS R100 empfehle ich Ihnen, den Programmmodus **M** zu verwenden, obgleich es auch mit der Zeitvorwahl **Tv** funktionieren würde. Aber dann haben Sie den Nebeneffekt, dass die Kamera den Blendenwert für Sie einstellt.

Abbildung 7.31 *Im Modus **BULB** wird die Dauer der Belichtungszeit hochgezählt.*

In der Zeitvorwahl **Tv** können Sie eine Langzeitbelichtung bis maximal 30 s über das Hauptwahlrad einstellen. Im manuellen Modus **M** können Sie ebenfalls maximal 30 s für die Belichtungszeit einstellen. Drehen Sie das Hauptwahlrad im Modus **M** noch weiter gegen den Uhrzeigersinn, steht hier **BULB**. In diesem Fall belichten Sie so lange, wie Sie den Auslöser gedrückt halten. Die Option ist wegen der Verwacklungsgefahr nicht ideal, daher würde ich auch hier einen Fernauslöser mit einer Feststelltaste empfehlen. Auch die Belichtungsskala auf der rechten Seite verschwindet, wenn Sie die Kamera in den Modus **BULB** stellen.

7.8.1 Langzeitbelichtung in der Nacht

Die Schwierigkeit bei der Langzeitbelichtung ist es, nicht zu lange und nicht zu kurz Licht auf den Sensor fallen zu lassen. Die ISO-Einstellung können Sie auf den geringsten Wert (100) setzen. Die Blende sollten Sie für eine große Schärfentiefe schließen. Ein Wert von *f*8 bis maximal *f*11 dürfte gut geeignet sein, weil Sie dadurch auch die Beugungsunschärfe im Griff haben. Ich gehe immer auf Nummer sicher und verwende meistens *f*8. Haben Sie den ISO-Wert und die Blende eingestellt, ist es nun ein leichtes Unterfangen, die Belichtungszeit mit dem Hauptwahlrad im manuellen Programmmodus festzulegen, bis Sie mit dem Balken auf der Belichtungsskala auf 0 kommen. Das Histogramm können Sie als Hilfe einblenden. Das Scharfstellen kann manuell oder mit **One-Shot AF** erfolgen. Für das Auslösen empfehle ich, wie schon erwähnt, den Selbstauslöser oder gleich einen Fernauslöser.

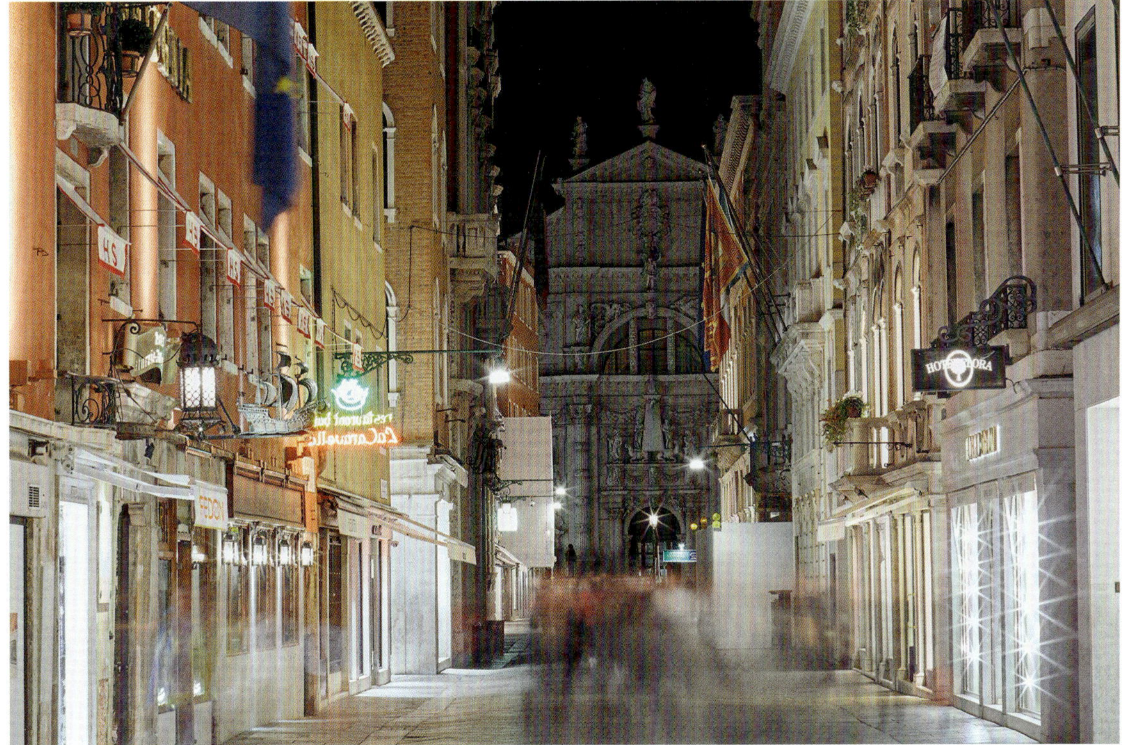

Abbildung 7.32 *Eine klassische Langzeitbelichtungsaufnahme*

90 mm | *f*11 | 15 s | ISO 100

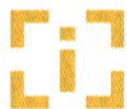

Fotografieren bei Nacht ohne Langzeitbelichtung

Sie können bei Nacht auch Bilder ohne Stativ und Langzeitbelichtung machen, wenn Sie den ISO-Wert erhöhen, bis die Belichtungszeit lang genug ist, um – mit Bildstabilisator – aus der Hand fotografieren zu können. Ziel bei einer Langzeitbelichtung bei Nacht ist allerdings auch, den ISO-Wert so niedrig wie möglich zu halten, um Bildrauschen zu vermeiden.

7.8.2 Langzeitbelichtung am Tag

Mit einer Langzeitbelichtung am Tag können Sie Personen auf belebten Plätzen verschwinden lassen, fließendes Wasser und Wasseroberflächen glätten oder ziehenden Wolken eine gewisse Dynamik verleihen.

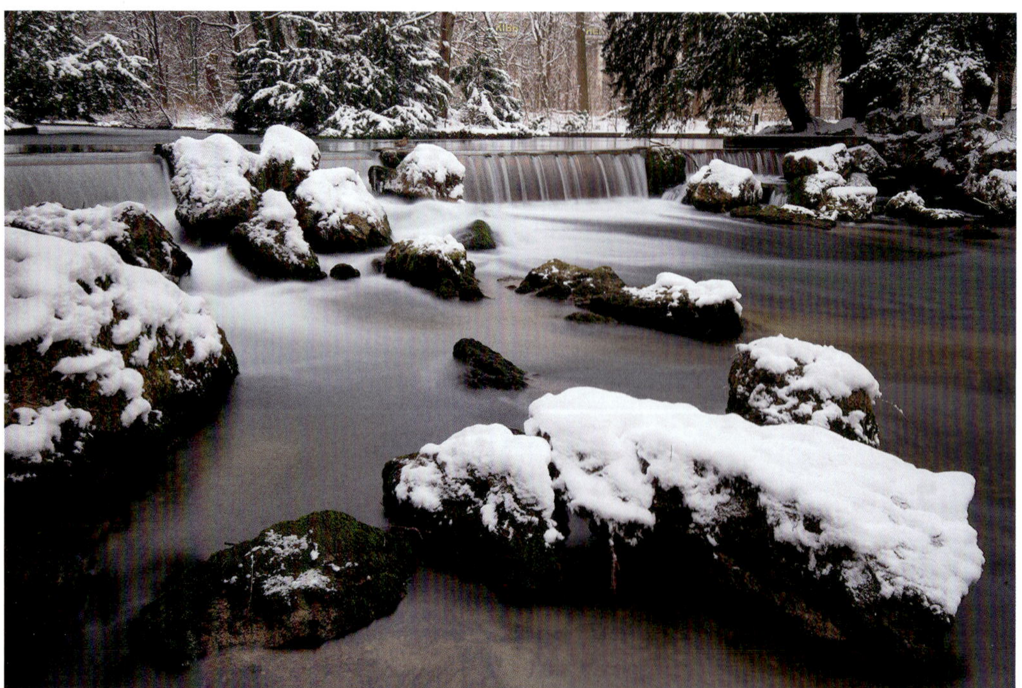

Abbildung 7.33 *Um eine längere Belichtungszeit für den glattgebügelten Flussverlauf zu ermöglichen, habe ich einen ND-Filter der Stärke 1,8 verwendet.*

20 mm | *f*8 | 10 s | ISO 100

Um am Tag eine Langzeitbelichtung durchführen zu können, müssen Sie gewöhnlich einen passenden (und starken) ND-Filter auf das Objektiv schrauben, der möglichst viel Licht »schluckt«. Zwar können Sie ein Objektiv bis auf *f*22 und teilweise mehr abblenden, aber die Beugungsunschärfe ist dann häufig schon relativ stark. Ich verwende z. B. gern einen ND-Filter mit der Stärke 3,0 (Faktor 1.000), der zehn Blendenstufen an Licht »schluckt«. Aus einer Tageslichtaufnahme mit 1/60 s ohne Filter wird mit Filter eine Tageslichtaufnahme von 15 s. Das reicht, um gehende Personen »unsichtbar« zu machen. In manchen Fällen ist daher ein ND-Filter mit 3,0 schon zu stark, weswegen es häufig sinnvoll ist, auch ND-Filter mit der Stärke 1,8 (Faktor 64) oder 0,9 (Faktor 8) im Gepäck zu haben.

Ansonsten gilt für die Langzeitbelichtung am Tag, was auch für Nachtaufnahmen gilt: Verwenden Sie die niedrigstmögliche ISO-Zahl und einen Blendenwert von *f*8 bis *f*11, um Beugungsunschärfe zu vermeiden. Passen Sie wieder die Belichtungszeit über das Hauptwahlrad an, bis der Balken an der Belichtungsskala auf 0 kommt.

7.9 Den Selbstauslöser verwenden

Es gibt immer wieder Gründe, die Kamera zeitversetzt auszulösen: etwa für ein Selbstporträt oder ein Gruppenfoto, auf dem man gern alle, also auch sich selbst, im Bild haben will. Aber auch bei längeren Belichtungszeiten, bei denen die Kamera auf einem Stativ steht, will man nicht gern den Auslöser drücken und die Gefahr einer Verwacklung eingehen. Dasselbe gilt natürlich bei Makroaufnahmen vom Stativ.

Wenn Sie gerade keinen Fernauslöser zur Hand haben, ist der Selbstauslöser eine gute Wahl, um zeitversetzt auszulösen. Für eine Aufnahme vom Stativ ist die 2-Sekunden-Option ganz praktisch. Für die Aufnahme eines Selbstporträts oder Gruppenfotos sind 10 Sekunden besser geeignet. Leider gibt es keine Möglichkeit, eine benutzerdefinierte Zeitspanne festzulegen.

Die Einstellungen für den Selbstauslöser finden Sie bei im Schnelleinstellungsmenü bei **Betriebsart** wieder. Alternativ finden Sie die Einstellung im Kameramenü über **> SHOOT6 > Betriebsart** wieder.

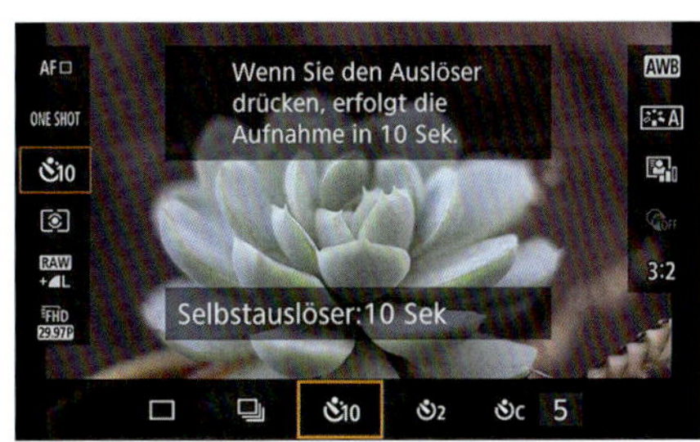

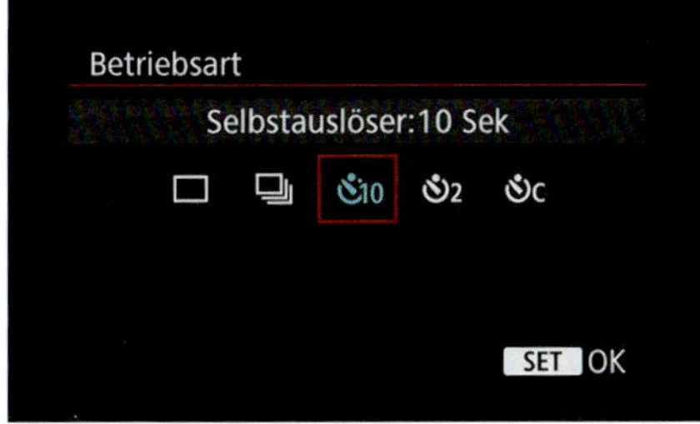

Abbildung 7.34 *Den Selbstauslöser finden Sie unter* ***Betriebsart****. Diesen können Sie im Schnelleinstellungsmenü (links) oder im Kameramenü (rechts) auswählen.*

Zur Auswahl stehen folgende drei Selbstauslöser:

- **Selbstauslöser: 10 Sek**: Die Kamera wartet zehn Sekunden, bis der Verschluss ausgelöst wird. Damit können Sie bei Bedarf auch selbst mit auf das Bild kommen. Außerdem stellen Sie sicher, dass sich die Erschütterungen gelegt haben, bis die Kamera auslöst. Auch das Auslösen mit einer Fernbedienung (z. B. BR-E1 von Canon) ist damit möglich – allerdings wird dann auf die Vorlaufzeit verzichtet.

- **Selbstauslöser: 2 Sek**: Wie eben beschrieben, wartet die Kamera zwei Sekunden, bis der Verschluss ausgelöst wird. Auch in diesem Modus können Sie einen Fernauslöser verwenden.
- **Selbstausl.: Reihenaufnahme**: Hiermit nimmt die Kamera nach einer Vorlaufzeit von zehn Sekunden eine Serie von zwei bis zehn Bildern auf. Das ist praktisch für eine Gruppenaufnahme, wo man sich nie sicher sein kann, dass alle Teilnehmer gerade nicht blinzeln. Im Schnelleinstellungsmenü können Sie die Anzahl der Aufnahmen einstellen, indem Sie die INFO-Taste drücken und dann die Kreuztasten nach links oder rechts betätigen. Im Kameramenü hingegen können Sie die Anzahl der Bilder gleich mit den Kreuztasten nach oben und unten anpassen.

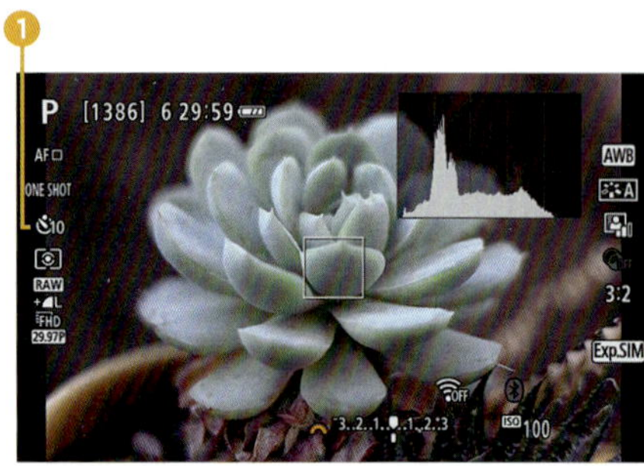

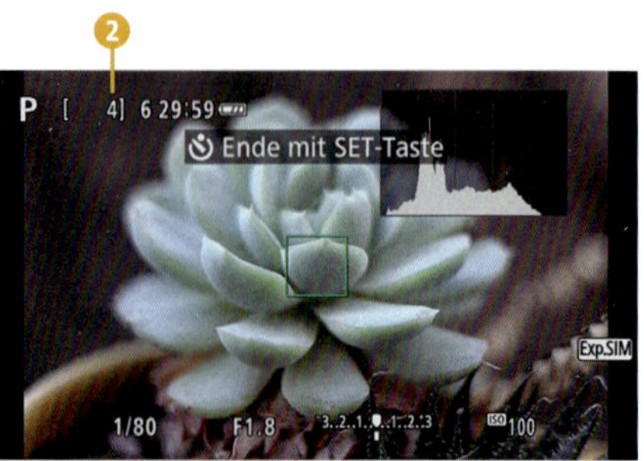

Abbildung 7.35 *Links: Der Selbstauslöser mit 10 Sekunden wurde aktiviert, wie Sie es links an der Info-Anzeige sehen können* 1*. Rechts: Wenn der Selbstauslöser aktiviert wurde, wird ein Countdown (hier noch 4 Sekunden) links oben* 2 *eingeblendet.*

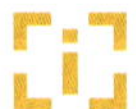

Anmerkungen zum Selbstauslöser

Leider wird bei der Betätigung des Selbstauslösers und vor dem Auslösen nicht noch einmal der Fokus scharfgestellt, wie diese bei vielen anderen Kameras der Fall ist. Daher müssen Sie bei der Aufnahme mit dem Selbstauslöser vorher selbst dafür sorgen, dass das Motiv im Abstand zur Kamera passt und sich nicht ändert. Das macht offenblendige Selfies natürlich fast unmöglich. Es empfiehlt sich daher generell, auch bei Gruppenfotos, nicht zu offenblendig Personen mit dem Selbstauslöser zu fotografieren. Auch der **Servo AF** arbeitet nicht, wenn Sie z. B. **Selbstausl.: Reihenaufnahme** verwenden.

7.10 Die WLAN- und Bluetooth-Funktionen der EOS R100

Die EOS R100 können Sie kabellos mit Smartphones, Tablets oder Computer verbinden. Eine eingebaute WLAN- und Bluetooth-Funktion ist Ihnen dabei behilflich. Ich zeige Ihnen, was Sie alles damit machen können.

Um die Funktionen in diesem Kapitel zu verwenden, sollten Sie die Einstellungen **((ᵠ)) > NETWORK1 > WLAN-Einstellungen** und **((ᵠ)) > NETWORK1 > Bluetooth-Einstell.** auf **Aktivieren** stellen. Über **((ᵠ)) > NETWORK1 > Kurzname** können Sie bei Bedarf auch einen aussagekräftigen Namen für die Kamera verwenden. Dieser Name wird dann auch im WLAN-Netzwerk verwendet. An Orten, wo Sie WLAN/Bluetooth temporär deaktivieren müssen, können Sie den **Flugzeugmodus** über **((ᴛ)) > NETWORK1** einschalten.

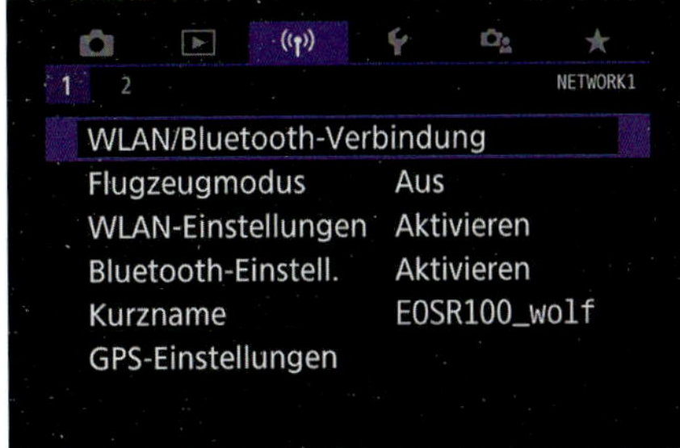

Abbildung 7.36 *Die EOS R100 für WLAN- und Bluetooth-Betrieb vorbereiten.*

Um die Kamera mit dem Smartphone oder einem Tablet zu koppeln, müssen Sie die Canon-App Camera Connect herunterladen und installieren. Diese App finden Sie kostenlos für Android und Apple in den hauseigenen App-Stores wieder.

7.10.1 Verbindung mit Smartgeräten aufbauen

Über **((ᴛ)) > NETWORK1 > WLAN/Bluetooth-Verbindung** wählen Sie den Befehl **Mit Smartphone verbinden** aus. Im nächsten Kameramenübild wählen Sie **Gerät für Verbindungen hinzufügen**. Es folgt ein Hinweis, dass Sie Camera Connect auf dem Smartgerät installieren sollen. Hier können Sie sich einen QR-Code anzeigen lassen, der Sie, wenn Sie mit der Smartphone-Kamera darauf fokussieren, zur Download-Site der App bringt. Haben Sie die Camera-Connect-App bereits installiert, können Sie mit **Nicht anzeigen** fortfahren.

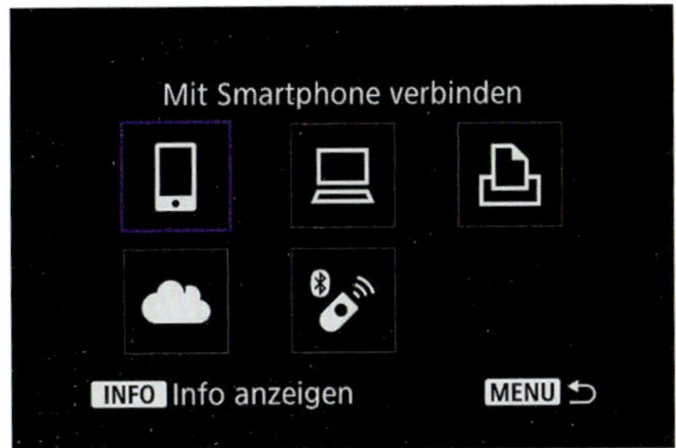

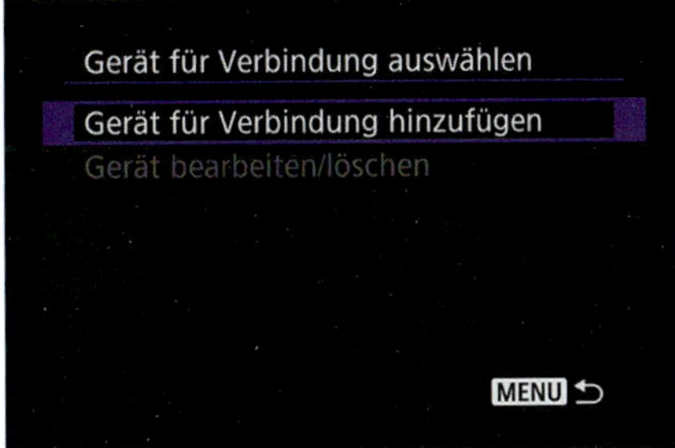

Abbildung 7.37 *Verbindung mit einem Smartgerät wie Smartphone oder Tablet herstellen.*

Starten Sie nun auch auf dem Smartphone die App Camera Connect. Stellen Sie sicher, dass Sie auf dem Smartphone Bluetooth aktiviert haben. Wählen Sie auf dem Kamerabildschirm **Pairing über Bluetooth** aus. Den nächsten Dialog können Sie mit **OK** bestätigen. Wenn das Pairing läuft, wird die erkannte Kamera (hier mit dem Kurznamen **EOSR100_wolf**) auf dem Smartphone angezeigt, wo Sie diese auch auswählen. Hier müssen Sie nun auch auf dem Smartphone die Erlaubnis für das Koppeln erteilen und auf der Kamera ebenfalls bestätigen. Wenn alles geklappt hat, dann stehen Ihnen die Funktionen von Camera Connect auf dem Smartphone zur Verfügung.

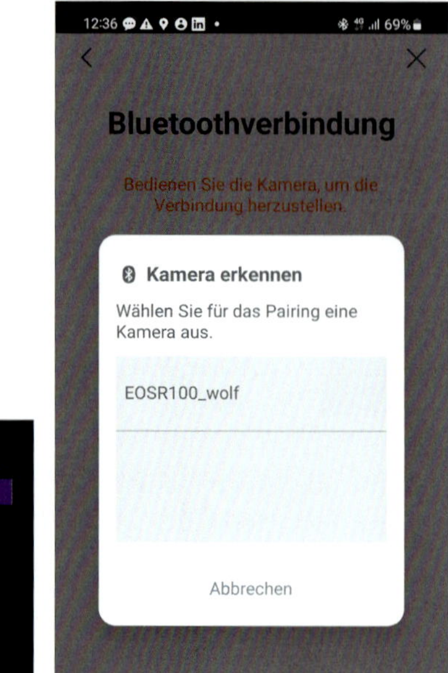

Abbildung 7.38 *Das Pairing der EOS R100 mit dem Smartphone bei der Ausführung*

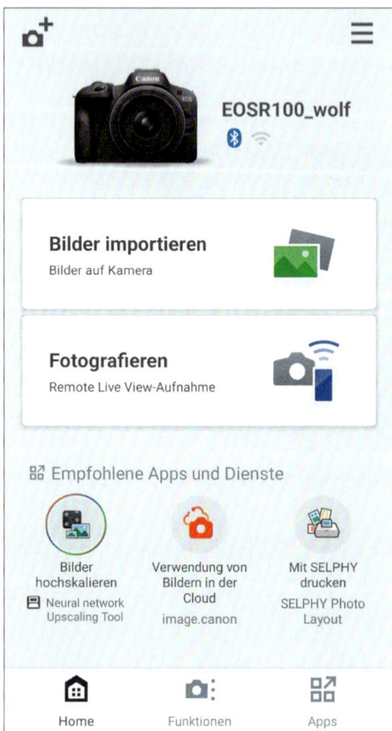

Abbildung 7.39 *Wenn die Verbindung zwischen der EOS R100 und dem App Camera Connect hergestellt wurde, stehen Ihnen bei der App Camera Connect alle Funktionen zur Verfügung.*

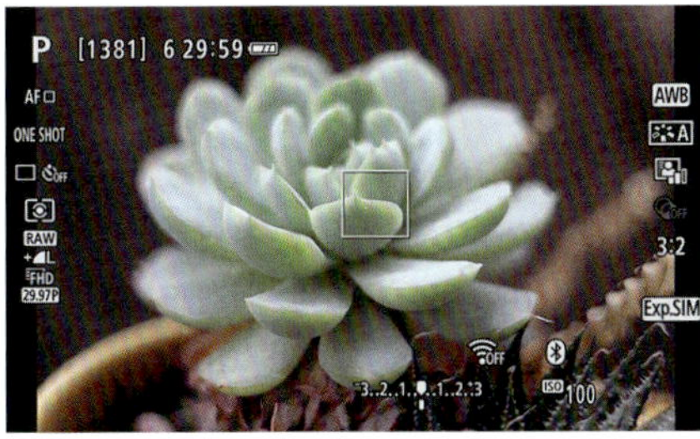

Abbildung 7.40 *Wenn die EOS R100 mit der App Camera Connect verbunden ist, können Sie diese am Bluetooth-Symbol über dem ISO-Wert erkennen. Daneben sehen Sie den Status der WLAN-Verbindung, der hier mit* ***OFF*** *auf offline steht.*

7.10.2 Bilder an das Smartphone senden

Wenn Sie die EOS R100 erfolgreich mit der App Camera Connect verbunden haben, können Sie Bilder von der Kamera zum Smartphone oder dem Tablet übertragen, um hier die Aufnahmen zu betrachten bzw. direkt weiterzugeben. Tippen Sie dafür in der Camera-Connect-App auf die Schaltfläche **Bilder importieren**. Im Bereich **Funktionen** wählen Sie **Bilder auf Kamera**.

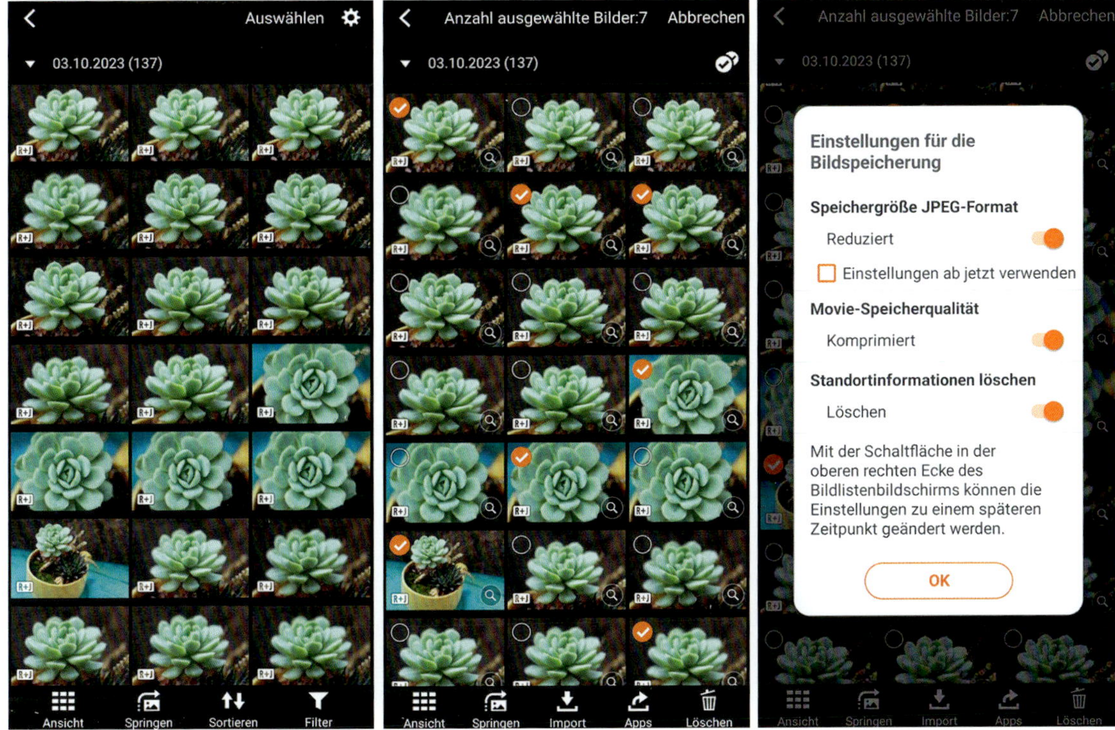

Abbildung 7.41 *Bilder zum Importieren auf das Smartgerät auswählen*

Camera Connect verwendet nun ein temporäres WLAN, um eine WLAN-Verbindung aufzubauen. Sie müssen hier nichts gesondert machen und nur den Anweisungen auf dem Bildschirm folgen. Auf dem Smartphone werden jetzt die Bilder in einer Miniaturansicht angezeigt, die sich auf der Kamera befinden. Tippen Sie rechts oben auf **Auswählen**, und tippen Sie dann die Dateien in der Vorschau, die Sie auf das Smartgerät übertragen wollen. Die Ansicht können Sie über den Bereich **Ansicht** ändern. Mit **Springen** können Sie nach Datumsauswahl wählen. Um die markierten Dateien von der Kamera auf das Smartgerät zu übertragen, tippen Sie auf **Import**. Mit **Löschen** können Sie auch gegebenenfalls Fotos und Filme von der Speicherkarte der Kamera löschen. Wollen Sie ein Bild in voller Ansicht betrachten, tippen Sie auf das Lupensymbol. Filme können hier ebenfalls übertragen, aber nicht in einer Vorschau abgespielt werden.

Wenn Sie auf **Import** tippen, folgt ein Dialog, in dem Sie die Speichergröße der JPEG-Dateien (**Reduziert** = 1.620 × 1.080 Pixel), die Qualität der Videos und gegebenenfalls die Standardinformationen löschen können. Übertragen werden hier nur JPEG-Dateien und keine Raw-Bilder. Zu guter Letzt folgt ein Dialog auf dem Smartphone, der den Fortschritt der einzelnen übertragenen Dateien simuliert.

7.10.3 Bilder in der Kamera wählen und an das Smartgerät senden

Sie können Bilder auch in der Kamera auswählen und an das Smartgerät senden. Auch hierzu ist es nötig, dass die Kamera mit der Camera-Connect-App via Bluetooth verbunden ist. Die WLAN-Verbindung wird ebenfalls wieder automatisch aufgebaut. Um ein Bild von der Kamera auf das Smartgerät zu übertragen, betrachten Sie es im Wiedergabemodus der EOS R100. Tippen Sie auf die SET-Taste, und wählen Sie im Schnelleinstellungsmenü den Eintrag **Bild.z Smartphone send.** aus. Drücken Sie die SET-Taste, und bestätigen Sie den Dialog, dass Sie Bilder zum Smartgerät senden wollen. Es wird eine WLAN-Verbindung aufgebaut. Jetzt können Sie im Wiedergabemodus durch die einzelnen Bilder navigieren und per SET-Taste das Bild via **Bilder senden** an das Smartgerät senden.

Dabei können Sie auch die Bildqualität oder Bildgröße einstellen. Auch eine bestimmte Auswahl, ein Bereich oder alle Bilder können Sie an das Smartphone senden. Sofern Sie nur Bilder im Raw-Format aufnehmen, werden diese bei der Übertragung auf das Smartgerät automatisch in das JPEG-Format konvertiert.

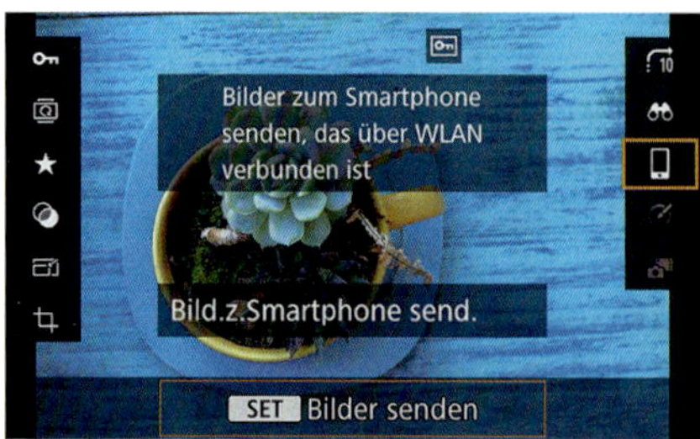

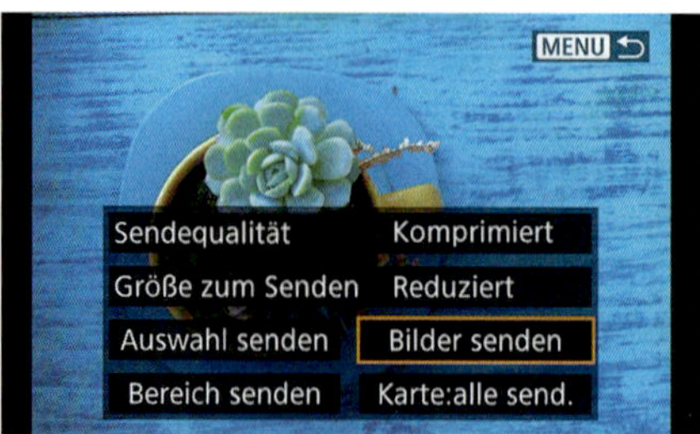

Abbildung 7.42 *Bilder können auch auf der Kamera ausgewählt und an ein verbundenes Smartgerät mit der Camera-Connect-App übertragen werden.*

7.10.4 Bilder automatisch übertragen

Die dritte Möglichkeit, Bilder von der Kamera zum Smartgerät zu übertragen, ist die automatische Übertragung. Raw-Bilder werden auch hier in JPEG-Bilder umgewandelt. Sie finden diese

Funktion bei der App Camera Connect beim Register **Funktionen** mit **Automatisch übertragen**. Hier müssen Sie die Option **Automatisch übertragen** aktivieren. Außerdem können Sie auch gleich die **Bildgröße reduzieren** (1.620 × 1.080 Pixel) und gegebenenfalls die **Standortinformationen von Bild löschen**, wenn Sie bei der Aufnahme GPS-Daten verwenden. Sobald Sie nun Bilder mit der Kamera machen, werden diese automatisch an das Smartgerät übertragen. Wenn die Kamera allerdings ausgeschaltet wird, wird auch diese automatische Übertragung deaktiviert und beim erneuten Einschalten nicht mehr automatisch aktiviert. Diese Funktion müssen Sie dann erneut wieder über die App Camera Connect aufrufen.

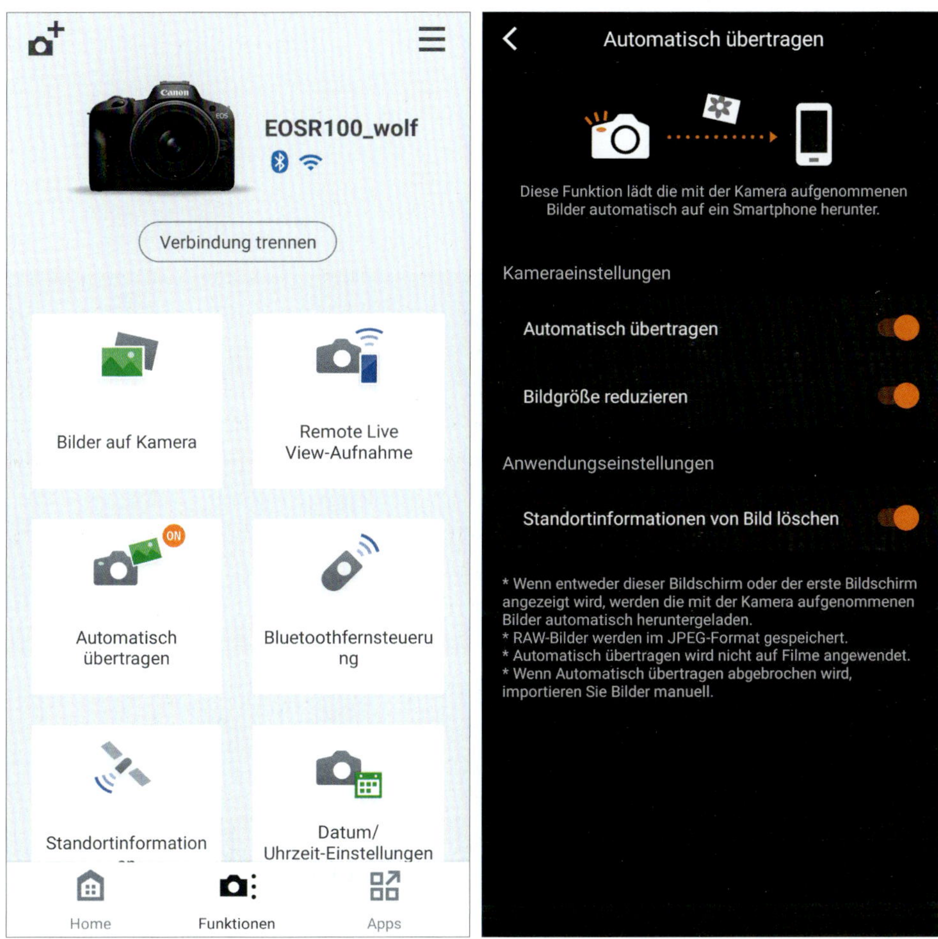

Abbildung 7.43 *Mit der Funktion **Automatisch übertragen** können Sie Bilder direkt nach der Aufnahme an das Smartgerät übertragen lassen.*

7.10.5 Fotografieren mit Livebild

Wenn Sie die Kamera mit Camera Connect verbunden haben, können Sie die EOS R100 auch direkt mit dem Smartphone inklusive Livebild fernsteuern. Wählen Sie hierzu die Funktion

Remote Live View-Aufnahme in der App aus. Die WLAN-Verbindung wird auch hier wieder automatisch aufgebaut. Wenn die Kamera mit der App auf dem Smartgerät verbunden ist, können Sie darauf das Livebild der EOS R100 sehen. Entsprechend dem ausgewählten Programmmodus können Sie nun auch alle wichtigen Parameter der Kamera auf dem Smartgerät anpassen.

In der untersten Reihe wären dies der Weißabgleich, die AF-Methode, die Betriebsart und ganz unten rechts können Sie die Fokussierung manuell feintunen (auch im AF-Modus) ❼. Darüber finden Sie dann neben dem eingestellten Programmmodus, der nicht im Livebild geändert werden kann, die Belichtungszeit, die Blende, die Belichtungskorrektur und den ISO-Wert ❻. Über das Miniaturbild in der dritten Reihe von unten ❺ können Sie bereits aufgenommene Bilder betrachten.

Scharfstellen können Sie entweder, indem Sie auf eine entsprechende Position der Livebild-Vorschau tippen oder wenn Sie die Touchfläche **AF** antippen bzw. mit dem Finger darauf bleiben. Wird die **AF**-Taste nicht angezeigt, können Sie diese über das Zahnradsymbol rechts oben ❸ (de)aktivieren.

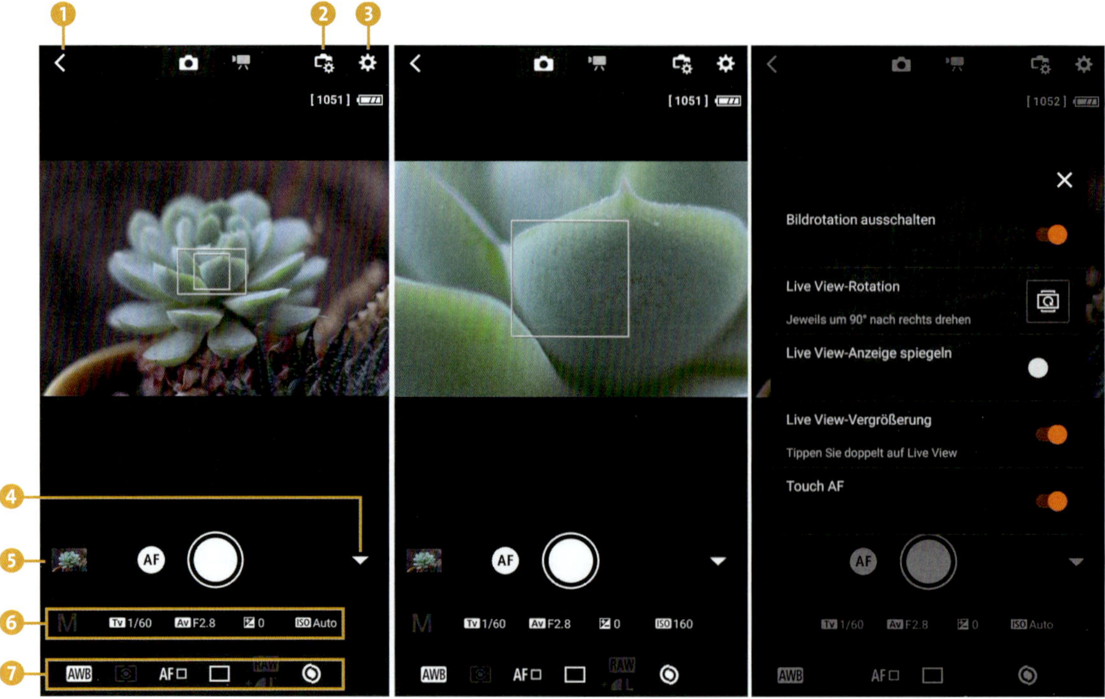

Abbildung 7.44 *Ferngesteuerte Aufnahmen via Smartgerät mit einem Livebild sind sehr praktisch und angenehm.*

Die Bildaufnahme können Sie mit dem weißen Auslöser durchführen, wodurch dieser zu einem orangefarbenen Punkt wird. Die erste und zweite Reihe von unten können Sie mit dem kleinen Dreieck ❹ zu- und wieder aufklappen. Über das Zahnrad mit der Kamera von hinten ❷ finden Sie weitere Einstellungen für den Livebildschirm wie z. B. das Drehen des Bildschirms um jeweils 90° oder eine Vergrößerung der Ansicht (Lupenansicht) durch doppeltes Tippen. Oben können Sie zudem zwischen Video- und Fotomodus der Kamera umschalten. Mit dem Pfeil nach links 1 kehren Sie zurück zum Startbildschirm der App Camera Connect und beenden die Live-View-Aufnahme.

Bulb-Modus im Livebild verwenden

Auch den Bulb-Modus können Sie mit dem Livebild verwenden, wenn Sie die Belichtungszeit auf **BULB** stellen. Tippen Sie nun auf den Auslöser, wird so lange belichtet, bis Sie erneut den Auslöser antippen. Die insgesamt belichtete Zeit wird auch angezeigt. Das ist sehr nützlich, und Sie sparen sich einen Fernauslöser.

7.10.6 Bluetoothfernsteuerung

Wenn die Kamera mit dem App Canon Connect auf dem Smartgerät via Bluetooth verbunden ist, können Sie die App auch rein als Bluetoothfernsteuerung zum Auslösen verwenden. Hierbei können Sie entscheiden, ob Sie ein Foto aufnehmen oder eine Videoaufnahme starten wollen. Um diese Funktion zu verwenden, tippen Sie bei **Funktionen** auf **Bluetoothfernsteuerung**. Hierfür muss dann auch keine WLAN-Verbindung aufgebaut werden. Im Gegensatz zum Fotografieren mit Livebild müssen Sie allerdings alle Einstellungen an der Kamera vornehmen. Dafür wird jedoch auch wesentlich weniger Strom benötigt. Wenn Sie die Kamera in den Bulb-Modus gestellt haben, können Sie auch hier die Langzeitbelichtung durch Antippen des Auslösers starten und nach erneutem Tippen wieder beenden.

7.10.7 GPS-Daten hinzufügen

Wollen Sie den Standort der Aufnahme zum Foto hinzufügen, ist dies via Bluetooth problemlos möglich. Auch hier gilt wieder, dass Sie die EOS R100 mit dem Smartgerät via Bluetooth verbunden haben. In der Kamera stellen Sie nun über das Menü **((ᵻ)) > NETWORK1 > GPS-Einstellungen > GPS über Mobil** auf **Aktivieren**. Auf dem Smartgerät werden Sie jetzt um Erlaubnis gebeten, dass Camera Connect den Gerätestandort abrufen darf. Haben Sie die Erlaubnis erteilt, können Sie in der Kamera über **((ᵻ)) > NETWORK1 > GPS-Einstellungen > GPS-Informationsanzeige** die GPS-Daten abrufen.

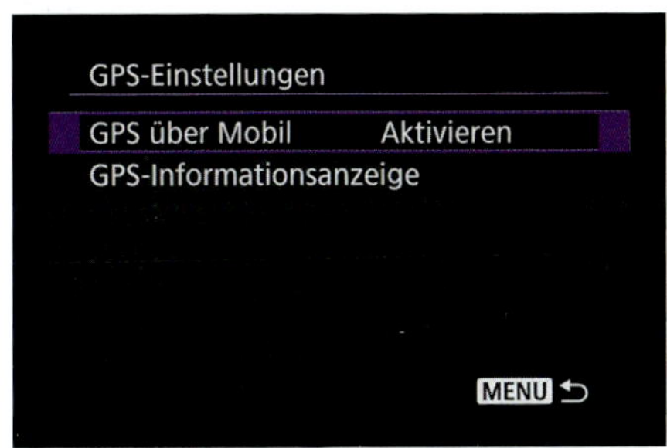

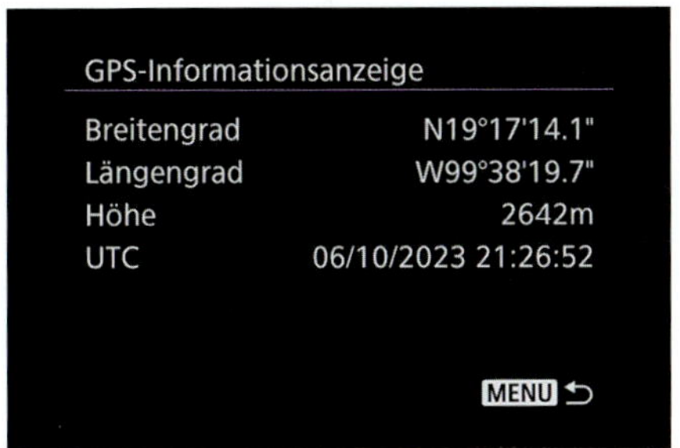

Abbildung 7.45 *Links: GPS-Standortinformationen via Smartphone in der EOS R100 aktivieren. Rechts: GPS-Standortanzeige, wenn die Verbindung zur App Canon Connect erfolgreich war.*

Wird der GPS-Standort nicht angezeigt, dann müssen Sie die Zugriffsrechte im Smartgerät über die Canon-Connect-App bei **Funktionen > Standortinformationen** anpassen. Wenn hier nicht der **Status** auf **Wird an die Kamera versendet** steht, finden Sie eine Schaltfläche, über die Sie zu den Zugriffsrechten auf dem Smartgerät gelangen.

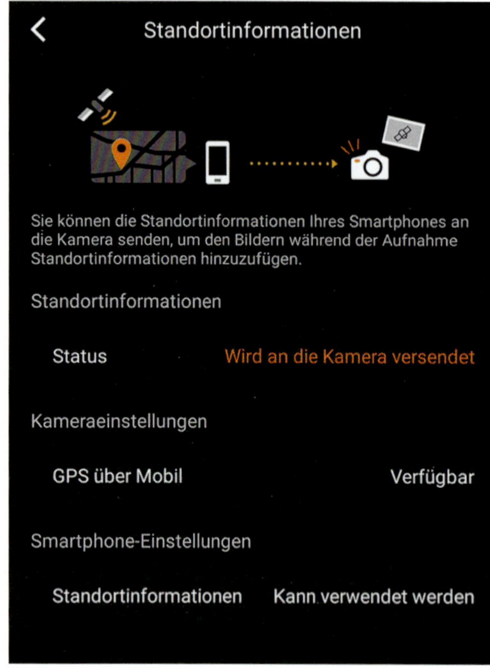

Abbildung 7.46 *Auf dem Smartgerät muss der Status der GPS-Übertragung aktiviert sein.*

Wenn Sie nun Bilder aufnehmen, werden GPS-Informationen zu diesen Bildern hinzugefügt. Wichtig ist dabei, dass in der Kamera das Bluetooth-Symbol und das GPS-Symbol weiß leuchten. Die GPS-Informationen können Sie auch im Wiedergabemodus betrachten, wenn Sie mehrmals die INFO-Taste drücken, bis diese Daten angezeigt werden.

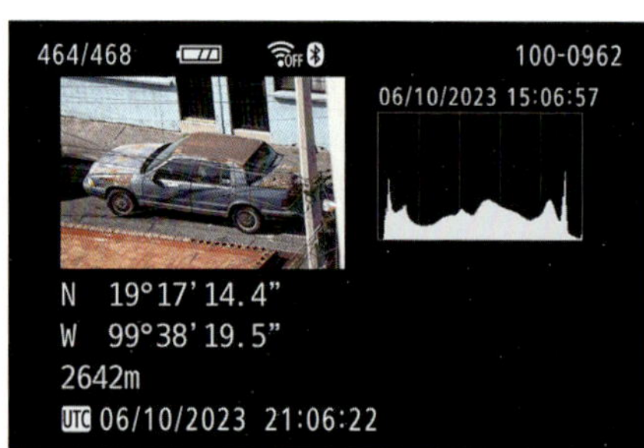

Abbildung 7.47 *Die GPS-Daten des aufgenommenen Bildes im Wiedergabemodus*

Wenn Sie die Bilder auf dem Computer übertragen, dann gibt es dort auch Programme mit einer Landkarte, wie z. B. Adobe Lightroom Classic, mit der Sie die Standortinformationen auf einer Landkarte betrachten können.

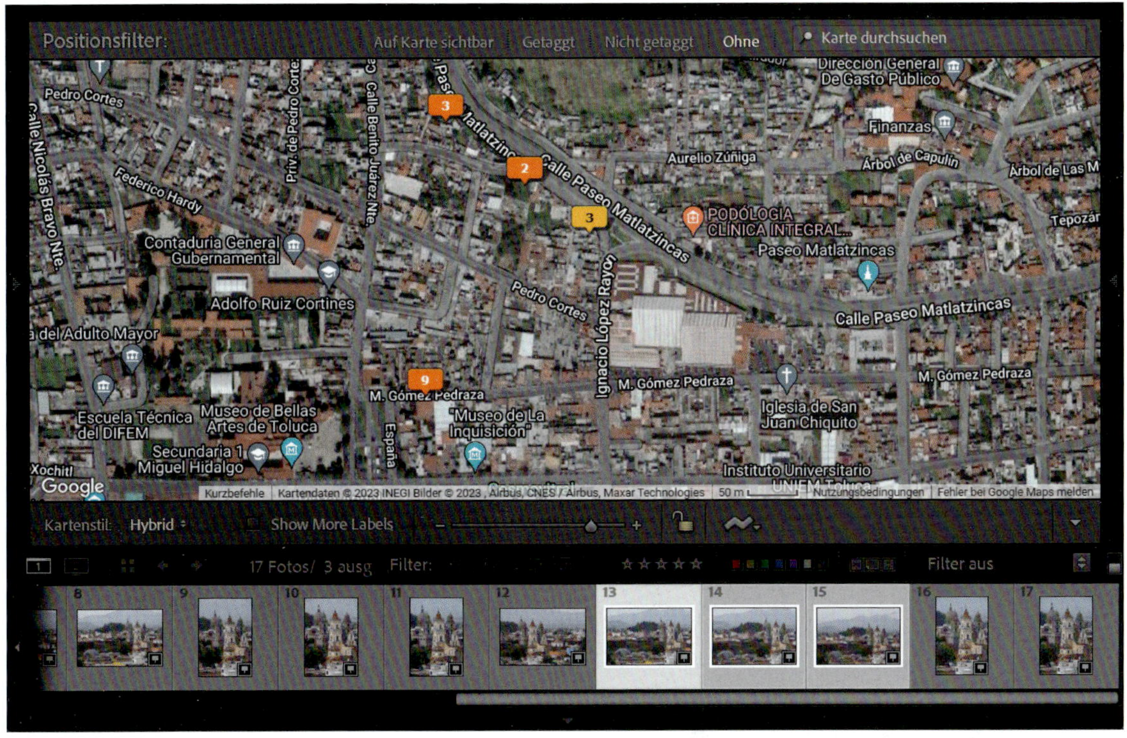

Abbildung 7.48 *In der Kartenansicht von Adobe Lightroom Classic können Sie den Aufnahmestandort auf einer Landkarte betrachten.*

Kapitel 8
Filmen mit der EOS R100

Die EOS R100 kann auch filmen. Was früher zwei getrennte Welten waren – die Fotografie und das Filmen –, rückt näher und näher zusammen. Das Thema gehört demnach einfach in dieses Buch. In diesem Kapitel beschreibe ich Ihnen die wichtigsten Filmfunktionen der EOS R100. Allerdings dürfen Sie keine Einführung in das Thema an sich erwarten. Sofern Sie keinerlei Erfahrung mit dem Filmen haben und sich damit tiefgehender auseinandersetzen wollen, empfehle ich Ihnen, sich weitere Literatur zu beschaffen. Mein Tipp wäre das Standardwerk von Jörg Jovy: »Digital filmen. Das umfassende Handbuch«, ebenfalls im Rheinwerk Verlag erschienen. Sie müssen sich jetzt aber nicht gleich ein Buch zum Filmen kaufen. Die Funktionen zum Filmen mit der EOS R100 sind nämlich recht überschaubar.

8.1 Filmaufnahme starten

Aus jedem Programmmodus heraus können Sie einen Film aufnehmen. Drücken Sie dafür die -Taste, oder stellen Sie das Programmmoduswahlrad auf und drücken auch hier die -Taste. Im Sucher oder auf dem Display finden Sie beim Filmen ein ähnliches Bild wie schon beim Fotografieren. Anders sind selbstverständlich die für das Filmen typischen Einstellwerte und Anzeigen wie der Videomodus oder der Videocodec. Des Weiteren finden Sie beim Filmen im Kameramenü bei und im Schnelleinstellungsmenü nur noch Funktionen vor, die für das Filmen relevant sind. Während der Filmaufnahme werden im Sucher oder auf dem Display rechts oben ein roter Punkt mit **REC** angezeigt, und links oben sehen Sie die bereits gefilmte Zeit. Drücken Sie die -Taste erneut, wird die Filmaufnahme gestoppt.

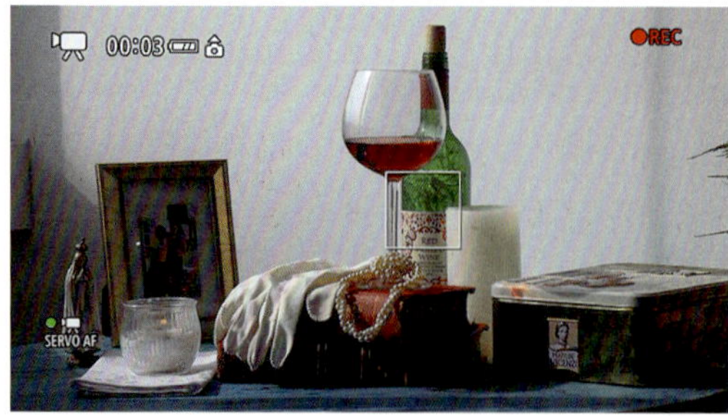

Abbildung 8.1 *Eine laufende Filmaufnahme; oben rechts sehen Sie einen roten Punkt mit* ***REC*** *und oben links die Zeit, wie lange bereits gefilmt wird (hier: 3 Sekunden).*

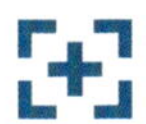

Das Filmen mit dem Auslöser starten

Wollen Sie den Auslöser zum Starten und Stoppen für das Filmen im Programmmodus verwenden, können Sie diese Funktion über > **SHOOT7** > **Auslöserfunktion für Movies** > **Voll drücken** aktivieren, indem Sie die Option **Mov-Aufn.Start/Stopp** wählen.

Wenn Sie schnell einen Film aufnehmen wollen, ohne sich an dieser Stelle mit den weiteren Einstellungen zu befassen, bringen Sie die Kamera in den Programmmodus und stellen Folgendes im Kameramenü ein:

- Wählen Sie im Menü > **SHOOT1** > **Aufnahmemodus** > **Autom. Videobeli.**
- Für die Autofokusmethode stellen Sie > **SHOOT4** > **AF-Methode** > **+Verfolg.** ein.
- Damit immer automatisch fokussiert wird, lassen Sie die Einstellung > **SHOOT5** > **Movie-Servo-AF** aktiviert.
- Und zu guter Letzt wählen Sie noch die Aufnahmequalität (4K, FHD, HD) über Menü > **SHOOT1** > **Movie-Aufn.qual** aus.

Alle Einstellungen werden in diesem Kapitel noch ausführlicher beschrieben.

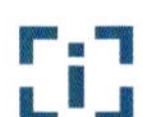

Das Filmen mit dem Selbstauslöser starten

Auch das Filmen können Sie via Selbstauslöser starten. Über Menü > **SHOOT6** > **Movie-Selbstausl.** finden Sie wie beim Fotografieren eine Option für zwei oder zehn Sekunden. Sie finden den Selbstauslöser auch beim Schnelleinstellungsmenü, wenn Sie die SET-Taste drücken. Haben Sie den Selbstauslöser aktiviert und starten das Filmen über die -Taste bzw. den Auslöser (wenn aktiviert), gibt die Kamera einen Piep-Ton ab und zeigt die Anzahl der verbleibenden Sekunden vor der Aufnahme an.

8.2 Aufnahmequalität und Format wählen

Bevor Sie anfangen zu filmen, sollten Sie sich zunächst Gedanken darüber machen, in welcher Qualität Sie den Film aufnehmen wollen. Stellen Sie sich zunächst die Frage, für welche Zwecke das Video erstellt werden soll. Einfach die höchste Auflösung und beste Qualität zu verwenden, ist nicht immer sinnvoll! Wenn Aufnahmen nur für einen kleinen Bildschirm oder das Internet erstellt werden, dann ist 4K oft zu viel des Guten, und eine Full-HD-Aufnahme wäre völlig ausreichend.

Wollen Sie hingegen das Video auf 4K-Geräten präsentieren, dann ist eine 4K-Einstellung sinnvoll. Auch liefert ein 4K-Video mehr Optionen in der Nachbearbeitung. So können Sie daraus einen beliebigen Bereich von 1.920 × 1.080 (Full HD) zuschneiden, und auch die Option, ein Einzelbild aus einem 4K-Video zu extrahieren, wird oft als Argument für 4K verwendet.

Auch dürfen Sie bei all den Vorzügen von 4K nicht außer Acht lassen, dass eine gewaltige Menge an Daten entstehen kann, die von einem entsprechend leistungsstarken Rechner mit viel Arbeitsspeicher und letztlich Speicherplatz bewältigt werden muss. Wenn Sie sich nicht sicher sind, empfehle ich Ihnen, im Zweifelsfall zunächst die Aufnahmen in bestmöglicher Qualität zu erstellen und dann am Rechner auf den gewünschten Verwendungszweck herunterzurechnen.

Beschnittenes 4K mit der EOS R100

Ein wenig unverständlich für mich ist, dass man bei der EOS R100 den 4K-Modus nur mit einem starken Beschnitt (Crop) verwenden kann. Auch das Autofokussystem mit Dual Pixel wird nicht beim 4K verwendet, was sich häufiger durch ein Fokuspumpen bemerkbar macht. Wenn man auf Full HD herunterschaltet, wird Dual Pixel verwendet, und die Performance beim Filmen verbessert sich spürbar. Das ist allerdings eine deutliche Reduzierung der Auflösung. Wer hier Vergleiche mit einem Smartphone zieht, der wird auf jeden Fall mit der EOS R100 bessere Fotos machen, aber beim 4K-Filmen eher beim Smartphone bleiben.

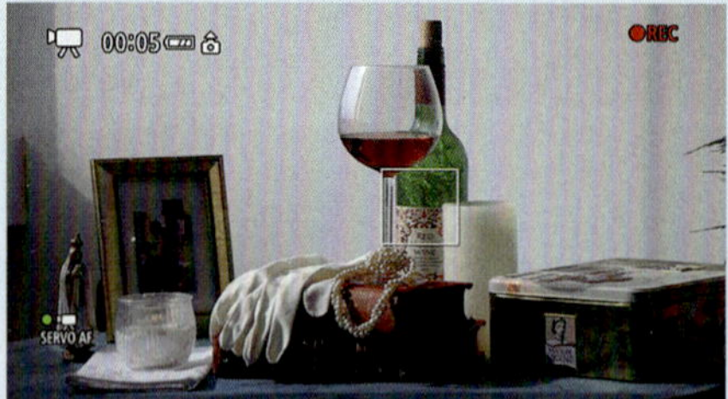

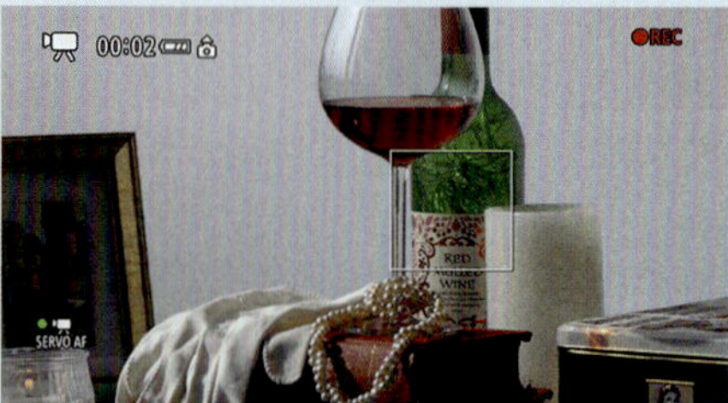

Abbildung 8.2 *Links: Die Filmaufnahme mit Full HD. Rechts: Dieselbe Szene mit 4K und deutlichem Beschnitt im Gegensatz zum Full HD.*

8.2.1 Videoqualität auswählen

Sie können die Aufnahmegröße, Bildrate und Komprimierungsmethode über das Kameramenü **> SHOOT1 > Movie-Aufn.qual** einstellen. Alle Videos werden im MP4-Format mit der Endung **.mp4** aufgenommen. Dieselben Einstellungen können Sie auch über das Schnelleinstellungsmenü mit der SET-Taste anpassen.

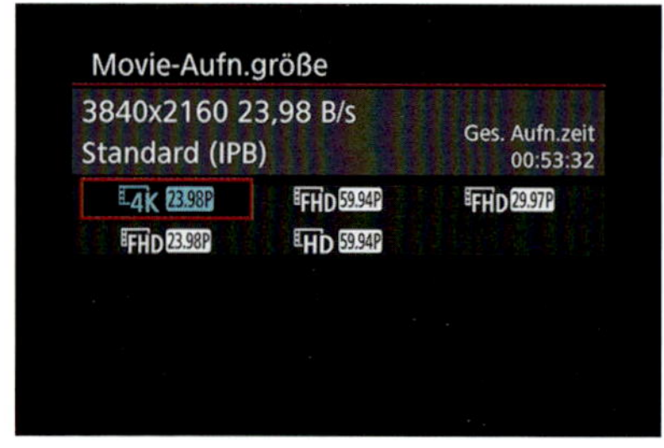

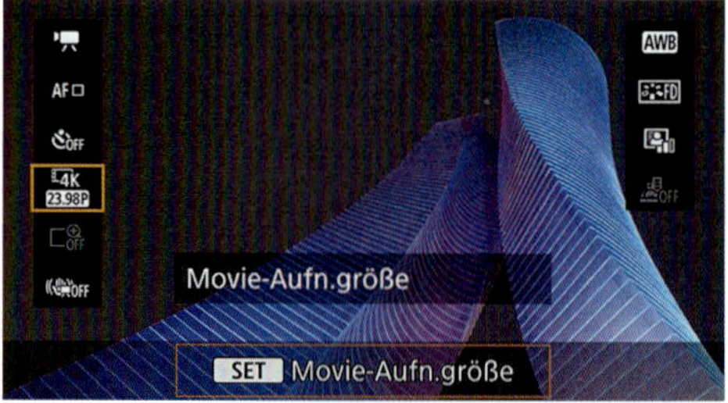

Abbildung 8.3 *Links: Die Aufnahmequalität im Kameramenü; rechts: Dieselben Einstellungen finden Sie auch im Schnelleinstellungsmenü, wo Sie die SET-Taste drücken müssen.*

Folgende Auflösungen stehen Ihnen zur Verfügung:

- **4K 3840 × 2160**: Das Video wird mit 4K-Qualtät aufgenommen, allerdings wird diese Auflösung deutlich beschnitten. Das Seitenverhältnis beträgt 16:9. Die Bildrate beträgt 23,98p (Bilder in der Sekunde) im NTSC-Videosystem und 25p im PAL-Videosystem.
- **FHD 1920 × 1080**: Das Video wird mit Full-HD-Qualität im 16:9-Seitenverhältnis aufgenommen. Zur Auswahl stehen die Bildraten 59,94p, 29,97p und 23,98p im NTSC-Videosystem und 50p und 25p im PAL-Videosystem.
- **HD 1280 × 720**: Hier wird das Video in HD-Qualität aufgenommen. Auch hier beträgt das Seitenverhältnis 16:9. Die Framerate beträgt hier 59,94p im NTSC-Videosystem oder 50p im PAL-Videosystem.

In der Standardeinstellung verwendet die Kamera das NTSC-System. Der Vorteil hierbei ist, dass Ihnen höhere *Frameraten* (Bilder pro Sekunde) zur Verfügung stehen als mit dem PAL-System. Sie finden diese Einstellung für das NTSC- oder PAL-Videosystem im Kameramenü mit **🔧 > SET UP2 > Videosystem**. Ich verwende in der Regel das NTSC-Videosystem, weil es eben schnellere Bildraten zur Verfügung stellt und die NTSC-Bildraten im Internet bei verschiedenen Plattformen häufiger anzutreffen bzw. Standard sind.

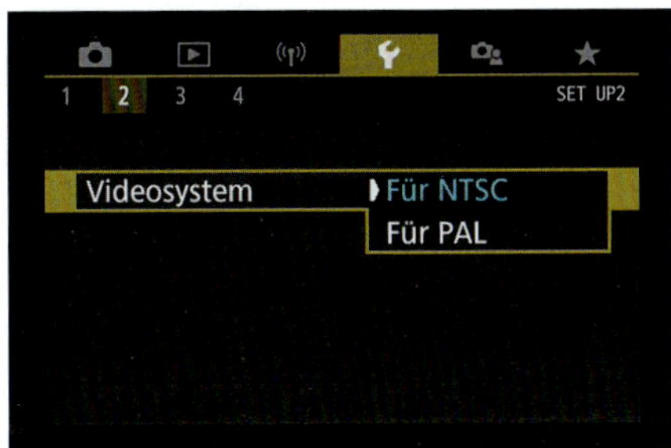

Abbildung 8.4 *Entscheidend für die Bildrate in der Sekunde ist das verwendete Videosystem.*

Alle hier eben erwähnten Auflösungen werden mit *IPB* (*Interframe-Kompression*, B = *Bidirektional*) komprimiert. Bei dieser Methode werden mehrere Videobilder auf einmal komprimiert und bei gleichbleibenden Inhalten nicht in jedem Einzelbild neu gespeichert. Mit dieser Methode sind die Videodateien nicht so groß. Allerdings muss man hierbei bei der Nachbearbeitung leichte Abstriche machen. Eine bessere Qualität zum Nacharbeiten liefert *ALL-I* (*All-Intra*), aber dieser Kompression steht nur für Zeitraffervideos zur Verfügung.

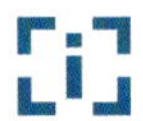

4K-Videos (Speicherkarte und Wärme)

Für 4K-Videos werden schnellere Speicherkarten empfohlen. Hierbei gibt es sechs verschiedene Geschwindigkeitsklassen. Mit der U3-Klasse (30 MB/s) sind Sie auf der sicheren Seite.

Da 4K-Videos wesentlich mehr Leistung benötigen, wirkt sich dies häufig auch auf die Wärmeentwicklung der Kamera aus. Sobald bei der Aufnahme ein rotes Thermometer-Symbol leuchtet, sollten Sie die Videoaufnahme pausieren und warten, bis die Kamera wieder abgekühlt ist.

8.2.2 Zeitlupenfilme mit hoher Bildrate

Wenn Sie im Kameramenü > **SHOOT1 > Movie-Aufn.qual > Hohe Bildrate** aktivieren, können Sie HD-Filme mit einer Bildrate von 119,88 Bilder in der Sekunde (NTSC) bzw. 100 Bilder in der Sekunde (PAL) aufnehmen. Diese Videos werden aufgrund der hohen Bildrate dann in Zeitlupe mit einem Viertel der Geschwindigkeit wiedergegeben. Beachten Sie allerdings, dass bei dieser Aufnahme kein Ton aufgenommen wird. Auch der Autofokus wird bei dieser hohen Bildrate nicht ausgeführt, und das Video wird mit IPB komprimiert.

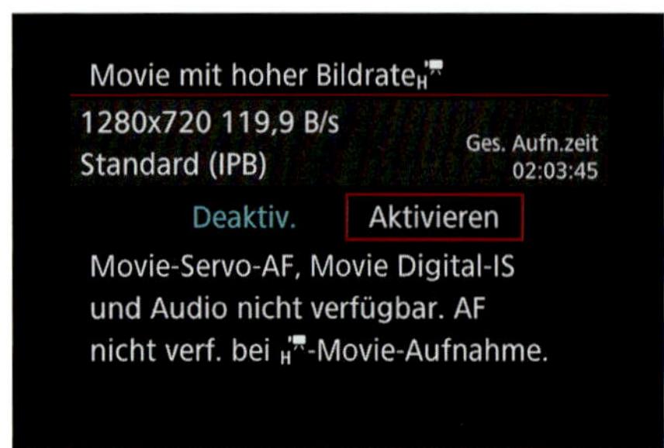

Abbildung 8.5 *Wenn Sie einen HD-Film mit hoher Bildrate aufnehmen, dann erfolgt die Wiedergabe in vierfacher Zeitlupe. Ob Sie in Zeitlupe filmen, können Sie auch am* ***H*** *neben dem -Symbol links oben im Display oder Sucher erkennen.*

Aufnahmedauer

Die maximal mögliche Aufnahmedauer wird links oben vor dem Starten der Videoaufnahme angezeigt. Bei Aufnahmen von 4K, FHD und HD beträgt diese 29 Minuten und 59 Sekunden. Haben Sie die maximale Aufnahmezeit erreicht, wird die Aufzeichnung beendet. Sie können natürlich sofort wieder mit der Aufnahme einer neuen Filmdatei starten. Für Zeitlupenfilme mit hoher Bitrate beträgt die maximale Aufnahmezeit für ein Video 7 Minuten und 29 Sekunden.

8.2.3 Filmen im Hochformat

Es hat zwar nicht direkt etwas mit der Bildqualität zu tun, aber in Zeiten von sozialen Medien filmt man auch gern im Hochformat. Damit diese Informationen auch im Film gespeichert werden, sollten Sie über > **SET UP1 > Rot.info hinz.** aktivieren. Damit stellen Sie bei der Wiedergabe sicher, dass diese Filme auch in der richtigen Orientierung abgespielt werden. Ein kleines Kamerasymbol mit einem Pfeil neben der Batterieanzeige im Display bzw. Sucher zeigt zudem die Orientierung an.

8.2.4 Langzeitautomatik

Die Option **Langzeitautomatik** in > **SHOOT2** steht Ihnen zur Verfügung, wenn Sie bei > **SHOOT1 > Autom. Videobeli.** wählen. Wenn Sie z. B. mit einer Bildwiederholungsrate von 50 Bildern pro Sekunde filmen, sollte die längste Belichtungszeit bei 1/50 s liegen. In dunkler Umgebung wird die Kamera versuchen, durch Erhöhen des ISO-Wertes und Öffnen der Blende eine korrekt belichtete Aufnahme zu erstellen. Sind die Werte am Maximum und droht dennoch eine Unterbelichtung, verlängert die Kamera die Belichtungszeit auf 1/25 s, was bei Aufnahme von 50 Bildern pro Sekunde zu einer weniger flüssigen Wiedergabe bei sich schnell bewegenden Motiven führt, da nur jedes zweite Bild belichtet werden kann. Um dies zu verhindern und mindestens 50 Bilder pro Sekunde zu belichten, müssen Sie die **Langzeitautomatik** deaktivieren. Dadurch wird immer die für eine ordentliche Wiedergabe erforderliche Belichtungszeit gewählt, also beispielsweise 1/50 s bei FHD 50.00P.

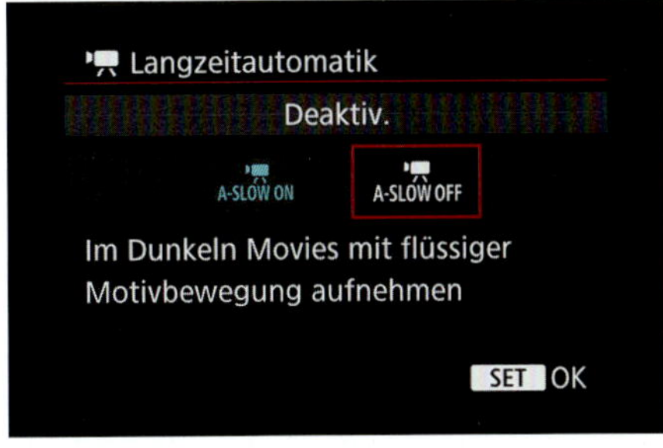

Abbildung 8.6 *Wenn Sie die* ***Langzeitautomatik*** *deaktivieren, wird eine flüssige Bildwiedergabe garantiert. Diese Einstellung zu deaktivieren, ist bei schwachem Licht zu empfehlen.*

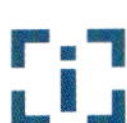

Belichtungszeit beim Filmen

Die Belichtungszeit spielt beim Filmen eine gesonderte Rolle. Darauf wird nochmals etwas umfassender in Abschnitt 8.5, »Manuell filmen«, eingegangen, wenn es um das Filmen im manuellen Modus geht.

8.3 Fokussieren mit der EOS R100

Beim Fokussieren während des Filmens mit der EOS R100 stehen Ihnen im Kameramenü > **SHOOT4** > **AF-Methode** oder im Schnelleinstellungsmenü dieselben Methoden mit **+Verfolg.**, **Spot-AF**, **Einzelfeld-AF** und **AF-Messfeldwahl in Zone** wie schon beim Fotografieren zur Verfügung. Aufteilen lässt sich dies in zwei Kategorien:

- **+Verfolg.**: Mit dieser Methode sucht sich die EOS R100 den Fokuspunkt selbst. Sie beschränkt sich in der Regel auf Punkte, die der Kamera näher liegen oder sich in der Bildmitte befinden. Bei Personen wird die Augen- und Gesichtserkennung aktiv.

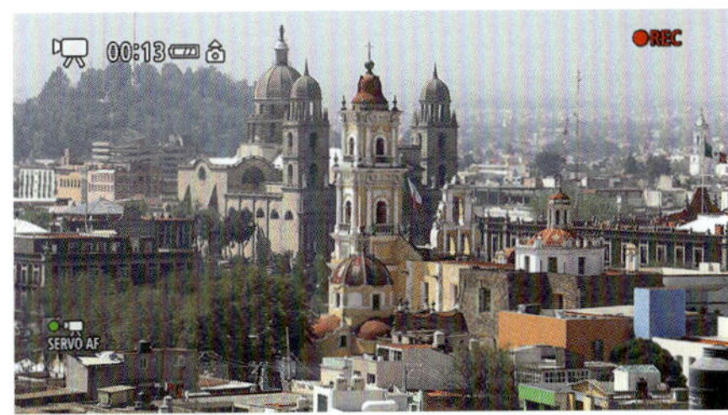

Abbildung 8.7 *Bei der AF-Methode* ***+Verfolg.*** *gibt es keinen Indikator und keinen Rahmen, der den ausgewählten Fokusbereich anzeigt – außer es wird das Gesicht bzw. ein Auge erkannt.*

- **Spot-AF**, **Einzelfeld-AF** und **AF-Messfeldwahl in Zone**: Hiermit positionieren Sie den Fokusbereich mit der -Taste selbst, wie Sie es vom Fotografieren mit diesen Autofokusmethoden kennen.

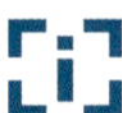

Fokusrahmen positionieren

Wie schon beim Fotografieren können Sie auch beim Filmen den Fokusrahmen mit den AF-Methoden **Spot-AF**, **Einzelfeld-AF** und **AF-Messfeldwahl in Zone** in der Position mit der [-⁝-]-Taste und den Kreuztasten verschieben bzw. mit der MENU-Taste wieder auf die Mitte setzen.

8.3.1 Automatischen Fokussieren mit Movie-Servo-AF

Um beim Filmen dauerhaft automatisch zu fokussieren, ist in der Kamera über das Kameramenü **> SHOOT5 > Movie-Servo-AF** standardmäßig aktiviert. Wenn Sie diese Einstellung mit der AF-Methode **+Verfolg.** kombinieren, passt die Kamera fortlaufend den Fokus an. In der Regel setzt die EOS R100 hierbei, wie schon gesagt, auf nahe liegende oder mittige Punkte. Ich habe einige Tests gemacht, bei denen eine Person von rechts nach links durch das Bild gelaufen ist. Die Kamera hat das gut gemeistert. Trotzdem gab es auch Testläufe, bei denen es nicht so klappte wie erhofft. Wenn das Motiv mittig platziert ist, sollte es jedoch immer gut gelingen.

Bei Motiven ohne große Kontraste, wie bei einigen Naturaufnahmen oder Stadtszenen, fing der Fokus manchmal leicht an zu pumpen – sprich, der Fokus sprang nach vorn und hinten. Das wirkt sich störend und deutlich sichtbar auf den Film aus. Wer eine Person filmt, die etwas mittig steht, der dürfte mit **Movie-Servo-AF** und **+Verfolg.** ganz gut fahren (auch dank Augen- und Gesichtserkennung). Mit den anderen AF-Methoden **Spot-AF**, **Einzelfeld-AF** und **AF-Messfeldwahl in Zone** legen Sie den Fokusbereich fest, den Sie mit **Movie-Servo-AF** dauerhaft beim Filmen scharfstellen wollen. Leider kann der Fokusbereich während des Filmens nicht verschoben werden.

Wollen Sie den **Movie-Servo-AF** während der Aufnahme deaktivieren, können Sie dies mit der Kreuztaste nach rechts (Blitz-Taste) machen. Mit derselben Taste können Sie die **Movie-Servo-AF**-Funktion wieder aktivieren. Das Deaktivieren ist praktisch, wenn Sie z. B. eine statische Szene filmen und Menschen durch das Bild laufen. Hiermit stellen Sie sicher, dass der Fokus nicht zu den vorbeilaufenden Menschen springt und dann wieder zur statischen Szene im Hintergrund.

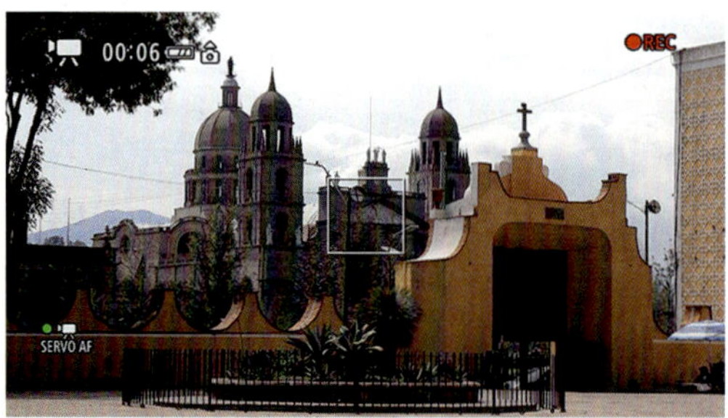

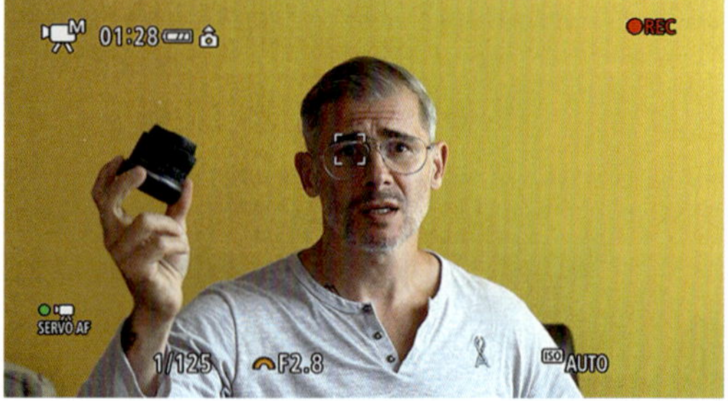

Abbildung 8.8 *Links: Mit **Spot-AF**, **Einzelfeld-AF** oder **AF-Messfeldwahl in Zone** legen Sie fest, wo der Fokus beim Filmen liegt. Rechts: Auch die Gesichtserkennung von **+Verfolg.** zusammen mit **Movie-Servo-AF** ist eine gute Möglichkeit, beim Filmen zu fokussieren.*

Beachten Sie bitte, dass Sie, sobald Sie den Programmmodus auf Filmen gestellt haben, im **Movie-Servo-AF** automatisch und dauerhaft fokussieren. Dies gilt für alle AF-Methoden wie **+Verfolg.**, **Spot-AF**, **Einzelfeld-AF** und **AF-Messfeldwahl in Zone** und auch, wenn Sie gerade nicht filmen, aber die Kamera angeschaltet gelassen haben. Dieses ständige Fokussieren saugt den Akku förmlich leer, und Sie sollten daher die Kamera ausschalten, wenn Sie gerade nicht filmen.

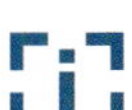

One-Shot AF und Servo-AF mit Auslöser beim Filmen

Wenn Sie **Movie-Servo-AF** über das Kameramenü **> SHOOT5** oder mit der Kreuztaste nach rechts deaktivieren, können Sie beim Filmen fokussieren, indem Sie den Auslöser halb herunterdrücken. Standardmäßig wird mit halb heruntergedrücktem Auslöser dann dauerhaft mit **Servo AF** fokussiert. Wollen Sie stattdessen **One-Shot AF** verwenden, womit der Fokus auf einer einmal eingestellten Distanz bleibt, können Sie dies über das Kameramenü **> SHOOT7 > Auslöserfunktion für Movies > Halb drücken** machen, indem Sie dort **Messg.+One-Shot AF** wählen. Die Standardfunktion ist hier **Messung** und **Servo AF**.

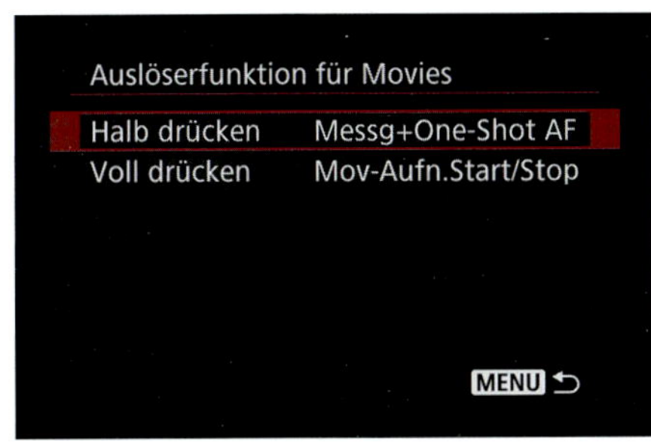

Abbildung 8.9 *Wenn* ***Movie-Servo-AF*** *deaktiviert ist, können Sie hier einstellen, was beim halb heruntergedrückten Auslöser passieren soll.*

8.3.2 Manuell fokussieren

Wenn Sie bei einer stark belebten Szene mit **Movie-Servo-AF** automatisch fokussieren, kann es unruhig im Bild werden, weil entweder immer ein anderes Motiv scharfgestellt wird oder das gewünschte Motiv gar nicht fokussiert werden kann. Auch gibt es Situationen, in denen der Autofokus nicht richtig oder nicht sofort scharfstellt. Der Autofokus pumpt dann hin und her.

Wollen Sie wie in professionellen Produktionen mehr cineastische Effekte beim Fokussieren haben (Stichwort: Hollywood), dann stellen Sie die Fokussierung über das Kameramenü **> SHOOT4 > Fokussiermodus** auf von **AF** auf **MF** und fokussieren manuell. Allerdings bedarf es schon einige Übung und Erfahrung, um manuell mithilfe des Displays und einer Hand am Fokusring zu fokussieren. Focus Peaking ist bei dieser Vorgehensweise hilfreich und funktioniert beim Filmen genauso wie beim Fotografieren. Sie aktivieren es im Kameramenü über **> SHOOT4 > Einst. für MF Peaking > Peaking**. Auch die Lupenfunktion (fünffach, zehnfach) über die -Taste und dann die INFO-Taste ist hilfreich, indem der Bereich mit dem ausgewählten Fokusrahmen vergrößert angezeigt wird, wenn Sie am Fokusring drehen.

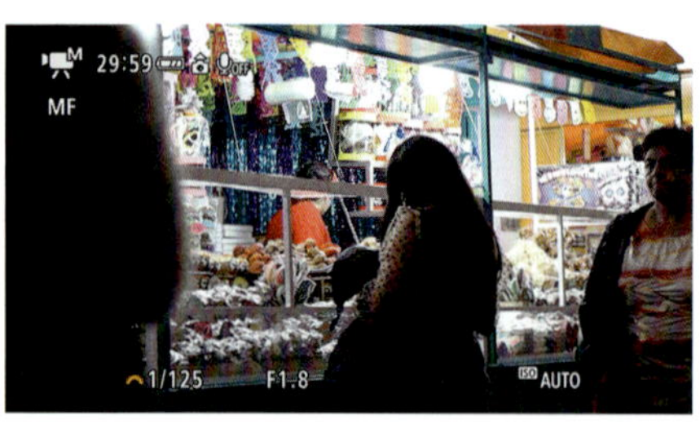

Abbildung 8.10 *Bei einer belebten Szene, bei der ständig Personen durch das Bild laufen, empfiehlt es sich, den manuellen Fokus zu verwenden. Mithilfe von Focus Peaking stellen Sie zudem visuell sicher, dass der Fokus da ist, wo Sie ihn haben wollen.*

Vom Fotografieren wissen Sie bereits, dass eine weit geöffnete Blende eine geringe Schärfentiefe bewirkt. Dasselbe gilt beim Filmen, weshalb es beim manuellen Fokussieren häufig einfacher ist, die Blende etwas weiter zu schließen (hoher Blendenwert), um etwas mehr Schärfentiefe und so Spielraum zu haben. Gerade, wenn Sie vorhaben sollten, aus der Hand zu filmen oder sich das Motiv bewegt.

8.4 Den digitalen Bildstabilisator verwenden

Wer aus der Hand filmt und/oder sich dabei bewegt, der wird den Bildstabilisator nicht missen wollen. Wie beim Fotografieren können Sie dabei auf den eingebauten Bildstabilisator in einem Objektiv zugreifen. Vorausgesetzt, das Objekt hat einen Bildstabilisator (IS). Im Gegensatz zum Fotografieren haben Sie beim Filmen außerdem die Option, einen digitalen Bildstabilisator zu verwenden. Auf alle Optionen für das Filmen gehe ich im Folgenden kurz ein.

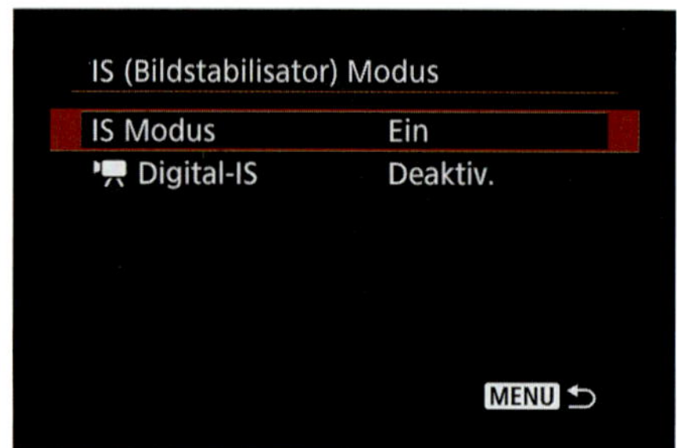

Abbildung 8.11 *Neben dem (gegebenenfalls vorhandenen) Bildstabilisator im Objektiv finden Sie bei der EOS R100 auch einen digitalen Bildstabilisator.*

8.4.1 Bildstabilisator im Objektiv verwenden

Bei diesem Modus verwenden Sie den IS im Objektiv, vorausgesetzt natürlich, dass das Objektiv einen Bildstabilisator (IS) enthält. Hierbei versucht der Bildstabilisator, die Bewegungen der in der handgehaltenen Kamera zu kompensieren. Gerade beim Filmen aus der Hand erhalten Sie damit ruhigere und stabilere Aufnahmen. Der Vorteil bei der Verwendung des Bildstabilisators im Objektiv ist, dass dabei der Film nicht beschnitten wird – im Gegensatz zum digitalen Bildstabilisator. Dazu gleich mehr. Den Bildstabilisator im Objektiv können Sie beim Filmen im Kameramenü über **> SHOOT7 > IS (Bildstabilisator) Modus > IS Modus** (de)aktivieren.

8.4.2 Den digitalen Bildstabilisator verwenden

Wenn Ihr Objektiv keinen Bildstabilisator hat oder Ihnen die Stabilisierung damit nicht ausreicht, können Sie (zusätzlich) noch den digitalen Bildstabilisator über das Kameramenü **📷 > SHOOT7 > IS (Bildstabilisator) Modus > Digital-IS** aktivieren. Dieselbe Einstellung finden Sie auch über das Schnelleinstellungsmenü mit der SET-Taste. Zur Auswahl steht hier die Option **Aktivieren/Ein** oder **Erweitert**. Beim »normalen« Aktivieren des digitalen Bildstabilisators wird das Bild etwa um den Faktor 1,11 beschnitten. Sie verlieren also ein wenig an Weitwinkel. Bei der Option **Erweitert** wird das Bild schon um den Faktor 1,43 beschnitten. Natürlich wird damit das Verwackeln wesentlich besser ausgeglichen, aber es ist dann schon ein ziemlich starker Zuschnitt. Will man dann noch in 4K filmen, dann kommt noch ein weiterer Zuschnitt hinzu. Zudem kommt es bei erweiterter digitaler Stabilisierung oftmals zu einem Nachhinken des Bildes.

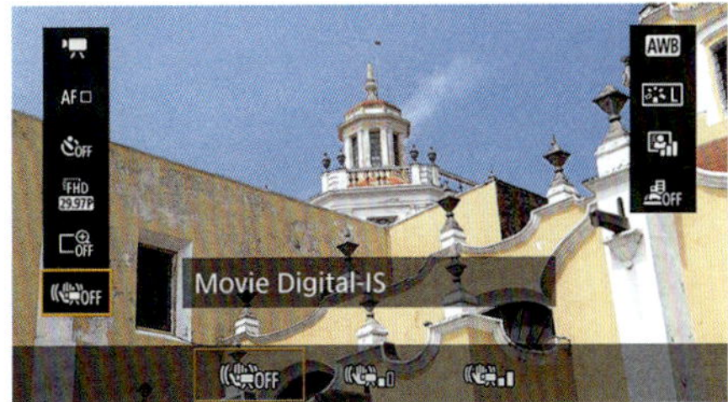

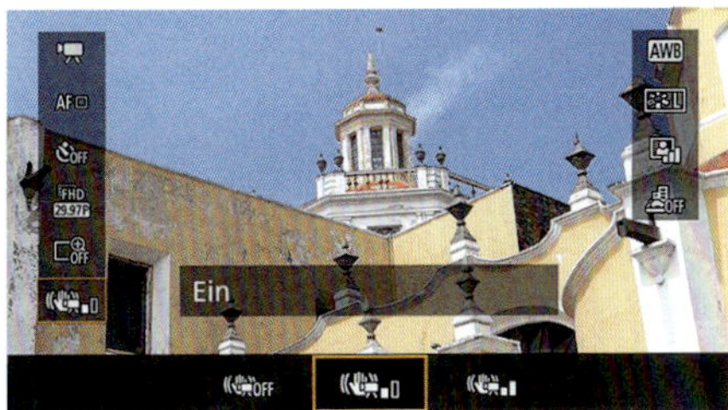

Abbildung 8.12 *Links: Den digitalen Bildstabilisator im Schnelleinstellungsmenü aktivieren. Rechts zum Vergleich der Beschnitt, wenn Sie den digitalen Bildstabilisator verwenden.*

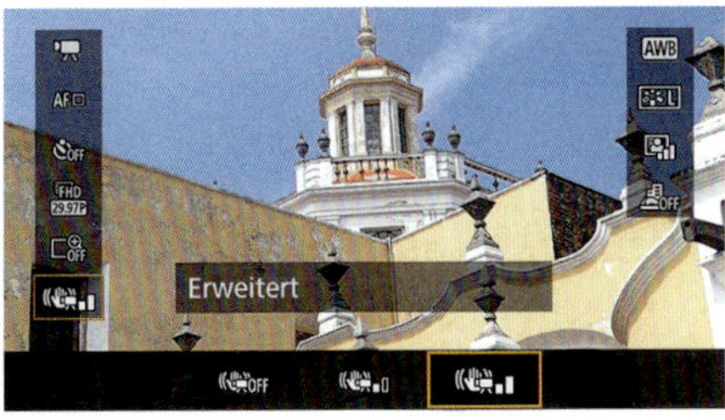

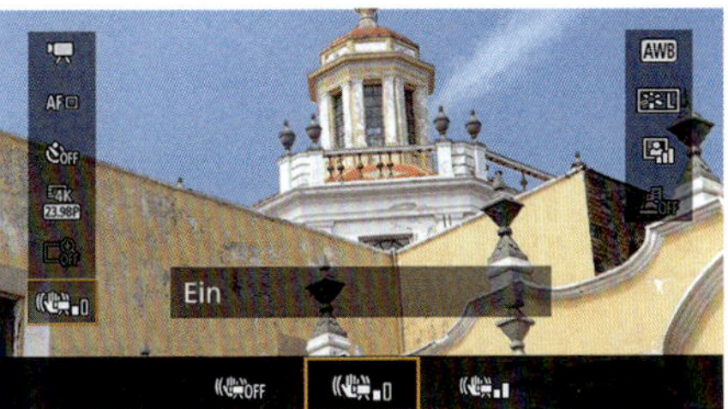

Abbildung 8.13 *Links: Noch mehr Beschnitt müssen Sie beim erweiterten digitalen Bildstabilisator in Kauf nehmen. Rechts: Hier wurde 4K zusätzlich zum digitalen Bildstabilisator verwendet, wodurch das Bild noch mehr beschnitten wird.*

Die digitale Stabilisierung macht im Grunde auch nur das, was Sie nachträglich auch mit Videoschnittprogrammen machen können: Die Software analysiert das Videomaterial und erkennt dabei mögliche Stabilisierungsprobleme wie Kamerawackler. Auf Basis dieser Analyse kann die Software dann die notwendigen Korrekturen vornehmen. Einfacher gesagt: Das Bild wird beschnitten. Dies ist also eine reine digitale Stabilisierung, die von einem Algorithmus durchgeführt wird. In einem Video erkennt man dies häufig daran, dass einzelne Motive im Bild – oder gelegentlich auch das ganze Bild – anfangen, leicht zu kippen. Dies lässt sich bei der digitalen

Bildstabilisierung nicht vermeiden. Trotzdem ist diese Kombination aus der Bildstabilisierung des Objektives und einer digitalen Bildstabilisierung bei stark verwackelten Aufnahmen eine große Hilfe, es trotzdem noch etwas stabiler zu bekommen. Ganz besonders auch dann, wenn Sie z. B. ein Objektiv ohne Bildstabilisator verwenden und damit aus der Hand filmen wollen.

Bildstabilisator deaktivieren

Beachten Sie, wenn Sie den Bildstabilisator vom Objektiv deaktivieren, wird automatisch auch der digitale Bildstabilisator deaktiviert. Es gibt durchaus Fälle, bei denen man den Bildstabilisator auch beim Filmen deaktivieren will. Dies ist z. B. der Fall, wenn ich die Kamera auf dem Stativ habe und sanfte Schwenks machen will. Bei solchen Schwenks von einem Stativ aus kann es mit aktivem Bildstabilisator passieren, dass die Kamera den Schwenk als Verwacklung sieht und versucht, gegenzusteuern. Dies kann zu einem verwackelten Ergebnis führen.

Wenn Sie Filme mit Digitalzoom oder Zeitraffervideos aufnehmen, steht der digitale Bildstabilisator nicht zur Verfügung.

8.5 Manuell filmen

Neben dem automatischen Programmmodus über das Kameramenü **> SHOOT1 > Aufnahmemodus > Autom. Videobeli.** bzw. im Schnelleinstellungsmenü finden Sie auch eine manuelle Videobelichtung (**Man. Videobeli.**), bei der Sie Belichtungszeit und Blende für das Video selbst einstellen können. Dies ist natürlich in der Regel häufig die bessere Wahl, benötigt aber auch etwas Erfahrung.

Zwar funktioniert die manuelle Belichtung beim Filmen recht ähnlich wie beim Fotografieren, wo Sie eine Einstellung aus Belichtungszeit, Blende und dem ISO-Wert einstellen, um eine korrekte Belichtung zu erzielen. Aber es ist etwas kniffliger, weil die Belichtungszeit eine zentrale Rolle in Verbindung mit der Framerate oder *Bildrate* (Anzahl der Bilder pro Sekunde) des Videos spielt. Auf jeden Fall vermeiden will man eine Überbelichtung. Zu helle Bildteile wie ein überstrahlter Himmel sind auch mit Nachbearbeitung nicht mehr zu retten. Bei dunklen Bildanteilen hingegen lässt sich immer noch ein wenig Struktur beim Videoschnitt wiederherstellen (wenn man das machen will).

Für die ideale Belichtungszeit gibt es eine übliche Pi-mal-Daumen-Regel für ein angenehmes Bild beim Filmen, laut der die Belichtungszeit immer das Doppelte der Bildrate des Filmes beträgt. Verwenden Sie z. B. eine Bildrate von 60 Bildern pro Sekunde (59,94p), dann sollten Sie als Belichtungszeit mindestens 1/120 s einstellen. Wenn Sie besonders schnelle Aufnahmen etwas schärfer abbilden wollen, können Sie auch noch kürzere Belichtungszeiten verwenden. Hierzu wird häufig eine achtfach kürzere Belichtungszeit benutzt. Für eine Bildrate von 25 Bildern pro Sekunde wäre dies somit eine Belichtungszeit von 1/200 s. Je kürzer allerdings die Belichtungszeit, umso mehr »verpasst« der Film einen Großteil der Bewegung. Bei 25 Bildern pro Sekunde und einer Belichtungszeit von 1/200 s wird praktisch nur ein Achtel der Zeit pro Bild belichtet.

Der Film wirkt zwar schärfer, aber dadurch auch deutlich ruckeliger und unruhiger. Je kürzer Sie belichten, umso mehr tritt dieser Stakkato-Effekt auf. Es gibt aber durchaus Filme, die eine kurze Belichtungszeit als Stilmittel einsetzen. So hat man z. B. beim Film »Der Soldat James Ryan« diesen Stakkato-Effekt als Stilmittel eingesetzt. Umgekehrt – wenn Sie eine längere Belichtungszeit wählen als die empfohlene, also länger als das Doppelte der Bildrate des Filmes (beispielsweise 1/30 s bei 30 Bildern pro Sekunde) – gibt es mehr Bewegungsunschärfe im Bild.

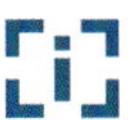

180-Grad-Regel

Noch eine Information zur Belichtungszeit beim Filmen: Filmleute sprechen in der Praxis eher selten von einer Belichtungszeit in Bruchteil von Sekunden, sondern in Prozent oder als Winkel. Dies ist allerdings eher alten Filmkameras zu verdanken, wo an einer rotierenden Scheibe der Verschluss in Prozent oder Grad eingestellt wurde. 180 Grad bedeutet 50 %. Bei den 25 Bildern pro Sekunde wird dann mit 1/50 s belichtet, und es entsteht der Eindruck einer fließenden Bewegung. 45 Grad hingegen macht ein Achtel der Zeit aus, und es entstehen diese abgehackten Bewegungen mit 1/200 s.

Beim Filmen ist die Belichtungszeit somit durch die auswählte Framerate vorgegeben. Auf die Auswahl der Framerate wurde bereits im Abschnitt 8.2, »Aufnahmequalität und Format wählen«, eingegangen. Je nach Wahl der Framerate liegt die Belichtungszeit beim Filmen somit meistens bei 1/50 s, 1/60 s, 1/100 s oder 1/120 s. Auch will man den ISO-Wert nicht zu stark anheben, um ein unschönes Rauschen zu verhindern. Mit der Blende kontrolliert man dann die Schärfentiefe.

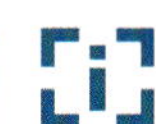

ND-Filter verwenden

Da Sie beim Filmen mit der Einstellung der Belichtungszeit beschränkt sind, kommen Sie häufig nicht um einen ND-Filter herum, um eine korrekte Belichtung einzustellen. Gerade bei hellstem Tageslicht können Sie eine drohende Überbelichtung nicht durch eine kürzere Belichtungszeit anpassen, weil Sie die eben erwähnte 180-Grad-Regel beachten müssen/sollten. Oftmals bringt es auch nichts, die Blende weiter zu schließen. Ein ND-Filter beim Filmen ist somit praktisch Pflicht. Für das Filmen empfehlen sich *Variofilter*, mit denen Sie die Stärke des Filters passend zur Lichtsituation einstellen können und sich das Wechseln von verschiedenen ND-Filtern ersparen. Allerdings haben gute Variofilter ihren Preis.

8.5.1 Manuelle Filmeinstellung in der Praxis

Zum Filmen im manuellen Modus stellen Sie im Kameramenü **> SHOOT1 > Aufnahmemodus** auf **Man. Videobeli.** Dasselbe erreichen Sie auch über das Schnelleinstellungsmenü.

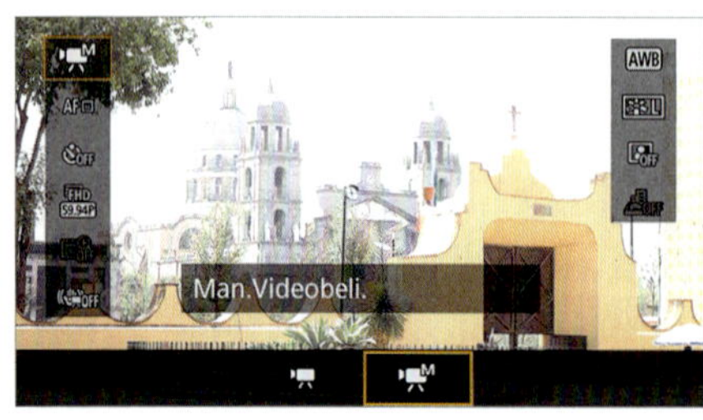

Abbildung 8.14 *Hier wird im Schnelleinstellungsmenü auf* ***Man.Videobeli.*** *gestellt, um manuell beim Filmen zu belichten.*

Wenn Sie ein 4K-Video mit 23,98p erstellen wollen, dann sollten Sie eine Belichtungszeit von 1/50 s oder 1/60 s einstellen. Bei Full HD mit 59,94p sollten es 1/100 s oder 1/125 s sein. Drücken Sie nun die Kreuztaste nach oben, um die Blende einzustellen. Abhängig vom vorhandenen Umgebungslicht werden Sie bereits feststellen, dass es schwieriger ist, eine korrekte Belichtung manuell einzustellen, weil man auf die Belichtungszeit festgelegt ist. Eine offenere Blende kann hier schon zum Problem werden. Bei Tageslicht werden Sie hierbei ohne einen ND-Filter überbelichten. Da bringt es auch nichts, den ISO-Wert auf 100 zu stellen und die Blende weiter zu schließen. Schwieriger wird es hier dann noch, wenn sich die Lichtbedingungen ständig ändern.

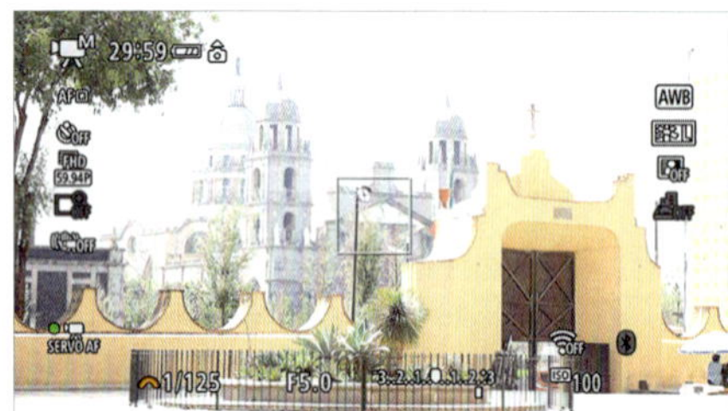

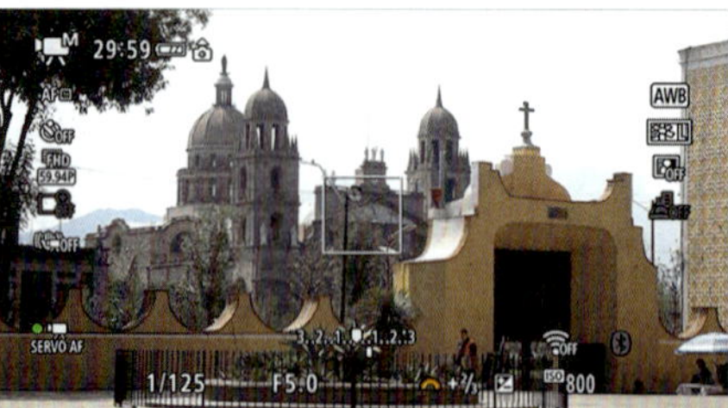

Abbildung 8.15 *Links: Bei dieser Szene ist die Aufnahme beim manuellen Filmen komplett überbelichtet. Rechts: Erst ein aufgeschraubter ND-Filter sorgt hier für Abhilfe.*

8.5.2 ISO-Wert beim manuellen Filmen

Auch den ISO-Wert sollten Sie im manuellen Modus auf einen fixen Wert und nicht auf Auto-ISO stellen, um Helligkeitssprünge zu vermeiden. Auto-ISO würde sonst versuchen, die Kamera immer wieder auf eine korrekte Belichtung einzustellen.

Und wie schon beim Fotografieren sollten Sie auch beim Filmen versuchen, den ISO-Wert so niedrig wie möglich zu halten, um ein möglichst klares Bild ohne viel Rauschen in den dunklen Bereichen zu erhalten. Bei dunklem Umgebungslicht können Sie den ISO-Wert anheben. Leider gibt das Display kaum Auskunft darüber, wie stark das Bild rauscht. Ein zu hoher ISO-Wert kann beim Film unangenehm wirken, denn es kommt zu Krisselmustern, farbigen Bildsäumen und Farbverfälschungen.

HDMI-Infoanzeige

Wenn Sie einen externen Monitor am HDMI-Anschluss zum Filmen verwenden, dann dürfte die Option > **SHOOT8 > HDMI-Infoanzeige** von Interesse sein. Wenn Sie hier die Option **Mit Info** gewählt haben, werden alle Einstellungen des Displays auch auf dem externen Monitor eingeblendet. Verwenden Sie hingegen **Clean/4K-Ausgabe** bzw. **Clean/FHD-Ausgabe**, wird auf dem externen Bildschirm in der entsprechenden Qualität nur das Bild angezeigt.

8.6 Die Farben und andere Einstellungen beim Filmen

Von immenser Bedeutung beim Filmen sind die Farbe und die Farbstimmung. Der wichtigste Wert dafür ist der Weißabgleich. Des Weiteren stehen Ihnen auch beim Filmen die Bildstile zur Verfügung, mit denen Sie das Video gleich in einem bestimmten Look aufnehmen können.

8.6.1 Weißabgleich beim Filmen

Für den Weißabgleich gilt dasselbe wie beim Fotografieren, wo Sie einen angepassten oder automatischen Weißabgleich verwenden können. Das habe ich bereits in Abschnitt 3.7, »Den Weißabgleich einstellen«, erläutert. Wenn Sie im Raw-Format und mit Auto-Weißabgleich fotografieren und sich die Anpassung des Weißabgleichs für die Nachbearbeitung aufheben, müssen Sie beim Filmen etwas umdenken. Da Sie mit der EOS R100 nicht im Raw-Format filmen, können Sie einen falschen Weißabgleich nachträglich am Computer nicht ohne Qualitätsverluste ändern, wenn er grob danebenliegt und das Bild einen hohen Kontrastumfang hat. Die Einstellung des Weißabgleichs erreichen Sie über das Kameramenü > **SHOOT3 > Weißabgleich** oder auch über das Schnelleinstellungsmenü mit der SET-Taste.

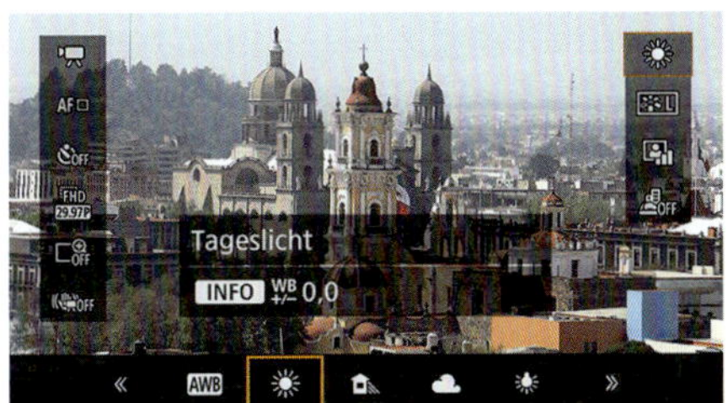

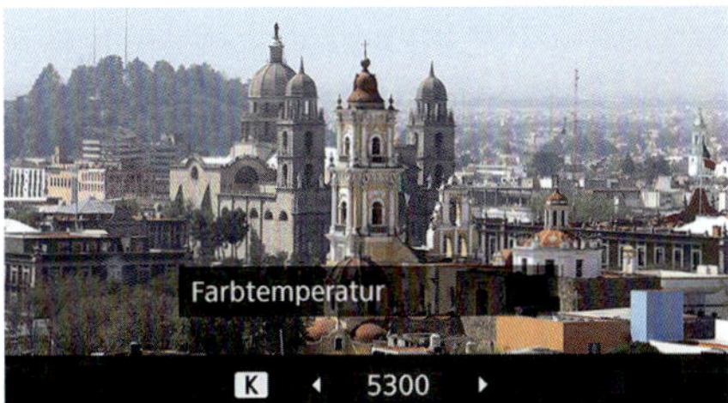

Abbildung 8.16 *Links: Beim Filmen mit der EOS R100 sollten Sie schon vor der Aufnahme den Weißabgleich berücksichtigen. Rechts: Hier habe ich den Weißabgleich mit 5.300 Kelvin bei Tageslicht mit Sonnenschein der Umgebung angepasst.*

Wenn keine extremen Farbtemperaturen wie bei einem Sonnenaufgang oder bei Dämmerung vorliegen, dann macht der automatische Weißabgleich seine Arbeit in den meisten Fällen sehr gut. Allerdings kann es auch passieren, dass der automatische Weißabgleich sich während des

Filmens anpasst. Eine solche Farbänderung fällt beim Filmen schnell als Farbsprung auf. Wer auf Nummer sicher gehen will, der verwendet daher einen benutzerdefinierten Weißabgleich.

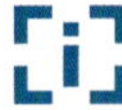

Farbstich bei der Verwendung von ND-Filtern

Beim Filmen am hellsten Tag wird häufig ein ND-Filter (Graufilter) benötigt, um eine ordentlich lange Belichtungszeit wie 1/30 s, 1/50 s, 1/100 s oder 1/200 s zu erreichen. Leider sind viele dieser ND-Filter trotz ihres Namens nicht wirklich neutral und erzeugen einen Farbstich. Dieser ist von Hersteller zu Hersteller unterschiedlich. Daher werden Sie bei der Verwendung eines ND-Filters erst recht den Weißabgleich anpassen müssen.

Natürlich wird nicht jeder immer und überall eine Graukarte dabeihaben, und wenn sich die Lichtsituation verändert, müssen Sie erneut einen manuellen Weißabgleich machen. Bei Sonnenunter- und -aufgang oder bei Kunstlicht – wie auf einer Party oder einem Konzert – lässt sich damit außerdem die Farbtemperatur kaum noch kontrollieren. An der Stelle helfen manuelle Kelvin-Werte weiter, wenn Sie ein wenig Erfahrung haben. Ich habe mit folgenden drei Werten fast immer gute Erfahrungen gemacht:

- 3.200 Kelvin bei Kunstlicht mit Glühlampen oder Halogenlicht mit einem hohen Gelbanteil
- 4.200 Kelvin bei Aufnahmen mit Mischlicht in Innenräumen
- 5.600 Kelvin bei Tageslicht (bei Bewölkung mehr)

Auch wenn bei diesen Werten der Weißabgleich nicht ganz passen sollte, bleibt Ihnen noch eine leichte Farbkorrektur mit dem Videoschnittprogramm. Aber mit diesen drei Werten liegen Sie zumindest selten komplett daneben.

Erfahrene Kameraleute verwenden häufig nur manuell eingestellte Kelvin-Werte, die auch *Presets* genannt werden. Der Vorteil an dieser Methode ist, dass damit die Stimmung erhalten bleibt. Bei einem benutzerdefinierten Weißabgleich werden häufig die Farben neutralisiert. Aber gerade bei einem Sonnenuntergang würde eine Neutralisierung die Farbstimmung ruinieren.

Licht	Weißabgleich	Kelvin
Kerze	Preset	1.500 K
Glühlampe (40 W)	Preset	2500–3.000 K
Halogenlampe	Preset	2800 K
Halogen-Kunstlicht (Scheinwerfer)	Preset, **Auto**	3.200 K
Sonnenaufgang Sonnenuntergang	Preset, **Tageslicht**	3.400 K

Tabelle 8.1 *Eine ungefähre Richtlinie zum Einstellen gängiger Lichtstimmungen für den Weißabgleich*

Licht	Weißabgleich	Kelvin
Leuchtstoffröhre	manueller Weißabgleich mit Graukarte	4.000 K
Tageslicht Sonnenschein	**Auto**, **Tageslicht** oder Preset	5.000–6.000 K
bewölkt Nebel	Preset, **Tageslicht** oder **Auto**	6.500–8.500 K
Blaue Stunde	Preset, **Tageslicht**	> 8.500 K

Tabelle 8.1 *Eine ungefähre Richtlinie zum Einstellen gängiger Lichtstimmungen für den Weißabgleich (Forts.)*

Auch beim Filmen können Sie für den manuellen Weißabgleich eine Graukarte verwenden. Dies funktioniert genauso wie beim Fotografieren.

8.6.2 Bildstile beim Filmen verwenden

Wie schon beim Fotografieren finden Sie bei der EOS R100 im Kameramenü > **SHOOT3** > **Bildstil** einige Optionen, um den Look des Filmes einzustellen. Zur Auswahl stehen alle Einstellungen, die Sie bereits in Abschnitt 6.2, »Die mitgelieferten Bildstile der Kamera verwenden«, kennengelernt haben.

Einen Bildstil will ich allerdings noch hervorheben, der sich sehr für das Filmen anbietet, und zwar der Bildstil **Neutral**. Gerade wenn die Kontraste der Szene härter sind, werden die Lichter und Schatten nicht so hart. Sind die Kontraste immer noch zu hart, reduziere ich beim Bildstil **Neutral** den **Kontrast** und die **Farbe** auf –2. Auch die **Tonwert Priorität** mit **D+** im Kameramenü > **SHOOT2** steht hier zur Verfügung.

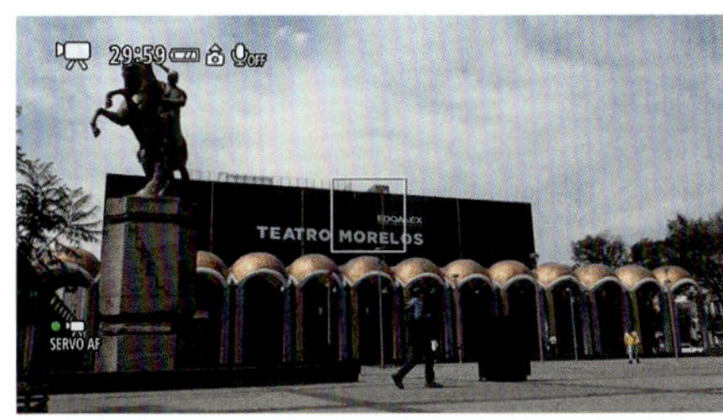

Abbildung 8.17 *Eine recht kontrastreiche Szene mit vielen hellen und dunklen Bereichen ohne Bearbeitung. Harte Schatten dominieren das Bild und lassen dunkle Bereiche fast komplett ins Schwarz abdriften.*

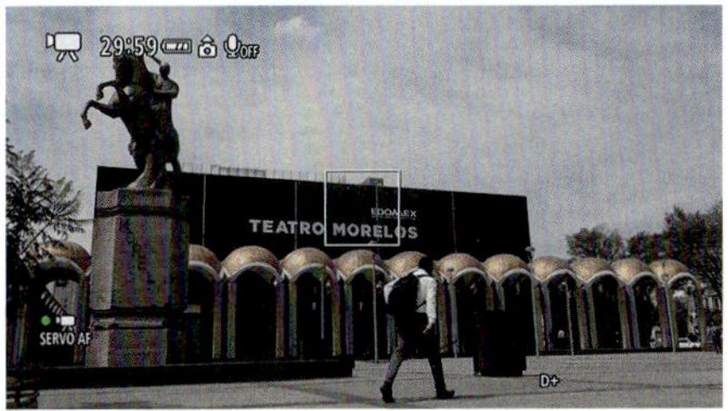

Abbildung 8.18 *Hier habe ich mit dem Bildstil **Neutral** gefilmt und den Wert von **Kontrast** und **Farbe** auf –2 gestellt. Auch die Tonwert Priorität mit **D+** habe ich aktiviert. Eventuell könnte hier noch um 1/3 LW überbelichtet werden.*

Wie schon beim Fotografieren können Sie natürlich hier auch eigene Bildstile erstellen und für das Filmen verwenden. Darauf wurde bereits in Abschnitt 6.2.3, »Eigene Bildstile erstellen mit Pictures Style Editor«, eingegangen.

8.7 Weitere Funktionen zum Filmen

Grundsätzlich wissen Sie nun, wie Sie mit der EOS R100 filmen können. Wie Sie vermutlich bereits festgestellt haben, ist der Funktionsumfang der EOS R100 auch beim Filmen sehr überschaubar und einfach gehalten. Einige Funktionen im Kameramenü von kennen Sie bereits vom Fotografieren und sollen hier nicht noch einmal wiederholt werden.

8.7.1 Digitalzoom verwenden

Wenn Sie die Aufnahmegrößen **FHD 29,97p** (NTSC), **FHD 23,98p** (NTSC) oder **FHD 25p** (PAL) verwenden, steht Ihnen ein digitaler Zoom von dreifacher bis zehnfacher Zoomstufe zur Verfügung. Den Digitalzoom können Sie im Kameramenü über **> SHOOT7 > Digitalzoom** aktivieren. Alternativ finden Sie diese Option auch beim Schnelleinstellungsmenü über die SET-Taste wieder. Haben Sie den Digitalzoom aktiviert, können Sie die Zoomstufe mithilfe der -Taste aufrufen und mit den Kreuztasten nach oben bzw. unten einstellen.

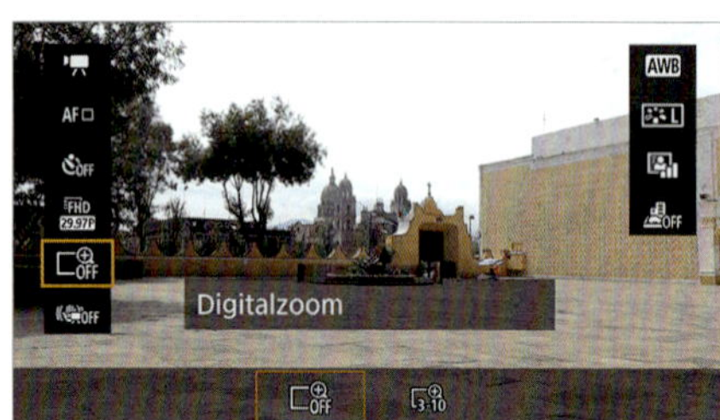

Abbildung 8.19 *Der Digitalzoom kann im Schnelleinstellungsmenü ausgewählt werden.*

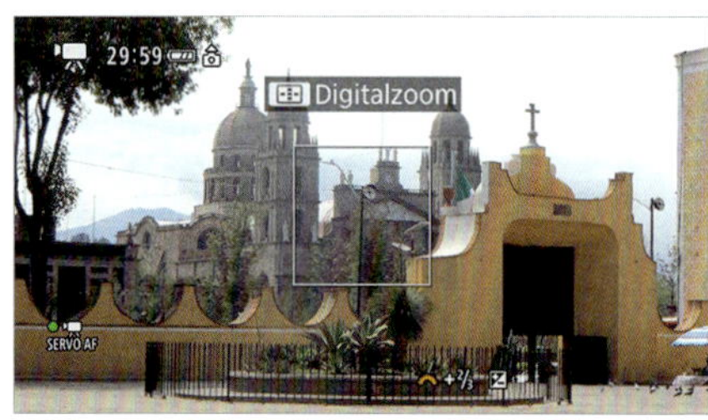

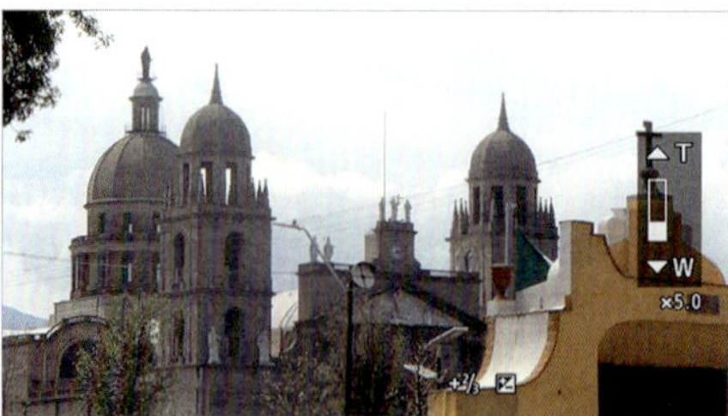

Abbildung 8.20 *Links: Der Digitalzoom wurde ausgewählt, und das Bild wird auch gleich um das Dreifache vergrößert. Rechts: Mithilfe der -Taste und den Kreuztasten nach oben bzw. unten können Sie digital von dreifach bis hoch zu zehnfach zoomen.*

Da der Zoom digital und nicht optisch realisiert wird, sollte klar sein, dass der Digitalzoom mit Verlusten in der Bildqualität einhergeht. Die Funktion würde ich daher nur empfehlen, wenn Sie keine längere Brennweite habe oder Sie ein weit entferntes Motiv sonst nicht filmen können. Bei längeren Brennweiten mit Digitalzoom ist es zudem sinnvoll, dass die Kamera auf einem stabilen Untergrund oder Stativ steht. Freihandaufnahmen werden damit gewöhnlich ziemlich verwackelt sein.

8.7.2 Miniatureffekt-Movies

Im Schnelleinstellungsmenü über der SET-Taste finden Sie am Ende noch die Funktion **Miniatureffekt-Movie**, womit Sie Zeitraffervideos ohne Ton erstellen können. Zur Auswahl stehen die Geschwindigkeiten **5×**, **10×** und **20×**. Je höher der Wert, desto schneller rasen die sich bewegenden Objekte durch das Bild. Daher sollten Sie auch ausreichend lange Videos dafür erstellen. Wollen für eine 20-fache Geschwindigkeit ein 15 Sekunden langes Video erstellen, müssen Sie 5 Minuten filmen. Für Miniatureffekt-Movies sollten Sie die Kamera auf ein Stativ setzen. Diesen Miniatureffekt kennen Sie bereits aus Abschnitt 2.1.4, »Kreativfiltermodus«. Auch hier können Sie den Fokusrahmen und den Balken mit dem Unschärfeverlauf über die [-:-]-Taste und dann den Kreuztasten anpassen. Als Ergebnis erhalten Sie eine Miniaturwelt, in der die Bildränder nach oben und unten bzw. nach rechts und links unscharf verlaufen.

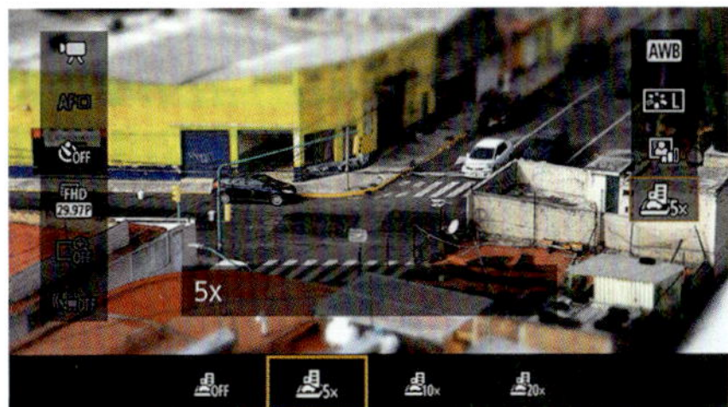

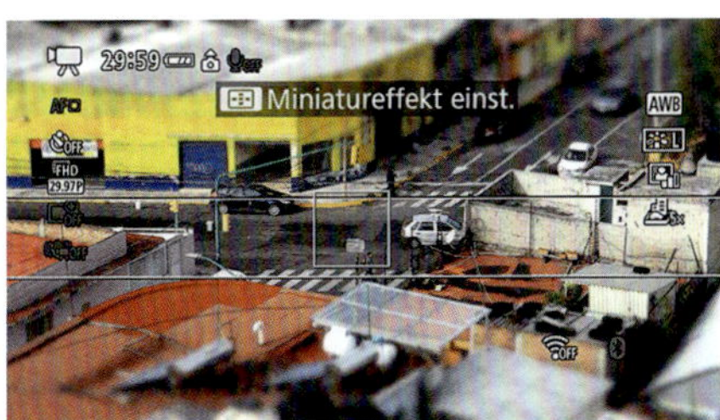

Abbildung 8.21 *Links: Den Miniatureffekt für Filme finden Sie nur im Schnelleinstellungsmenü. Rechts: Den Miniatureffekt können Sie über die [-:-]-Taste anpassen.*

8.8 Den Ton steuern

Zu einem guten Bild gehört in der Regel auch ein ordentlicher Ton. Dies wird häufig vernachlässigt und muss dann aufwendig in der Nachbearbeitung korrigiert werden. Der Ton wird bei der EOS R100 über das eingebaute Mono-Mikrofon im oberen Bereich des Gehäuses (hinter dem hochklappbaren Blitz) aufgenommen.

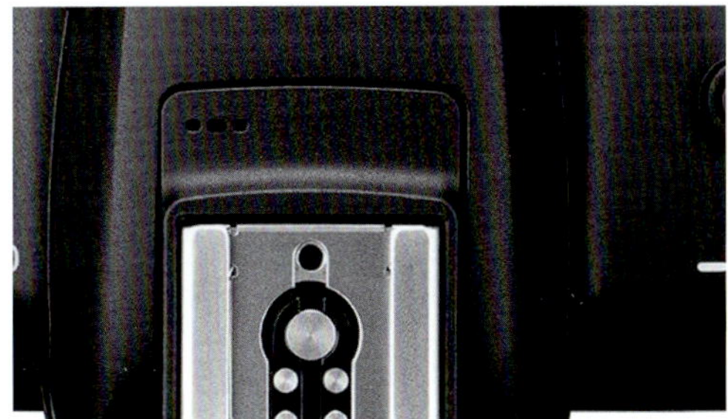

Abbildung 8.22 *Das interne Mikrofon der EOS R100 oberhalb des Gehäuses*

Eine deutliche Qualitätsverbesserung erzielen Sie mit einem externen Mikrofon. Den Tonpegel (**Aufnahmepegel**) finden Sie bei der Videoaufnahme links auf dem Display bzw. im Sucher. Der Tonpegel sollte möglichst niemals in den grünen Bereich ausschlagen, weil der Ton sonst scheppert und verzerrt klingt.

Die Einstellungen für das interne oder gegebenenfalls externe Mikrofon nehmen Sie im Kameramenü **> SHOOT1 > Tonaufnahme** vor. Dort stehen die Optionen **Manuell** und **Automatisch** zur Verfügung. Mit **Manuell** erhöhen Sie z. B. mit den Kreuztasten nach links bzw. rechts bei einer ruhigen Naturaufnahme den **Aufnahmepegel**, um Naturgeräusche wie Vogelgezwitscher etwas zu verstärken. Bei einer lauten Umgebung wie einer Großstadt hingegen können Sie den **Aufnahmepegel** etwas reduzieren. Bei der Audioeinstellung müssen Sie stets den Pegel und den Balken im Auge behalten. Wenn Sie **Automatisch** wählen, wird der Aufnahmepegel entsprechend der Umgebung angepasst – also bei ruhigerer Umgebung angehoben und bei lauter Umgebung gesenkt. Mit **Deaktivieren** können Sie die Tonaufnahme auch komplett deaktivieren.

Wenn Sie **Manuell** für **Tonaufnahme** gewählt haben, wird zur Sicherheit auch der Aufnahmepegel auf dem Display oder im Sucher angezeigt. Damit können Sie zumindest den Aufnahmepegel während der Aufnahme kontrollieren und gegebenenfalls im Kameramenü erneut anpassen.

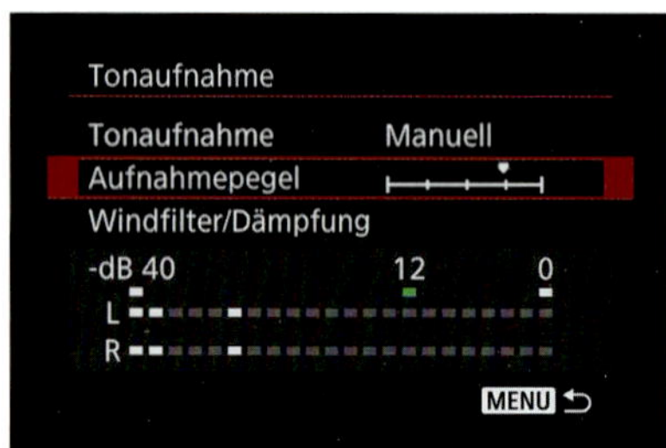

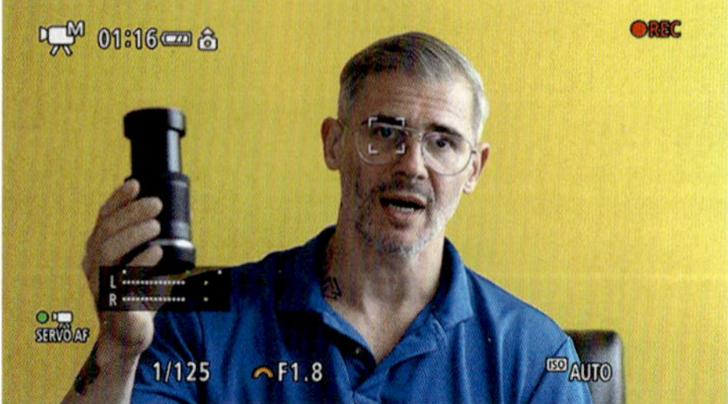

Abbildung 8.23 *Links: Den Ton können Sie über* ***Tonaufnahme*** *anpassen. Rechts: Wenn Sie den Ton manuell angepasst haben, wird der Aufnahmepegel zur Kontrolle auf dem Display oder im Sucher angezeigt.*

Um Störgeräusche auszufiltern, bieten sich noch die beiden Optionen **Windfilter** und **Dämpfung** an. Der **Windfilter** versucht, das typische Rumpeln bei starkem Wind etwas zu reduzieren. Dies funktioniert allerdings selbst bei schwachem Wind nur teilweise. Dem Windgeräusch können Sie auch nachträglich bei der Nachbearbeitung entgegensteuern. Eine noch bessere Option wäre ein externes Mikrofon mit Windschutz. Dieser *Fellwindschutz* über den Mikrofonen, den Sie vielleicht von mancher Wetterreportage kennen, ist in der Tat die beste Möglichkeit, die Windgeräusche zu minimieren. Mit **Dämpfung** werden hingegen niederfrequente Geräusche reduziert. Auch diese Option sollten Sie nur einschalten, wenn es nötig ist, weil damit die Aufnahme insgesamt etwas dumpfer wird.

8.9 Zeitrafferfilme

Auch sogenannte *Zeitrafferfilme* lassen sich direkt in der EOS R100 erstellen. Zeitrafferfilme zeigen ein Motiv, das sich mit der Zeit verändert, und zwar wesentlich kürzer als in Wirklichkeit. Auf diese Weise können Sie einen Film mit extrem schnell vorbeiziehenden Wolken, Autos oder Menschen aufnehmen. Für solche Videos ist es empfehlenswert, dass Sie die Aufnahmen von einem festen Punkt wie einem Stativ erstellen. Zeitrafferfilme stehen Ihnen für alle Formate zur Verfügung, die mit 29,94p (NTSC) oder 25p (PAL) Bildrate aufgenommen werden. Sie können also Zeitrafferfilme sowohl mit 4K als auch mit Full HD aufnehmen. Gespeichert werden diese Filme mit der Kompressionsmethode ALL-I, womit für eine gute Bildqualität gesorgt ist. Leider war es technisch nicht möglich von der Zeitrafferfunktion Screenshots zu erstellen. Daher sehen Sie im folgenden Workshop keine Screenshots.

SCHRITT FÜR SCHRITT
Zeitrafferfilm erstellen

1 Zeitrafferfilm aktivieren

Die Funktion zum Zeitrafferfilm aktivieren Sie im Kameramenü > **SHOOT3** > **Zeitraffer-Movie**. Zur Auswahl stehen drei verschiedene vordefinierte Szenen mit **Szene 1**, **Szene 2** und **Szene 3**. Aus den Beschreibungen der einzelnen Szenen können Sie herauslesen, wofür diese geeignet sind. Um die Einstellungen der Funktion etwas beschreiben zu können, entscheide ich mich mit **Custom** für eine benutzerdefinierte Szene.

2 Invervall-Timer einstellen

Stellen Sie nun im Bereich **Interv./Aufn.** ein, in welchem **Intervall** Sie Bilder erstellen wollen. Ich entscheide mich für alle zwei Sekunden. Dahinter legen Sie mit **Anzahl Aufn.** die Anzahl der Aufnahmen fest, die Sie hiermit erstellen wollen. Ich entscheide mich für 300 Aufnahmen. Somit wird alle zwei Sekunden eine Aufnahme gemacht, bis 300 Aufnahmen durchgeführt wurden. Links unten können Sie erkennen, wie lange die Aufnahmedauer benötigt und daneben die Dauer des fertigen Zeitraffervideos.

3 Aufnahmegröße festlegen

Bei **Movie-Aufn.größe** können Sie sich zwischen einem 4K- und einem Full-HD-Video entscheiden. Beides ist möglich.

4 Belichtungseinstellung

Mit der nächsten Einstellung **Autom. Belicht.** können Sie festlegen, dass sich die Belichtung während der Aufnahme nicht mehr ändert und am ersten Bild (**Fest 1. Bild**) orientiert. Oder Sie lassen der Kamera mit **Jedes Bild** die Belichtung vor der nächsten Aufnahme neu ermitteln. Wenn das Licht stark wechselt, sollten Sie die Option **Jedes Bild** wählen. Da ich hier eine Aufnahmedauer von ca. zehn Minuten und keinen Sonnenauf- oder -untergang habe, belasse ich es bei **Fest 1. Bild**.

5 Automatische Abschaltung des Bildschirms

Aktivieren Sie **Auto.Absch.Bilds.**, wird nach zehn Sekunden der Bildschirm während der Aufnahme des Zeitrafferfilmes abgeschaltet, um Strom zu sparen. Das ist gerade bei längeren Zeitrafferaufnahmen mit vielen Bildern ratsam.

6 Piepton bei der Aufnahme deaktivieren

Damit nicht nach vor jeder Aufnahme ein Piep-Ton ertönt, sollten Sie die Option **Piep bei Aufn.** deaktivieren.

7 Zeitrafferaufnahme starten

Mit der MENU-Taste beenden Sie die Einstellungen. Bevor Sie starten, sollten Sie gegebenenfalls noch das gewünschte Motiv fokussieren. Die Scharfstellung wird für das gesamte Zeitraffervideo verwendet und kann während der Aufnahmezeit nicht mehr geändert werden. Nun können Sie das Zeitraffervideo mit der ●-Taste starten und bei Bedarf damit auch wieder stoppen.

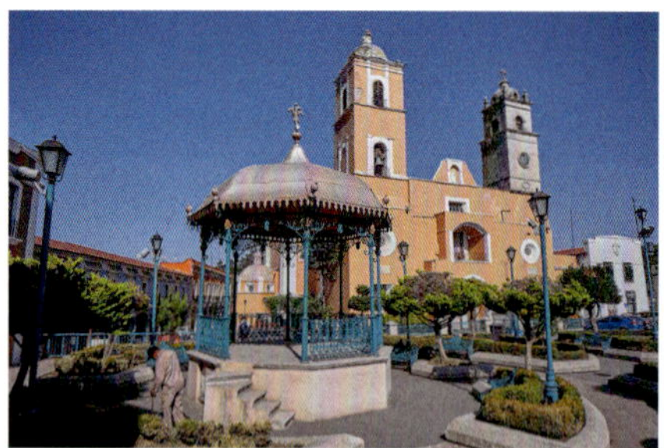

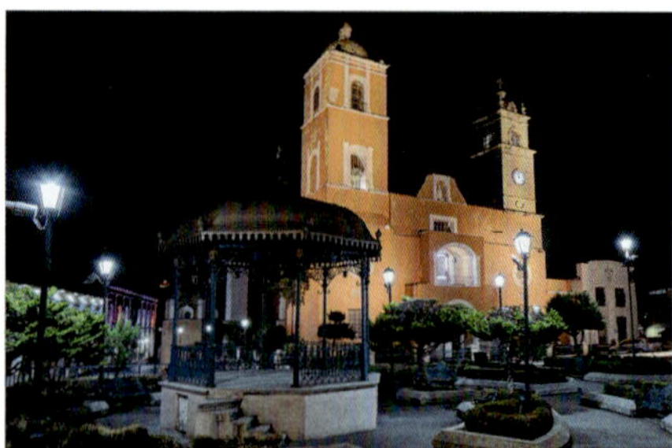

Abbildung 8.24 *Bei dieser alten Kirche in Mineral del Monte (Mexiko) habe ich einen Zeitrafferfilm vom Tag bis in die Nacht erstellt.*

8.10 Den Film wiedergeben

Die Wiedergabe von Filmen in der Kamera funktioniert in jedem Programmmodus mit der ▶-Taste und ist eigentlich selbsterklärend. Durch die einzelnen Videofilme (und Bilder) wechseln Sie mit den Kreuztasten nach links oder rechts.

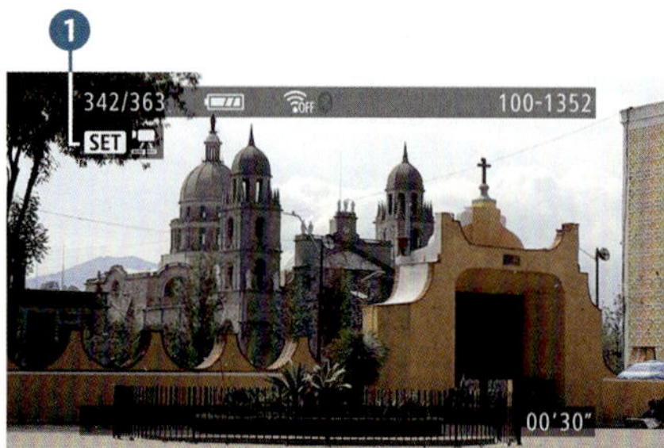

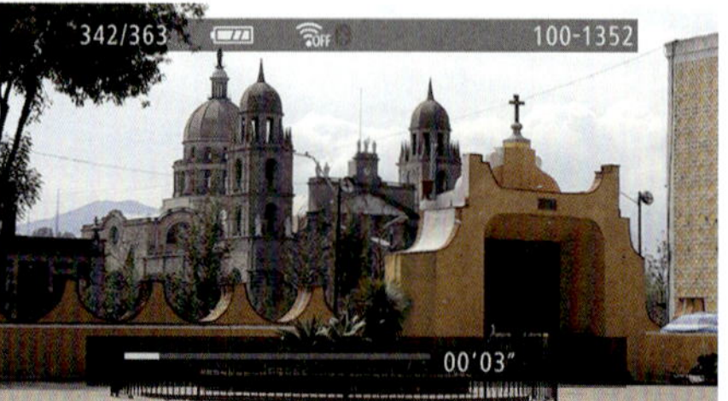

Abbildung 8.25 *Links: Ein Video erkennen Sie an der Einblendung* ***SET*** *mit einem Videosymbol links oben* **1**. *Rechts: Ein Film bei der Wiedergabe.*

Drücken Sie die SET-Taste zweimal, wird der Film abgespielt. Während der Wiedergabe können Sie mit den Kreuztasten nach rechts oder links jeweils um fünf Sekunden vor oder zurückspringen. Wenn Sie erneut die SET-Taste drücken, wird die Wiedergabe pausiert, und Sie finden Steuersymbole, um das Video mit normaler Geschwindigkeit, in Zeitlupe oder gar Bild-für-Bild abzuspielen. Über das Scheren-Symbol können Sie das Video sogar in der Kamera schneiden. Mit den Kreuztasten nach oben oder unten stellen Sie die Lautstärke der Wiedergabe ein.

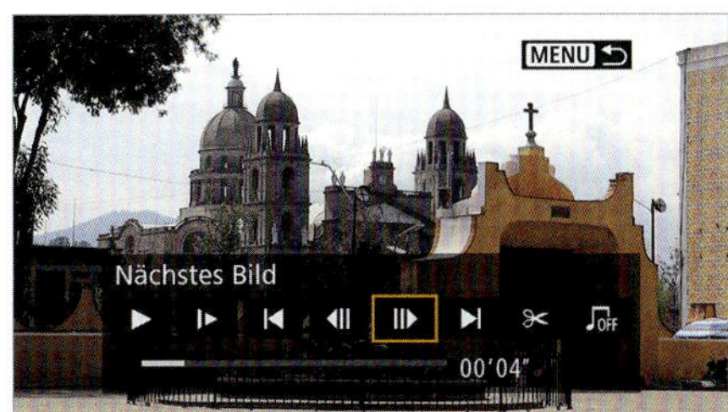

Abbildung 8.26 *Drücken Sie während der Wiedergabe die SET-Taste, finden Sie verschiedene Steuersymbole zur Wiedergabe.*

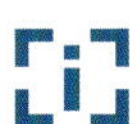

Bild aus 4K-Film extrahieren

Wenn Sie einen Film in 4K aufgenommen haben, können Sie im Wiedergabemodus einzelne Bilder mit einer Auflösung von 8,8 Megapixel extrahieren. Wenn Sie den Film im Wiedergabemodus wiedergeben, drücken Sie die SET-Taste, um diesen zu pausieren. Über die Funktionen **Zeitlupe**, **Vorheriges Bild** oder **Nächstes Bild** können Sie exakt an die Stelle im Video springen, von der Sie ein Bild extrahieren wollen. Wollen Sie ein Einzelbild der aktuellen Position extrahieren, wählen Sie den Befehl **Einzelbild erfassen** und bestätigen den folgenden Dialog mit **OK**. Jetzt wurde das Einzelbild auf die Speicherkarte geschrieben. Informationen zu Blende, Belichtungszeit oder der ISO-Wert werden allerdings beim Export verworfen. Das Datum und das verwendete Objektiv sind weiterhin vorhanden.

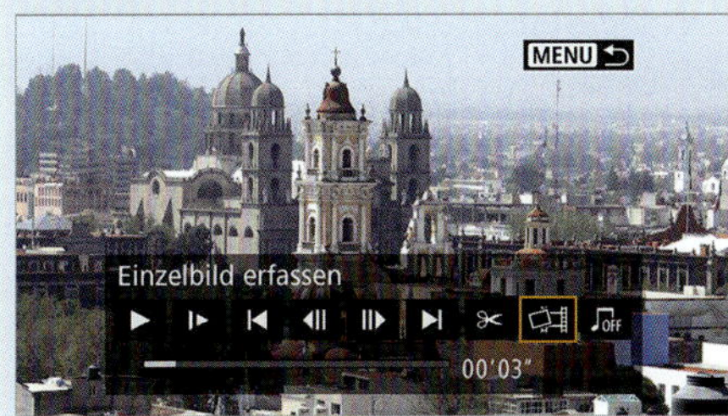

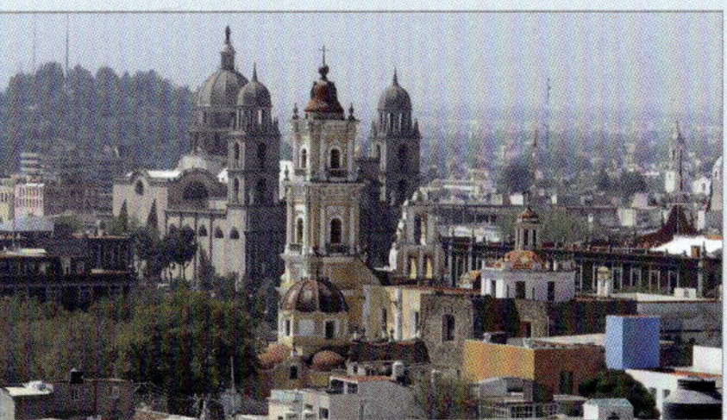

Abbildung 8.27 *Links: Die ausgewählte Position im 4K-Film als Einzelbild extrahieren. Rechts: Das aus einem 4K-Video extrahierte Bild mit einer Auflösung von 8,8 Megapixel.*

Kapitel 9
Objektive und weiteres Zubehör für die EOS R100

In diesem Kapitel gebe ich Ihnen einen kleinen Überblick über das passende Zubehör für Ihre EOS R100. Das Hauptaugenmerk liegt dabei natürlich auf den Objektiven. Aber auch auf anderes nützliches Zubehör wie Akkus oder Fernauslöser werde ich kurz eingehen. Am Ende erfahren Sie zudem, wie Sie Ihre Ausrüstung reinigen und mit einem Firmware-Update auf dem neuesten Stand halten.

9.1 Objektive für die EOS R100

Sofern Sie noch nicht so erfahren mit Kameras und Objektiven sind, sollte gleich zu Beginn angemerkt werden, dass ein gutes Objektiv wesentlich für die optische Qualität der Bilder verantwortlich ist. Als Verbindung für das Kameragehäuse und Objektiv verwendet die EOS R100 das RF-Objektivbajonett. Daran können Sie alle RF-Objektive anschließen. Des Weiteren können Sie auch RF-S-Objektive an die EOS R100 anschließen. Der Unterschied zwischen RF- und RF-S-Objektiven ist schnell erklärt: RF-Objektive sind für Vollformatsensoren gerechnet und können ohne Einschränkungen an alle Kameras des Canon EOS-R-Systems verwendet werden. Die RF-S-Objektive hingegen sind für den kleineren APS-C-Sensor gerechnet und daher auch nur für APS-C-Kameras zu empfehlen. Da die EOS R100 eine APS-C-Kamera ist, können Sie bedenkenlos RF- und RF-S-Objektive damit verwenden.

Auch EF- und EF-S-Objektive können Sie mit der EOS R100 verwenden. Allerdings können diese nicht direkt auf dem RF-Bajonett angebracht werden, weil das Auflagemaß unterschiedlich ist. Dafür benötigen Sie einen Adapter. Damit lassen sich alle EF- und EF-S-Objektive problemlos verwenden. EF-M-Objektive lassen sich allerdings nicht mit der EOS R100 verwenden – auch nicht via Adapter, weil das Auflagemaß kürzer ist. Adapter für EF- und EF-S-Objektive haben durchaus ihre Vorteile, weil Ihnen damit weitaus mehr Objektive zur Auswahl stehen. Zudem gibt es hier auch Angebote von Fremdherstellern. Das schlägt auch nicht ein so großes Loch in den Geldbeutel, wenn das beim Kauf von Objektiven eine Rolle spielen sollte.

9.1.1 RF- und RF-S-Objektive

Wenn Sie neu ins EOS-R-System einsteigen, wozu auch die EOS R100 gehört, dann werden Sie vermutlich auch gleich RF- und RF-S-Objektive kaufen. Wie bereits erwähnt, sind die RF-Objektive für das Vollformat berechnet und RF-S-Objektive für APS-C. Die EOS R100 hat einen APS-C-

Sensor und kann daher RF- und RF-S-Objektive verwenden. Zur Drucklegung waren allerdings die RF-S-Objektive noch relativ überschaubar. Das wird sich in den nächsten Jahren aber ziemlich sicher ändern, weil Canon künftig voll auf RF-(S)-Objektive setzt.

Zunächst eine Liste mit RF-S-Objektiven, die derzeit erhältlich sind:

- Canon RF-S 10-18 mm F4.5-6.3 IS STM
- Canon RF-S 18–45 mm F4.5–6.3 IS STM
- Canon RF-S 18–150 mm F3.5–6.3 IS STM
- Canon RF-S 55–210 mm F5–7.1 IS STM

Es sind weitere RF-S-Objektive in Planung wie z. B. das RF-S 16–55 mm F2.8 IS USM, RF-S 22 mm F2 STM oder RF-S 32 mm F1.4 STM. Allerdings lässt es sich schwer vorhersagen, ob und wann diese Objektive kommen, weil Canon im Gegensatz zu anderen Kameraherstellern keine Roadmap veröffentlicht.

Festbrennweiten	Zooms	Extender
■ RF 16 mm ƒ2,8 STM ■ RF 24 mm ƒ1,8 Macro IS STM ■ RF 28 mm ƒ2,8 STM ■ RF 35 mm ƒ1,8 Macro IS STM ■ RF 50 mm ƒ1,2L USM ■ RF 50 mm ƒ1,8 STM ■ RF 85 mm ƒ1,2L USM ■ RF 85 mm ƒ1,2L USM DS ■ RF 85 mm ƒ2 Macro IS STM ■ RF 100 mm ƒ2,8L Macro IS USM ■ RF 135 mm ƒ1,8L IS USM ■ RF 400 mm ƒ2,8L IS USM ■ RF 600 mm ƒ4L IS USM ■ RF 600 mm ƒ11 IS STM ■ RF 800 mm ƒ5,6L IS USM ■ RF 800 mm ƒ11 IS STM ■ RF 1.200 mm ƒ8L IS USM	■ RF 14–35 mm ƒ4L IS USM ■ RF 15–35 mm ƒ2,8L IS USM ■ RF 15–30 mm ƒ4,5–6,3 IS STM ■ RF 24–50 mmƒ4.5–6.3 IS STM ■ RF 24–70 mm ƒ2,8L IS USM ■ RF 24-105mm f/2.8 L IS USM Z ■ RF 24–105 mm ƒ4–7,1 IS STM ■ RF 24–105 mm ƒ4L IS USM ■ RF 24–70 mm ƒ2,8L IS USM ■ RF 28–70 mm ƒ2L USM ■ RF 24–240 mm ƒ4–6,3 IS USM ■ RF 70–200 mm ƒ2,8L IS USM ■ RF 70–200 mm ƒ4L IS USM ■ RF 100–300 mm ƒ2,8L IS USM ■ RF 100–400 mm ƒ5,6–8 IS USM ■ RF 100–500 mm ƒ4,5–7,1L IS USM ■ RF 200-800mm f/6.3-9 IS USM	■ Extender RF 1.4× ■ Extender RF 2×

Tabelle 9.1 *Eine Liste von RF-Objektiven, die Sie an der EOS R100 verwenden können.*

RF-S-Objektive haben im Gegensatz zu den RF-Objektiven oft auch den Vorteil, dass sie wesentlich leichter, kleiner und auch preisgünstiger sind. Sollten Sie allerdings in naher Zukunft vorhaben, eine Vollformatkamera von Canon mit dem RF-Bajonett zu kaufen, dann sind die RF-S-Objektive dafür nicht geeignet, weil diese nicht den vollen Bildkreis der Kamera mit Kleinbildsensor (KB = Vollformat) abdecken. RF-S-Objektive sind daher nur für den APS-C-Sensor zu empfehlen.

Die Liste von RF-Objektiven ist schon wesentlich länger und deckt von 16 mm bis hin zu 1.200 mm (mit Extender gar 2.400 mm) alles ab.

Das liest sich natürlich sehr schön. Dennoch muss man bedenken, dass man mit RF-Objektiven, die für das Vollformat gerechnet werden, auf einer APS-C-Kamera wie der EOS R100, eine ganz andere Bildwirkung erzielt. Eine Brennweite wie 16 mm wirkt auf der EOS R100 dann wie eine 25-mm-Brennweite an einer Vollformatkamera. Und dann wäre da auch noch der Preis. RF-Objektive kosten je nach Qualität (und Lichtstärke) häufig deutlich mehr. Einige Objektive, die für das Vollformat entworfen wurden, ergeben daher auf einer EOS R100 wirtschaftlich wenig Sinn. Sollten Sie allerdings vorhaben, irgendwann eine Vollformatkamera zu kaufen, dann relativiert sich das wieder. Bis es also genügend RF-S-Objektive gibt, dürfte noch einiges an Zeit vergehen. Wollen Sie nicht so lange warten, dann haben Sie neben der Möglichkeit, sich RF-Objektive zu kaufen, auch noch die Option mit den EF- und EF-S-Objektiven, die es bereits ein paar Jahrzehnte gibt.

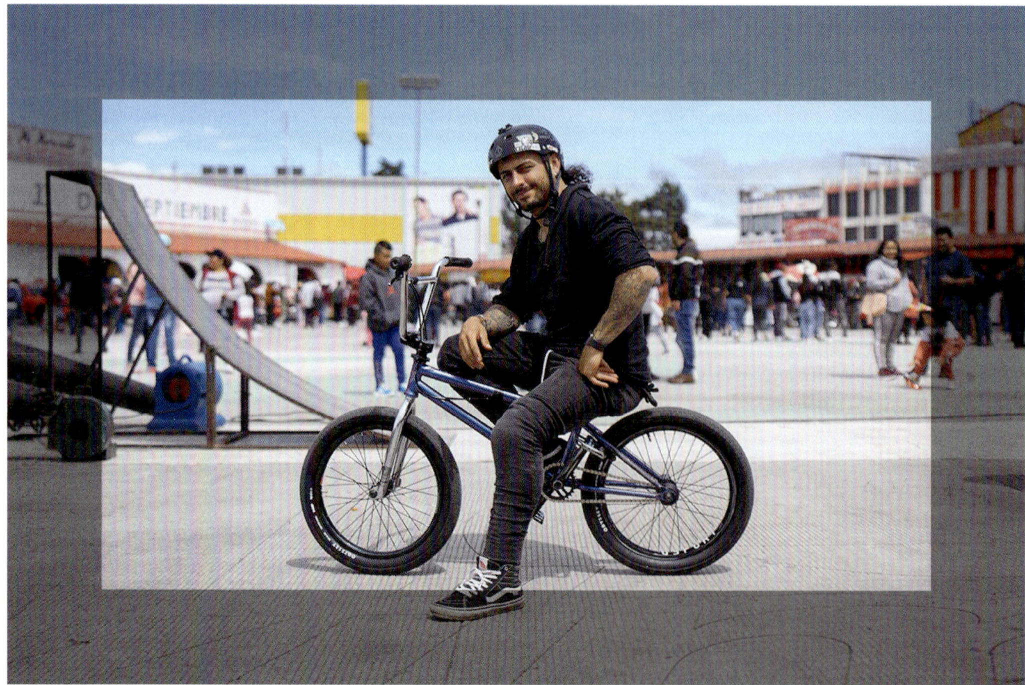

Abbildung 9.1 *Diesen BMX-Fahrer habe ich mit einer Vollformatkamera aufgenommen. Der hellere Bereich in der Mitte zeigt den Ausschnitt, den eine APS-C-Kamera wie die EOS R100 mit dem gleichen Objektiv erstellt hätte.*

40 mm | f1,8 | 1/4000 s | ISO 100

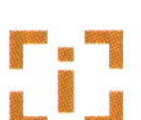

Der Cropfaktor und APS-C

Wie bereits erwähnt, sind die RF-Objektive für das Vollformatsystem berechnet. Die EOS R100 ist allerdings ein APS-C-System. Die Diagonale vom Vollformatsensor ist 1,6-mal größer als vom APS-C-Sensor. Dieser Faktor wird als *Cropfaktor* bezeichnet und hat Einfluss auf die Bildwirkung von RF-Objektiven an der EOS R100 bzw. anderen EOS-R-APS-C-Kameras. Wenn Sie z. B. ein RF 50 mm *f*1,8 an die EOS R100 ansetzen, müssen Sie den Cropfaktor mit der Brennweite und Blende multiplizieren, um die tatsächliche Bildwirkung zu ermitteln. Das RF 50 mm *f*1,8 hat somit auf der EOS R100 mit dem APS-C-Sensor eine Bildwirkung wie ein 80 mm *f*2,8 an einer Vollformatkamera. Andersherum könnte man auch sagen, dass das RF 50 mm *f*1,8 an einer Vollformatkamera (etwa EOS R5) eine Bildwirkung wie 31 mm *f*1,1 an einer APS-C-Kamera hat.

9.1.2 EF- und EF-S-Objektive

Tests mit vorhandenen EF-Objektiven, auch von Fremdherstellern, haben gezeigt, dass es keine Einschränkungen gibt, wenn EF- und EF-S-Objektive via Adapter an der EOS R100 angeschlossen werden. Das ist sehr erfreulich, weil der eine oder andere vielleicht schon eine Sammlung von EF- bzw. EF-S-Objektiven besitzt. Ebenso die Möglichkeit, Geld mit den günstigeren und eventuell gebrauchten EF-(S)-Objektiven zu sparen, ist nicht zu verachten. Auch in puncto Autofokus muss man nicht zurückstecken. Ganz im Gegenteil, es ist kein Spiegel mehr vorhanden wie bei einer DSLR und es geht deutlich schneller und genauer. Natürlich hängt die Autofokusgeschwindigkeit auch vom verwendeten Objektivmotor ab. Oftmals sind die Objektive auch nicht so leise wie die RF-Objektive.

Um nun auf die umfangreiche Palette von Objektiven der Canon EF- und EF-S-Objektive zurückgreifen zu können, benötigen Sie einen Adapter. Es gibt Adapter von Canon sowie von anderen Herstellern wie Viltrox, Commlite oder Meike.

- **EF- nach RF-Adapter**: Die günstigste Lösung ist häufig ein EF- nach RF-Adapter, womit alle Signale zwischen dem Objektiv und dem Kameragehäuse übertragen werden. Dafür verwende ich das Produkt von Canon mit EF-EOS R, das auch sehr gut mit EF-(S)-Objektiven von Fremdherstellern wie Tamron oder Sigma zusammenarbeitet. Hier gibt es aber auch andere Anbieter wie z. B. Viltrox, die einen solchen Adapter anbieten. Für mich persönlich reicht dieser Adapter aus, um mit den EF-(S)-Objektiven fotografieren zu können.
- **EF- nach RF-Adapter mit Blendenring/Steuerring**: Damit finden Sie an der zum Kameragehäuse zugewandten Seite des Adapters einen Ring, der sich wie der Ring von RF-Objektiven mit einer individuellen Funktion belegen lässt. Bei vielen Kameras bringt dieser Ring den Blendenring in elektronischer Form an die Objektive. Canon bietet diesen Adapter als EF-EOS R mit Steuerring an. Allerdings hat dieser Steuerring bei der EOS R100 keine Wirkung.
- **EF- nach RF-Adapter mit Drop-In Filter**: Für diesen Adapter gibt es noch drei Filtereinsätze mit einem Polarisationsfilter, einem variablen ND-Filter und einem Klarfilter. So benötigen Sie z. B. nur einen Polfilter oder ND-Filter für alle EF-Objektive.

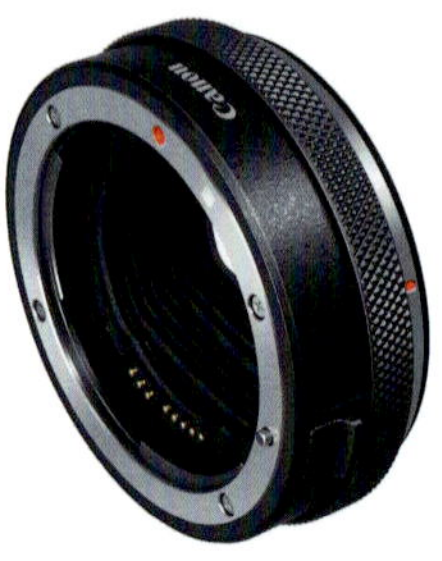

Abbildung 9.2 *Der Objektivadapter EF-EOS R (Foto: Canon)*

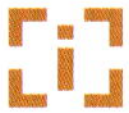

Ohne Objektiv auslösen

Es gibt viele Möglichkeiten, verschiedene Objektive unterschiedlicher Hersteller am RF-Bajonett zu adaptieren. Dabei kann es vorkommen, dass die EOS R100 den Adapter oder das Objektiv nicht erkennt und somit nicht auslöst. In solche einem Fall können Sie die Option **Ohne Objekt auslösen** im Kameramenü **> SET UP4 > Individualfunktionen(C.Fn)** aktivieren.

9.1.3 Meine persönlichen Empfehlungen für die EOS R100

Es ist natürlich schwer, eine Empfehlung auszusprechen, welche Objektive Sie für die EOS R100 verwenden sollten. Dies hängt natürlich auch sehr von Ihrem Anwendungsvorhaben ab. Allerdings muss man fairerweise sagen, dass die EOS R100 kein wirklicher Spezialist in der Action- und Sportfotografie ist, weshalb für mich viele Objektive dafür schon wegfallen. Außerdem will ich auch nicht bei einer so leichten Kamera einen schweren RF-Klopper anklemmen. Die Kamera wirkt damit unausgewogen. Ganz besonders dann, wenn man auch noch große Hände hat, schränkt einen das im Handling ein. Ich habe z. B. auf der EOS R100 ein RF 70–200 mm *f*2,8L IS USM getestet, und es wurde sehr kopflastig.

Ich habe mich daher für die beiden RF-S-Objektive Canon RF-S 18–45 mm F4.5–6.3 IS STM und Canon RF-S 55–210 mm F5–7.1 IS STM entschieden, weil ich damit einen Brennweitenbereich von 18 mm bis 210 mm abdecken kann. Auch das Preis-Leistungs-Verhältnis zur EOS R100 stimmt hier für mich. Beide Objektive haben zudem einen Bildstabilisator. Auch das Gewicht in der Fototasche ist nicht wirklich nennenswert. Das Canon RF-S 18–150 mm F3.5–6.3 IS STM ist zwar etwas lichtstärker und würde den Objektivwechsel sparen, aber am Ende fehlt mir damit etwas die Brennweite.

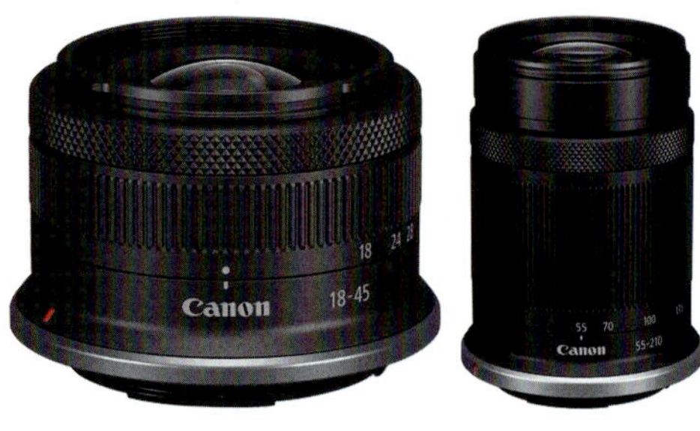

Abbildung 9.3 *Links: Das Canon RF-S 18–45 mm F4.5–6.3 IS STM, rechts: Das RF-S 55–210 mm F5–7.1 IS STM*

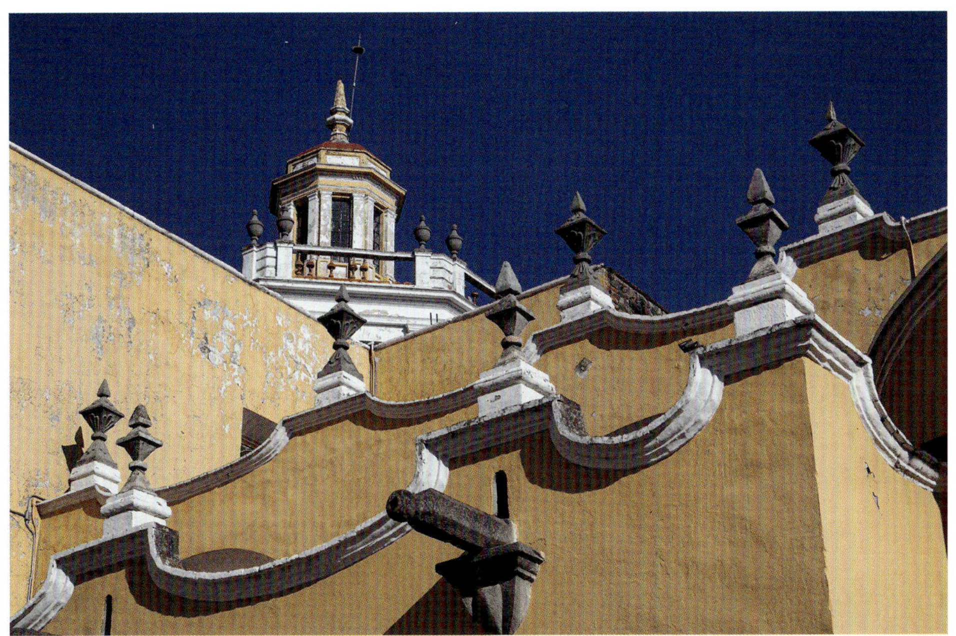

Abbildung 9.4 *Das Bild wurde mit dem Canon RF-S 18–45 mm F4.5–6.3 IS STM aufgenommen.*
42 mm | *f*7,1 | 1/640 s | ISO 100

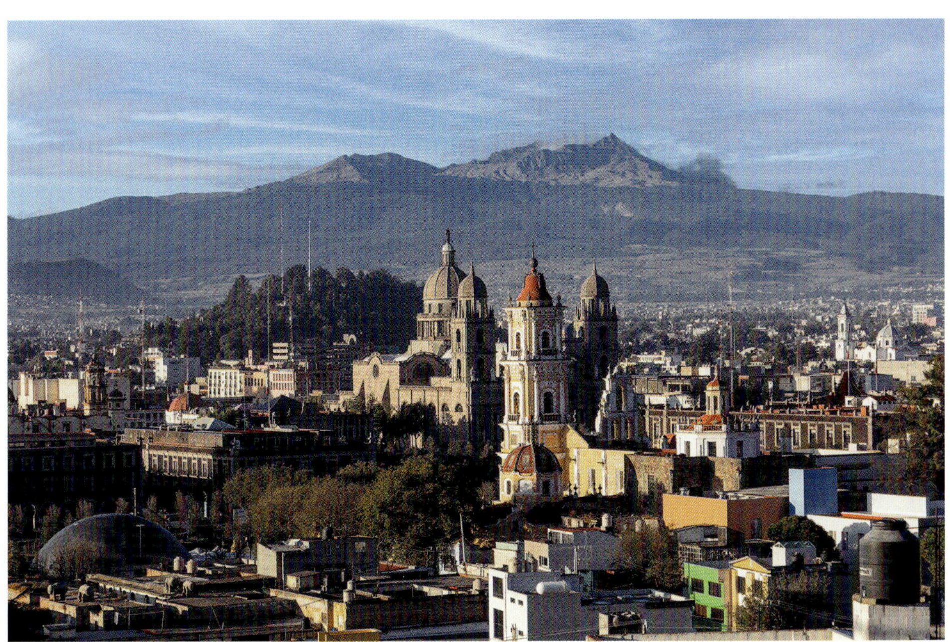

Abbildung 9.5 *Dies Aufnahme wurde mit dem RF-S 55–210 mm F5–7.1 IS STM aufgenommen.*
55 mm | *f*7,1 | 1/200 s | ISO 100

Für eine noch längere Brennweite wie Wildlife, Natur und teilweise auch Sport dürfte sich das Canon RF 100–400 mm *f*5,6–8 IS USM anbieten, das zum einen vom Gewicht (635 g) her noch zur EOS R100 passt und auch preislich kein allzu großes Loch in den Geldbeutel reist. Natürlich ist es nicht so lichtstark wie manch anderes RF-Objektiv, aber es macht einen guten Job und ist zusammen mit der EOS R100 sehr ausbalanciert.

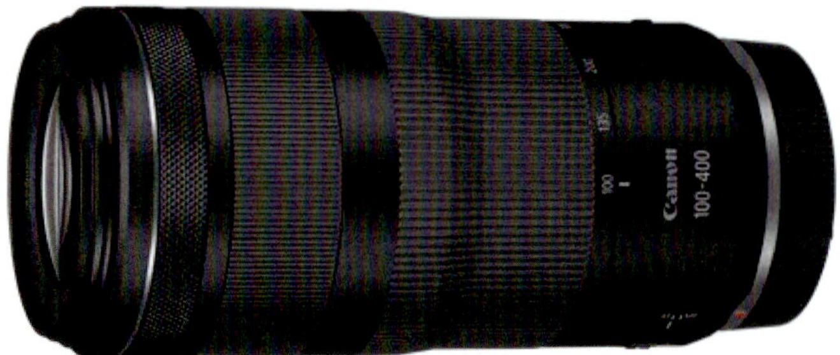

Abbildung 9.6 *Das Canon RF 100–400 mm f5,6–8 IS USM*

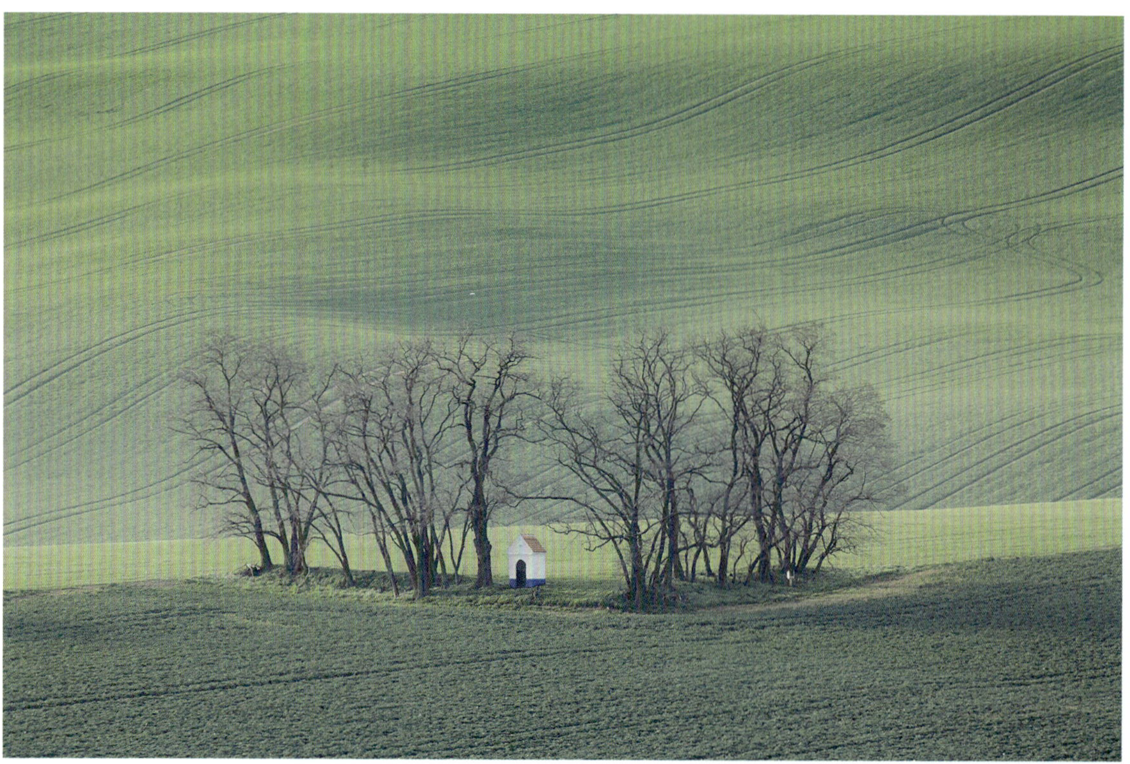

Abbildung 9.7 *Für Wildlife, Sport oder Landschaften, wie hier eine Naturaufnahme von den schönen Hügeln in Südmähren, sind längere Brennweiten wie das Canon RF 100–400 mm f5,6–8 IS USM sehr zu empfehlen.*

280 mm | *f*7,1 | 1/320 s | ISO 100

Für Porträts, Events und Freisteller habe ich mich zudem für das RF 50 mm *f*1,8 STM entschieden. Auch damit bleibt das Gewicht moderat und der Geldbeutel geschont. Da es sich um ein RF-Objektiv handelt, ist die Bildwirkung auf dem APS-C-Sensor etwas anders und wirkt wie ein 80 mm *f*2,8. Alternativ würde sich hier noch das Sigma 50 mm *f*1,4 DG HSM Art anbieten. Allerdings handelt es sich um ein EF-Objektiv, und Sie benötigen dazu noch einen Adapter.

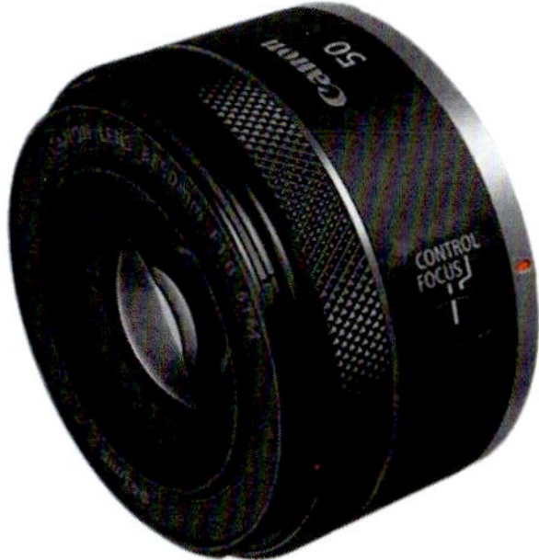

Abbildung 9.8 *Das Canon RF 50 mm f1,8 STM*

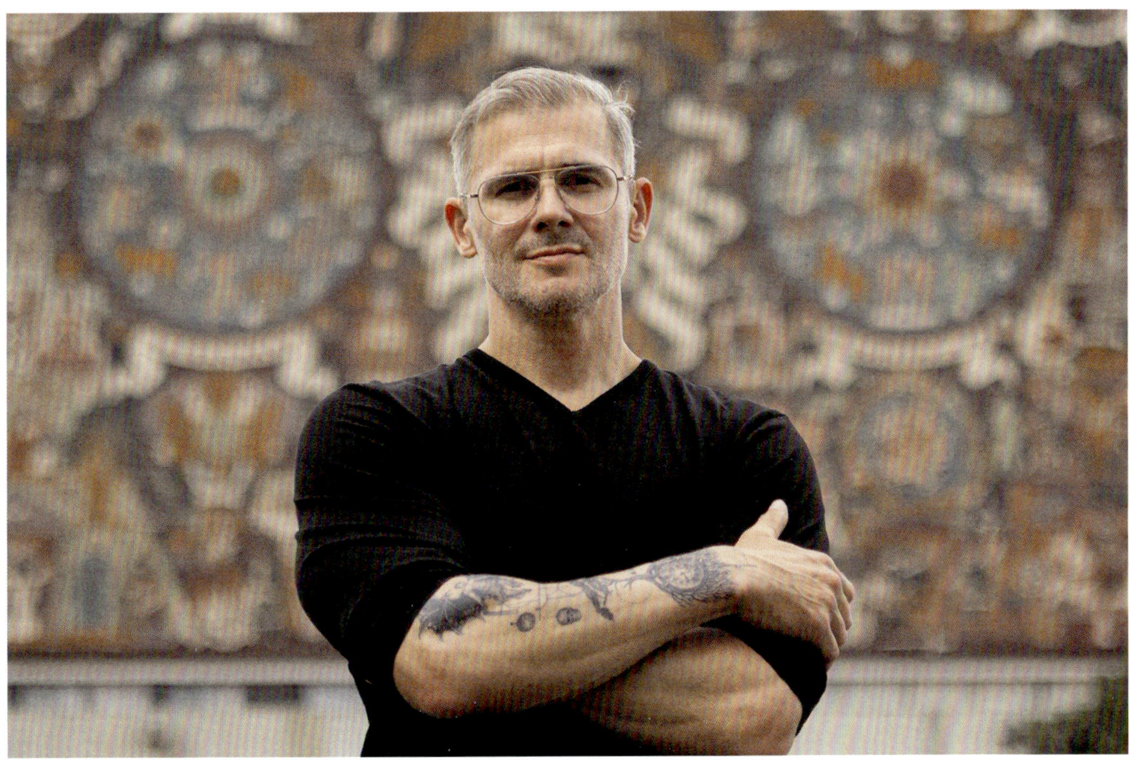

Abbildung 9.9 *Diese Porträtaufnahme wurde mit dem RF 50 mm f1,8 STM erstellt.*
50 mm | *f*1,8 | 1/1600 s | ISO 100

Endlich gibt es auch ein echtes RF-S-Weitwinkel-Objektiv mit dem RF-S 10–18 mm F/4,5–6,3 IS STM. Das Objektiv bietet sich für Landschaft und Architektur an. Zwar sind die RF-Objektive RF 16 mm *f*2,8 STM und RF 15–30 mm *f*4,5–6,3 IS STM durchaus zwei Objektive, die von den Kosten und auch vom Gewicht sehr gut zur EOS R100 passen würden. Allerdings ist aufgrund der Berechnung für das Vollformat der Blickwinkel auf dem APS-C-Sensor ein anderer. Als weitere Alternative würde ich das EF-S-Objektiv EF-S 10–18 mm *f*4,5–5,6 IS STM empfehlen. Das Objektiv für den APS-C-Sensor ist zwar schon älter, aber mithilfe eines Adapters lässt es sich problemlos an der EOS R100 verwenden.

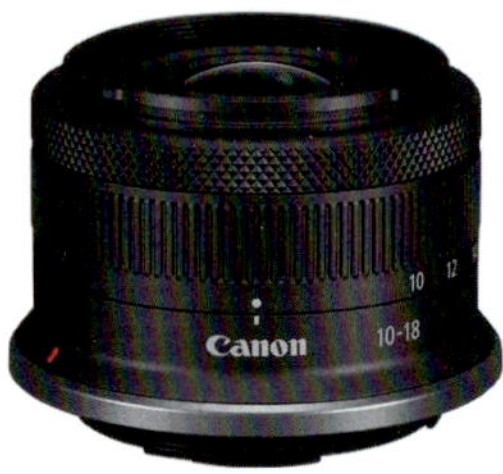

Abbildung 9.10 *Das Canon RF-S 10-18 mm f4,5-6,3 IS STM bietet sich als Lösung für den Weitwinkelbereich an.*

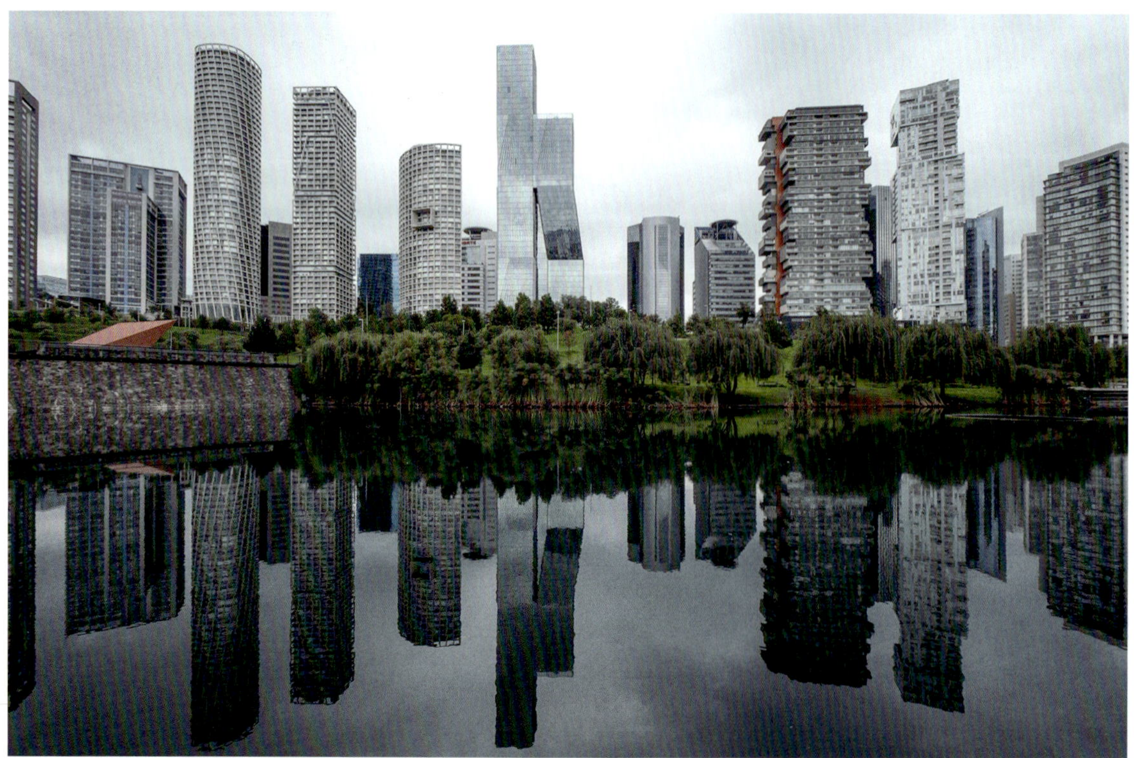

Abbildung 9.11 *Für solche Aufnahme ist das RF-S 10-18 mm f4,5-6,3 IS STM bestens geeignet. Selbst die 10 mm als weitester Winkel sind bei solchen Motiven gerade noch gut genug.*

10 mm | *f*8 | 1/100 s | ISO 100

Im Bereich der Makrofotografie ist es schwer, eine Empfehlung auszusprechen. Das Canon RF 100 mm *f*2,8 Macro IS USM wäre mit einem Abbildungsmaßstab von 1:1,4 zwar die erste Wahl, spielt aber preislich schon in der Oberliga. Das RF 85 mm *f*2 Macro IS STM wäre für die EOS R100 von Preis und Gewicht ein perfekter Begleiter der Makrofotografie, aber der Abbildungsmaßstab beträgt hierbei »nur« 0,5. Für ein »echtes« Makro sollte es aber schon ein Abbildungsmaßstab von mindestens 1,0 sein. Hier bietet sich dann auch wieder die Lösung mit einem Adapter und den vorhandenen EF-Objektiven als Makro an wie z. B. das Canon EF 100 mm *f*2,8 Macro USM. Aber auch Sigma oder Tamron bieten EF-Makroobjektive an.

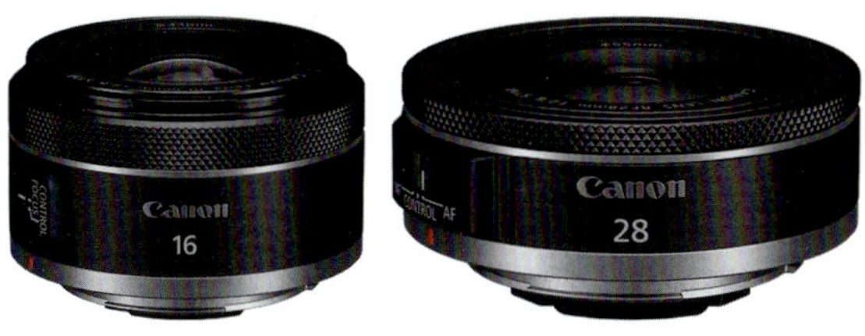

Abbildung 9.12 *Links: RF 16 mm f2,8 STM; rechts: RF 28 mm f2,8 STM*

Zwei RF-Objektive, die ich aufgrund der kompakten Bauweise für die Straßenfotografie, Reportage oder als »Immer-dabei« sehr zu schätzen weiß, sind das RF 16 mm *f*2,8 STM und RF 28 mm *f*2,8 STM. Beide Objektive sind sehr leicht, klein und auch preislich relativ günstig.

9.1.4 Umgang mit RF-Objektiven

Beim Abschalten der Kamera wird bei RF-Objektiven die Blende zum Schutz des Sensors vor Sonnenlicht geschlossen. Wenn Sie Objektive adaptieren, geschieht dies nicht, weshalb hier die Meldung **Objektivkappe bei abgeschalteter Kamera auf dem Objektiv lassen** erscheint. Generell ist es zudem eine gute Idee, den Objektivdeckel zum Schutz vor Verkratzen und Verschmutzen auf dem Objektiv zu lassen, wenn Sie nicht fotografieren. Zusätzlich können Sie auch einen Filter vor das Objektiv anbringen. Bei älteren EF-(S)-Objektiven ist der Wetterschutz häufig erst vollständig, wenn ein Schutzfilter angebracht wurde.

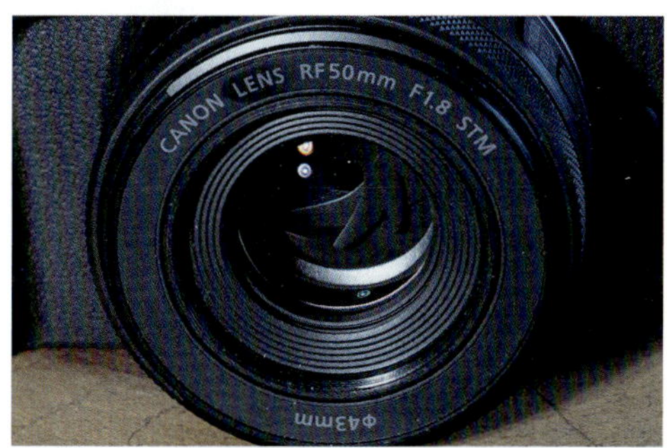

Abbildung 9.13 *Die EOS R100 blendet das RF 50 mm f1,8 beim Ausschalten automatisch ab, um den Sensor der Kamera zu schützen.*

Bei Objektiven, die sich beim Zoomen in der Länge ändern, ist es immer ratsam, diese bei der Nichtverwendung in der kürzesten Form zu transportieren. Es gibt schrittgesteuerte STM-Objektive (z. B. das RF 50 mm F1.8 STM), die beim Abschalten einfahren können. Für solche Objektive können Sie im Kameramenü 🔧 > **SET UP4** > **Individualfunktionen (C.Fn)** > **C.Fn II: Weiteres** die Option **Obj. b. Abschalt. einziehen** aktivieren, sodass sie beim Abschalten einfahren. Beim RF-S 18–45 mm *f*4,5–6,3 IS STM gibt es hingegen eine Parkposition, in der das Objektiv noch kürzer ist.

Wenn Sie das Objektiv wechseln, empfehle ich Ihnen, die Kamera auszuschalten. Auch sollten Sie den Objektivwechsel nicht unbedingt bei windigen und staubigen Bedingungen durchführen. Hierbei besteht die Gefahr, dass Staub auf den Sensor kommt.

Wenn auf der Glasoberfläche des Objektives Staub vorhanden ist, dann sollten Sie diesen zunächst z. B. mit einem Blasebalg wegpusten, bevor Sie es mit einem Tuch reinigen, da es sonst schnell zu Kratzern kommen kann. Wenn Ihr Objektiv feucht geworden ist, sollten Sie es so bald wie möglich trocknen, da Feuchtigkeit zu Glaspilz im Objektiv führen kann.

9.1.5 Ausstattung von Objektiven

Neben Lichtstärke und Brennweite unterscheiden sich die Objektive auch in ihrer Ausstattung. Einige dieser Ausstattungsmerkmale sind auch in der Praxis sehr wichtig und sollen daher an dieser Stelle kurz erläutert werden.

- **Autofokusmotor**: Für die Scharfstellung von Objektiven wird ein Motor in den Objektiven nötig, der die Linsengruppen entsprechend verschiebt. Bei aktuellen Objektiven kommt hierfür entweder der *Ultraschallmotor* (*USM*) oder ein *Stepper Motor* (*STM*) zum Einsatz. USM-Systeme sind schneller und leiser als STM-Systeme. Allerdings hat das STM-System den Vorteil, dass es günstiger ist als ein USM-System und trotzdem eine gute Geschwindigkeit bietet und bei einigen Objektiven sogar unhörbar ist. Mit *Nano USM* hat Canon zudem die Vorteile von USM und STM verbunden, dieser Antrieb ist schnell, leise und im Verhältnis zu USM-Systemen günstig herzustellen. Bei einigen alten EF-Objektiven kommt noch ein alter Bogenmotor zum Einsatz. Dieser Antrieb ist veraltet und deutlich langsamer als das USM-System. Dafür sind Bogenmotor-Systeme recht günstig zu bekommen.
- **Fokusbegrenzer**: Bei längeren Brennweiten und Makros finden Sie häufig einen Fokusbegrenzer, der den Fokus auf die Hälfte des Einstellwegs beschränken kann. Das ist z. B. hilfreich, wenn der ausgewählte Fokuspunkt wenig Kontrast hat und der Autofokus die Schärfe im Nahbereich und wieder zurück sucht. Dies kann bei einigen Objektiven relativ lange dauern, und während dieser Zeit können Sie weder fotografieren noch ein scharfes Sucherbild erkennen. Das Makro-Objektiv RF 100 mm *f*2,8L Macro IS USM hat z. B. drei Bereiche mit 26–50 cm, 50 cm–∞ und **FULL** für 26 cm–∞. Im Bereich von 26 bis 50 cm Entfernung muss sich das Objektiv genauso weit bewegen wie für die Entfernung von 50 cm bis Unendlich.

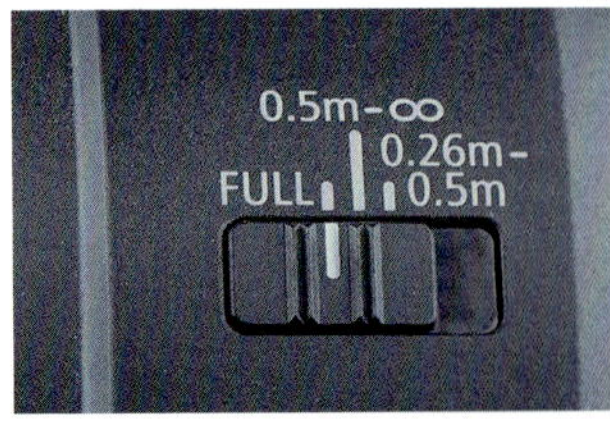

Abbildung 9.14 *Falls der Fokus schwer zu setzen ist, können Sie mit dem Fokusbegrenzer den Suchbereich eingrenzen und somit Zeit sparen.*

- **Bildstabilisator**: Die EOS R100 hat keine interne Bildstabilisierung. Dies ist auch nicht unbedingt nötig, da viele Objektive einen Bildstabilisator haben. Das können Sie am Objektiv ablesen, wenn ein *IS* (*Image Stabilization*) in der Beschreibung enthalten ist. Ein Bildstabilisator in der Kamera wird übrigens als *IBIS* (*In-Body Image Stabilization*) bezeichnet. Die beweglichen Linsengruppen im Objektiv und in den Sensoren sorgen dafür, dass horizontale und vertikale Bewegungen wahrgenommen werden und stellen sicher, dass bei leichten Bewegungen der Kamera gegenüber dem Sensor kaum bzw. keine Verschiebungen stattfinden. Je nach Art der Stabilisation können hierbei bis zu 5,5 Blendenstufen abgefangen werden. Das hilft wohlgemerkt natürlich nur bei Verwacklung der Kamera und nicht bei bewegten Motiven. Je länger die Brennweiten werden, umso sinnvoller ist es, wenn das Objektiv einen IS hat. Der Bildstabilisator kann auch hilfreich im Videobereich sein. Er hilft, die Kamerabewegungen zu stabilisieren und sorgt insgesamt für ein ruhigeres Bild.

9.2 Blitzgeräte

Es ist sehr schön, dass man bei der EOS R100 nicht den neuen Multifunktionsschuh wie bei der EOS R50 verwendet hat. Wenn Sie nämlich dort ein gängiges Blitzgerät von Canon verwenden wollen, benötigen Sie einen Adapter (AD-E1). Die hier vorgestellten Blitzgeräte können Sie direkt auf den Blitzschuh der EOS R100 stecken und losblitzen. Es gibt natürlich noch mehr Blitzgeräte auf dem Markt, aber diese Geräte werden von Canon u. a. auf deren Kompatibilitätsliste aufgeführt. Alle hier vorgestellten Blitzgeräte können HSS und indirekt blitzen. Beides Eigenschaften, die Sie mit dem eingebauten Blitz verwenden können. Mein persönlicher Favorit in puncto Preis/Leistung ist hier das Speedlite 430EX III-RT.

Eigenschaft	EL-100	430EX III-RT	600EX II-RT
Leitzahl	26	43	60
Zoomreflektor	24–50 mm	14–105 mm	14–200 mm
Hi-Speed-Sync.	ja	ja	ja
Blitz indirekt	ja	ja	ja
Min. Leistung	1/128	1/128	1/128
Remote	optisch	optisch/Funk	optisch/Funk
Master	optisch	Funk	optisch/Funk
Max. Blitzladezeit	ca. 5,8 s	ca. 3,5 s	ca. 5,5 s
Witterungsschutz	–	–	ja
Farbfilter/Diffusor	–/–	ja/ja	ja/ja
Gewicht	190 g	295 g	435 g

Tabelle 9.2 *Einige Eigenschaften von Canon-Speedlites, die mit der EOS R100 kompatibel sind.*

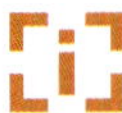

Leitzahl = Blitzleistung

Die Leitzahl ist bei Blitzsystemen so etwas wie der Stärkeindikator und gibt die Blitzreichweite an. Je höher der Wert ist, umso mehr Leistung kann der Blitz bringen. Mithilfe dieser Zahl lässt sich auch berechnen, aus welcher Entfernung ein Motiv bei ISO 100 aufgehellt werden kann. Dazu wird die Leitzahl (z. B. 6 wie beim internen Blitz) durch die eingestellte Blende dividiert. Haben Sie also in Kombination mit dem internen Blitz die Blende *f*5,6 eingestellt, reicht der Blitz bei ISO 100 gerade einmal 110 cm weit. Den Kölner Dom können Sie so nicht ausleuchten. Bei einem steigenden Blendenwert verkürzt sich die Leuchtweite, gegensteuern können Sie mit einem höheren ISO-Wert. So weit die Theorie. Die Leitzahl ist allerdings nicht das Maß aller Dinge, da in der Praxis ohnehin selten mit voller Blitzleistung fotografiert wird.

9.2.1 Speedlite EL-100

Das Speedlite EL-100 ist der ideale Blitz für Einsteiger und auch preislich ein passendes Gegenstück zur EOS R100. Er bietet einen Zoomreflektor mit zwei Stufen (24 und 50 mm). Sie können auch indirekt nach oben oder seitlich blitzen. Natürlich bieten andere Blitzgeräte mit Funksteuerung und echtem Zoomreflektor mehr, aber für den Hausgebrauch dürfte dieser Blitz zum Aufstecken als leistungsstärkere Alternative für den eingebauten Blitz der EOS R100 ausreichend sein.

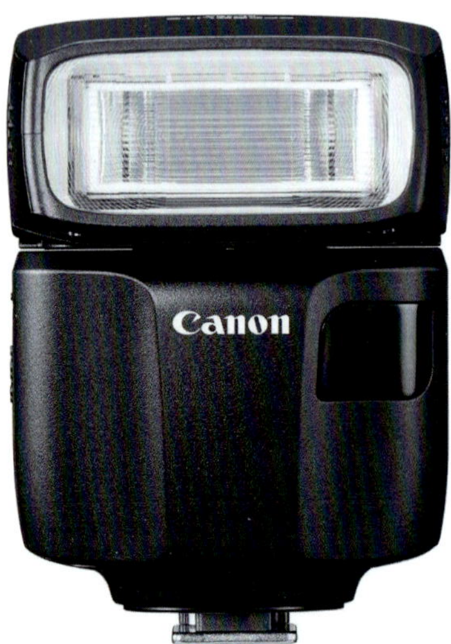

Abbildung 9.15 *Der Speedlite EL-100 (Bild: Canon)*

9.2.2 Speedlite 430EX III-RT

Das Speedlite 430EX III-RT kostet zwar das Doppelte wie das EL-100, aber dafür bietet es alles, was man von einem Blitzgerät erwarten kann. Zudem ist es auch extrem leistungsstark. Auch im kabellosen Transmitterbetrieb (optisch und Funk) lässt sich das Blitzgerät verwenden. Ebenfalls sehr schön ist das Handling des Blitzgeräts zusammen mit der EOS R100, weil es vom Gewicht her immer noch ausbalanciert ist. Wenn das Budget es erlaubt, würde ich diesen Blitz gegenüber dem EL-100 vorziehen.

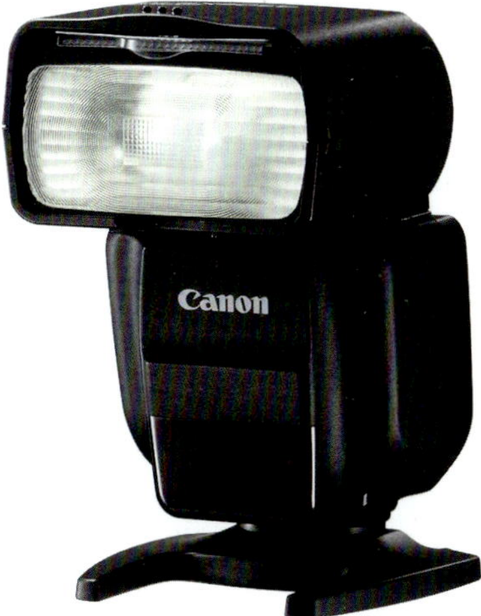

Abbildung 9.16 *Das Speedlite 430EX III-RT*

9.2.3 Speedlite 600EX II-RT

Benötigen Sie noch mehr Power beim Blitzen, dann finden Sie diese im Speedlite 600EX II-RT. Dieses Blitzgerät bietet wie auch das 430EX III-RT alles, was das Blitzherz begehrt, nur eben mit noch mehr Leistung und einem längeren Zoomfaktor (bis 200 mm). Gewichtsmäßig gehört dieser Blitz dann schon zu den schweren Blitzgeräten und ist auf der EOS R100 etwas unausgewogener. Wer allerdings mehr Leistung benötigt, der wird hiermit fündig.

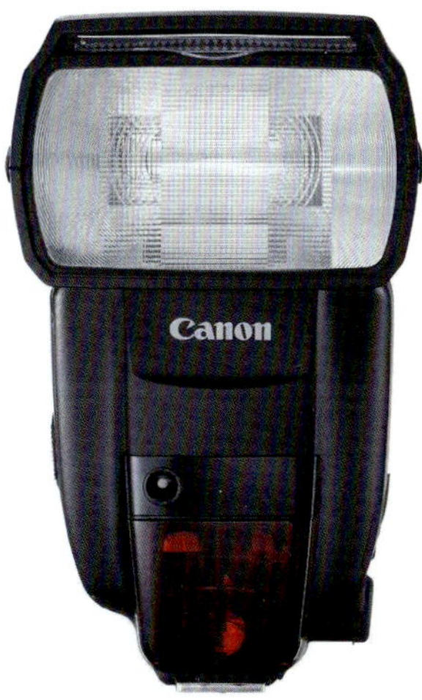

Abbildung 9.17 *Das Speedlite 600EX II-RT*

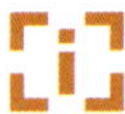

Makroblitze

Canon hat für den Makrobereich noch zwei weitere Blitze im Angebot: einen Ringblitz für schattenfreie Ausleuchtung (Makro-Ringblitz MR-14EX II) und einen Doppelblitz (Makro-Zwillingsblitz MT-26EX-RT).

9.2.4 Entfesselt Blitzen

Wenn Sie eine oder mehrere Blitzgeräte entfesselt auslösen wollen, benötigen Sie einen Canon Speedlite Transmitter. Damit können Sie den Blitz dann entweder über Infrarot oder mithilfe von Funksignalen regeln und auslösen. Offiziell werden für die EOS R100 von Cannon der Speedlite Transmitter ST-E3-RT und der Speedlite Transmitter ST-E3-RT (Vers. 2) empfohlen.

Eigenschaft	ST-E3-RT	ST-E3-RT (Vers. 2)
Hi-Speed-Sync.	ja	ja
Sync. 2. Vorhang	–	ja
Man. Minimalleistung	1/128	1/128
Master	Funk	Funk
FE Memory	–	ja
Gruppen/Kanäle	5/15	5/15
Kamerafernauslöser	ja	ja

Tabelle 9.3 *Eigenschaften von Canon Speedlite Transmitter in der Übersicht, die mit der EOS R100 kompatibel sind.*

9.3 Akkus für die EOS R100

Die EOS R100 verwendet den Akku vom Typ LP-E17, der in etwa 1,5 Stunden im Ladegerät LC-E17 aufgeladen werden kann (wenn die Lampe grün leuchtet). Leider ist es nicht möglich, den Akku via USB-Kabel innerhalb der Kamera zu laden. Durchschnittlich schafft man mit vollgeladenem Akku ca. 350 Fotos (ohne Blitz) oder ca. 60 Minuten Filmaufnahme in 4K. Diese Werte sind natürlich nur Durchschnittswerte. Dinge wie das Fokussieren, der Bildstabilisator, längere Belichtungszeiten, Bilder im Wiedergabemodus betrachten oder der Einsatz von WLAN und Bluetooth können die Anzahl der tatsächlichen Aufnahmen erheblich beeinträchtigen.

Ich empfehle Ihnen, immer mindestens einen zweiten Akku dabeizuhaben. Ob Sie dafür die etwas teureren Original-Akkus oder Akkus von anderen Herstellern verwenden, müssen Sie für sich selbst entscheiden. Es wird zwar vor Problemen gewarnt, wie z. B. vor einer falschen Ladeanzeige oder dass es bei Schäden von fremden Akkus zu Problemen mit der Garantie (im Ernstfall) kommen kann, aber persönlich hatte ich noch nie Probleme mit Akkus von fremden Herstellern.

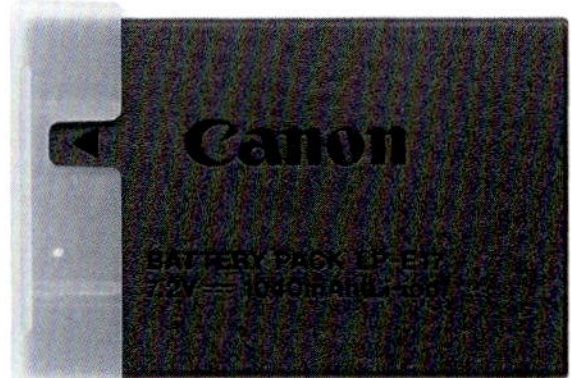

Abbildung 9.18 *Der Akku LP-E17 für die EOS R100 (Bild: Canon)*

9.4 Fernauslöser

Bei längeren Belichtungen vom Stativ oder bei Serienaufnahmen für gestackte Astrofotos ist es häufig sinnvoll, einen Fernauslöser zu verwenden, um Verwacklungen durch Drücken des Auslösers zu vermeiden. In Abschnitt 7.9, »Den Selbstauslöser verwenden«, haben Sie bereits erfahren, wie Sie die EOS R100 mit einem mobilen Gerät fernauslösen.

Zur Auswahl steht der drahtlose Fernauslöser BR-E1 via Bluetooth und die Kabelfernbedienung RS-60E3. Den Bluetooth-Fernauslöser können Sie über das Kameramenü ((•)) **> NETWORK1 > WLAN/Bluetooth-Verbindung > Mit drahtlos.Fernbed.verbind.** mit der EOS R100 koppeln. Da Sie mit einem Smartgerät und der App Camera Connect auch via Bluetooth auslösen können, müssen Sie für sich selbst entscheiden, ob Sie diesen Auslöser wirklich benötigen.

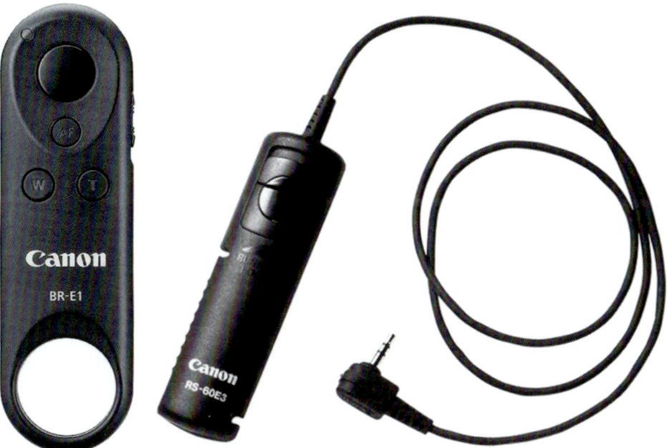

Abbildung 9.19 *Links: Bluetooth-Fernauslöser BR-E1; rechts: Kabelauslöser RS-60E3*

9.5 Sensorreinigung

Wenn Sie häufiger Ihre Objektive wechseln, gelangt früher oder später Staub auf den Sensor, der durch störende Flecken in der Aufnahme sichtbar wird. Sensorstaub macht sich durch schwarze Punkte im Bild bemerkbar. Wollen Sie gezielt danach suchen, schließen Sie einfach die Blende so weit wie möglich (beispielsweise *f*22), und fotografieren Sie gegen den blauen Himmel oder eine weiße Wand.

Eine einfache Lösung dürfte die Sensorreinigung mit einem Blasebalg sein. Damit lassen sich Staub und Partikel ganz gut entfernen. Wichtig ist aber, dass Sie mit der Spitze des Blasebalgs nicht den Sensor berühren. Wenn Sie die Öffnung der Kamera nach unten halten, kann der Staub herausfallen.

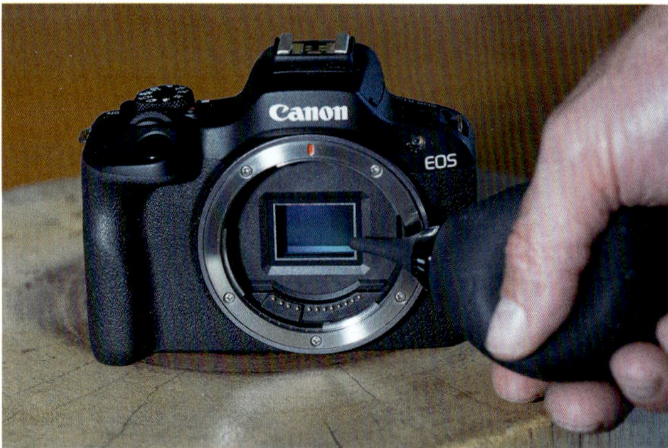

Abbildung 9.20 *Der Sensor wird mithilfe eines Blasebalgs von Staub befreit.*

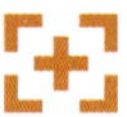

Blasebalg – meine Empfehlung

Blasebalg ist nicht gleich Blasebalg. Es gibt günstigere Versionen, bei denen es durchaus passieren kann, dass während der Reinigung die Düse aus dem Blasebalg herausgeschossen wird und den Sensor trifft. Ich habe mir kürzlich angewöhnt, bei einem solchen Blasebalg die Düse mit einem Gummikleber festzukleben. Alternativ investieren Sie in einen etwas höherwertigen Blasebalg wie den VSGO Hurricane mit Staubfilter. Dieser hat eine Düse aus Silikon, zwei Ventile und einen Filter, wodurch nur gefilterte Luft ausgestoßen werden kann. Zudem wirft er einen deutlich stärkeren Luftstoß aus als die günstigeren Varianten. Definitiv sollten Sie aber beim Kauf eines Blasebalgs darauf achten, dass er eine weiche Silikondüse an der Spitze hat, für den Fall, dass Sie unruhige Hände haben und den Sensor versehentlich berühren.

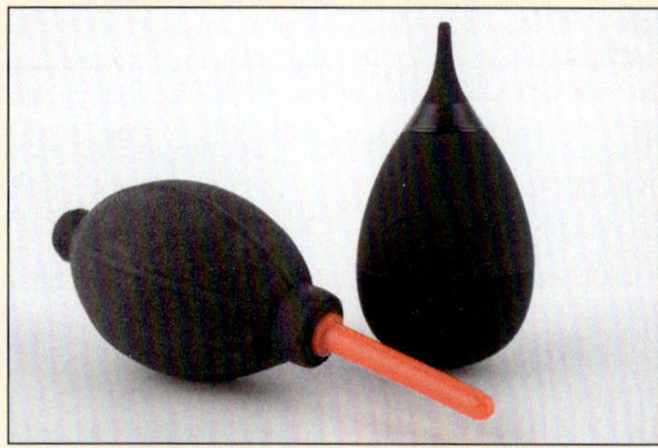

Abbildung 9.21 *Links ein Blasebalg mit einer solchen Düse, die sich lösen kann und mit der harten Düsenspitze auch den Sensor beschädigen könnte. Ich habe ihn durch den Blasebalg rechts mit einer Silikondüse und einem eingebauten Ventil ausgetauscht.*

9.5.1 Trockenreinigung mit Sensorkontakt

Auf Reisen habe ich immer einen Trockenreinigungstupfer wie den Eyelead Sensor Adhäsionstupfer oder das Pentax Sensor Cleaning Kit bei mir. Bei diesem Werkzeug bleiben Staub und Partikel am Viskosestempel kleben, den Sie dann für die erneute Verwendung auf einem klebrigen Papier abtupfen müssen. Hierbei sollten Sie allerdings die Sensorfläche nur ganz leicht mit der Spitze berühren.

9.5.2 Feuchtreiniger mit Sensorkontakt

Für eine ordentliche Reinigung des Sensors können Sie auf Sets für die Feuchtreinigung setzen. Dabei wird ein Stäbchen mit einem passenden Lösungsmittel verwendet, um den Sensor durch Wischen von links nach rechts und dann nochmals von rechts nach links zu reinigen. Wichtig ist, dass Sie die Stäbchen passend für die Sensorbreite kaufen, bei der EOS R100 also passend für einen APS-C-Sensor.

Sensor vom Kundendienst reinigen lassen

Ob Sie den Sensor selbst reinigen wollen oder nicht, müssen Sie für sich selbst entscheiden. Wenn Sie sich das nicht zutrauen, können Sie den Sensor auch von einem Canon-Kundendienst in Ihrer Nähe reinigen lassen.

9.6 Firmware-Update

Gelegentlich veröffentlicht Canon ein Firmware-Update, das Kamerafehler behebt oder zusätzliche Funktionen bereitstellt. Besuchen Sie die Website *www.canon.de*, und wechseln Sie in den Bereich **Support > Downloads & Hilfe**. Hier können Sie über das Suchfeld Ihr Produkt, also die EOS R100, eingeben und dann den Eintrag **EOS R100** auswählen. Rufen Sie nun die Option **Firmware** auf. Sollte ein Update mit einer höheren als der auf dem Monitor angezeigten Nummer angeboten werden, laden Sie es herunter. Die aktuell verwendete Version der Kamera finden Sie über das Kameramenü **> SET UP4 > Firmware** oder auch über die App Camera Connect auf dem mobilen Gerät im Support-Bereich. Voraussetzung bei der Camera-Connect-App ist, dass die App via Bluetooth mit der EOS R100 verbunden ist.

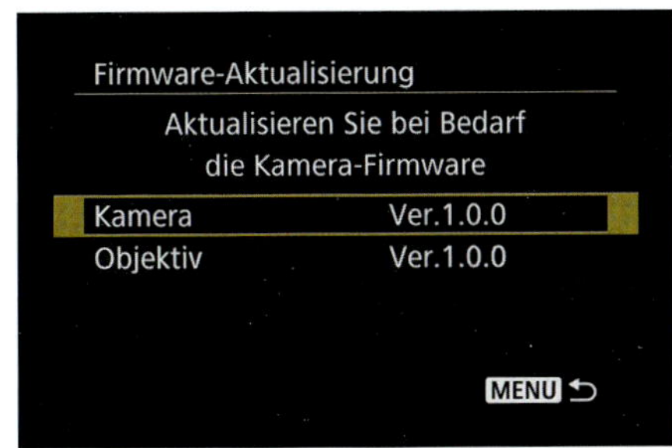

Abbildung 9.22 *Die Firmware-Versionen der EOS R100 und des angeschlossenen Objektivs werden angezeigt.*

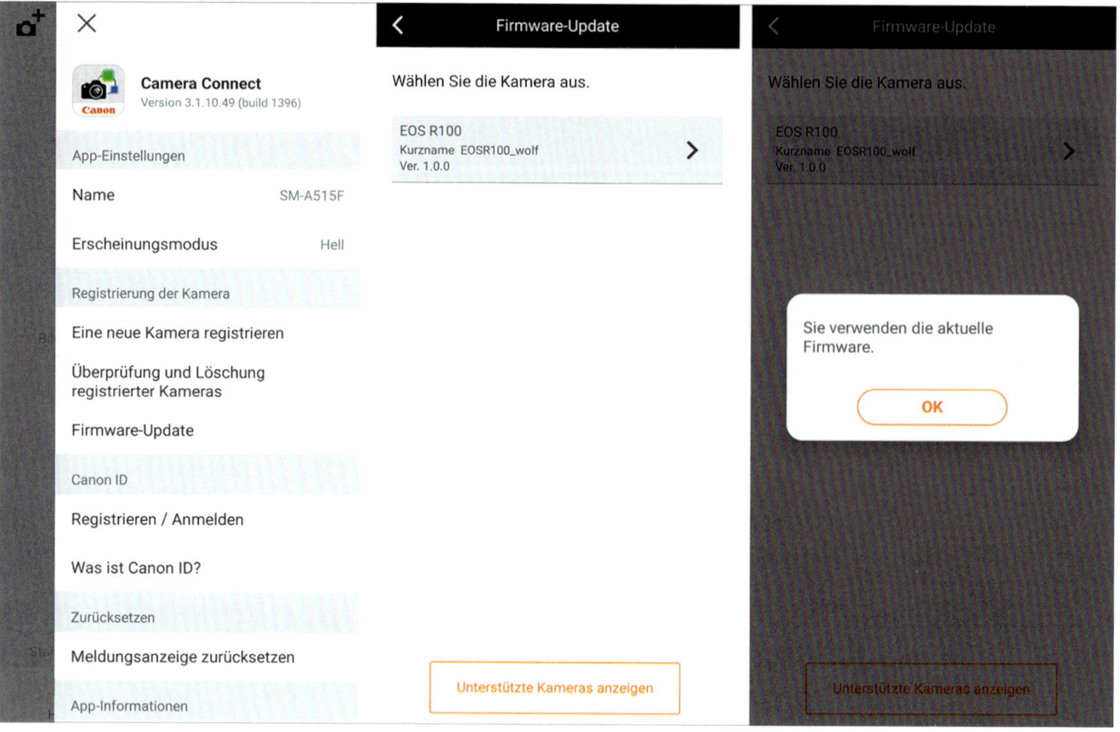

Abbildung 9.23 *Auch über die Camera-Connect-App können Sie überprüfen, ob es schon eine neue Firmware für Ihre Kamera gibt.*

In der Regel müssen Sie die Firmware-Datei mit der Endung **.fir** auf die Speicherkarte kopieren und dann im Kameramenü **🔧 > SET UP4 > Firmware > Kamera** aufrufen. Anschließend können Sie die Firmware der Kamera aktualisieren. Ähnlich funktioniert dies auch mit einem Objektiv über **🔧 > SET UP4 > Firmware > Objektiv**. Die Kamera erkennt die Firmware auf der Speicherkarte und führt das Update durch. Ich empfehle Ihnen dabei unbedingt darauf zu achten, dass der Akku voll ist und es keine Unterbrechung während des Update-Vorgangs gibt.

Kapitel 10
Menüs und Einstellungen im Überblick

Die Canon EOS R100 verfügt über viele Funktionen, die zwar nicht immer notwendig sind, aber in bestimmten Situationen wichtig sein können. In diesem Kapitel werden die Kameraeinstellungen aufgelistet und beschrieben, auf die über das Menü zugegriffen werden kann.

Die wichtigsten Aufnahmeparameter lassen sich nach dem Drücken der SET- bzw. Q-Taste festlegen. Noch viel mehr Einstellungen sind über das Kameramenü zu erreichen. Das Menü rufen Sie über die MENU-Taste auf der Rückseite der Kamera auf. Daraufhin stehen Ihnen sechs Register zur Verfügung, die sich farblich voneinander unterscheiden:

- Aufnahmeeinstellungen (rot)
- Wiedergabeeinstellungen (blau)
- Wireless-Einstellungen (violett)
- Funktionseinstellungen (gelb)
- Anzeige-Profileinstellungen (türkis)
- ★ My Menu (grün)

Die einzelnen Register sind nochmals in sekundäre Register aufgeteilt, die Sie mit dem Hauptwahlrad oder den Kreuztasten ansteuern können. Wollen Sie nicht durch alle einzelnen Haupt- und Unterregister wechseln, sondern nur durch das Hauptregister, dann können Sie dies mit der INFO-Taste tun. In einigen Programmmodi stehen Ihnen nicht alle Menüeinträge zur Verfügung. Wollen Sie alle Menüs und deren Funktionen kennenlernen, stellen Sie den manuellen Programmmodus **M** ein.

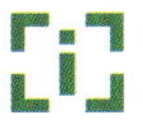

Anzeige mit Anleitung
In der Standardeinstellung wird das Kameramenü mit einer Anleitung angezeigt, die beschreibt, was Sie in den Hauptregistern einstellen können. Bei dieser Ansicht wird das Register **My Menu** ★ nicht angezeigt. Wie bereits in Abschnitt 1.4.2, »Das Kameramenü«, erwähnt und beschrieben, wird für dieses Buch die Version des Kameramenüs ohne Anleitung verwendet.

10.1 Aufnahmeeinstellungen (Fotografieren)

In den Aufnahmeeinstellungen können Sie alles einstellen, was mit der Aufnahme von Fotos zu tun hat. Hier können Sie z. B. festlegen, ob Sie Fotos im JPEG- und/oder Raw-Format aufnehmen möchten. Auch Objektivkorrekturen können Sie an dieser Stelle automatisch vornehmen lassen. Die Blitzsteuerung ist hier ebenso zu finden wie der Weißabgleich und der Bildstil, mit dem Sie die Farbwirkung des Bildes beeinflussen können. Auch den Autofokus können Sie über dieses Menü einstellen.

10.1.1 Aufnahme 1 (SHOOT1)

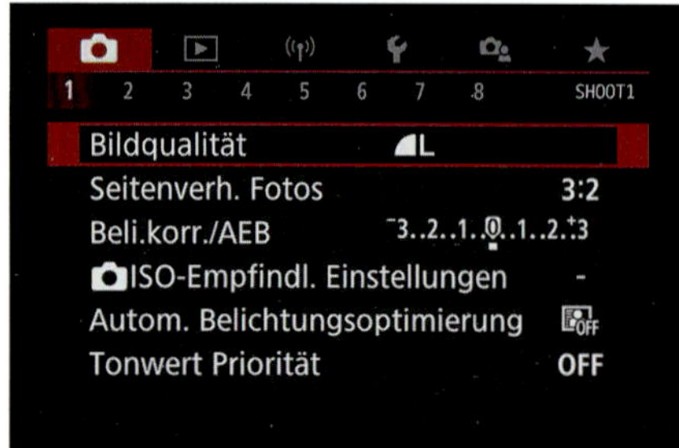

Abbildung 10.1 *Die Menüelemente von Aufnahme 1 (**SHOOT1**)*

Bildqualität Hier stellen Sie über die Kreuztasten nach links und rechts ein, ob Sie Bilder im JPEG- und/oder Raw-Format fotografieren wollen. Im Auslieferungszustand der Kamera werden Bild im JPEG-Format mit **L** verwendet. Das **L** (*Large*) bezieht sich auf die Auflösung (6.000 × 4.000 Pixel). Des Weiteren stehen **M** (*Medium*) mit 3.984 × 2.656 Pixel sowie **S1** (*Small*) mit 2.976 × 1.984 Pixel zur Verfügung. Mit **S2** gibt es dann noch die kleinste Auflösung (2.400 × 1.600 Pixel). Über den Bogen vor dem Symbol können Sie die Komprimierung auswählen. Der runde Bogen steht für *Fein* und der etwas gröbere Bogen für *Normal*. Bei Normal benötigt das JPEG weniger Speicherplatz, wird dafür aber stärker komprimiert. Eine stärkere Komprimierung bedeutet auch, dass die Bildqualität etwas schlechter wird. Rechts oben wird je nach Auswahl angezeigt, wie viel Megapixel das JPEG-Bild verwendet. Der Wert daneben steht für die Bildauflösung und der letzte Wert in eckigen Klammern für die verbleibenden möglichen Aufnahmen in dieser Bildqualität. Mit dem Strichsymbol können Sie JPEG-Aufnahmen deaktivieren und nur im Raw-Format fotografieren. Vorher müssen Sie allerdings das Raw-Format ausgewählt haben.

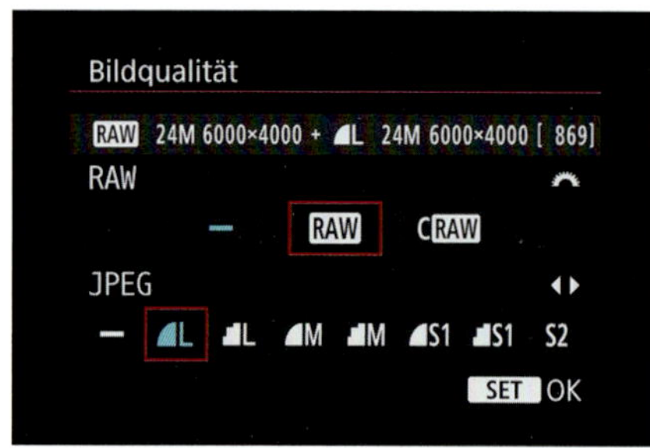

Abbildung 10.2 *Hier legen Sie die Bildqualität fest und ob Sie im JPEG und/oder Raw-Format fotografieren wollen.*

Das Raw-Format können Sie über das Hauptwahlrad auswählen. Zur Verfügung stehen **RAW** oder **cRAW**. Der Unterschied ist, dass **cRAW** eine Komprimierung nutzt, was zwar zu einer kleineren Dateigröße führt, aber einen geringen Qualitätsverlust mit sich bringt. Allerdings können **cRAW** schneller auf die Speicherkarte geschrieben werden. Es ist natürlich auch möglich, JPEG und Raw gleichzeitig zu fotografieren. Das ist z. B. praktisch, wenn Sie Bilder vor Ort teilen wollen und die Raw-Aufnahmen später am Computer bearbeiten. Raw-Aufnahmen benötigen eine spezielle Software für die Verarbeitung wie z. B. Adobe Lightroom oder das kostenlose Digital Photo Professional von Canon.

Seitenverh. Fotos Während Raw-Bilder immer im 3:2-Seitenverhältnis des Sensors aufgenommen werden, können Sie für JPEG-Bilder zusätzlich noch aus 4:3, 16:9 und 1:1 wählen. Analog zum gewählten Seitenverhältnis für JPEG-Bilder ändert sich dann auch die Bildauflösung. So erhalten mit ◢L im Seitenverhältnis 1:1 ein Bild mit 4.000 × 4.000 Pixeln anstelle der 6.000 × 4.000 Pixel im 3:2-Seitenverhältnis. Das bedeutet, dass bei der Wahl von einem Seitenverhältnis von 4:3, 16:9 oder 1:1 die JPEG-Bilder unwiderruflich beschnitten werden.

Beli.korr./AEB Hiermit können Sie eine Belichtungsreihe mit drei verschiedenen Belichtungen erstellen. Über das Hauptwahlrad stellen Sie ein, wie unterschiedlich die einzelnen Belichtungen sein sollen. Die Ziffern auf der Skala stellen Blendenwerte dar. Über die Kreuztaste nach links können Sie eine Überbelichtung ausgleichen und mit der Kreuztaste nach rechts eine Unterbelichtung aufhellen. Damit Sie nicht für jede Aufnahme den Auslöser extra betätigen müssen, empfiehlt es sich, die **Betriebsart** auf **Reihenaufnahme** zu stellen.

Wenn Sie nun eine Belichtungsreihe (*AEB = Auto Exposure Bracketing*) erstellen, werden drei unterschiedlich belichtete Fotos nacheinander aufgenommen, wovon Sie sich später das beste Foto aussuchen können. Oder Sie erstellen daraus ein HDR-Bild mit einem höheren Dynamikumfang, wie es in Abschnitt 3.4, »Eine Belichtungsreihe erstellen«, beschrieben wurde. Wenn Sie je nach gewähltem Modus vor der Aufnahme mit der Kreuztaste nach oben zur Belichtungskorrektur wechseln, können Sie die Belichtung der Belichtungsreihe auch noch über das Hauptwahlrad verschieben. Eine Belichtungsreihe kann nur in den Programmmodi **M**, **Av**, **Tv** und **P** erstellt werden.

Die Einstellungen zur Belichtungsreihe bleiben bis zum Ausschalten der Kamera gespeichert, während die eingestellte Belichtungskorrektur auch nach dem Aus- und Einschalten erhalten bleibt.

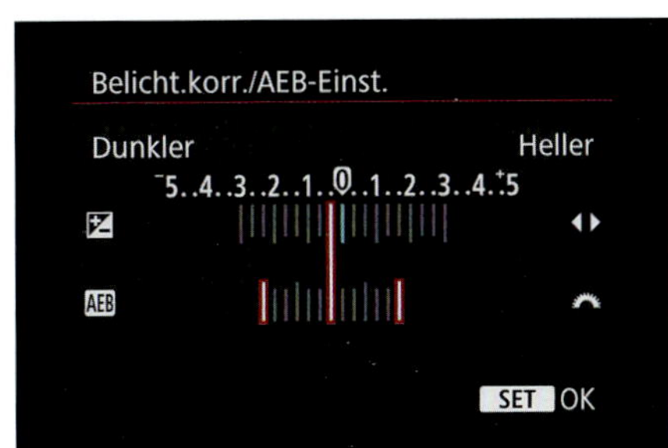

Abbildung 10.3 *Wenn die Belichtung etwas schwieriger wird, dann bietet sich eine Belichtungsreihe an.*

Automatische Belichtungsoptimierung deaktivieren

Die Verwendung von **Beli.korr./AEB** ist gegebenenfalls weniger effektiv, wenn Sie die **Autom. Belichtungsoptimierung** aktiviert haben. Ich empfehle Ihnen daher, diese bei der Erstellung einer Belichtungsreihe zu deaktivieren.

ISO-Empfindlich. Einstellungen Der ISO-Wert spielt bei der Belichtung eines Fotos eine bedeutende Rolle. Gerade wenn die Werte für Blende und Belichtungszeit am Limit sind, kann der ISO-Wert für ein korrekt belichtetes Foto sorgen. Standardmäßig verwendet die EOS R100 einen automatischen ISO-Wert, was allerdings nicht immer zum gewünschten Ergebnis führen kann. Daher können Sie diese Einstellung auch anpassen.

Mit **ISO-Empfindlichkeit** geben Sie der Kamera den ISO-Wert von 100 bis 12.800 vor. Mit dem (Standard-)Wert **Automatisch** überlassen Sie diese Entscheidung der Kamera. Wenn Sie die Option auf **Automatisch** gestellt haben, dann können Sie mit **Max. für Auto** den maximalen Wert festlegen, wie hoch Sie der Kamera erlauben, den ISO-Wert zu stellen. Der Standardwert ist hier mit 6.400 vorgegeben. Bei ausreichend Licht wird die Kamera natürlich einen ISO-Wert von 100 wählen. Je weniger Licht hingegen vorhanden ist, umso höher wählt die Kamera auch den ISO-Wert. Bei sehr schlechten Lichtverhältnissen kann es passieren, dass auch der maximale eingestellte ISO-Wert nicht mehr ausreicht, um ein verwacklungsfreies Foto zu erstellen.

Autom. Belichtungsoptimierung Diese Funktion sorgt für hellere Schattenbereiche bei kontrastreichen Motiven. Sie können aus drei verschiedenen Stärken wählen. Die Funktion hat nur Auswirkungen, wenn Sie Bilder im JPEG-Format fotografieren. Raw-Dateien sind davon nicht betroffen. Im Programmmodus **M** wird die Option deaktiviert. Sie können dort allerdings die INFO-Taste drücken, um das Häkchen dazu zu entfernen, wenn Sie diese Option auch im manuellen Modus verwenden wollen. Wenn Sie die Funktion **Tonwert Priorität** aktivieren, wird die Funktion **Autom. Belichtungsoptimierung** automatisch ausgeschaltet.

Tonwert Priorität Bei starken Hell-Dunkel-Unterschieden sorgt diese Option, wenn aktiviert, dafür, dass der Kontrast im Lichterbereich weicher wird. Dies stellt sicher, dass diese Bereiche nicht ausgebrannt werden. Diese Option gibt es mit **D+** und **D+2** in zwei Stärken. Wenn Sie diese Option verwenden, wird der minimale ISO-Wert auf 200 erhöht. Dabei werden allerdings auch die Schatten angehoben, was gegebenenfalls zum Bildrauschen in diesem Bereich führen kann. Allerdings hat die EOS R100 ein gutes Rauschverhalten, und der Vorteil mit etwas mehr Belichtungssicherheit in den Lichtern überwiegt hier. Diese Funktion wirkt sich auch auf ein Raw-Bild aus.

10.1.2 Aufnahme 2 (SHOOT2)

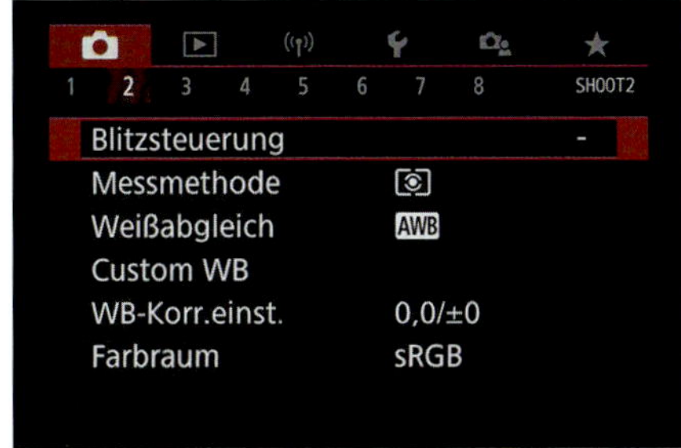

Abbildung 10.4 *Die Menüelemente von Aufnahme 2 (**SHOOT2**)*

Blitzsteuerung Über **Blitzsteuerung** nehmen Sie die Einstellungen zum internen und, wenn verwendet, externen Blitz vor. Auf das Blitzen wurde bereits ausführlich in Abschnitt 7.7, »Fotografieren mit Blitz«, eingegangen. Auf spezielle Einstellungen zu externen Blitzen und Aufnahmen mit Speedlite-Blitzen geht die Anleitung zur EOS R100 (*https://cam.start.canon/de/C015/manual/html/UG-05_Flash_0010.html*) genauer ein.

Messmethode Auf die Messmethoden der EOS R100 wurde sehr umfassend in Abschnitt 3.1, »Die Belichtungsmessmethoden der EOS R100«, eingegangen.

Weißabgleich Da sich die Farbe des Lichtes abhängig von der Lichtsituation verändert, kann es sinnvoll sein, den Weißabgleich entsprechend einzustellen, um nicht ein falsches Farbbild oder gar einen Farbstich zu erwirken. Diese Einstellung ist für die JPEG-Fotografie sehr wichtig. Mit dem Raw-Format spielt diese Einstellung keine so große Rolle, weil Sie den Weißabgleich nachträglich mit dem Raw-Konverter ändern können. Zwar macht der automatische Weißabgleich bei guten Lichtverhältnissen häufig eine gute Arbeit, aber beim Filmen kann dies unangenehme Folgen haben, wenn sich z. B. die Lichtverhältnisse durch einen Kameraschwenk verändern und sich die Farben der Aufnahme verändern. Umfassender wird der Weißabgleich in Abschnitt 3.7, »Den Weißabgleich einstellen«, beschrieben. Auch beim Filmen in Abschnitt 8.6.1, »Weißabgleich beim Filmen«, wurde darauf eingegangen. In Abschnitt 6.3.1, »Weißabgleich«, wurde außerdem kurz erwähnt, dass Sie den Weißabgleich auch kreativ für einen Bildlook einsetzen können.

Custom WB Wenn die Darstellung von korrekten Farben sehr wichtig ist und Sie in JPEG fotografieren, kann ein falscher Weißabgleich schwer korrigiert werden. In solch einem Fall können Sie z. B. einen manuellen Weißabgleich mit einer Graukarte durchführen. Damit stellen Sie sicher, dass ein exakter Weißabgleich passend zu den vorhandenen Lichtverhältnissen erstellt wird. Wie Sie einen manuellen Weißabgleich durchführen, wird in Abschnitt 3.7.4, »Manueller Weißabgleich«, beschrieben.

WB-Korr.einst. Mit dieser Funktion können Sie über ein Koordinatensystem mit einem weißen Punkt eine Verschiebung der Farbe durchführen. Damit können Sie z. B. einen bestimmten Bildlook erzeugen oder auch einen Farbstich entfernen. Mithilfe der Kreuztasten können Sie diesen Punkt horizontal und vertikal verschieben. Nach links wird die Farbe nach Blau verstärkt, nach rechts Gelb, nach oben Grün und nach unten Magenta. Einen grünen Farbstich können Sie z. B. durch das Verschieben in Richtung Magenta ausgleichen.

Wenn Sie nicht sicher sind, welche Farbe die beste Farbwirkung erzielt, können Sie ähnlich wie bei einer Belichtungsreihe über das Drehen des Hauptwahlrades eine Weißabgleichreihe erstellen. Je größer der Abstand der einzelnen Punkte, umso stärker ist die Farbverschiebung der drei Aufnahmen. Auf diese Weißabgleichverschiebung wird in Abschnitt 3.7.2, »Weißabgleichverschiebung oder Feinabstimmung«, genauer eingegangen. Generell gilt aber auch hier, dass Sie wesentlich flexibler sind, wenn Sie im Raw-Format fotografieren. Hier können Sie Farbtemperatureinstellung nachträglich mit einem Raw-Konverter durchführen.

Farbraum Mit **sRGB** und **Adobe RGB** stehen Ihnen zwei unterschiedliche Farbräume zur Verfügung. Mit der Standardeinstellung von **sRGB** stellen Sie sicher, dass die Aufnahmen auf den meisten Geräten farblich korrekt wiedergegeben werden. **Adobe RGB** sollten Sie nur verwenden, wenn Sie auch wissen, warum Sie es verwenden. Mehr über den Farbraum erfahren Sie im Exkurs »sRGB oder AdobeRGB« am Ende von Kapitel 6.

10.1.3 Aufnahme 3 (SHOOT3)

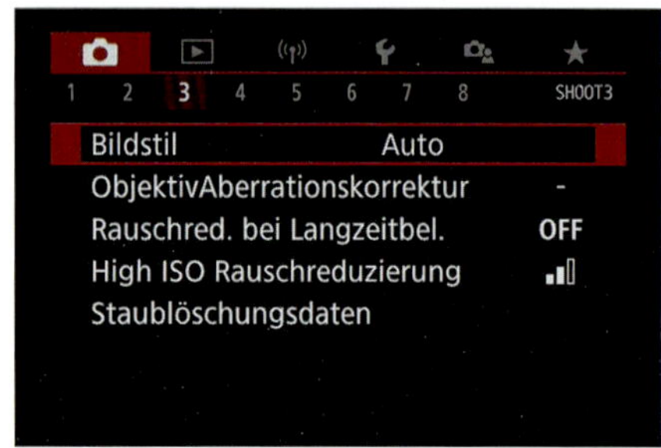

Abbildung 10.5 *Die Menüelemente von Aufnahme 3 (**SHOOT3**)*

Bildstil Je nach Aufnahmesituation bieten sich spezielle Bildstile an. Hiermit können Sie den Bildlook an die jeweilige Motivsituation anpassen. Die Canon EOS R100 bietet acht Bildstile (inklusive **Auto**) an, die sich auch alle anpassen lassen. Ebenso können Sie drei individuelle Bildstile anlegen. Die Verwendung von Bildstilen ergibt nur bei JPEG-Aufnahmen sowie bei Videos Sinn. Wenn Sie nur im Raw-Format fotografieren, können Sie den Bildstil auf **Neutral** stellen, da diese Farbwiedergabe einer natürlichen Farbwahrnehmung nahekommt. Mehr zu den Bildstilen, auch wie Sie eigene Bildstile erstellen und installieren, finden Sie ausführlich in Abschnitt 6.2, »Die mitgelieferten Bildstile der Kamera verwenden«, wieder.

ObjektivAberrationskorrektur Objektivfehler wie Vignettierung, Verzeichnung und chromatische Aberrationen können Sie bereits während der Aufnahme durch eine interne Korrektur beheben. Die einzelnen Korrekturen sind dabei immer auf das verwendete Objektiv abgestimmt. Canon-Objektive werden in der Regel automatisch erkannt. Das ist auch nötig, denn um diese Fehler zu beheben, werden Korrekturdaten von den Objektiven benötigt, die dort gespeichert sind. Damit kann die Kamera auf diese Objektivdaten zugreifen und sie bei der Verarbeitung von JPEGs anwenden. Bei Raw-Dateien wird dann für den Raw-Konverter das entsprechende Objektivprofil benötigt. Folgende Objektivkorrekturen können Sie verwenden:

- **Vignettierungskorrektur**: Hiermit werden Randabschattungen ausgeglichen, indem die Helligkeit der Szene gleichmäßiger gemacht wird.
- **Verzeichnungskorrektur**: Abhängig von der Brennweite kann es zu tonnen- oder kissenförmigen Verzerrungen im Bild kommen, die mit dieser Korrektur behoben werden.
- **Digitale Objektivoptimierung**: Damit beheben Sie die chromatische Aberration (Farbfehlerkorrektur) und die Beugungsunschärfe (Beugungskorrektur). Wenn Sie die **Dig. Objektivoptimierung** deaktivieren, können Sie einzeln wählen, ob Sie die Farbfehlerkorrektur oder die Beugungskorrektur aktivieren wollen oder nicht.

Rauschred. bei Langzeitbel. Wenn Sie diese Option auf **Auto** stellen oder mit **ON** aktivieren, erstellt die Kamera bei einer Langzeitbelichtung jenseits von einer Sekunde nach der Aufnahme ein Dunkelbild (*darkframe*) mit gleicher Belichtungszeit und Betriebstemperatur wie das eigentliche Bild. Dies dient bei Langzeitaufnahmen dazu, Bildrauschen oder Hotpixel zu reduzieren. Die Belichtungsdauer für das Dunkelbild hängt wiederum vom verwendeten ISO-Wert ab. So kann es sein, dass Sie nach einer 30-Sekunden-Langzeitbelichtung noch einmal dieselbe Zeit abwarten müssen, bis die Kamera wieder einsatzbereit ist. Wollen Sie dies vermeiden, deaktivieren Sie die Option. Zwar ist es auch möglich, Hotpixel in der Nachbearbeitung herauszurechnen, aber das ist aufwendiger und nicht so zuverlässig, weil damit möglicherweise auch helle Lichtpunkte als Hotpixel erkannt werden, die gar keine sind. Es gibt auch spezielle Software wie BlackFrame NR, mit der Sie nachträglich solche Dunkelfeldsubtraktionen durchführen können. Wenn Sie diese Funktion verwenden, schalten Sie die Kamera nicht direkt nach der Aufnahme aus, weil das Dunkelbild noch von der Kamera aufgezeichnet wird. Sie erkennen das daran, dass die Kamera **BUSY** (beschäftigt) anzeigt.

High ISO Rauschreduzierung Das Bildrauschen von höheren ISO-Werten (jenseits von ISO 1.600) kann mit dieser Option reduziert werden. Allerdings geschieht dies immer auf Kosten von Bilddetails. Zur Auswahl stehen hier **Standard**, **Gering** oder **Stark** bzw. komplett deaktiviert. Diese Einstellungen wirken sich allerdings nur auf JPEG-Bilder aus und nicht auf Raw-Bilder. Beim Arbeiten mit höheren ISO-Werten fotografiere ich im Raw-Format und verwende am Computer eine spezielle Software wie z. B. Topaz DeNoise AI, um das Rauschen zu reduzieren.

Wenn Sie ausschließlich im JPEG-Format (ohne Raw) fotografieren, finden Sie noch eine zusätzliche Option mit dem Namen **Multi-Shot-Rauschreduz.**. Damit nimmt die Kamera vier Bilder in schneller Folge auf und kombiniert sie zu einem JPEG-Bild mit weniger Rauschen. Für bewegte Motive ist diese Methode natürlich nicht geeignet.

Staublöschungsdaten Wenn Sie bei Aufnahmen mit etwas geschlossener Blende (z. B. *f*8) dunkle Flecken am Himmel sehen, handelt es sich meist um Staubpartikel auf dem Bildsensor. In der Praxis empfiehlt es sich dann, den Sensor zu reinigen. Wenn Sie aber kein Reinigungsset dabeihaben oder sich das nicht zutrauen und im Urlaub sind, können Sie die Position der Staubpartikel speichern und mit der Software Digital Photo Professional aus dem Bild herausrechnen lassen.

SCHRITT FÜR SCHRITT
Staublöschungsdaten erstellen

Um die Staublöschung mit Digital Photo Professional durchzuführen, müssen Sie zunächst eine Aufnahme erstellen.

1 Kamera vorbereiten

Stellen Sie die Kamera auf den manuellen Fokus (**MF**), und fokussieren Sie auf unendlich. Stellen Sie eine kleine Blende wie *f*22 ein, weil Sie damit die Staubpartikel auf dem Sensor am deutlichsten erkennen. Bereiten Sie die Kamera vor, indem Sie im Kameramenü den Befehl **Staublöschungsdaten** auswählen und die SET-Taste drücken.

2 Referenzbild aufnehmen

Als Referenzbild wählen Sie eine helle Wand oder ein weißes Blatt Papier. Drücken Sie den Auslöser und erstellen Sie das Bild.

3 Staublöschungsdaten verwenden

Wenn nun Staubdaten gefunden und ermittelt wurden, werden diese Informationen an jedes Foto gehängt. Wurden keine Staublöschungsdaten ermittelt, wählen Sie **Abbruch** und bestätigen Sie mit der SET-Taste.

10.1.4 Aufnahme 4 (SHOOT4)

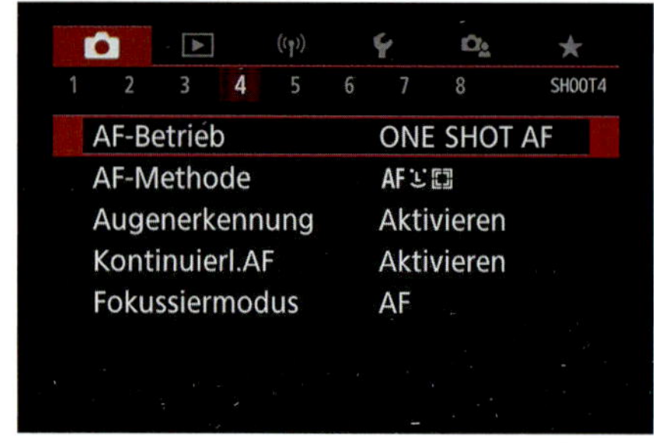

Abbildung 10.6 *Die Menüelemente von Aufnahme 4 (**SHOOT4**)*

AF-Betrieb Hier können Sie aus den beiden Autofokusbetriebsarten **One-Shot AF** für vorwiegend statische und **Servo AF** für vorwiegend bewegte Motive wählen. Bei **One-Shot AF** wird eine einmal gefundene Schärfe nicht mehr verändert, beim **Servo AF** wird die Schärfe kontinuierlich nachgeführt. Die beiden Autofokusbetriebsarten werden umfassend in Abschnitt 4.1, »Die AF-Betriebsarten der EOS R100«, beschrieben.

AF-Methode Hier können Sie aus vier verschiedenen Autofokusmethoden wählen, die am besten zur Aufnahmebedingung passen. In den Programmmodi [A+] und [Hybrid-Auto] wird automatisch **[Gesicht]+Verfolg.** eingestellt. Zur Auswahl stehen:

- **[Gesicht]+Verfolg**: Die Kamera erkennt menschliche Gesichter und stellt diese bevorzugt scharf. Wurde kein Gesicht erkannt, wird der gesamte Autofokusbereich für die Fokussierung verwendet.
- **Einzelfeld AF**: Die Kamera stellt hier anhand eines einzelnen Autofokus-Messfeldes scharf.
- **Spot-AF**: Wie **Einzelfeld AF**, nur ist das Autofokus-Messfeld deutlich kleiner. Damit kann noch gezielter auf einen bestimmten Punkt scharfgestellt werden.
- **AF-Messfeldwahl in Zone**: Fokussiert einen Bereich innerhalb einer Zone. Das macht es einfacher, ein Motiv zu erfassen als mit **Einzelfeld AF**. Hierbei wird bevorzugt auf das nächstgelegene Motiv innerhalb der Zone scharfgestellt. Sind Gesichter in dieser Zone vorhanden, werden sie bevorzugt fokussiert.

Der genauere Umgang mit den AF-Methoden wurde in Abschnitt 4.2, »Die verschiedenen Autofokusmethoden der EOS R100«, beschrieben.

Augenerkennung Standardmäßig ist die AF-Methode **[Gesicht]+Verfolg.** so eingestellt, dass die Augen bei menschlichen Motiven im Fokus sind. Deaktivieren Sie diese Funktion, wird der Fokus auf das Gesicht und nicht mehr auf ein Auge gelegt.

Kontinuierl.AF Wenn diese Funktion aktiv ist, wird die EOS R100 sowohl im **One-Shot AF** als auch im **Servo AF** dauerhaft fokussieren, wenn Sie die Kamera auf ein Motiv richten, ohne dass Sie den Auslöser halb herunterdrücken. Diese Funktion kann in verschiedenen Situationen sehr hilfreich sein, aber leert natürlich den Akku, wenn dauerhaft fokussiert wird.

Fokussiermodus Standardmäßig ist der Fokussiermodus auf Autofokus (**AF**) gestellt. Wenn Sie mit dem Autofokus nicht korrekt scharfstellen können, dann sollten Sie die Option auf **MF** stellen, um manuell scharfzustellen. Wenn Sie das manuelle Fokussieren eingestellt haben, dann gilt dies für alle Programmmodi bis auf den Vollautomatikmodus [A+] und den Hybrid-Auto-Modus [Hybrid-Auto]. Bei RF-Objektiven mit einem Fokussierschalter stellen Sie den Fokussierschalter von **AF** auf **MF**.

10.1.5 Aufnahme 5 (SHOOT5)

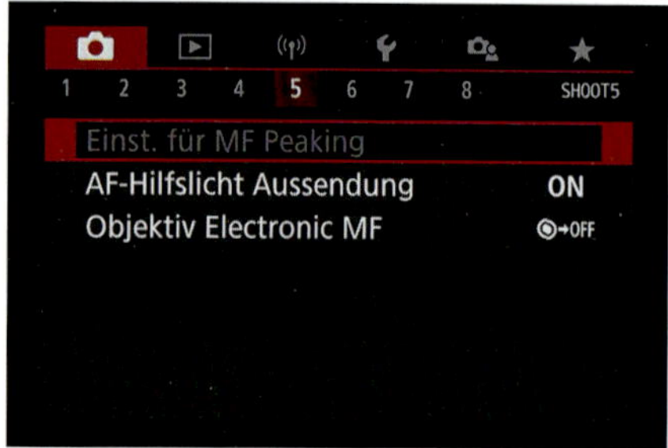

Abbildung 10.7 *Die Menüelemente von Aufnahme 5 (**SHOOT5**)*

Einst. Für MF Peaking Das Focus Peaking hilft Ihnen beim manuellen Fokussieren, indem es den Bereich der Schärfe in Rot, Gelb oder Blau anzeigt. Hier können Sie die **Empfindlichkeit** auf **Hoch** oder **Gering** einstellen. Zwar ist die Verwendung von **Hoch** wesentlich besser zu erkennen, aber es kann auch die Darstellung im Sucher etwas entstellen. Über den Eintrag **Farbe** können Sie aus **Rot**, **Gelb** oder **Blau** wählen. Hier wählen Sie eine Farbe, die sich deutlich vom Motiv abhebt.

AF-Hilfslicht Aussendung Bei zu wenig Licht versucht das Hilfslicht, Sie beim Fokussieren zu unterstützen. Das AF-Hilfslicht strahlt das Motiv an, woraufhin der Autofokus genügend Informationen findet, um seine Arbeit zu verrichten. Allerdings ist die Leistung des Hilfslichtes begrenzt, und es funktioniert eher im Nahbereich. Beim Testen des Hilfslichtes hat sich eine realistische Reichweite von etwa 5 bis 6 Metern ergeben. Allerdings muss auch im Umgang mit dem Hilfslicht einiges beachtet werden: Aufgrund der Position des Hilfslichtes müssen Sie unter Umständen die Gegenlichtblende vom Objektiv nehmen. Auch der Finger legt sich gern mal über das Licht. Das Hilfslicht wird automatisch zugeschaltet und funktioniert nur im Modus **One-Shot AF**. Nicht immer ist es allerdings erwünscht, dass dieses Hilfslicht aufleuchtet, da es die Aufmerksamkeit auf sich ziehen kann. In dem Fall können Sie diese Option auch deaktivieren.

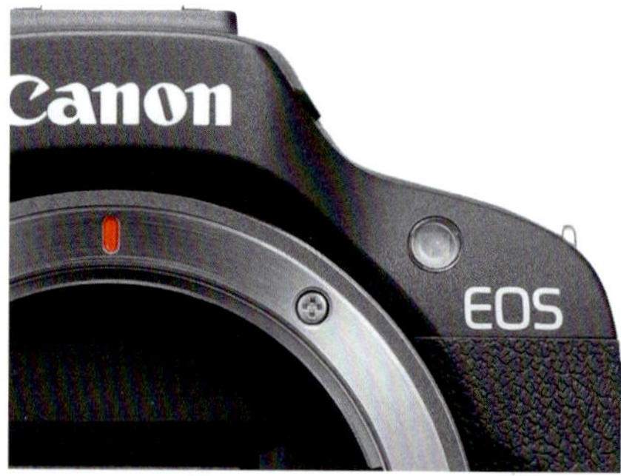

Abbildung 10.8 *Das Hilfslicht der EOS R100*

Objektiv Electronic MF Wenn es schwierig wird, mit dem Autofokus zu fokussieren, wechselt man gern in den manuellen Fokus. Will man keine Zeit verlieren, um von **AF** nach **MF** zu schalten, gibt es die Möglichkeit, im Autofokusmodus über den Fokusring in die Fokussierung einzugreifen und manuell nachzuregeln. Damit das auch funktioniert, müssen Sie **Objektiv Electronic MF** von **Deaktiv. nach One-Shot AF** auf **Aktiv. nach One-Shot AF** stellen.

10.1.6 Aufnahme 6 (SHOOT6)

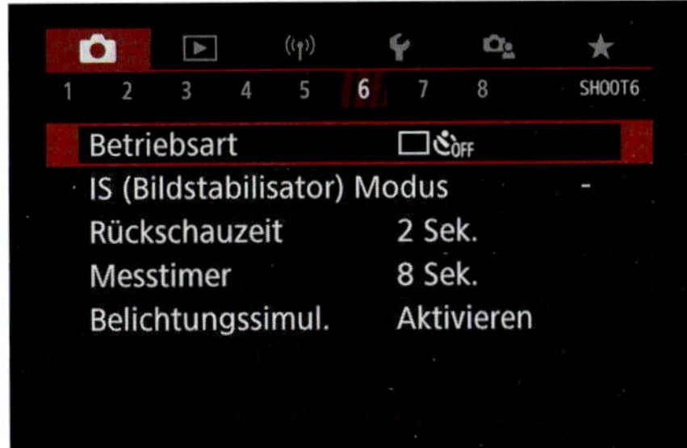

Abbildung 10.9 *Die Menüelemente von Aufnahme 6 (**SHOOT6**)*

Betriebsart Die Canon EOS R100 können Sie auf fünf verschiedene Betriebsarten setzen:

- **Einzelbild**: Wenn Sie den Auslöser durchdrücken, wird eine Aufnahme gemacht.
- **Reihenaufnahme**: Bei gedrückt gehaltenem Auslöser werden Reihenaufnahmen mit maximal 3,5 Bilder/Sekunde gemacht, wenn der AF-Betrieb auf **Servo AF** gestellt ist. Im AF-Betrieb **One-Shot AF** oder im manuellen Fokus können Sie bis zu 6,5 Bilder/Sekunde aufnehmen.
- **Selbstauslöser: 10 Sek.**: Die Kamera wartet zehn Sekunden, bis der Verschluss ausgelöst wird.
- **Selbstauslöser: 2 Sek.**: Die Kamera wartet zwei Sekunden, bis der Verschluss ausgelöst wird.
- **Selbstausl.: Reihenaufn.**: Die Kamera nimmt mit einer Vorlaufzeit von zehn Sekunden zwei bis zehn Bilder in der Reihe auf.

IS (Bildstabilisator) Modus Hier können Sie die Bildstabilisierung von Objektiven (de)aktivieren, wenn das Objektiv keinen eigenen IS-Schalter hat. Beachten Sie daher, wenn Sie ein Objektiv mit IS-Schalter verwenden, dass diese Einstellung im Kameramenü nicht angezeigt wird und Sie den IS dort am entsprechenden Schalter des Objektivs (de)aktivieren müssen. Auch bei Objektiven ohne IS wird der IS-Modus nicht zur Auswahl angezeigt. Mit **Digital-IS** können Sie lediglich eine digitale Stabilisierung für Videoaufnahmen festlegen.

Rückschauzeit Standardmäßig wird nach jeder Aufnahme das Foto für zwei Sekunden angezeigt. Reicht dies für die Beurteilung nicht aus, können Sie die Zeit auf vier oder acht Sekunden erhöhen. Alternativ verwenden Sie **Halten**, womit die Anzeige erst beendet wird, wenn Sie eine neue Aufnahme erstellen. Ich stelle diese Option gewöhnlich auf **Aus**, weil es mich in meinem

Workflow stört, wenn nach jeder Aufnahme ein Bild angezeigt wird. Sie können jederzeit mit der ▶-Taste das Bild im Wiedergabemodus betrachten.

Messtimer Wenn Sie den Auslöser halb herunterdrücken, werden in verschiedenen Aufnahmeprogrammen die Belichtungszeit und die Blende angezeigt. Die Dauer der Speicherung vor der eigentlichen Aufnahme lässt sich individuell festlegen. Rufen Sie dazu den Menüpunkt **Messtimer** auf, und wählen Sie die gewünschte Dauer aus. Sobald Sie den Auslöser halb herunterdrücken, bleibt der Messtimer erneut für die eingestellte Zeit erhalten.

Belichtungssimul. Wenn diese Option aktiv ist, wird das Livebild so angezeigt, dass es mit der Helligkeit der späteren Aufnahme übereinstimmt. Auf diese Weise können Sie Über- oder Unterbelichtung bereits vor der Aufnahme erkennen. Es gibt Situationen, wie beim Blitzen in dunkler Umgebung, in denen Sie diese Option deaktivieren sollten.

10.1.7 Aufnahme 7 (SHOOT7)

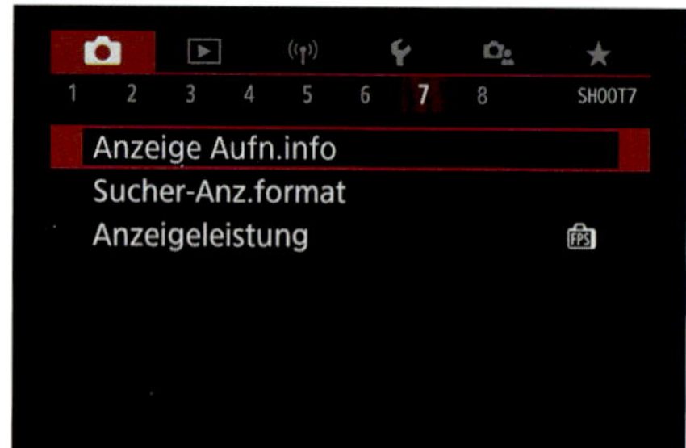

Abbildung 10.10 *Die Menüelemente von Aufnahme 7 (**SHOOT7**)*

Anzeige Aufn.Info Nehmen Sie hier Einstellungen zur Darstellung von Kamerainformationen vor. Mithilfe der Funktion **Zurücksetzen** können Sie die Originaleinstellungen wiederherstellen.

- **Bilds.-Info-Einst**: Mit jedem Drücken der INFO-Taste werden auf dem Bildschirm weitere Informationen angezeigt. Dabei können Sie festlegen, welche Informationen in jeder der fünf Anzeigeoptionen dargestellt werden soll. Sie können auch über die SET-Taste das Häkchen vor den Ziffern entfernen, wenn Sie nicht wollen, dass diese Anzeigeoption beim Drücken der INFO-Taste verwendet wird. Auf dem linken Bilderschirm sehen Sie, welche Informationen der ausgewählte Bildschirm anzeigen wird. Über die INFO-Taste können Sie außerdem bei den ersten drei Bildschirmen festlegen, welche Informationen eingeblendet werden sollen.
- **Sucher-Info/Einstellungen ändern**: Dies ist das Gegenstück zu den Info-Einstellungen auf dem Bildschirm, nur legen Sie hier fest, was für Informationen im Sucher angezeigt werden. Für den Sucher gibt es allerdings nur drei Anzeigebildschirme, und Sie können mit der INFO-Taste die letzten beiden Sucherbildschirme anpassen.
- **Sucher: Vert. Anz.**: Wenn Sie im Hochformat fotografieren, sorgt diese Option (wenn aktiv) dafür, dass die Informationen im Sucher ebenfalls gedreht werden, damit Sie diese auch im Hochformat wie gewohnt lesen können.

- **Gitteranzeige**: Zum gerade Ausrichten oder Gestalten des Bildes sind verschiedene Gitteranzeigen sehr hilfreich. Zur Auswahl stehen Ihnen **3×3**, **6×6** oder **3×3+diagonale**.
- **Histogramm**: Um die Belichtung zu kontrollieren, können Sie die Art des Histogramms mit **Helligkeit** oder **RGB** sowie die Größe des Histogramms wählen. Auf das Histogramm wird umfassend in Abschnitt 3.3.2, »Live-Histogramm vor der Aufnahme«, eingegangen.

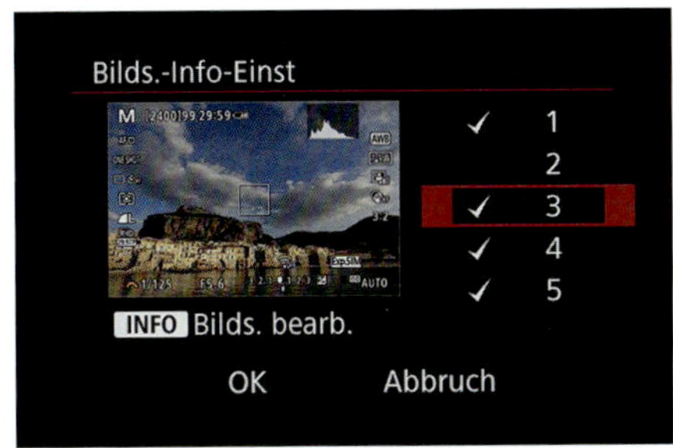

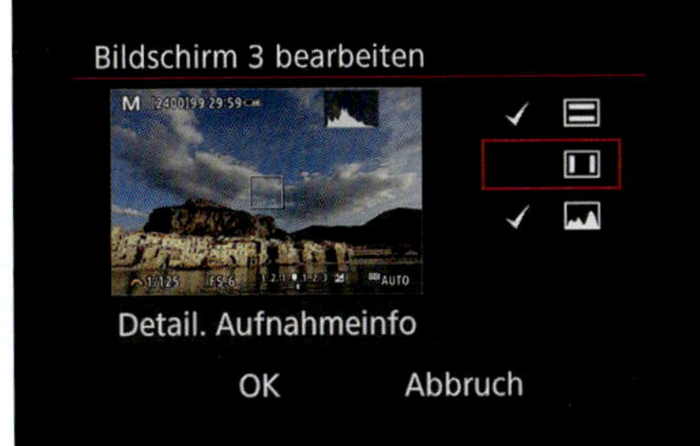

Abbildung 10.11 *Links: Mit* ***Bilds.-Info-Einst*** *können Sie einstellen, welche Informationsbildschirme angezeigt werden sollen, wenn Sie die INFO-Taste drücken. Rechts: Über die INFO-Taste können Sie bei einigen Informationsanzeigen festlegen, welche Informationen angezeigt werden sollen.*

Sucher-Anz.Format Wenn Sie hier **Anzeige 2** auswählen, wird das Sucherbild etwas verkleinert und die Informationen nicht innerhalb des Bildes, sondern auf einem schwarzen Hintergrund dargestellt.

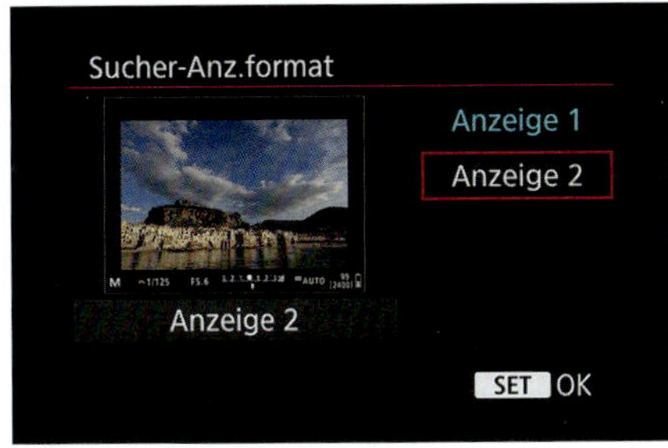

Abbildung 10.12 *Wenn Sie* ***Anzeige 2*** *im Sucher verwenden, wird zwar das Sucherbild verkleinert, aber die Informationen werden nicht über das Bild gelegt.*

Anzeigeleistung Für eine flüssigere Anzeigeleistung empfiehlt es sich, diese Einstellung auf **Flüssig** zu stellen, um die Bildrate zu erhöhen. Auf diese Weise werden sich schnell bewegende Motive flüssiger dargestellt. Das bedeutet allerdings, dass im Gegenzug der Stromverbrauch erhöht und somit der Akku schnell entleert wird. Mit **Stromsparend** wird die Bildrate reduziert und der Akku geschont. Allerdings kann es bei schlechten Lichtverhältnissen zu Rucklern kommen. Ich empfehle hier den Wert auf **Flüssig** zu stellen. Damit verdoppeln Sie die Anzahl der Bilder pro Sekunde im Display bzw. Sucher. Dies macht es einfacher, sich bewegende Objekte zu verfolgen.

10.1.8 Aufnahme 8 (SHOOT8)

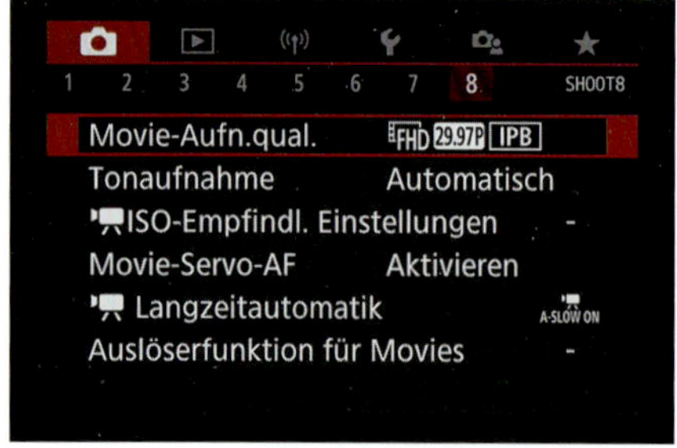

Abbildung 10.13 *Die Menüelemente von Aufnahme 8 (**SHOOT8**)*

In diesem Menü finden Sie verschiedene Einstellungen zum Filmen wieder, die angewendet werden, wenn Sie z. B. aus einem Fotomodus auf die ●-Taste drücken. Bis auf die Qualität und Auflösung der Videoaufnahme mit **Movie-Aufn.qual.** werden alle Anpassungen in diesem Register auch verwendet, wenn Sie den Programmmodus auf 🎥 stellen und umgekehrt. Die 4K-Auflösung gibt es allerdings nur im Programmmodus 🎥. Die Bedeutung der einzelnen Einstellungen finden Sie im nächsten Abschnitt »Aufnahmeeinstellungen (Filmen)« wieder. Wie Sie mit der Canon R100 filmen können, wurde ausführlich in Kapitel 8, »Filmen mit der EOS R100« behandelt.

10.2 Aufnahmeeinstellungen (Filmen)

Wenn Sie das Moduswahlrad zum Filmen auf 🎥 stellen, verändern sich im Vergleich zum Modus beim Fotografieren die Aufnahmeeinstellungen 📷 im Menü **SHOOT1** bis **SHOOT8**.

10.2.1 Aufnahme 1 (SHOOT1)

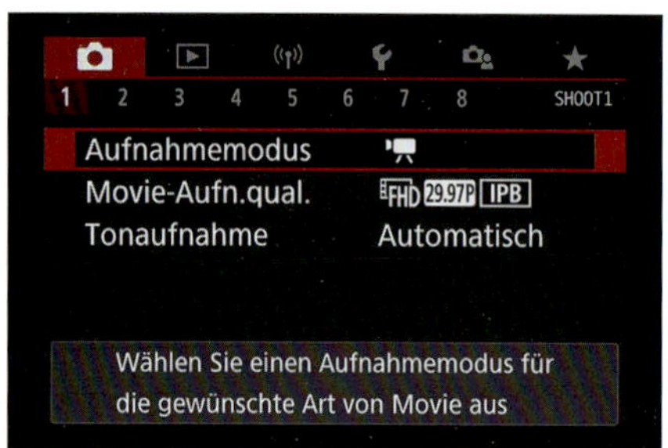

Abbildung 10.14 *Die Menüelemente von Aufnahme 1 (**SHOOT1**) beim Filmen*

Aufnahmemodus In diesem Menü können Sie zwischen **Automat. Videobeli.** und **Man. Videobeli.** wählen. Bei der **Automat. Videobeli**. werden die Belichtungszeit und die Blende automatisch eingestellt, und Sie müssen sich um nichts kümmern. Mit **Man. Videobeli.** haben Sie die totale Kontrolle beim Filmen. Dies bedeutet allerdings auch, dass Sie sich mit Dingen wie der Belichtungszeit beim Filmen beschäftigen müssen. Das manuelle Filmen wird in Abschnitt 8.5, »Manuell filmen«, behandelt.

Movie-Aufn.qual. Hier können Sie mit **Movie-Aufn.größe** die Aufnahmegröße, Bildrate und Komprimierungsmethode festlegen. Wenn Sie **Hohe Bildrate** aktivieren, können Sie HD-Filme in Zeitlupe (ohne Ton) aufnehmen. In Tabelle 10.1 finden Sie eine Übersicht über die verschiedenen Möglichkeiten, die Sie zum Filmen mit der EOS R100 haben. Alle Videos werden als Videodateien im MP4-Format mit der Dateiendung **.mp4** gespeichert. Das Seitenverhältnis beim Filmen beträgt immer 16:9.

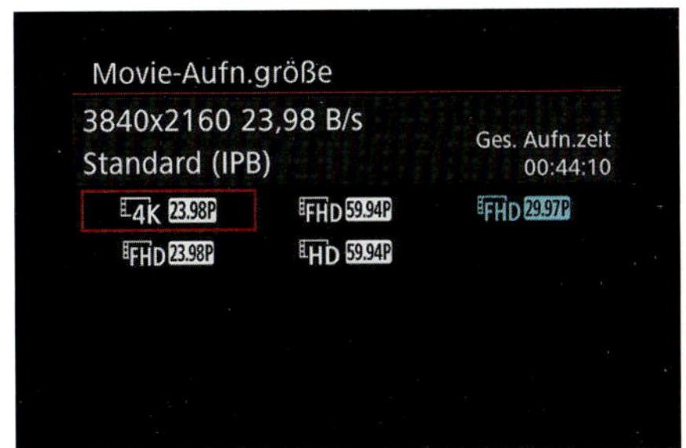

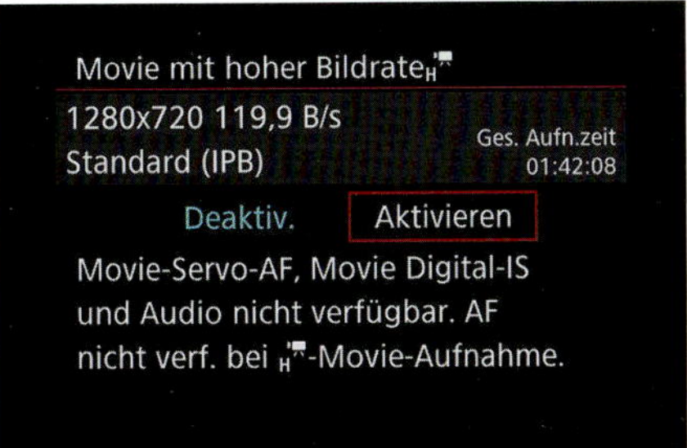

Abbildung 10.15 *Links: Mit der Auswahl von* ***Movie-Aufn.größe*** *legen Sie Aufnahmegröße, Bildrate und Komprimierungsmethode fest. Rechts: Wenn Sie* ***Hohe Bildrate*** *aktivieren, können Sie Zeitlupenfilme mit 119,9 B/s (Bilder in der Sekunde) aufnehmen – allerdings nur in einer Auflösung von 1.280 × 720 Pixeln.*

	Auflösung	Bildrate NTSC	Bildrate PAL	Crop	Kompression
4K 23,98p	3.840 × 2.160	23,98p	25p	1,54x	IPB 3)
FHD 59,94p	1.920 × 1.080	59,94p	50p	–	IPB
FHD 29,97p	1.920 × 1.080	29,97p	25p	–	IPB
FHD 23,98p	1.920 × 1.080	23,98p	25p	–	IPB
HD 59,94	1.280 × 720	59,94p	50p	–	IPB
HD 119,9p 1)	1.280 × 720	119,9p	100p	–	IPB
Zeitraffer FHD 2)	1.920 × 1.080	29,97p	25p	–	ALL-I 4)
Zeitraffer 4K 2)	3.840 × 2.160	29,97p	25p	–	ALL-I

1) Hohe Bildrate muss aktiviert werden | 2) Zeitraffer wird über SHOOT3 > Zeitraffer aktiviert
3) Interframe-Kompression 4) All-Intra

Tabelle 10.1 *Übersicht über die verschiedenen Aufnahmegrößen, Bildraten und Kompressionsmethoden, die Sie mit der EOS R100 verwenden können.*

Tonaufnahme In diesem Menü nehmen Sie die Einstellungen des internen oder gegebenenfalls externen Mikrofons vor. Zunächst können Sie über **Tonaufnahme** festlegen, ob Sie den Ton automatisch von der Kamera steuern lassen wollen, oder Sie legen den **Aufnahmepegel** selbst fest. Der **Windfilter** versucht, das typische Rumpeln bei starkem Wind etwas zu reduzieren. Mit **Dämpfung** hingegen werden niederfrequente Geräusche reduziert. Mehr über die Tonaufnahme finden Sie in Abschnitt 8.8, »Den Ton steuern«.

10.2.2 Aufnahme 2 (SHOOT2)

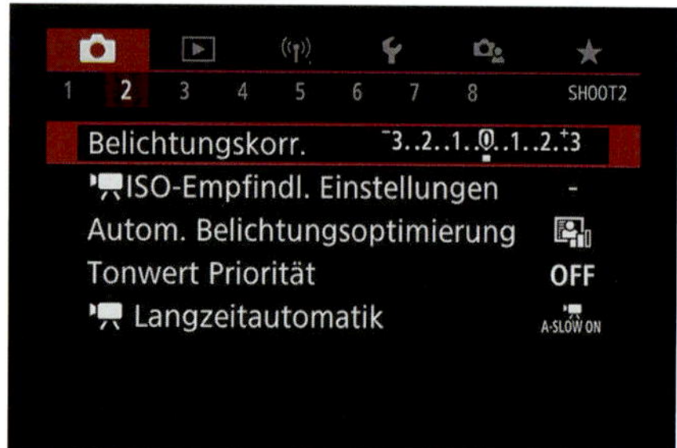

Abbildung 10.16 *Die Menüelemente von Aufnahme 2 (**SHOOT2**) beim Filmen*

Die Einstellungen **Belichtungskorr.**, **ISO-Empfindl. Einstellungen**, **Autom. Belichtungsoptimierung** und **Tonwert Priorität** kennen Sie bereits vom Fotografieren. Mehr dazu finden Sie in Abschnitt 10.1.1, »Aufnahme 1 (SHOOT1)«.

Bei der **Belichtungskorrektur** finden Sie natürlich keine Belichtungsreihe, und Sie können nur eine Belichtungskorrektur vornehmen. Bei **Priorität** finden Sie kein **D+2,** sondern nur **D+**. Unter **ISO-Empfindl. Einstellungen** können Sie nur die **ISO-Empfindlichk.** einstellen, wenn Sie **Manuell Belichten** beim **Aufnahmemodus** gewählt haben.

Langzeitautomatik Wenn Sie z. B. mit einer Bildwiederholungsrate von 50 Bildern pro Sekunde filmen, sollte die längste Belichtungszeit bei 1/50 s liegen. In dunkler Umgebung wird die Kamera versuchen, durch Erhöhen des ISO-Wertes und Öffnen der Blende eine korrekt belichtete Aufnahme zu erstellen. Sind die Werte am Maximum und droht dennoch eine Unterbelichtung, verlängert die Kamera die Belichtungszeit auf 1/25 s, was bei Aufnahme von 50 Bildern pro Sekunde zu einer weniger flüssigen Wiedergabe bei sich schnell bewegenden Motiven führt, da nur jedes zweite Bild belichtet werden kann. Um dies zu verhindern und mindestens 50 Bilder pro Sekunde zu belichten, müssen Sie die Langzeitautomatik deaktivieren. Dadurch wird immer die für eine ordentliche Wiedergabe erforderliche Belichtungszeit gewählt, also beispielsweise 1/50 s bei **FHD 50.00P**.

10.2.3 Aufnahme 3 (SHOOT3)

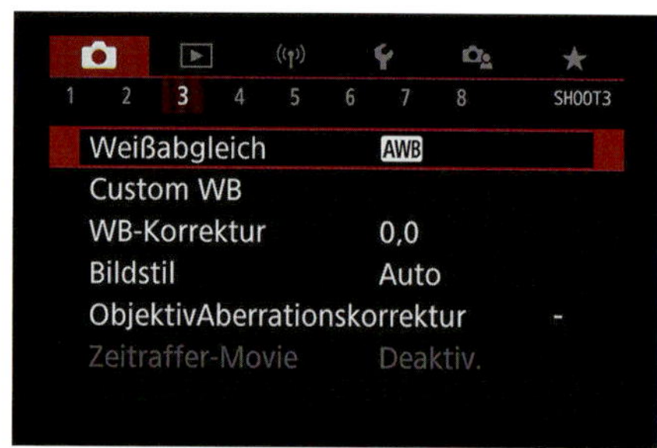

Abbildung 10.17 *Die Menüelemente von Aufnahme 3 (**SHOOT3**) beim Filmen*

Auch hier finden Sie mit **Weißabgleich**, **Custom WB**, **WB-Korrektur**, **Bildstil** und **ObjektivAberrationskorrektur** bekannte Einstellungen wieder, die Sie bereits vom Fotografieren her kennen und hier nicht noch einmal extra beschrieben werden müssen.

Zeitraffer-Movie Mit einem Zeitraffer-Movie können Sie Filme erstellen, bei denen sich ein Motiv mit der Zeit verändert. Die Aufnahme zeigt die Veränderung in einer wesentlich kürzeren Zeit als in Wirklichkeit. Filme mit extrem schnell vorbeiziehenden Wolken, Autos oder Menschen sind damit kein Problem. Für solche Videos ist es empfehlenswert, dass Sie die Aufnahmen von einem festen Punkt wie einem Stativ erstellen. Sie können Zeitrafferfilme sowohl in 4K als auch in Full HD aufnehmen. Gespeichert werden diese Filme mit der Kompressionsmethode ALL-I, womit für eine gute Bildqualität gesorgt ist. Im Buch wird diese Funktion in Abschnitt 8.9, »Zeitrafferfilme«, beschrieben.

10.2.4 Aufnahme 4 (SHOOT4)

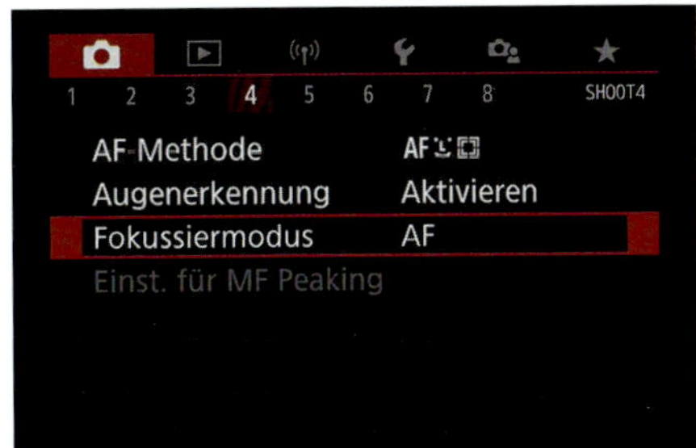

Abbildung 10.18 *Die Menüelemente von Aufnahme 4 (**SHOOT4**) beim Filmen*

Die Einstellungen in **SHOOT4** sind mit **MF-Methode**, **Augenerkennung**, **Fokussiermodus** und **Einst. für MF Peaking** bereits aus dem Modus zum Fotografieren bekannt und werden an dieser Stelle nicht erneut beschrieben.

10.2.5 Aufnahme 5 (SHOOT5)

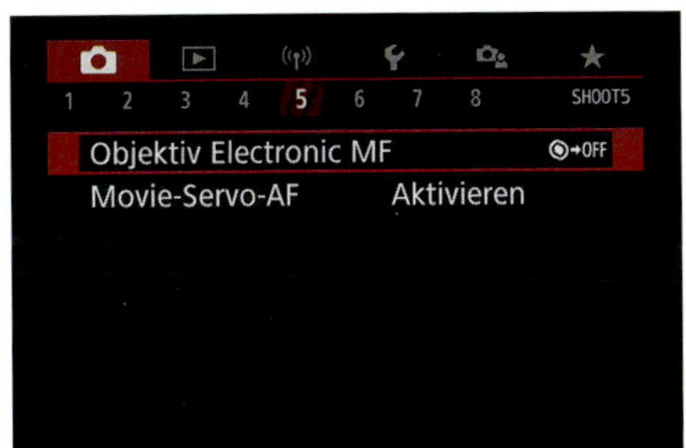

Abbildung 10.19 *Die Menüelemente von Aufnahme 5 (**SHOOT5**) beim Filmen*

Sie finden hier die Funktion **Objektiv Electronic MF**, womit Sie – wie schon beim Fotografieren mit **Aktiv. Nach One-Shot AF** – bei halb gedrücktem Auslöser am Objektiv manuell fokussieren können. Damit dies allerdings funktioniert, müssen Sie [Kamera-Symbol] > **SHOOT7** > **Auslöserfunktion für Movies** > **Halb drücken** auf **Messg+One-Shot AF** stellen.

Movie-Servo-AF Wenn Sie diese Funktion aktiviert haben, stellen Sie sicher, dass kontinuierlich beim Filmen scharfgestellt wird, ohne den Auslöser halb herunterdrücken zu müssen. Wollen Sie den Fokus vorübergehend anhalten, um z. B. Geräusche beim Fokussieren zu vermeiden oder eben den Fokus auf einen bestimmten Punkt zu lassen, auch wenn sich Motive durch das Bild bewegen, müssen Sie nicht zwangsläufig in dieses Menü wechseln. Movie-Servo-AF können Sie auch mit der Kreuztaste nach rechts (de)aktivieren.

10.2.6 Aufnahme 6 (SHOOT6)

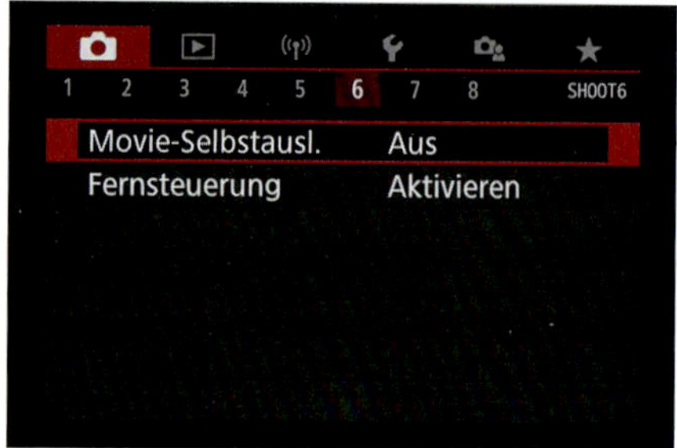

Abbildung 10.20 *Die Menüelemente von Aufnahme 6 (**SHOOT6**) beim Filmen*

Movie-Selbstausl. Damit können Sie die Filmaufnahme mit einem Selbstauslöser von zwei oder zehn Sekunden starten lassen. Wenn Sie den Auslöser gestartet haben, können Sie diesen mit der SET-Taste wieder abbrechen.

Fernsteuerung Wenn Sie diese Option aktiviert haben, können Sie die Filmaufnahme mithilfe der drahtlosen Fernbedienung BR-E1 starten und anhalten. Für die Bluetooth-Fernbedienung müssen Sie allerdings erst ein Pairing durchführen.

10.2.7 Aufnahme 7 (SHOOT7)

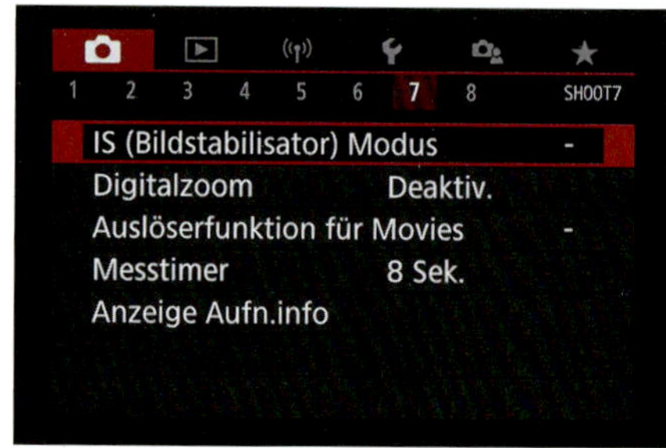

Abbildung 10.21 *Die Menüelemente von Aufnahme 7 (**SHOOT7**) beim Filmen*

Wie beim Fotografieren finden Sie hier die Menüeinträge **IS (Bildstabilisator) Modus**, **Messtimer** und **Anzeige Aufn.info**. Im Gegensatz zum Fotografieren finden Sie beim Menüeintrag **IS (Bildstabilisator) Modus** neben dem (de)aktivierbaren IS des Objektivs auch noch den digitalen Bildstabilisator mit **Digital-IS**. Wenn Sie diesen auf **Aktivieren** setzen, kümmert sich eine Kamerasoftware um die Stabilisierung des Bildes. Hierbei wird allerdings das Bild um den Faktor 1,11 beschnitten. Mit der Option **Erweitert** wird noch stärker stabilisiert, aber der Faktor des Beschnitts beträgt hierbei dann schon 1,43. Mehr über die Bildstabilisierung beim Filmen entnehmen Sie Abschnitt 8.4, »Den digitalen Bildstabilisator verwenden«.

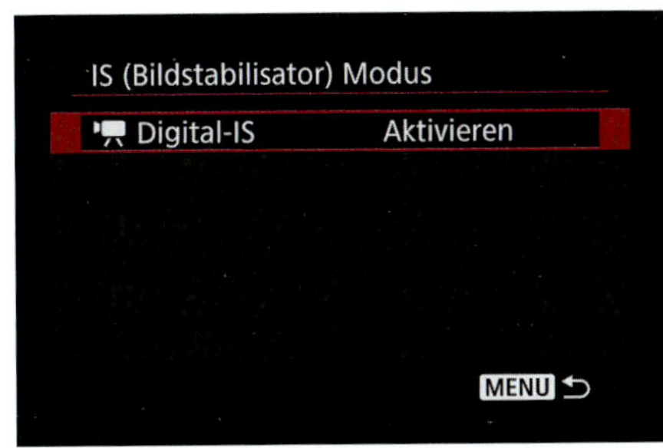

Abbildung 10.22 *Bei Objektiven ohne IS ist* ***Digital-IS*** *oftmals die einzige Lösung für ruhigere und verwacklungsarme Videos aus der Hand. Bei standardmäßiger Aktivierung muss man einen Beschnitt von Faktor 1,11 in Kauf nehmen. Bei der Option* ***Erweitert*** *beträgt der Faktor schon beachtliche 1,43 an Beschnitt, die man hier verliert.*

Digitalzoom Hier können Sie einen drei- bis zehnfachen digitalen Zoom aktivieren. Diese Funktion steht nur zur Verfügung, wenn Sie die Aufnahmegrößen **FHD 29,97p** (NTSC), **FHD 23,98p** (NTSC) oder **FHD 25p** (PAL) verwenden. Über die [·:·]-Taste und den Kreuztasten nach oben bzw. unten können Sie die Zoomstufe einstellen.

Da beim Digitalzoom der Zoomeffekt nicht optisch erzielt wird, müssen Sie hier mit einem Verlust an Bildqualität rechnen. Ich verwende den Digitalzoom in der Praxis so gut wie nie, außer ich will ein sehr weit gelegenes Motiv einfangen und habe keine längere Brennweite dabei.

Auslöserfunktion für Movies Hier können Sie festlegen, was für eine Funktion beim **Halb drücken** oder **Voll drücken** des Auslösers bei Filmaufnahmen ausgeführt wird. Sie können z. B. bei **Halb drücken** mit **Messg+One-Shot AF** das Fokussieren mit halb gedrücktem Auslöser aktivieren. Bei **Voll drücken** hingegen können Sie mit **Mov-Aufn.Start/Stop** einstellen, dass bei durchgedrücktem Auslöser das Filmen gestartet/gestoppt wird. Wenn Sie einen Film in 4K aufnehmen bzw. auf diese Auflösung umstellen, wird automatisch die Option von **Halb drücken** auf **Messg+🎥 Servo AF** gestellt.

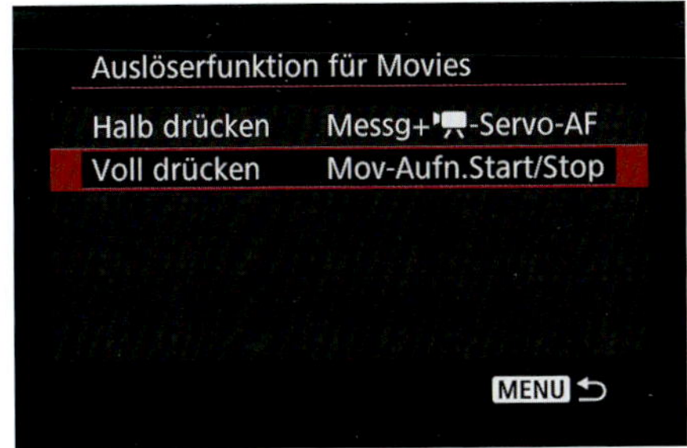

Abbildung 10.23 *Wenn Sie die Funktion vermissen, mit durchgedrücktem Auslöser das Filmen zu starten/stoppen, dann können Sie das hier einstellen.*

10.2.8 Aufnahme 8 (SHOOT8)

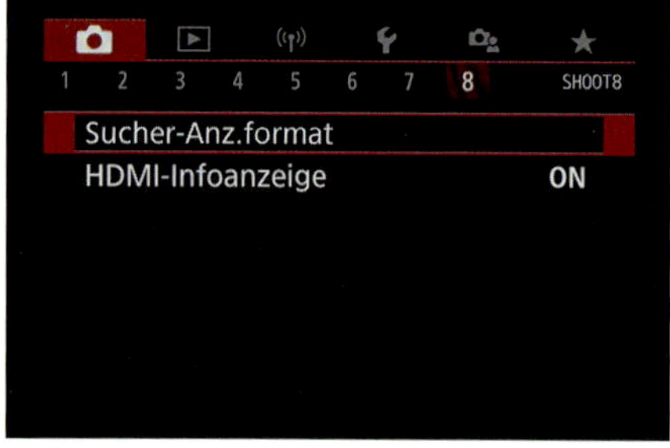

Abbildung 10.24 *Die Menüelemente von Aufnahme 8 (**SHOOT8**) beim Filmen*

Hier finden Sie zunächst den Eintrag **Sucher-Anz.format**, den Sie schon vom Fotografieren her kennen.

HDMI-Infoanzeige Wenn Sie hier die Option **Mit Info** gewählt haben, werden alle Einstellungen des Displays auch auf dem externen Monitor eingeblendet. Verwenden Sie hingegen **Clean/4K-Ausgabe** bzw. **Clean/FHD-Ausgabe** wird auf dem externen Bildschirm in der entsprechenden Qualität nur das Bild oder die kameratypischen Informationen wie z. B. Belichtungszeit, Blende, ISO-Wert oder der Programmmodus angezeigt.

10.3 Wiedergabeeinstellungen

Sie können die Bilder über die Wiedergabeeinstellungen ▶ bearbeiten, löschen oder bewerten. Bei Bedarf können Sie auch eine Diashow aus den Favoriten erstellen und diese auf dem Fernseher anzeigen.

10.3.1 Wiedergabe 1 (PLAY1)

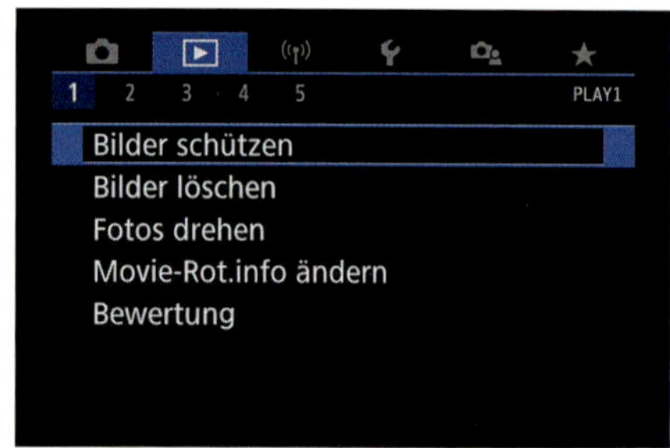

Abbildung 10.25 *Die Menüelemente von Wiedergabe 1 (**PLAY1**)*

Bilder schützen Mit dieser Option können Sie Bilder vor versehentlichem Löschen schützen. Dabei können Sie entweder einzelne Bilder, Bereiche von Bildern, alle Bilder eines Ordners oder alle Bilder auf der Karte schützen. Den Schutz aufheben können Sie ebenfalls, indem Sie einzelne Bilder oder Bereiche auswählen, die mit einem Schutz versehen waren. Für Ordner und die gesamte Karte finden Sie zudem noch zwei **ungeschützt**-Versionen, womit Sie bei allen Bildern in einem Ordner oder der Karte den Schutz aufheben können.

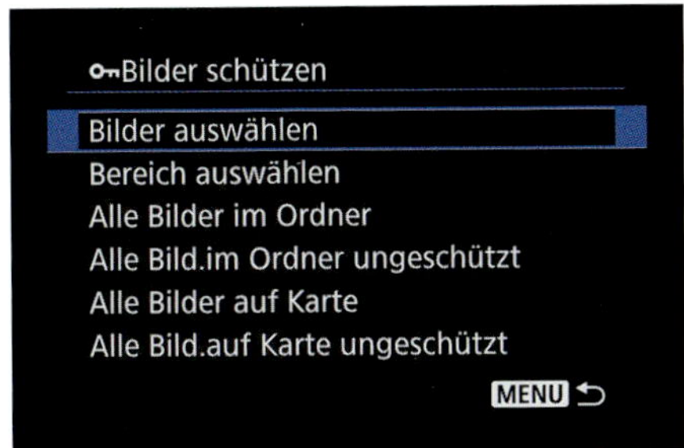

Abbildung 10.26 *Wenn ich eine Zeit lang nicht dazu komme, Bilder von der Speicherkarte auf den Computer zu importieren, schütze ich oftmals einzelne Bilder bis ganze Ordner vor versehentlichem Löschen.*

Bilder löschen Wie beim Schützen von Bildern können Sie auch einzelne Bilder oder bestimmte Bereiche löschen. Auch Bilder in einem Ordner oder alle Bilder auf der Karte können Sie löschen. Geschützte Bilder werden dabei nicht gelöscht. Auf das Löschen von Bildern wurde in Abschnitt 1.6, »Bildwiedergabe«, in der Schritt-für-Schritt-Anleitung »Aufnahmen betrachten, vergleichen und bewerten« in den Schritten 3 und 4 eingegangen.

Fotos drehen Bilder auf einem Computerbildschirm werden so angezeigt, wie Sie diese aufgenommen haben. Wenn Sie z. B. die Kamera beim Fotografieren auf dem Kopf gehalten haben, wird auch das Bild auf dem Kopf erscheinen. Mit der Funktion **Fotos drehen** können Sie ein Bild um jeweils 90° im Uhrzeigersinn drehen. Sie können die Funktion beliebig oft anwenden. Durch zweimaliges Drücken wird das Bild um 180° und durch dreimaliges Drücken um 270° gedreht.

Movie-Rot.info ändern Zwar werden Filme für Bildschirme nicht im Hochformat erstellt, aber im Zeitalter von sozialen Medien und Smartphones wird das Hochformat in der Regel häufiger eingesetzt. Wollen Sie einem Video die Informationen mitgeben, mit denen es auf dem Smartphone aufrecht angezeigt wird, rufen Sie die Funktion **Movie-Rot.info ändern** auf, und ändern Sie die Ausrichtung mit der SET-Taste. Ein Symbol zeigt die aktuell angegebene Ausrichtung an.

Bewertung Sie können Bilder mit einem bis fünf Sternen bewerten. Hierfür können Sie einzelne Bilder, einen Bereich, Bilder in einem Ordner oder alle Bilder auf der Karte auswählen und bewerten. Wenn Sie einzelne Bilder bewerten, drücken Sie die SET-Taste. Mit den Kreuztasten nach oben und unten vergeben Sie die Bewertung. Mit den Kreuztasten nach links und rechts wechseln Sie zum nächsten bzw. vorherigen Bild. Zusätzlich wird angezeigt, wie viele Bilder Sie bereits mit einer bestimmten Anzahl an Sternen bewertet haben.

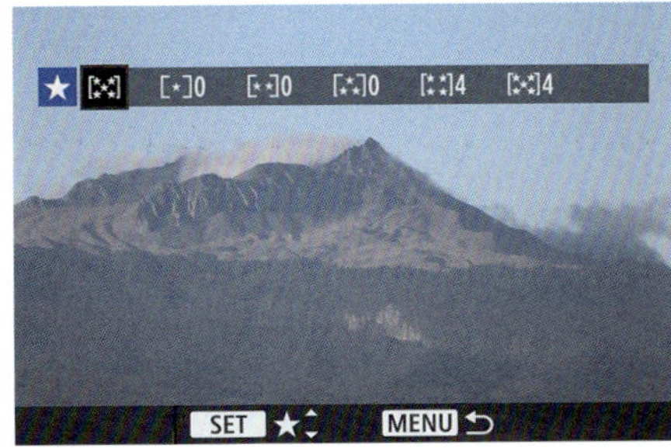

Abbildung 10.27 *Bilder bewerten. Hier wird ein Bild mit fünf Sternen bewertet. Die Bewertung können Sie am ersten Symbol neben dem Stern links oben sehen.*

10.3.2 Wiedergabe 2 (PLAY2)

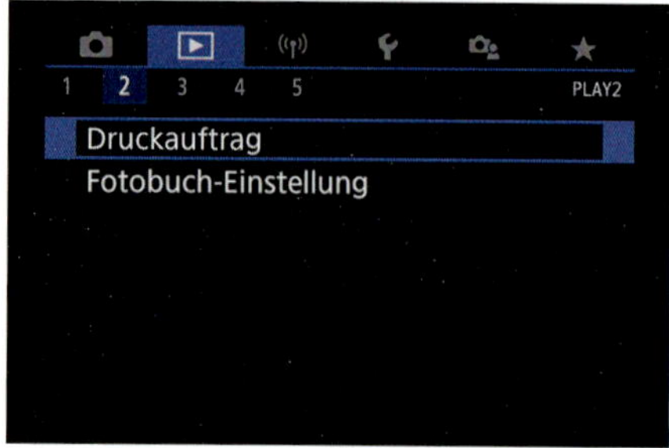

Abbildung 10.28 *Die Menüelemente von Wiedergabe 2 (**PLAY2**)*

Druckauftrag Wenn Sie einen Drucker haben, der den *PictBridge*-Standard kann, dann können Sie über diesen Befehl Fotos direkt aus der Kamera drucken. Hierzu müssen Sie den Drucker mit der Kamera mit einem entsprechenden USB-Kabel verbinden. Über das **Setup** wählen Sie das Drucklayout, ob das Datum und/oder die Dateinummer mit ausgedruckt werden sollen. Als Layout können Sie mit **Standard** jeweils ein Bild auf ein Blatt drucken oder mit **Index** mehrere Miniaturbilder auf ein Blatt (oder eine Mischung aus beidem). Über **Bildwahl** wählen Sie die Bilder einzeln aus, die Sie zum Druckauftrag hinzufügen wollen. Hierbei können von einem Bild auch mehrere Abzüge erstellen lassen. Über **Mehrere** hingegen können Sie einen Bereich von Bildern auswählen, alle Bilder in einem Ordner oder alle Bilder auf einer Karte markieren. Die **löschen**-Gegenstücke entfernen alle zum Drucken markierte Bilder wieder vom Ordner bzw. von der Karte. Wenn ein Drucker an der EOS R100 angeschlossen ist, finden Sie hier nun auch eine Funktion **Drucken**, womit Sie die markierten Dateien ausdrucken können.

Fotobuch-Einstellung Mit dieser Funktion können Sie bis zu 998 Bilder für den Ausdruck in einem Fotobuch auswählen. Wenn Sie die EOS-Utility-Software zum Importieren von Bildern auf dem Computer verwenden, werden diese ausgewählten Bilder in einen Extraordner beim Import kopiert. Diese Funktion ist hilfreich bei der Erstellung von Fotobüchern. Auch hier können Sie einzelne oder mehrere Bilder auswählen. Ausgewählt werden können allerdings nur JPEG-Bilder. Raw-Bilder und Filme können nicht für das Fotobuch verwendet werden.

10.3.3 Wiedergabe 3 (PLAY3)

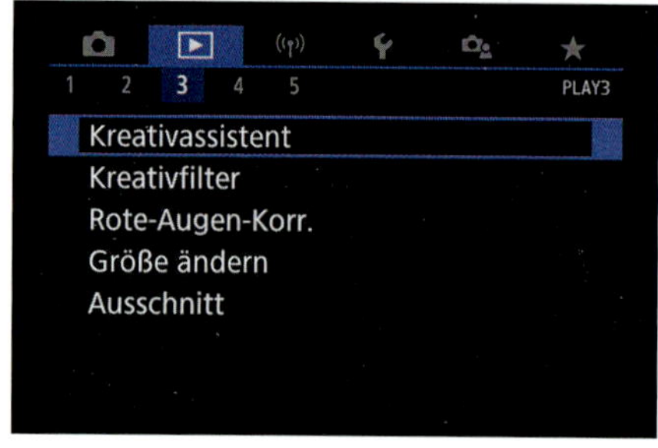

Abbildung 10.29 *Die Menüelemente von Wiedergabe 3 (**PLAY3**)*

Kreativassistent Hiermit können Sie Raw-Bilder verarbeiten, verschiedene Effekte darauf anwenden und anschließend als JPEG-Bilder speichern. Sie können aus vorgefertigten Effekten auswählen, die Sie auf das ausgewählte Bild anwenden wollen.

Zusätzlich können Sie noch **Helligkeit**, **Kontrast**, **Farbsättigung**, **Farbton** und **Monochrom** über die Kreuztaste ansteuern und die Werte verändern. Über die [-:-]-Taste können Sie das Ergebnis als JPEG-Bilder speichern.

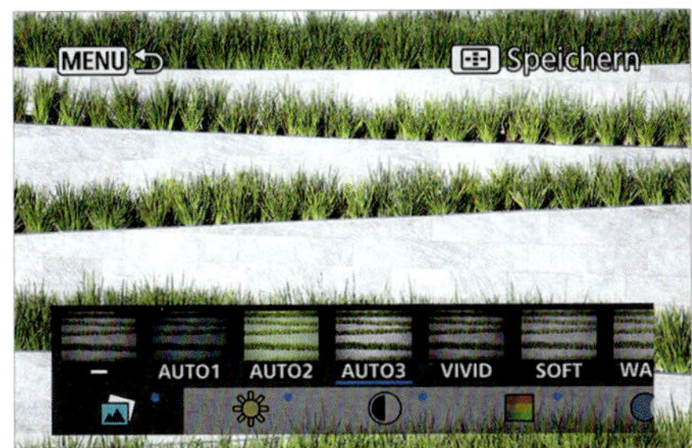

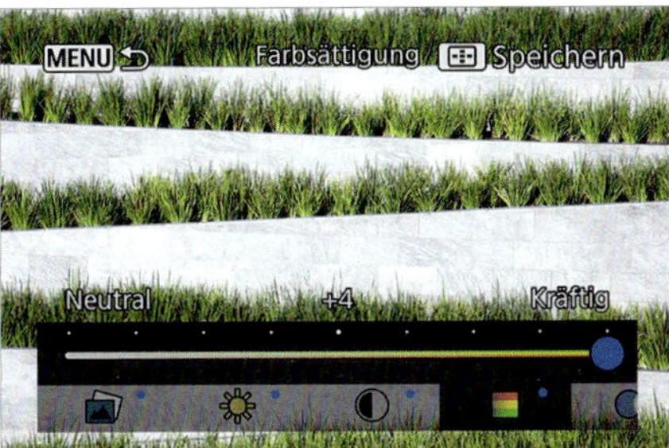

Abbildung 10.30 *Links: Hier wird unter **Kreativassistent** der Effekt **AUTO3** auf das Bild angewandt. Rechts: Als Nächstes soll die **Farbsättigung** bearbeitet werden.*

Kreativfilter Hier können Sie die **Kreativfilter** vom Programmmodus nachträglich auf bereits erstellte Aufnahmen anwenden. Wenn Sie die Funktion über die SET-Taste aufgerufen haben, können Sie mit den Kreuztasten links/rechts einen Filter auswählen. Wenn Sie die SET-Taste drücken, wird der Filter angewendet und Sie können noch die Intensität des Effekts anpassen. Drücken Sie erneut die SET-Taste, und speichern Sie das Bild als neue Datei auf der Speicherkarte.

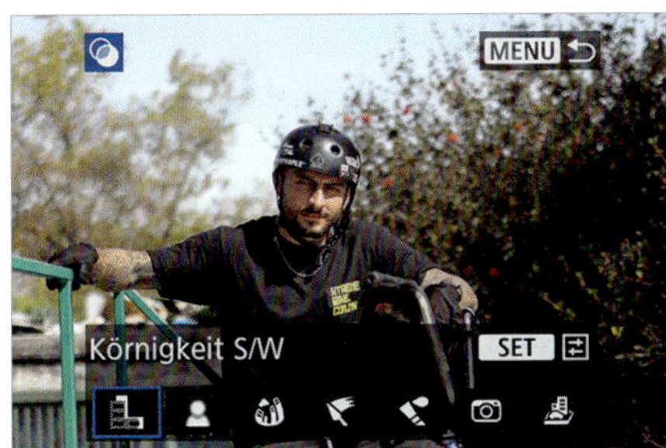

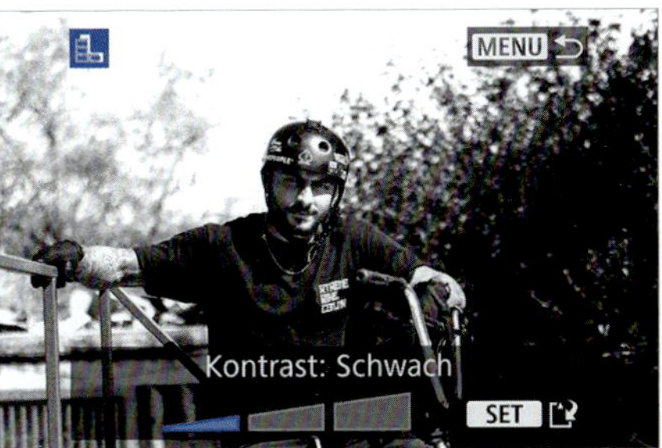

Abbildung 10.31 *Es ist sehr angenehm, nachträglich Kreativfilter auf Bilder anzuwenden. Hier habe ich **Körnigkeit S/W** für das Bild gewählt.*

Rote-Augen-Korr. Damit können Sie rote Augen korrigieren, die gegebenenfalls bei der Verwendung von Blitzlicht entstanden sind. Wenn Sie die Funktion aufrufen, wählen Sie das Bild aus, von dem Sie die roten Augen entfernen wollen. Wenn die Kamera rote Augen im Bild erkennt, entfernt die Software diese automatisch, und Sie können das Bild als separate Datei speichern.

Größe ändern Die Größe von JPEG-Aufnahmen können Sie bereits in der Kamera verändern, um die Pixelzahl zu reduzieren. Die neue Größe wird als neue JPEG-Datei gespeichert. Zur Auswahl stehen die Größen **M** (3.984 × 2.656 Pixel), **S1** (2.976 × 1.984 Pixel) und **S2** (2.400 × 1.600 Pixel). Voraussetzung ist allerdings, dass in Größe **L** fotografiert wurde, ansonsten stehen immer nur die nächstniedrigeren Größen zur Verfügung. Ein JPEG der Größe **S2** kann daher nicht mehr verkleinert werden. Die Funktion steht nicht für Raw-Aufnahmen zur Verfügung. Daher werden nur JPEG-Bilder angezeigt. Das Originalfoto bleibt hierbei erhalten. Das Foto mit neuer Bildgröße wird als neue JPEG-Datei gespeichert.

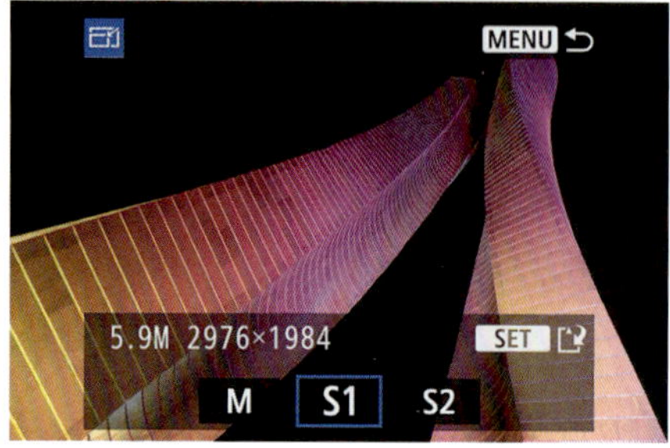

Abbildung 10.32 *Sie können Bilder jederzeit in der Größe reduzieren.*

Ausschnitt Hier können Sie ein erstelltes JPEG-Bild in der Kamera zuschneiden und begradigen. Auch das Seitenverhältnis können Sie ändern. Wenn Sie das Bild ausgewählt und die SET-Taste gedrückt haben, wählen Sie mit dem Hauptwahlrad zwischen den Funktionen **Ausschnittansicht ändern**, **Bild begradigen** und **Seitenverhältnis ändern** aus. Der Zuschnittrahmen wird in grüner Farbe angezeigt und kann mit der ✱-Taste und [-⁝-]-Taste in der Größe geändert werden. Mit den Kreuztasten können Sie die Position des Rahmens verschieben. Wenn Sie **Bild begradigen** ausgewählt haben, können Sie durch Drehen des Hauptwahlrades die Bildneigung anpassen. Das Seitenverhältnis ändern Sie, indem Sie die SET-Taste drücken. Mit jedem Drücken der SET-Taste wird ein anderes Seitenverhältnis mit dem Zuschnittsrahmen angezeigt. Wählen Sie dann **Ausschneiden** und **Speichern**, wird das Bild als neue JPEG-Datei gesichert.

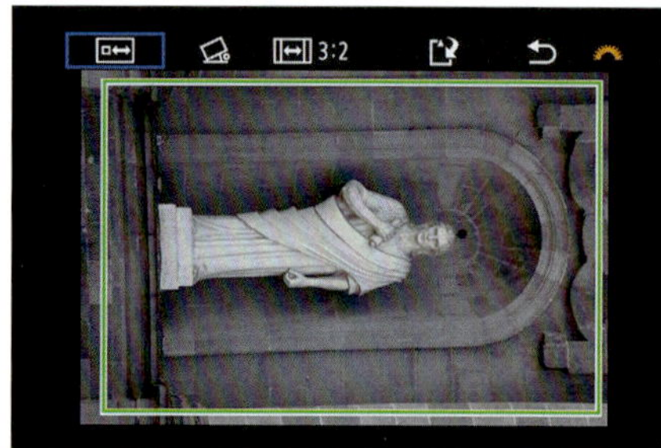

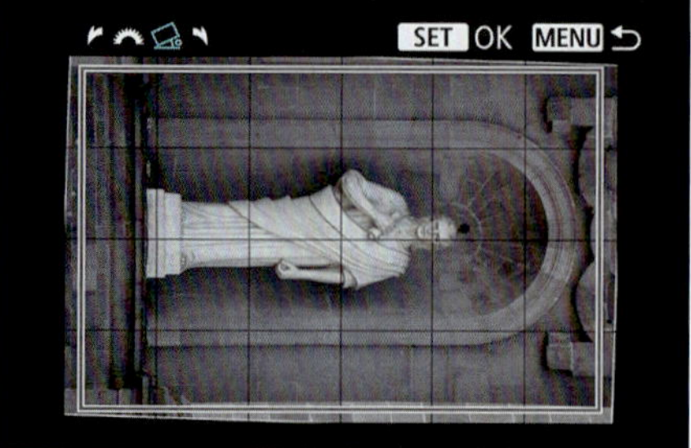

Abbildung 10.33 *Links: Der grüne Zuschnittrahmen des Bildes. Rechts: Das Bild wird gerade ausgerichtet.*

10.3.4 Wiedergabe 4 (PLAY4)

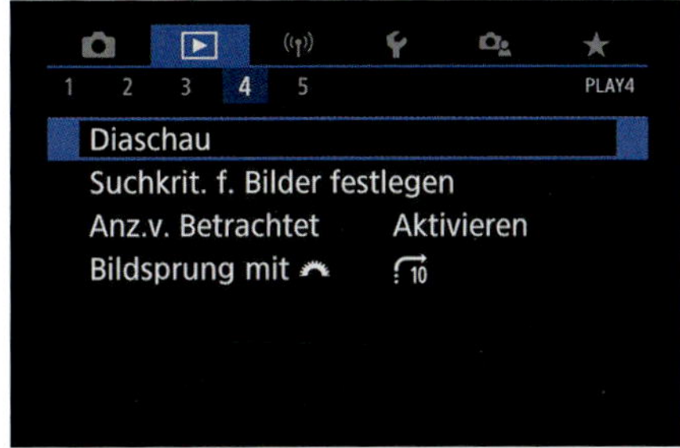

Abbildung 10.34 *Die Menüelemente von Wiedergabe 4 (**PLAY4**)*

Diashow Es ist möglich, auf der Karte gespeicherte Bilder als Diashow wiederzugeben. Standardmäßig werden alle auf der Karte befindlichen Bilder in der Diashow gezeigt. Sie können dies aber mit der Funktion **Suchkrit.f. Bilder festlegen** auf verschiedene Suchkriterien beschränken. Hier könnte es sinnvoll sein, nur die Bilder mit einer Bewertung anzuzeigen, weil man in der Regel auch die besten Bilder präsentieren will. Darauf wird im nächsten Abschnitt eingegangen. Über den Einstellungen können Sie die **Anzeigedauer**, **Wiederholen** (für erneute Wiedergabe aller Bilder), den **Übergangseffekt** und die **Hintergrundmusik** festlegen. Mit **Start** wird die Diashow gestartet. Über HDMI kann die Diashow auf einem externen Bildschirm oder Beamer gezeigt werden. Wollen Sie während der Diashow ein Bild länger betrachten, pausieren Sie die Diashow mit der SET-Taste. Drücken Sie die Taste erneut, wird die Diashow fortgesetzt. Mit der MENU-Taste beenden Sie die Diashow vorzeitig.

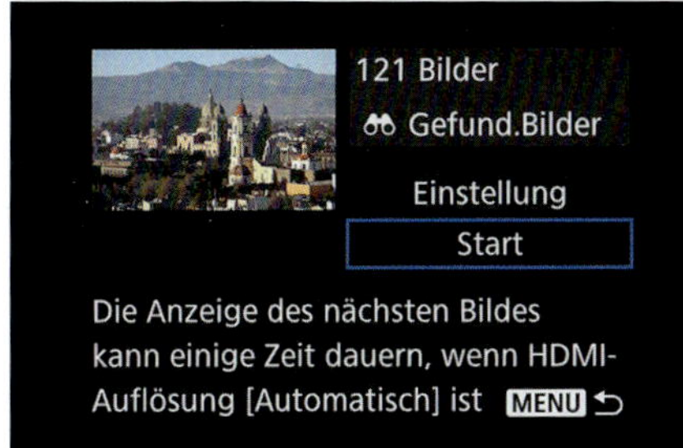

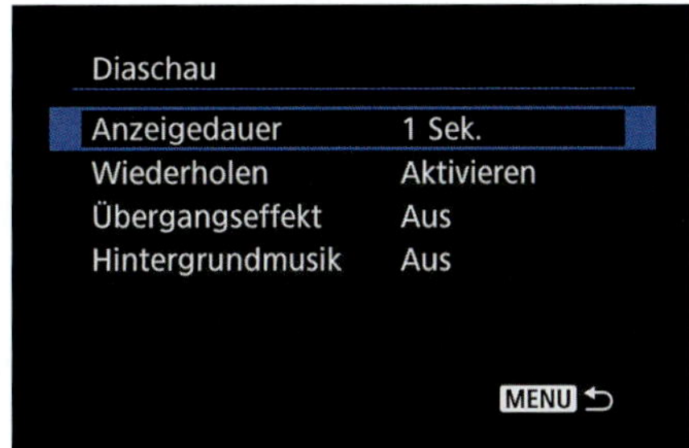

Abbildung 10.35 *Ich verwende eine Diashow sehr gern, um Bilder auf einem größeren Bildschirm bzw. Fernseher zu betrachten.*

Suchkrit. F. Bilder festlegen Wenn Sie bestimmte Bilder suchen oder bei der Diashow ausfiltern wollen, können Sie dies über diese Funktion machen. Wenn Sie hier einen Filter verwenden, werden bei der Wiedergabe der Bilder bzw. der Diashow auch nur noch diese Bilder angezeigt. Sie können auch mehrere Filter miteinander kombinieren. Ob Sie einen Filter verwenden oder nicht, erkennen Sie bei der Wiedergabe an einem gelben Rahmen. Zur Auswahl stehen folgende Filter:

- **Bewertung**: Hier können Sie die Bilder nach einer Sternenbewertung von einem Stern bis zu fünf Sternen ausfiltern. Vorausgesetzt natürlich, Sie haben eine Bewertung vergeben.
- **Datum**: Hier können Sie die Bilder von einem bestimmten Tag ausfiltern.
- **Ordner**: Damit sortieren Sie die Bilder nach Ordnern aus. Dies ist sinnvoll, wenn Sie z. B. für jedes Projekt einen eigenen Ordner anlegen.
- **Schützen**: Hier können Sie geschützte oder ungeschützte Bilder aussortieren.
- **Dateityp**: Hier können Sie nach Fotos und Videos filtern. Auch das Filtern nach JPEG und/oder Raw sowie nach Filmtagebüchern ist möglich.

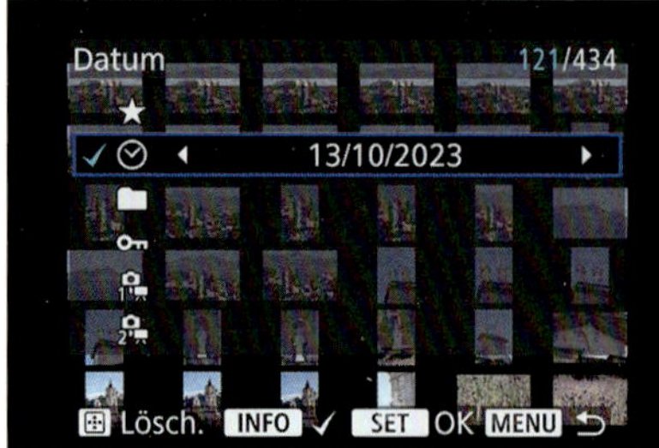

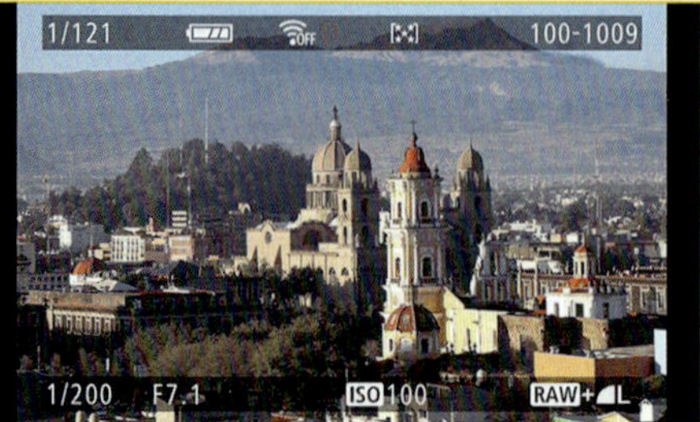

Abbildung 10.36 *Links: Hier wurden die Bilder nach Datum ausgefiltert (13. Oktober 2023). Rechts: Am gelben Rahmen in der Wiedergabe von Bildern erkennen Sie, dass ein Filter aktiv ist.*

Anz.v. Betrachtet Wenn diese Funktion aktiviert ist und Sie die Kamera ausschalten, wird die Wiedergabe mit dem zuletzt angezeigten Bild fortgesetzt, wenn die Kamera wieder eingeschaltet wird – es sei denn, es wurde ein neues Bild aufgenommen. Wenn die Funktion deaktiviert ist, wird bei der Wiedergabe nach dem Neustart der Kamera immer das letzte Bild angezeigt.

Bildsprung mit Über die Einzelbildanzeige bei der Wiedergabe können Sie mit dem Hauptwahlrad einen Bilderwechsel durchführen. Mit dieser Funktion können Sie einstellen, wie viele Bilder beim Drehen am Rad vorwärts oder rückwärts gesprungen werden soll. Zur Auswahl stehen folgende Optionen: ein Bild, zehn Bilder, eine vorgegebene Anzahl von Bildern, nach Datum, nach Ordner, nur Videos, nur Fotos, nur geschützte Bilder und nach Bewertung. In der Standardeinstellung wird jeweils um zehn Bilder vorwärts oder rückwärts gesprungen.

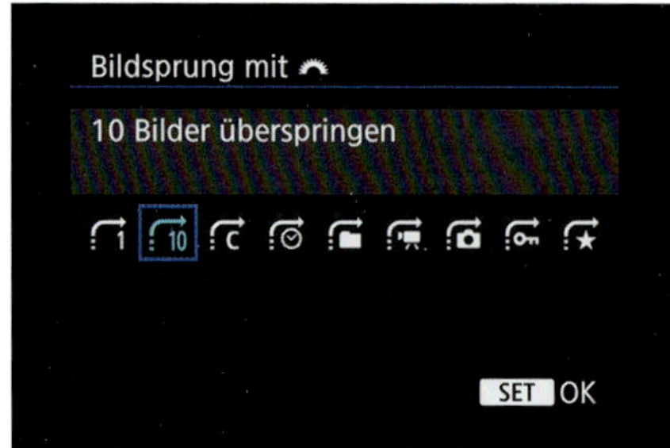

Abbildung 10.37 *Bei vielen Fotos auf der Speicherkarte ist die Bildsprungfunktion sehr hilfreich, um schnell durch die Aufnahmen zu navigieren.*

10.3.5 Wiedergabe 5 (PLAY5)

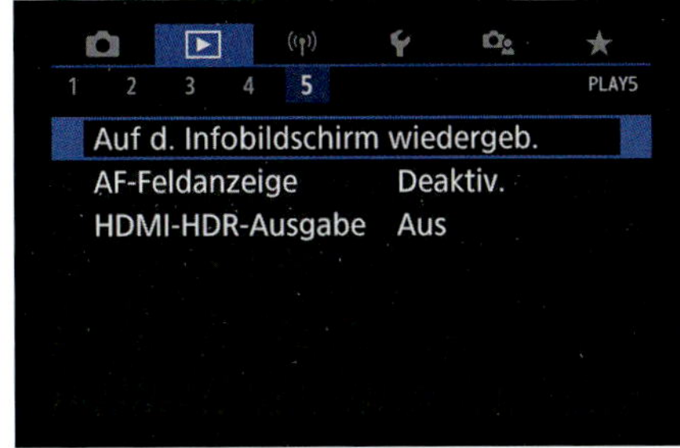

Abbildung 10.38 *Die Menüelemente von Wiedergabe 5 (**PLAY5**)*

Auf d. Infobildschirm wiedergeb. Hier können Sie die Informationsbildschirme einstellen und (de)aktivieren, die während der Bildwiedergabe angezeigt werden können, wenn Sie die INFO-Taste drücken. Bei den Bildschirmen 2 bis 9 können Sie zudem einstellen, ob das Histogramm als Helligkeitsanzeige oder als RGB-Anzeige verwendet werden soll. Mehr Informationen zum Histogramm finden Sie in Abschnitt 3.3.2, »Live-Histogramm vor der Aufnahme«.

AF-Feldanzeige Wenn Sie diese Funktion aktivieren, wird der fokussierte Bereich bzw. das fokussierte AF-Messfeld rot umrandet. Damit können Sie bei der Wiedergabe der Bilder prüfen, ob der Fokus richtig lag. Bei der Verwendung von **+Verfolg.** und **AF-Messfeldwahl in Zone** können mehrere AF-Messfelder angezeigt werden.

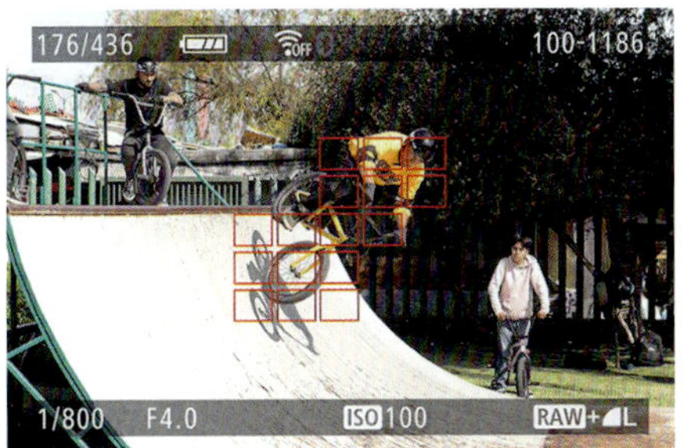

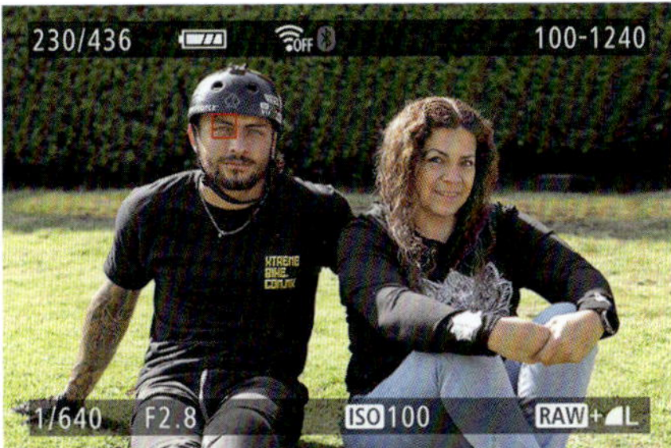

Abbildung 10.39 *Gerade bei der automatischen Autofokuswahl kann es passieren, dass die Kamera nicht das gewünschte Motiv fokussiert. Mit aktiver AF-Feldanzeige werden die Fokuspunkte in roter Farbe auf dem Bildschirm angezeigt.*

HDMI-HDR-Ausgabe Damit können Sie Raw-Bilder in HDR anzeigen, wenn Sie die Kamera an einem HDR-Fernseher über HDMI anschließen.

10.4 Wireless-Einstellungen

Im Menü Wireless-Einstellungen finden Sie zwei Registerkarten mit allen erforderlichen Einstellungen für die Übertragung von Bildern im Netzwerk. Neben Bluetooth-Verbindungen finden Sie auch die GPS-Einstellungen.

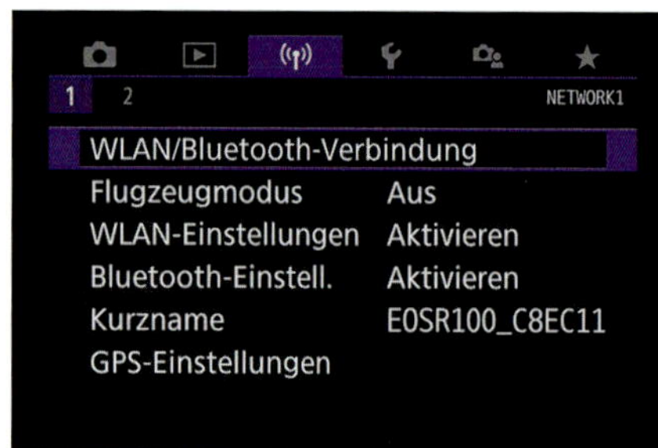

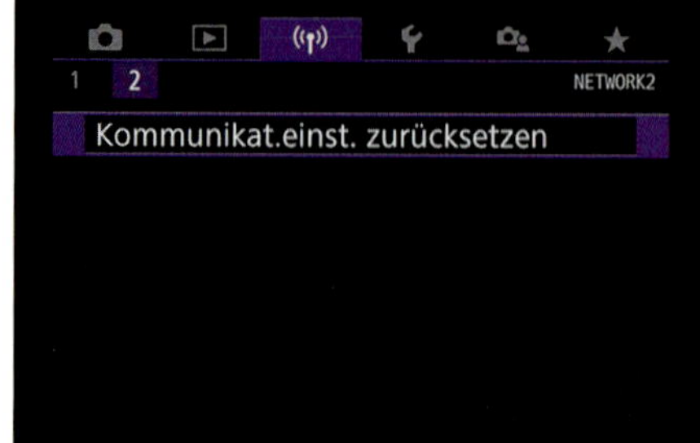

Abbildung 10.40 *Die Menüelemente von Wireless-Einstellungen (**NETWORK1** und **NETWORK2**)*

WLAN/Bluetooth-Verbindung Sie können mithilfe der WLAN- und Bluetooth-Funktionen Fotos direkt nach der Aufnahme automatisch auf die Kamera übertragen oder die Kamera über externe Programme via WLAN oder Bluetooth steuern. Zur Auswahl stehen:

- **Mit Smartphone verbinden**: Damit können Sie die Kamera über das Smartphone steuern und auslösen.
- **Fernsteuerung (EOS Utility)**: Hiermit können Sie via Livebild auf dem Computer die Kamera steuern und auslösen.
- **Vom WLAN-Drucker drucken**: Wenn der Drucker DPS-over-IP kann, dann können Sie Bilder direkt von der Kamera auf dem Drucker ausgeben.
- **Hochladen zum Webservice**: Hiermit können mithilfe der Software EOS Utility andere Internetdienste (z. B. *image.canon*) so konfigurieren, dass Bilder und Videos direkt aus der Kamera hochgeladen werden.
- **Mit drahtlos.Fernbed.verbind.**: Hiermit können Sie die drahtlose Bluetooth-Fernbedienung BR-E1 mit der Kamera pairen und als Fernauslöser einrichten.

Flugzeugmodus Wenn es die Umstände erfordern, können Sie über diese Funktion die WLAN- und Bluetooth-Verbindung der Kamera vorübergehend deaktivieren.

WLAN-Einstellungen Hier können Sie die WLAN-Einstellungen (de)aktivieren und weitere Detaileinstellungen daran vornehmen.

Bluetooth-Einstell. Hier können Sie Bluetooth (de)aktivieren. Da der Stromverbrauch mit Bluetooth höher ist, schalte ich die Funktion aus, wenn ich sie nicht brauche. Auch können Sie hier sehen, mit welchem Gerät die Kamera über Bluetooth verbunden ist.

Kurzname Ändern bzw. ermitteln Sie den Kurznamen der Kamera, der im WLAN angezeigt wird.

GPS-Einstellungen Sie können die GPS-Informationen über das mobile Smartgerät (de)aktivieren. Hierzu ist lediglich eine Bluetooth-Verbindung der Kamera mit dem Smartgerät nötig. Auf dem Smartgerät benötigen Sie die App Camera Connect. Wie das im Detail funktioniert, wurde in Abschnitt 7.10.7, »GPS-Daten hinzufügen«, beschrieben.

Kommunikat.einst. zurücksetzen Mit dieser Option können alle Wireless-Kommunikationseinstellungen gelöscht und auf die Werkseinstellung zurückgesetzt werden. Durch Löschen der Wireless-Kommunikationseinstellungen können Sie beispielsweise verhindern, dass Dritte Zugriff auf die zugehörigen Informationen haben, wenn Sie Ihre Kamera verkaufen oder verleihen.

10.5 Funktionseinstellungen

Viele Optionen bei den Funktionseinstellungen benötigen Sie wahrscheinlich eher wenig, da Firmware-Updates oder Änderungen der Zeitzone selten durchgeführt werden. Auch andere Einstellungen wie die Sprache oder Uhrzeit stellt man in der Regel nur einmal ein. Häufiger werden Sie aber die Funktion zum Formatieren der Speicherkarte benötigen.

10.5.1 Einstellungen 1 (SET UP1)

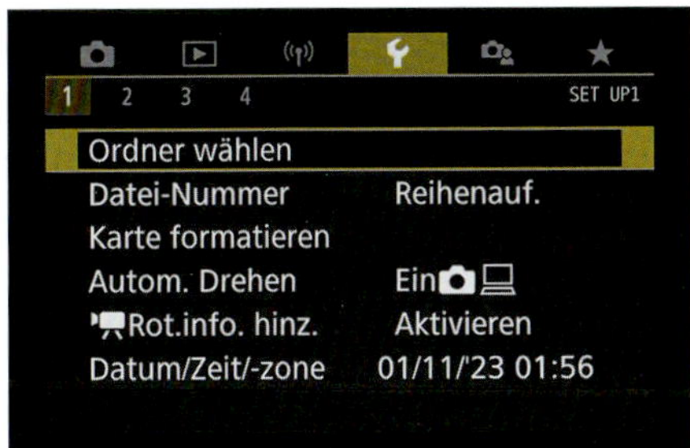

Abbildung 10.41 *Die Menüelemente von Einstellungen 1 (SET UP1)*

Ordner wählen Über **Ordner wählen** können Sie einen neuen Ordner erstellen. Ebenso können Sie hier aus einem vorhandenen Ordner wählen, wo die Bilder gespeichert werden sollen. Rechts neben dem angezeigten Ordnernamen steht zudem die Anzahl der Bilder, die in diesem Ordner enthalten sind.

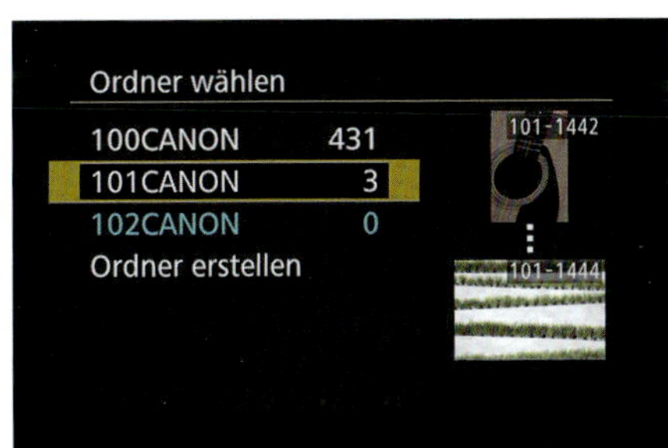

Abbildung 10.42 *Hier können Sie einen Ordner wählen und erstellen, in dem Sie aufgenommene Bilder speichern wollen.*

Datei-Nummer Sie können an dieser Stelle die Art und Weise der Nummerierung der Dateien festlegen, die von 0001 bis 9999 vergeben werden. Zur Auswahl stehen folgende Optionen:

- **Nummerierung**
  - **Reihenauf.**: Dies ist die Standardeinstellung, womit unabhängig vom Kartenwechsel durchgehend von 0001 bis 9999 nummeriert wird.
  - **Auto reset**: Hier wird die Nummerierung von 0001 hochgezählt bis zum nächsten Kartenwechsel oder dem Erstellen eines Ordners. Dann beginnt die Datei-Nummer wieder mit 0001.
- **Man. reset**: Wenn Sie die Datei-Nummer manuell zurücksetzen, wird automatisch ein neuer Ordner erstellt, in dem die Zählung der Datei-Nummer mit 0001 beginnt. Ich verwende diese Einstellung gern, wenn ich Aufnahmen von verschiedenen Projekten oder Tagen in verschiedenen Ordnern speichern möchte.

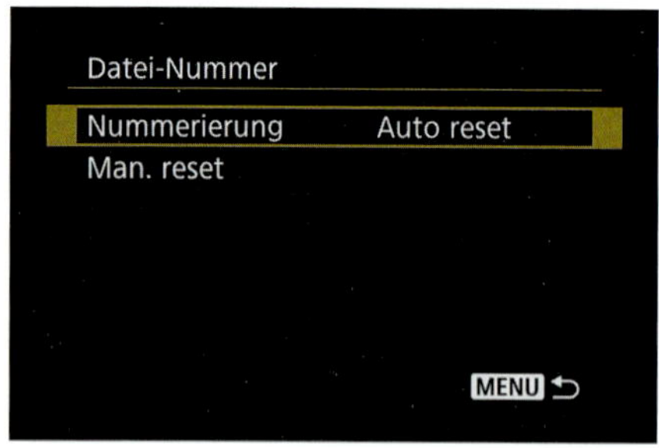

Abbildung 10.43 *Sie können in die automatische Nummerierung bei Bedarf eingreifen.*

Karte formatieren Mit dieser Funktion können Sie die Karte formatieren. Wenn Sie die Option **Format niedriger Stufe** deaktiviert haben, werden die Bilder nicht wirklich gelöscht, sondern lediglich das Inhaltsverzeichnis. Theoretisch können Sie an diesem Punkt mit einer speziellen Software die Bilder wiederherstellen, wenn Sie nicht schon eine neue Aufnahme erstellt haben. Wenn Sie **Format niedriger Stufe** mit der INFO-Taste aktiviert haben, dann wird nicht nur das Inhaltsverzeichnis entfernt, sondern auch der Speicher durch Löschen der Inhalte freigegeben. Diese Formatierung dauert länger als eine herkömmliche Formatierung.

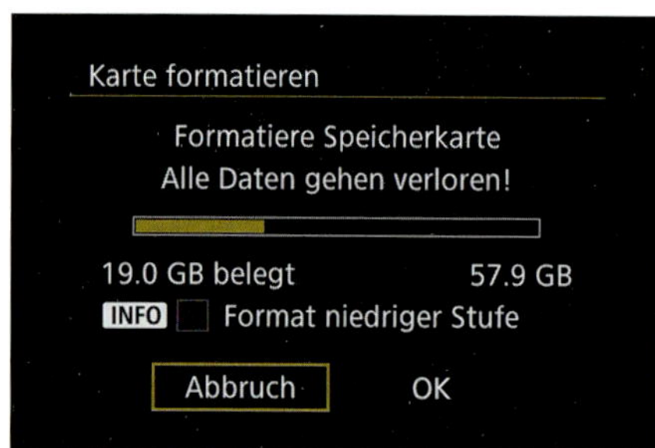

Abbildung 10.44 *Wenn Sie* ***Format niedriger Stufe*** *aktivieren, werden alle Daten auf der Karte nicht mehr wiederherstellbar gelöscht.*

Autom. Drehen Die Kamera erkennt, ob ein Bild im Hoch- oder Querformat aufgenommen wurde. Bei der Wiedergabe wird standardmäßig ein Bild im Hochformat um 90° gedreht, womit es aufrecht betrachtet werden kann. Allerdings sehen Sie dann aufgrund des Formates rechts und links einen dunklen Balken. Dies können Sie mit dem zweiten Eintrag ändern, bei dem neben **Ein** ein Computersymbol (ohne Kamerasymbol) zu sehen ist. Bei der Wiedergabe in der Kamera wird ein Bild im Hochformat jetzt komplett angezeigt. Allerdings müssen Sie in dem Fall die Kamera um 90° drehen.

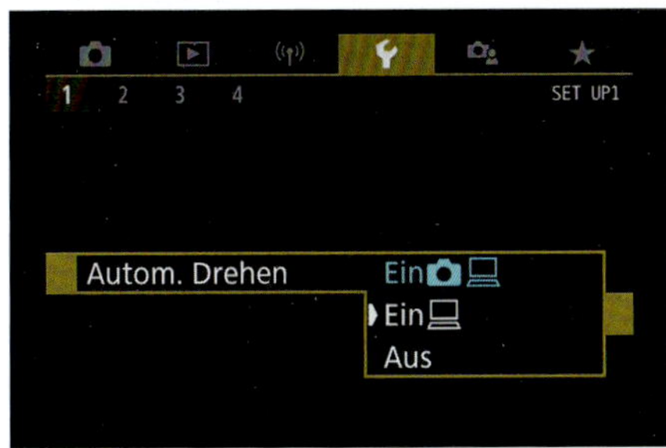

Abbildung 10.45 *Fotos, die im Hochformat aufgenommen wurden, können automatisch gedreht und auf dem Computer richtig dargestellt werden.*

Rot.info. hinz. Videos, die Sie im Hochformat aufgenommen haben, können Sie mit der Information über diese Ausrichtung versehen, wenn Sie diese Option auf **Aktivieren** lassen. Auf einem Smartphone wird auf diese Weise das Video in der Ausrichtung wiedergegeben, wie es aufgenommen wurde. Deaktivieren Sie diese Option, werden die Videos immer horizontal auf dem Smartphone oder anderen Geräten wiedergegeben – unabhängig von der Ausrichtung der Aufnahme.

Datum/Zeit/-zone An dieser Stelle können Sie das Datum, die Uhrzeit sowie die Zeitzone einstellen. Gerade das Datum und die Uhrzeit sind Metadaten, die auch zum Bild hinzugefügt werden. Für die Zeitzone in Deutschland wählen Sie **Paris**.

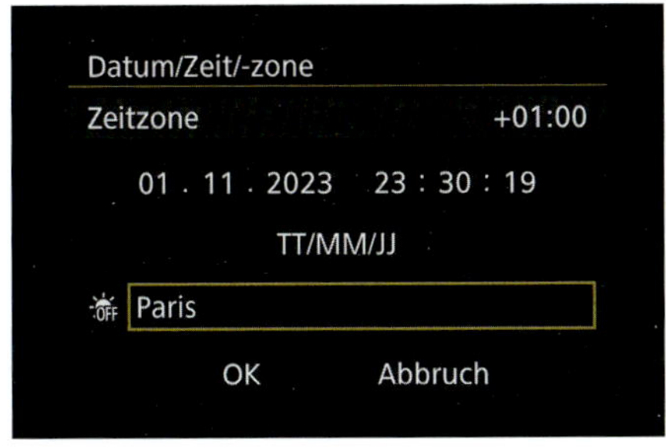

Abbildung 10.46 ***Paris*** *ist die richtige Zeitzone für die Kamera, wenn Sie in Deutschland, Österreich oder der Schweiz leben.*

10.5.2 Einstellungen 2 (SET UP2)

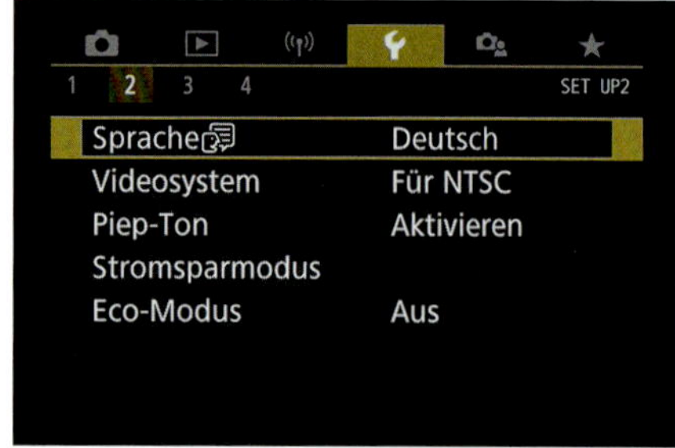

Abbildung 10.47 *Die Menüelemente von Einstellungen 2 (SET UP2)*

Sprache Wählen Sie hier die Sprache, in der die Menüelemente und Funktionen der Kamera angezeigt werden sollen.

Videosystem Damit stellen Sie das Videosystem ein. Zur Auswahl stehen **PAL** oder **NTSC**. Wichtig für diese Einstellung ist die Bildrate pro Sekunde, die zur Verfügung steht. Mehr dazu entnehmen Sie dem Abschnitt 8.2.1, »Videoqualität auswählen«.

Piep-Ton Mit dieser Funktion stellen Sie ein, ob ein **Piep-Ton** beim Scharfstellen der Fokussierung als Bestätigung ertönt oder nicht. Auch bei Verwendung des Selbstauslösers wird der **Piep-Ton** über diese Einstellung (de)aktiviert.

Stromsparmodus Unter dieser Funktion finden Sie verschiedene Möglichkeiten und Zeiten zum Abschalten bestimmter Kamerabestandteile. Ziel soll es sein, Strom und damit Akku einzusparen. Zur Auswahl stehen das Display, der Sucher und die automatische Abschaltung der Kamera an sich, wenn Sie diese nicht bewegen oder etwas drücken.

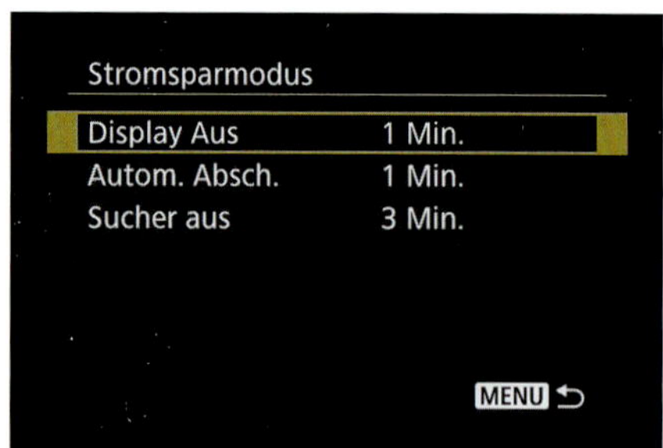

Abbildung 10.48 *Hier wählen Sie aus, ab wann das Display, der Sucher oder die Kamera bei Untätigkeit automatisch ausgeschaltet werden soll. Das schont den Akku.*

Eco-Modus Eine weitere Möglichkeit, Akku zu sparen, ist der **Eco-Modus**. Wenn der Modus aktiv ist und Sie die Kamera nicht verwenden, verdunkelt sich der Bildschirm nach zwei Sekunden und schaltet nach zehn Sekunden ab. Um den Bildschirm in diesem Modus wieder zu aktivieren, drücken Sie den Auslöser halb durch.

10.5.3 Einstellungen 3 (SET UP3)

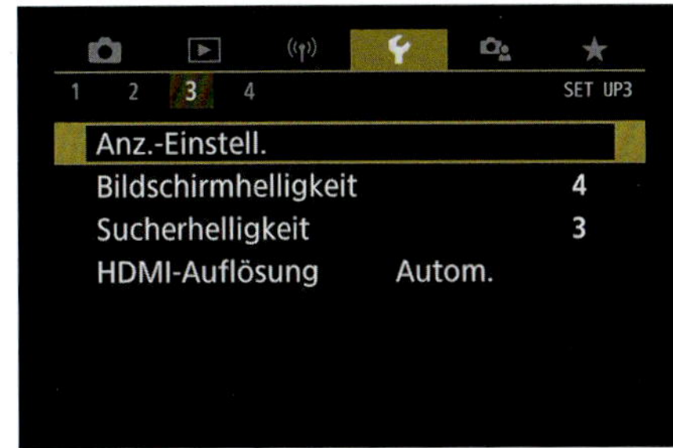

Abbildung 10.49 *Die Menüelemente von Einstellungen 3 (SET UP3)*

Anz.-Einstell. Mit dieser Funktion können Sie festlegen, ob Sie den Bildschirm oder den Sucher für die Anzeige verwenden wollen. Standardmäßig wird der Bildschirm verwendet, und schauen Sie mit dem Auge durch den Sucher, wird der Sucher aktiviert. Wenn Sie hier **Monitorstrg.** von **Auto** auf **Manuell** stellen, können Sie bei **Manuelle Anz.** festlegen, ob Sie nur den Bildschirm oder nur den Sucher verwenden wollen. Wer zum Beispiel ausschließlich den Bildschirm verwendet und genervt ist, weil man häufiger mit dem Finger in die Nähe des Suchers kommt, wodurch der Bildschirm kurz ausgeht und zum Sucher wechselt (und wieder zurück), der findet hier eine Lösung.

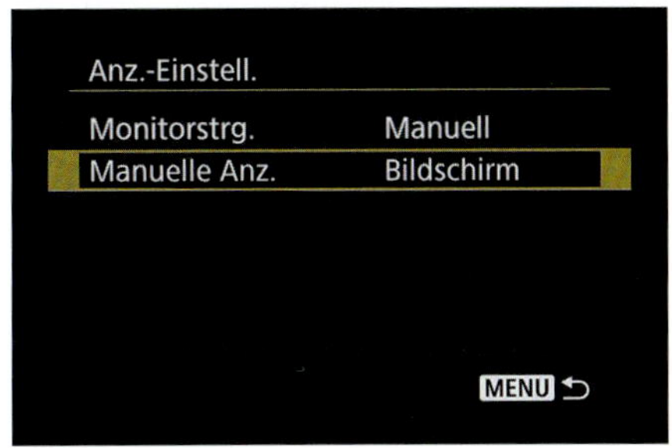

Abbildung 10.50 *Hier können Sie bei Bedarf einstellen, ob Sie ausschließlich den Bildschirm oder den Sucher zum Fotografieren nutzen wollen.*

Bildschirmhelligkeit Hier können Sie die Helligkeit des Bildschirms an die Umgebungshelligkeit anpassen. Ein Grauverlauf kann Ihnen visuell dabei helfen, die Bildschirmhelligkeit motivunabhängig zu beurteilen.

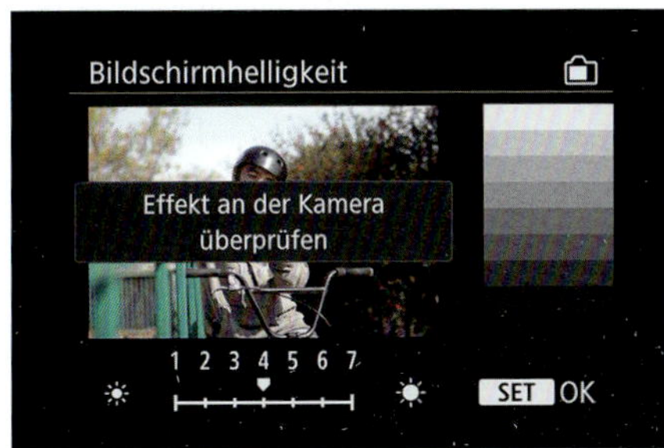

Abbildung 10.51 *Passen Sie die Helligkeit des Bildschirms an Ihre Umgebung an.*

Sucherhelligkeit Das ist das Gegenstück zur **Bildschirmhelligkeit**, womit Sie die Helligkeit des Suchers anpassen können. Auch hier hilft ein Grauverlauf weiter, um die Sucherhelligkeit unabhängig vom Motiv besser beurteilen zu können.

HDMI-Auflösung Wenn Sie die Kamera per HDMI an ein externes Aufnahmegerät oder an einen Fernseher angeschlossen haben, können Sie hier die Bildausgabeauflösung eingeben. Entweder Sie verwenden standardmäßig die Option **Autom.**, womit die Bilder in der höchstmöglichen Auflösung des angeschlossenen Fernsehgerätes angezeigt werden, oder **1080p**, womit diese Auflösung verwendet wird.

10.5.4 Einstellungen 4 (SET UP4)

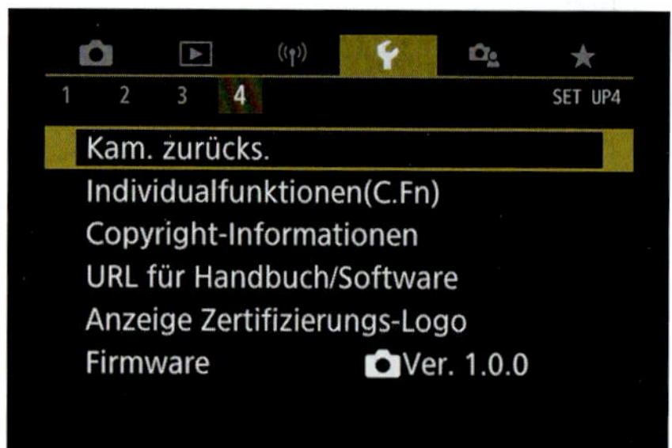

Abbildung 10.52 *Die Menüelemente von Einstellungen 4 (SET UP4)*

Kam. Zurücks. Hier können Sie die Kamera über **Grundeinstell.** zurück in die Werkseinstellung stellen. Wollen Sie nur bestimmte Einstellungen der Kamera zurücksetzen, können Sie dies mit **Andere Einstell.** machen, indem Sie dort das entsprechende Menüelement auswählen, das Sie zurücksetzen wollen.

Individualfunktionen(C.Fn) Die EOS R100 besitzt zwei Kategorien von Individualfunktionen, die Sie aktivieren bzw. an denen Sie Anpassungen vornehmen können.

- **C.Fn I: Belichtung**
  - **C.Fn 1: ISO-Erweiterung**: Hier können Sie die ISO-Erweiterung mit ISO 25.600 aktivieren und bei der ISO-Empfindlichkeit auswählen.
  - **C.Fn 2: Safety Shift**: Wenn Sie diese Funktion aktivieren, können Sie mit automatisch angepasster Belichtungszeit und Blende fotografieren, um die Belichtung zu optimieren. Dies ist in Situationen sinnvoll, in denen die Standardbelichtung bei der angegebenen Belichtungszeit oder Blende im Modus **Tv** oder **Av** nicht möglich ist. Mehr dazu finden Sie in Abschnitt 2.4.1, »Safety Shift«.
- **C.Fn II: Weiteres**
  - **C.Fn 3: Custom-Steuerung**: Damit können Sie sieben Tasten individuell belegen. Dies sind die Auslösertaste (halb gedrückt), die ✱-Taste, die ●-Taste und die vier Kreuztasten. Im Buch wurde darauf in Abschnitt 5.1, »Tastenbelegung ändern«, eingegangen.

- **C.Fn 4: Ohne Objektiv auslösen**: Wenn Sie Fremdobjektive einsetzen, die von der Kamera nicht erkannt werden, sollten Sie diese Funktion aktivieren, da die Kamera ansonsten nicht auslöst.
- **C.Fn 5: Obj. b. Abschalt. einziehen**: Einige STM-Objektive werden automatisch eingezogen, sobald Sie die Kamera ausschalten. Sie können das Einziehen verhindern, indem Sie die Funktion deaktivieren.

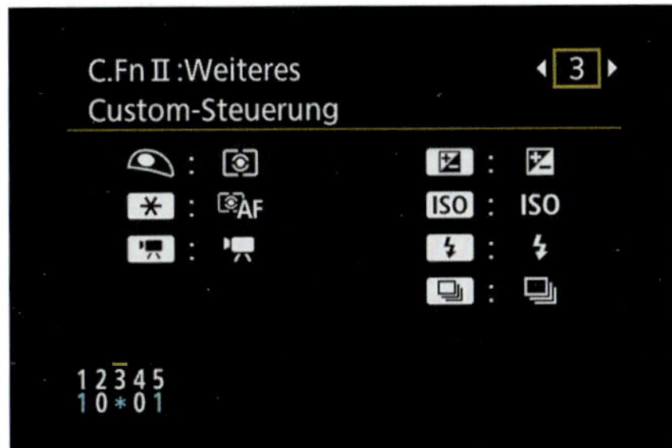

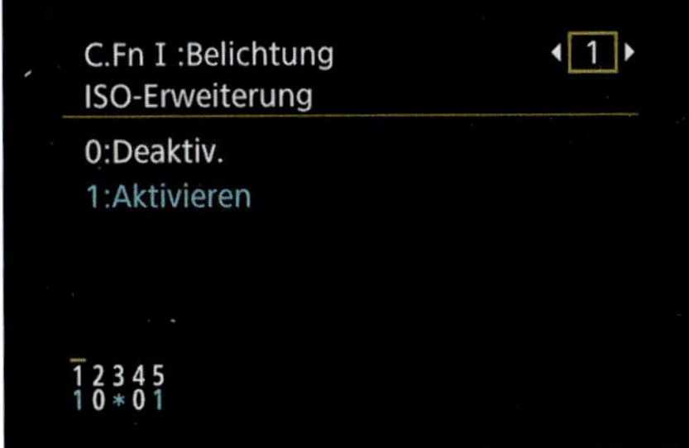

Abbildung 10.53 *Links: Hier können Sie die Tasten neu belegen. Rechts: Hier wird der erweiterte ISO-Wert mit ISO 25.600 aktiviert.*

Copyright-Informationen Mit dieser Funktion können Sie Ihren Namen eingeben, der dann mit den Metadaten für Ihre Bilder gespeichert wird.

URL für Handbuch/Software An dieser Stelle können Sie die Bedienungsanleitung herunterladen, indem Sie den angezeigten QR-Code mit einem Smartphone scannen. Sie können auch einen Computer verwenden, um die angezeigte URL aufzurufen und unter der Website das Handbuch sowie benötigte Software herunterzuladen.

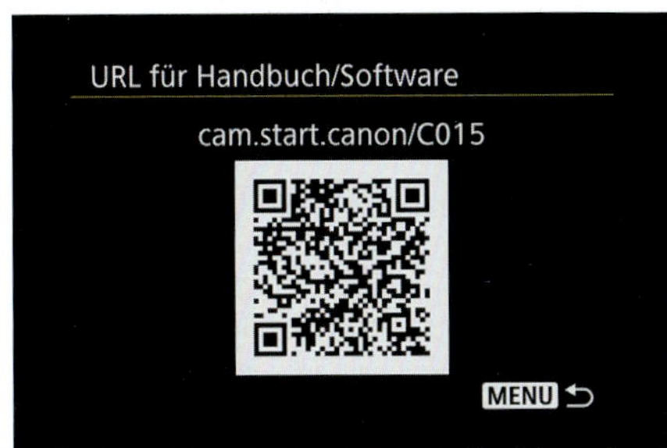

Abbildung 10.54 *Scannen Sie den QR-Code mit dem Smartphone, geht es direkt zum Benutzerhandbuch. Alternativ können Sie auch den eingeblendeten Link (https://cam.start.canon/C015/) im Webbrowser eintippen.*

Anzeige Zertifizierungs-Logo Bei dieser Funktion können Sie einige der Logos der Zertifizierungen der Kamera anzeigen lassen. Weitere Zertifizierungslogos befinden sich auf dem Gehäuse und der Verpackung der Kamera.

Firmware Hier können Sie die Firmware der Kamera oder dem angeschlossenen Objektiv aktualisieren. Mehr dazu finden Sie in Abschnitt 9.6, »Firmware-Update«.

10.6 Anzeige-Profileinstellungen

Im Register Anzeige-Profileinstellungen können Sie ganz nach Ihren Vorlieben einstellen, wie die Kameramenüs und Informationen angezeigt werden sollen.

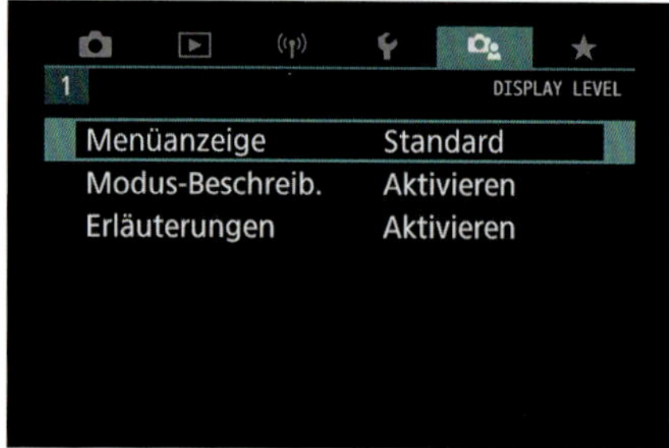

Abbildung 10.55 *Die Menüelemente von Anzeige-Profileinstellungen (**DISPLAY LEVEL**)*

Menüanzeige Sie können entscheiden, ob Sie das Kameramenü mit Anleitung und weißer Oberfläche anzeigen lassen wollen oder mit **Standard** die für Canon übliche Standard-Anzeige verwenden möchten. Für dieses Buch wurde **Standard** gewählt. Mehr dazu entnehmen Sie dem Abschnitt 1.4.2, »Das Kameramenü«.

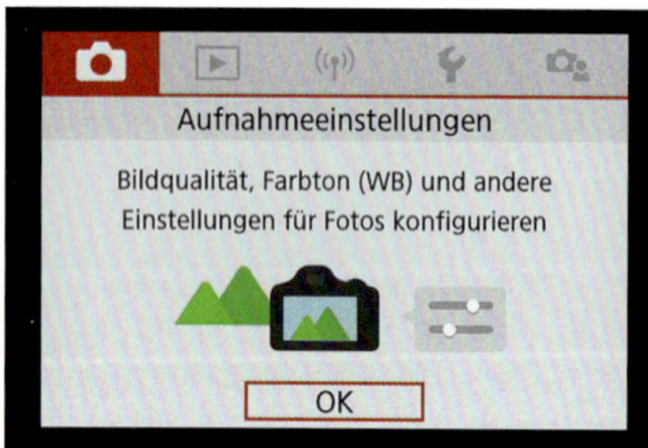

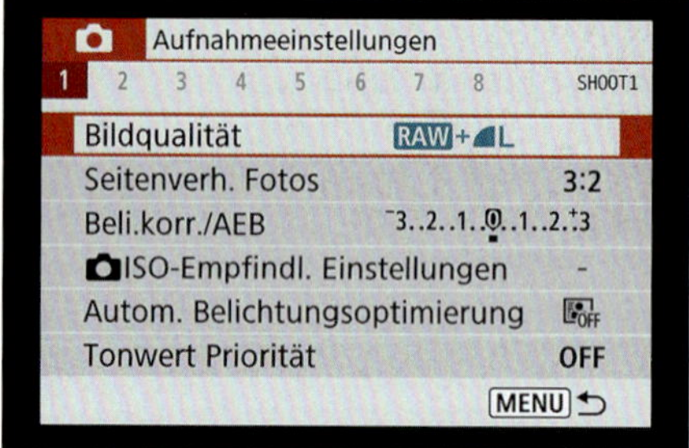

Abbildung 10.56 *Bei der Menüanzeige mit Anleitung gelangen Sie über das Hauptregister mit einer Beschreibung zu den Unterregistern. Zurück zum Hauptregister kommen Sie hier wieder mit der MENU-Taste. Außerdem wird bei dieser Anzeige das Register **My Menu** nicht eingeblendet.*

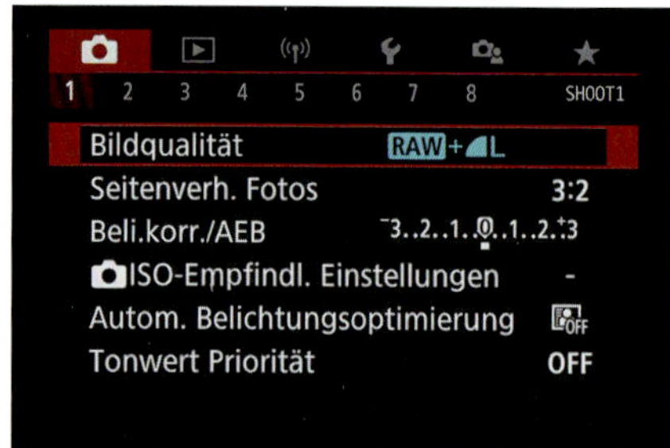

Abbildung 10.57 *Die klassische Standardansicht erspart diesen Umweg über die MENU-Taste. Durch die Hauptregister können Sie hier mit der INFO-Taste wecsheln.*

Modus-Beschreib. Wenn Sie diese Funktion aktiviert haben, wird bei jedem Wechsel des Programmmodus mit dem Moduswahlrad eine kurze Beschreibung zum Modus angezeigt.

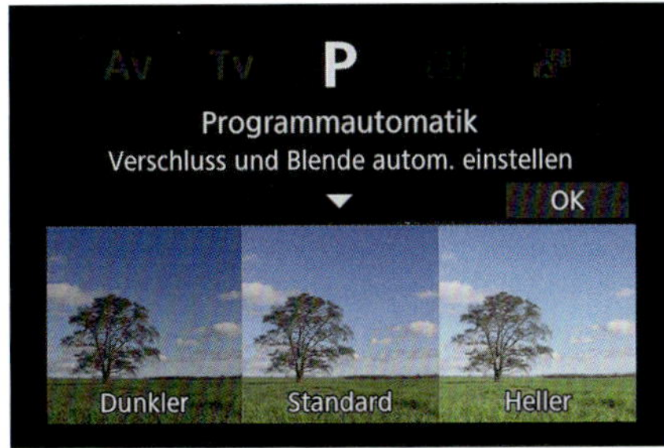

Abbildung 10.58 *Bei aktiver* ***Modus-Beschreib.*** *wird beim Wechsel des Programmmodus eine kurze Beschreibung angezeigt.*

Erläuterungen Ist diese Funktion aktiviert, wird bei der Auswahl eines Befehls im Kameramenü kurzzeitig eine Erläuterung zu dieser Funktion eingeblendet.

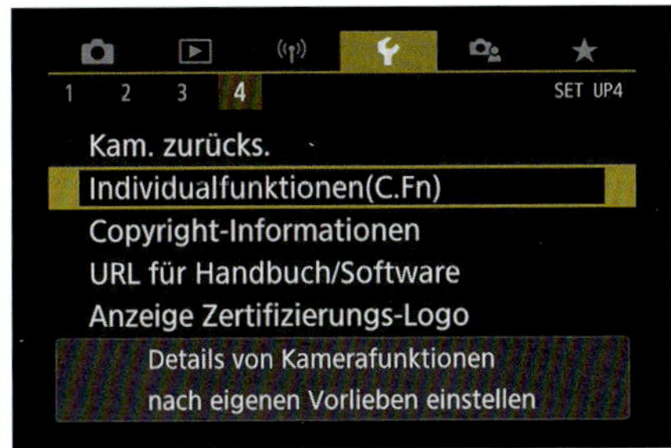

Abbildung 10.59 *Erläuterungen aktiviert zu lassen, kann gerade für Einsteiger sehr hilfreich sein, weil aus den Menünamen nicht immer klar hervorgeht, worum es sich dabei handelt.*

10.7 My Menu

In diesem Register können Sie häufig verwendete Funktionen hinzufügen, um so schneller darauf zugreifen zu können. Dies erspart häufig den Umweg und die Suche durch die Kameramenüs. Wie Sie **My Menu** für Ihre Bedürfnisse konfigurieren können, erfahren Sie in Abschnitt 5.2, »My Menu individuell anpassen«.

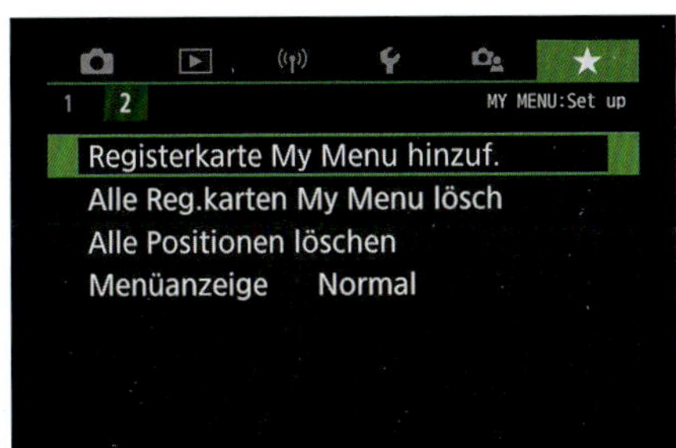

Abbildung 10.60 *Das Menü von* ***My Menu***

EXKURS
Bilder übertragen und entwickeln

Es gibt verschiedene Möglichkeiten, Bilder auf den Computer zu übertragen. Sie können entweder die Speicherkarte aus der Kamera nehmen und in ein an den PC angeschlossenes Kartenlesegerät einlegen und die Bilder selbst auf den PC kopieren. Es gibt auch die Möglichkeit, die Bilder über die WLAN-Funktion auf den Computer zu übertragen. Ich bevorzuge die klassische und zuverlässigste Übertragung über USB mit der Anwendung EOS Utility, weil man auch auswählen kann, welche Bilder man auf den Computer importieren möchte. Wenn Sie EOS Utility noch nicht installiert haben, können Sie dies jetzt tun.

Software für Canon EOS R100

Auf der Canon-Website finden Sie im Bereich für die EOS R100 (*https://www.canon.de/support/consumer/products/cameras/eos-r/eos_r100.html*) verschiedene Softwareprodukte für die EOS R100. Die Software EOS Utility dient unter anderem dazu, Bilder auf den Computer zu übertragen oder Bildstile zu übertragen. Bei der Installation der Software werden oft zusätzliche Programme installiert, wie das *EOS Lens Registration Tool* für Objektivkorrekturen, das EOS *Network Setting Tool* für das Kameranetzwerk zur Verbindung von Kamera und Computer und das EOS Web Service Registration Tool zur Verbindung der Kamera mit dem Cloud-Service image.canon. Außerdem finden Sie die Software Digital Photo Professional, mit der Sie die Raw- und cRaw-Bilder der Kamera bearbeiten und exportieren können.

Um die Bilder und Videos von der Kamera per USB-Kabel auf den Computer zu übertragen, müssen Sie die Canon R100 ausschalten. Verbinden Sie dann die Kamera mit dem Computer mit einem .

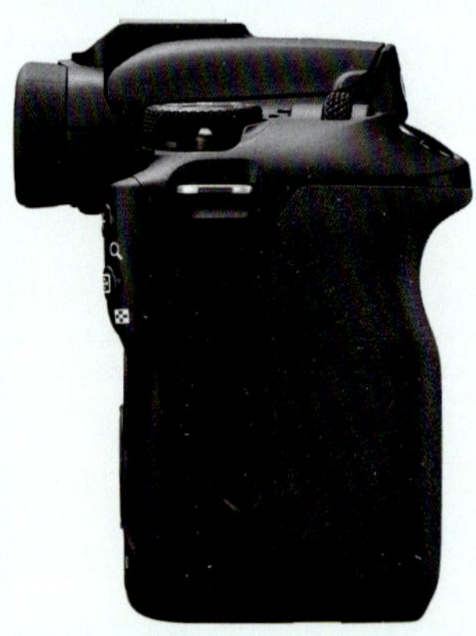

Abbildung 10.61 *Oberhalb der Schutzkappe können Sie das USB-Symbol erkennen. Entfernen Sie die Schutzkappe und stecken Sie das USB-Kabel in den oberen Typ-C-Anschluss der Kamera.*

Sobald Sie die Kamera an den Computer angeschlossen haben, schalten Sie die Kamera ein. EOS Utility sollte dann ebenfalls starten und sich öffnen. Wählen Sie im Dialogfenster von EOS Utility **Herunterladen von Bildern auf den Computer**. Auf dem nächsten Bildschirm empfehle ich Ihnen, **Auswählen und herunterladen** zu wählen.

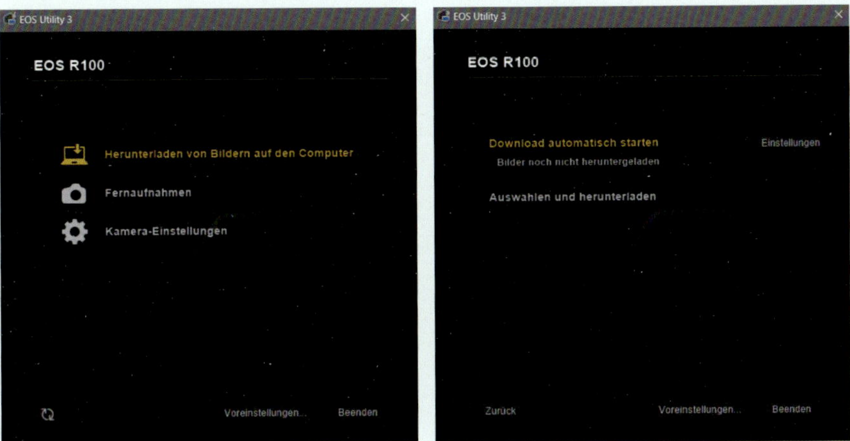

Abbildung 10.62 *Bilder auswählen und herunterladen mit EOS Utility.*

Wählen Sie nun auf der linken Seite den gewünschten Ordner ①, aus dem Sie die Bilder importieren möchten (z.B. **100Canon**). Dies gilt natürlich nur, wenn sich die Bilder in verschiedenen Ordnern auf der Speicherkarte befinden. Anschließend können Sie die Bilder für den Import auswählen, indem Sie ein Häkchen vor die Bilder setzen. Sie können auch einzelne Bilder mit der Leertaste auswählen und die Auswahl aufheben. Mit [Strg]/[cmd] + [A] können Sie alle Bilder auswählen und mit [Strg]/[cmd] + [U] eine bestehende Auswahl aufheben. Das Dateiformat wird oberhalb des Bildes angezeigt. Wenn Sie mit der Auswahl fertig sind, klicken Sie auf **Herunterladen** ②.

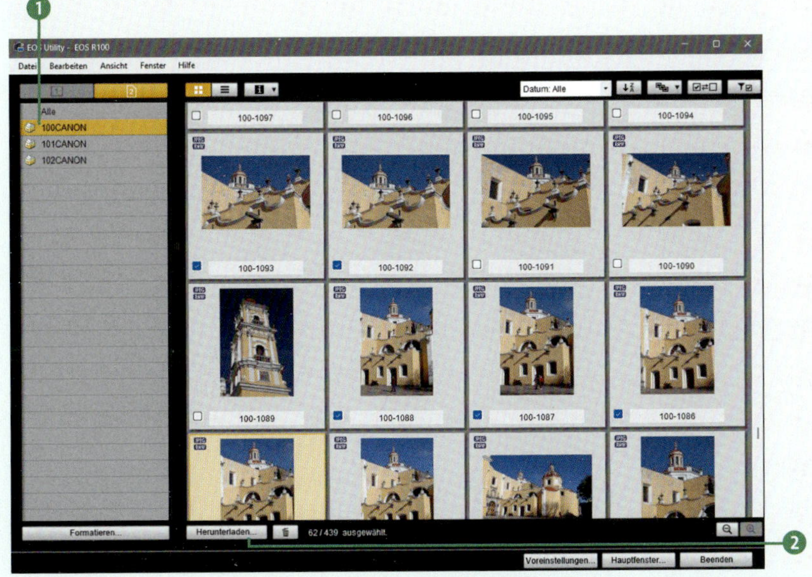

Abbildung 10.63 *Das Fenster zum Auswählen der Bilder für den Import.*

Es öffnet sich ein weiterer Dialog, in dem Sie den Namen der Datei mit den Schaltflächen **Zielordner** und **Dateiname** anpassen können. Starten Sie dann den Import mit einem Klick auf die Schaltfläche **OK**.

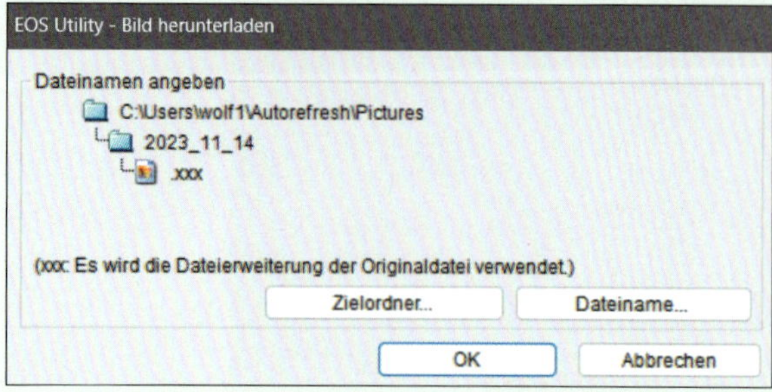

Abbildung 10.64 *Hier können Sie bei Bedarf den Ordner und die Dateinamen für die zu importierenden Fotos und Videos anpassen.*

Bilder importieren ohne Software

Wenn Sie keine Software verwenden (wollen) und die Kamera anschließen, finden Sie sie unter dem Namen **Canon EOS R100** im Computerverzeichnis. Von dort aus können Sie die Bilder auch mit den Werkzeugen des Betriebssystems importieren. Wählen Sie die Kamera aus und wechseln Sie dann in den SD-Speicherkartenordner und den darin enthaltenen Ordner **DCIM** (*Digital Camera Image*). In einem weiteren Unterordner (z.B. **100Canon**) finden Sie nun die Fotos und Filme, die Sie auswählen, kopieren und dann in das gewünschte Verzeichnis auf einer Festplatte einfügen können.

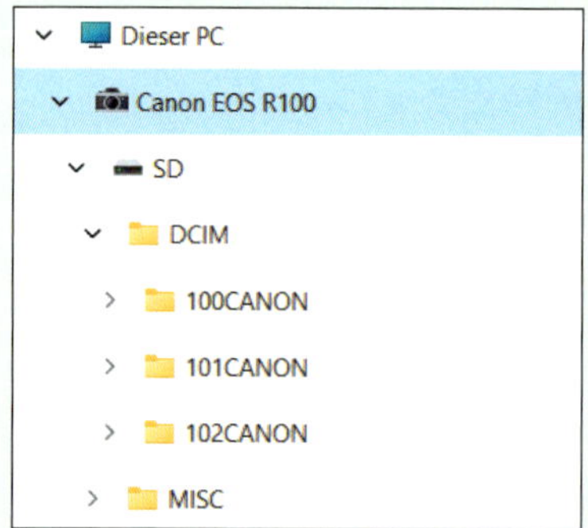

Abbildung 10.65 *Die Verzeichnisstruktur auf dem Betriebssystem (hier: Windows 11), wenn Sie die EOS R100 an den Computer angeschlossen haben.*

Tethering mit EOS Utility

An dieser Stelle möchte ich auch kurz die Funktion **Fernaufnahme** auf dem Startbildschirm von EOS Utility beschreiben. Damit können Sie die Kamera wie beim Übertragen von Bildern mit dem Computer verbinden und dann direkt vom Computer aus fotografieren. Alle wichtigen Einstellungen der Kamera, einschließlich eines Live-Bildschirms, stehen Ihnen ebenfalls zur Verfügung. Dies hat den Vorteil, dass Sie auf dem Computer einen größeren Bildschirm haben. Sie können auch einstellen, ob Sie nur Bilder auf dem Computer und/oder der Speicherkarte aufnehmen möchten.

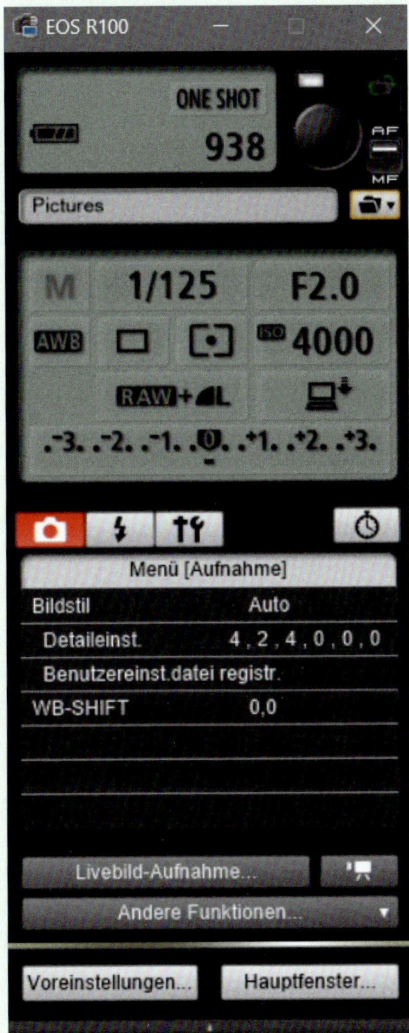

Abbildung 10.66 *Die Fernsteuerung von EOS Utility mit allen nötigen Einstellungen der R100 und dem Auslöseknopf oben rechts.*

Raw-Bilder mit Digital Photo Professional bearbeiten

Digital Photo Professional (DPP) ist eine leistungsstarke Software von Canon, die speziell für die Bearbeitung von Raw-Bildern entwickelt wurde. Mit dieser Software können Sie Ihre Raw-Bilder bearbeiten und das volle Potenzial Ihrer Canon-Kamera ausschöpfen.

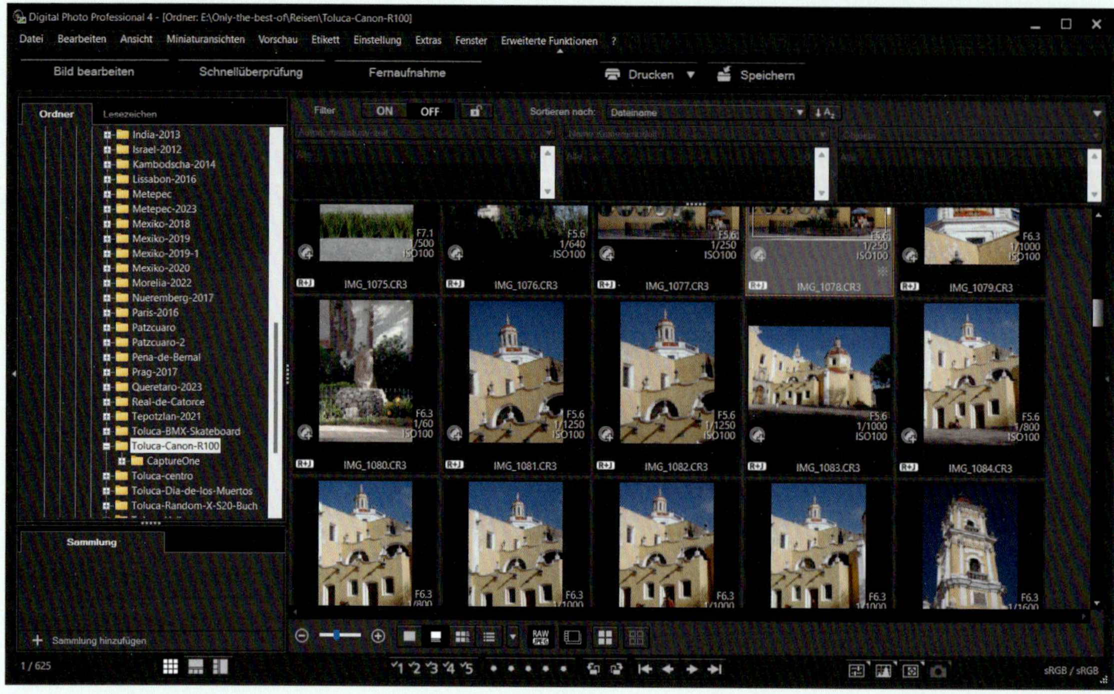

Abbildung 10.67 *Mit umfassenden Bearbeitungswerkzeugen und einer benutzerfreundlichen Oberfläche bietet DPP eine solide Plattform für die Entwicklung hochwertiger Bilder.*

Hier sind einige der Hauptmerkmale von Digital Photo Professional:

- **Raw-Bildbearbeitung**: Mit DPP können Sie Raw-Bilder bearbeiten und haben so Zugriff auf alle von der Kamera aufgenommenen Bilddaten. Dies ermöglicht eine präzisere Anpassung von Belichtung, Kontrast, Farbsättigung und anderen Bildparametern als dies mit JPEG-Bildern möglich wäre.
- **Anzeige und Auswahl von Bildern**: Die Software bietet eine übersichtliche Oberfläche, auf der Sie Ihre Bilder ansehen, auswählen und organisieren können. Dies erleichtert den Arbeitsablauf und die Auswahl der besten Aufnahmen.
- **Objektivkorrektur**: DPP bietet Funktionen zur Korrektur von Abbildungsfehlern, die durch bestimmte Objektive verursacht werden können. Dazu gehört die Korrektur von Verzeichnungen, chromatischen Aberrationen und Vignettierungen.
- **Weißabgleich und Farbkorrektur**: Sie können den Weißabgleich präzise einstellen und Farbkorrekturen vornehmen, um sicherzustellen, dass die Farbwiedergabe Ihren Erwartungen entspricht.
- **Tonwertkurven und Bildstilanpassungen**: DPP bietet fortschrittliche Werkzeuge zur Anpassung von Tonwertkurven, Bildstilen und anderen Parametern, um das gewünschte Aussehen der Bilder zu erzielen.

- **Stapelverarbeitung**: Die Software ermöglicht die gleichzeitige Verarbeitung mehrerer Bilder, was den Arbeitsablauf bei der Verarbeitung großer Mengen von Bildern vereinfacht

Im Folgenden will ich Ihnen eine kurze Einführung zu DPP geben. Umfassend darauf einzugehen, würde ein ganzes Buch füllen. Auch wenn die Software auf den ersten Blick etwas angestaubt wirkt, braucht sie sich für den Hausgebrauch nicht hinter kommerziellen Raw-Konvertern verstecken. Wollen Sie die Software selbst ausprobieren, laden Sie diese von der Website *https://www.canon.de/support/consumer/products/cameras/eos-r/eos_r100.html* herunter und installieren Sie diese. Bevor Sie DPP öffnen, sollten Sie bereits Bilder auf die interne oder externe Festplatte importiert haben.

1 Ordner öffnen

Wählen Sie im Bereich **Ordner** ① auf der linken Seite den Ordner mit den importierten Bildern, die Sie mit der Canon EOS R100 aufgenommen haben. Je nach dem von Ihnen eingestellten Layout werden nun die Bilder und gegebenenfalls eine vergrößerte Vorschau des ausgewählten Bildes angezeigt. Sie können das Layout mit den drei kleinen Schaltflächen ② unten links ändern. Markieren Sie ein Bild, das Sie bearbeiten wollen, indem Sie es anklicken. Klicken Sie dann links oben auf die Schaltfläche **Bild bearbeiten** ③.

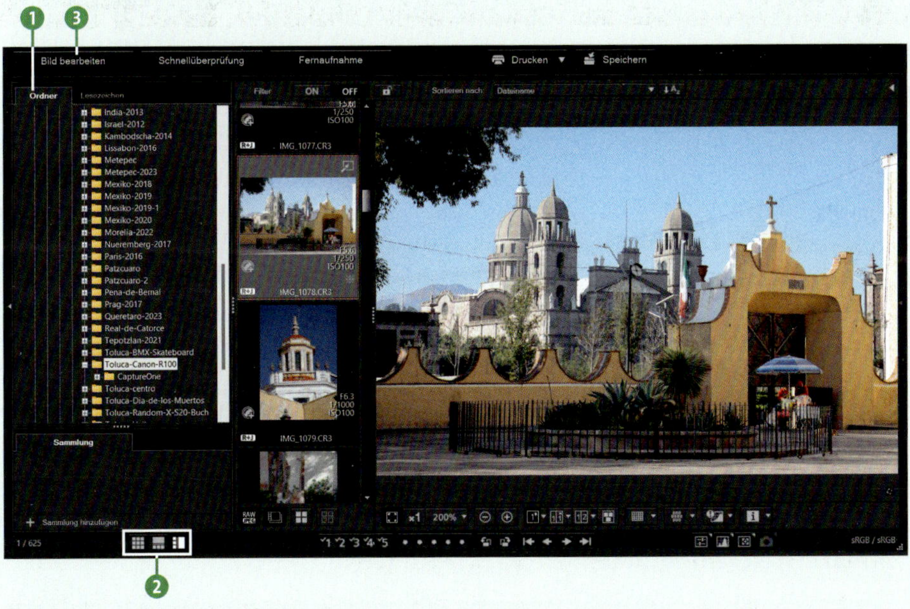

Abbildung 10.68 *Mit der EOS R100 aufgenommene Bilder mit DPP sichten.*

2 Weißabgleich und Belichtung anpassen

Klicken Sie auf die Registerkarte **Grundlegende Bildeinstellungen ausführen** ④, wo Sie mit **Einstellung Helligkeit** die Belichtung und darunter den Weißabgleich festlegen können. Für den

Weißabgleich können Sie die Pipette verwenden, die vordefinierten Werte nutzen oder per Feinabstimmung selbst eingreifen. Außerdem finden Sie eine automatische Belichtungsoptimierung, einen Schieberegler für die Klarheit, den Bildstil und eine Gamma-Einstellung. Weiter unten finden Sie zusätzliche Regler für Kontrast, Schatten, Lichter, Farbton, Sättigung und Bildschärfe. Das Histogramm oben ist auch eine gute Hilfe bei der Korrektur der Belichtung.

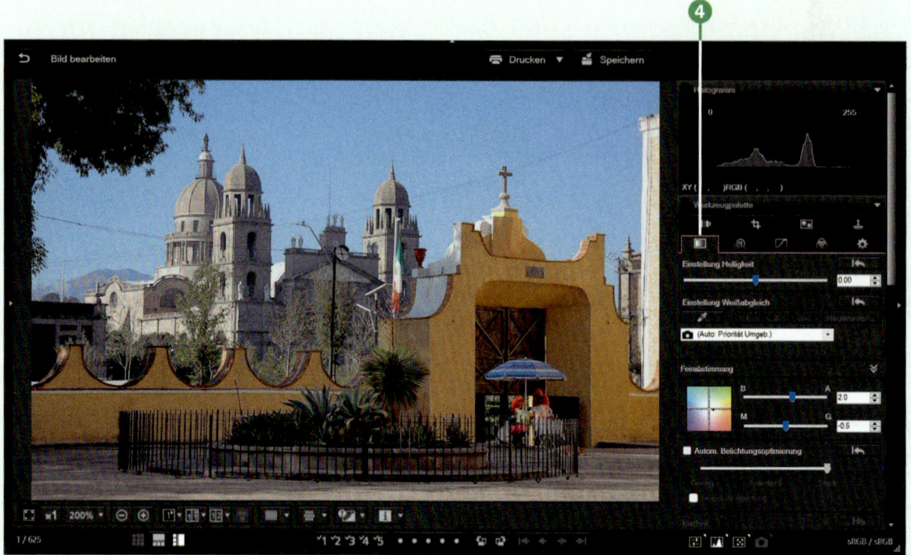

Abbildung 10.69 *Belichtung und Weißabgleich anpassen.*

3 Weitere Bearbeitungen

Wenn Sie die weiteren Reiter 5 anklicken, werden Sie wiederum viele weitere fortgeschrittene Funktion vorfinden. Ich empfehle Ihnen, etwas zu experimentieren. Die Änderungen am Raw-Bild sind nicht-destruktiv. Sie machen also nichts kaputt. Sie finden professionelle Werkzeuge wie eine Rauschunterdrückung, Gradationskurve, Farbabstimmung, Objektivkorrektur und auch die Möglichkeit, spezielle Bildbereiche zu bearbeiten. In der Abbildung 10.70 wird gerade **Bild schneiden und drehen** verwendet.

4 Bild exportieren

Wollen Sie das Raw-Bild mitsamt den Anpassungen als JPEG oder TIFF exportieren, klicken Sie auf die Schaltfläche **Speichern** bzw. drücken Sie `Strg`/`cmd` + `S`. Es öffnet sich ein Dialog zum Speichern, wo Sie neben dem Speicherort den Dateinamen, den Dateityp, die Auflösung und die Bildgröße festlegen können. Wenn Sie auf die Schaltfläche **Speichern** klicken, wird das Raw-Bild in das angegebene Dateiformat exportiert.

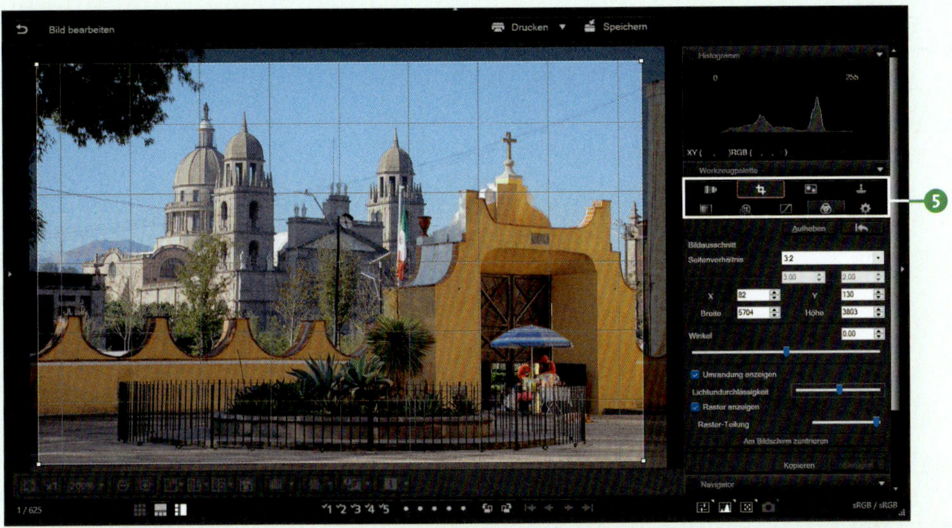

Abbildung 10.70 *Hier wird das Bild zugeschnitten und gerade ausgerichtet.*

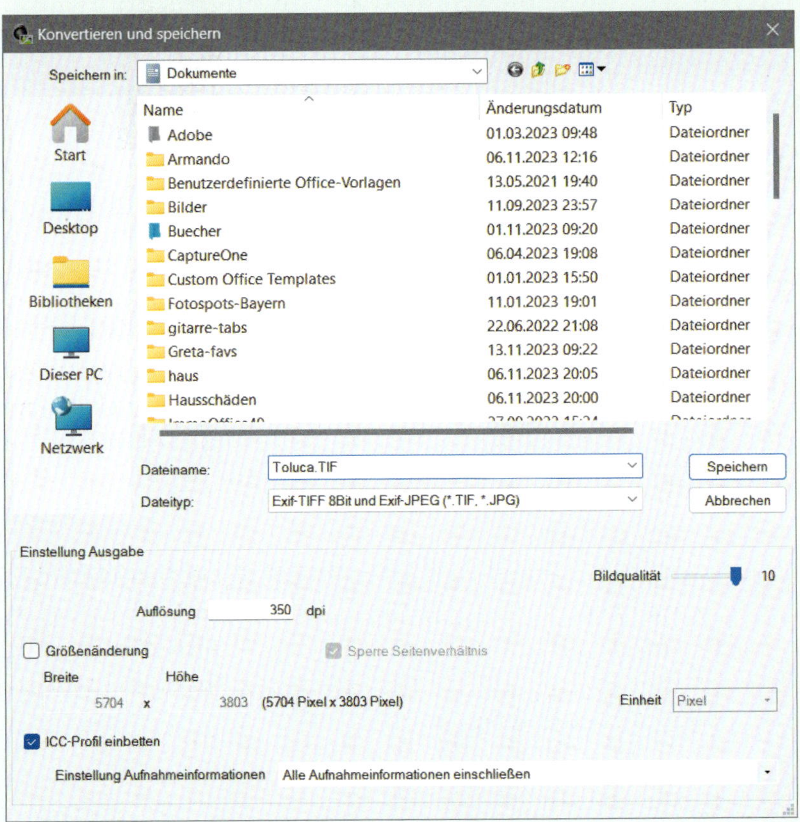

Abbildung 10.71 *Der Dialog zum Exportieren der Raw-Bilder in das JPEG- und/oder TIFF-Format.*

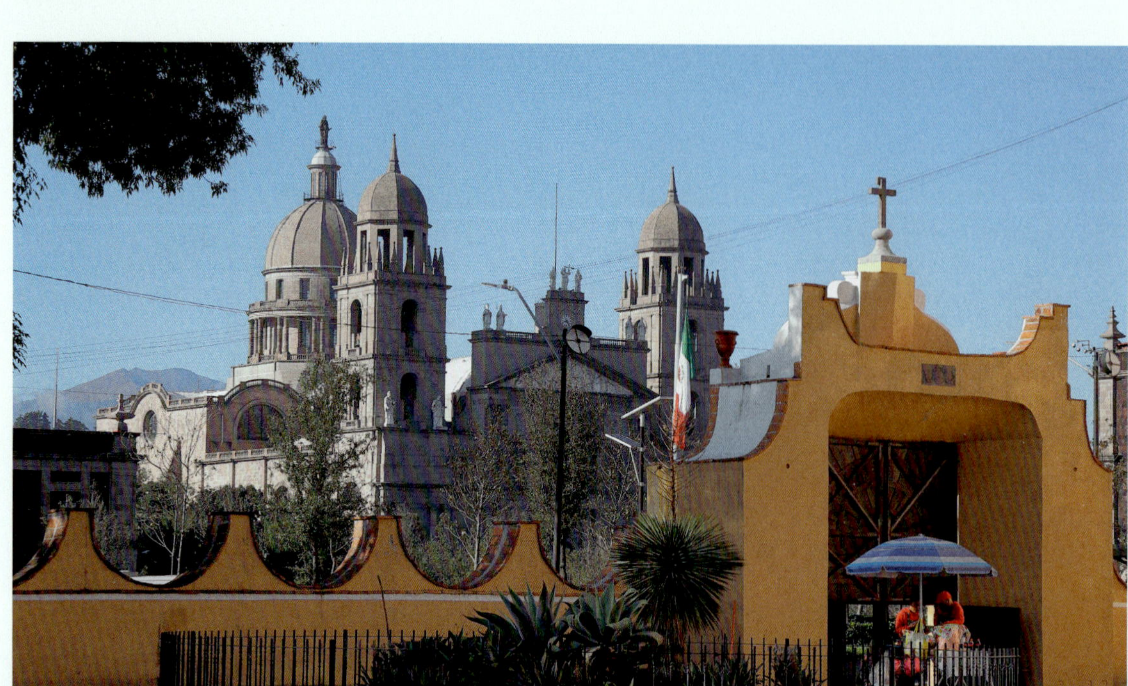

Abbildung 10.72 *Das exportierte Bild*

55 mm | *f*5,6 | 1/250 s | ISO 100

Index

C

D

E

F

G

H

I

J

K

L

M

N

O

P

Q

R

S

T

U

V

W

Z